本丛书为
北京外国语大学中国文化"走出去"协同创新中心重点项目

中国文化「走出去」研究丛书

总主编 张西平

汉语国际传播研究新动态
汉语国际传播文献选编

A Selection of Chinese Language Globalization Studies

吴应辉 主编
王祖嫘 谷陵 副主编

北京大学出版社
PEKING UNIVERSITY PRESS

图书在版编目(CIP)数据

汉语国际传播研究新动态：汉语国际传播文献选编 / 吴应辉主编. —北京：北京大学出版，2016.6
ISBN 978-7-301-27213-8

Ⅰ.①汉… Ⅱ.①吴… Ⅲ.①汉语—对外汉语教学—教学研究 Ⅳ.① H195.3

中国版本图书馆 CIP 数据核字 (2016) 第 126801 号

书　　名	汉语国际传播研究新动态——汉语国际传播文献选编 HANYU GUOJI CHUANBO YANJIU XINDONGTAI
著作责任者	吴应辉　主编　王祖嫘　谷　陵　副主编
责任编辑	李　娜
标准书号	ISBN 978-7-301-27213-8
出版发行	北京大学出版社
地　　址	北京市海淀区成府路 205 号　100871
网　　址	http://www.pup.cn　新浪微博：@北京大学出版社
电子信箱	zpup@pup.cn
电　　话	邮购部 62752015　发行部 62750672　编辑部 62759634
印 刷 者	北京大学印刷厂
经 销 者	新华书店
	720 毫米 ×1020 毫米　16 开本　22.75 印张　320 千字 2016 年 6 月第 1 版　2016 年 6 月第 1 次印刷
定　　价	72.00 元

未经许可，不得以任何方式复制或抄袭本书之部分或全部内容。
版权所有，侵权必究
举报电话：010-62752024　电子信箱：fd@pup.pku.edu.cn
图书如有印装质量问题，请与出版部联系，电话：010-62756370

中国文化"走出去"研究丛书编辑委员会

主　　任： 韩　震　彭　龙
副 主 任： 孙有中　张朝意

总 主 编： 张西平
副总主编： 何明星　管永前　郭景红
编辑委员会成员：（以姓氏笔画为序）
　　　　　　　　　叶　飞　朱新梅　刘　琛　吴应辉
　　　　　　　　　何明星　张西平　张妮妮　张晓慧
　　　　　　　　　宫玉选　姚建彬　钱　伟　郭奇军

总　序

提高中国文化国际影响力的新尝试

　　2013年11月12日,党的十八届三中全会通过的《中共中央关于全面深化改革若干重大问题的决定》,首次明确提出"加强中国特色新型智库建设,建立健全决策咨询制度"。2014年10月27日,习近平总书记在中央全面深化改革领导小组第六次会议中强调,要重点建设一批具有较大影响和国际知名度的高端智库。2014年2月10日教育部印发《中国特色新型高校智库建设推进计划》,2015年1月20日,中共中央办公厅和国务院办公厅联合印发了《关于加强中国特色新型智库建设的意见》,这标志着我国由政府统筹的高校智库建设正式启动。

　　《关于加强中国特色新型智库建设的意见》中对高校智库提出专门的要求,文件指出:"推动高校智库发展完善。发挥高校学科齐全、人才密集和对外交流广泛的优势,深入实施中国特色新型高校智库建设推进计划,推动高校智力服务能力整体提升。深化高校智库管理体制改革,创新组织形式,整合优质资源,着力打造一批党和政府信得过、用得上的新型智库,建设一批社会科学专题数据库和实验室、软科学研究基地。实施高校哲学社会科学'走出去'计划,重点建设一批全球和区域问题研究基地、海外中国学术研究中心。"教育部在《中国特色新型高校智库建设推进计划》文件中就高校智库要"聚焦国家急需,确定主攻方向",将"文化建设"列为主攻方向之一,文件指出"围绕提升国家软实力、深化文化体制改革等重大问题,重点推进社会主义核心价值体系建设、中华优秀传统文化传承创新、文化产业发展、中国文化'走出去'等重点领域研究"。

中国文化"走出去"是一个伟大的事业,"提高中国文化国际影响力"是几代人共同的奋斗目标,因为这样一个目标是和整个世界格局的转变联系在一起的。我们必须认识到中国文化"走出去"绝非一路凯歌,中国文化将随着中国国家整体实力的崛起,重新回到世界文化的中心,在整个过程中伴随着与西方文化占主导地位的世界文化格局的博弈,这个历史过程必将充满变数,一切都是崭新的。因此,中国文化"走出去"的战略研究需要有我们对中国文化自我表达的创新研究为基础,有对中国文化在世界各民族的传播轨迹与路径、各国汉学(中国学)发展与历史变迁、世界各国的中国形象形成的机制等问题的系统深入的学术研究做支撑,才能真正揭示文明互鉴中的中国文化的世界性意义,做出有学术含量和有实际指导意义的战略研究。

一、文化自觉是中国文化"走出去"的前提

中华文明是人类历史上最古老的文明之一,是唯一流传至今,仍生机勃勃的文明。中华文化不仅始终保持着独立的、一以贯之的发展系统,而且长期以来以其高度的发展影响着周边的文化。从秦至清大约两千年间,中国始终是亚洲历史舞台上的主角,中华文明强烈地影响着东亚国家。在19世纪以前,以中国文化为中心,形成了包括中国在内的日本、朝鲜、越南的中华文化圈。由此,成为与西方的基督教文化圈、东正教文化圈、伊斯兰教文化圈和印度文化圈共存的世界五大文化圈之一。

近代以来中国文化历经磨难,即便此时,中国知识分子对其的祈盼从未停顿。"纵有千古,横有八荒。前途似海,来日方长。美哉我少年中国,与天不老,壮哉我中国少年,与国无疆。"[①]梁启超这激越的文字给处在转折中的中国人多少理想。

---

① 梁启超:《少年中国说》。

19世纪以来,中国已经不可能在自己固有的文化发展的逻辑中演化前进。作为后发现代化的中国,在西方外来势力的干扰下,打断了它自身发展的逻辑,而中华文化其固有的深厚底蕴,中国人民顽强的奋进和努力的探索,也不可能使外来文化毫不改变地移植到中国。"中国近现代新文化既非单纯的西学东渐,也非中华传统文化全方位的直接延续,而是西学与中国传统文化相杂交、相化合的产物。"①

当代中国的发展有着自己的逻辑,它所取得的伟大成就并非空中楼阁,中华文化是其伟大成就的思想支撑。中国的古代、近代和现代文化并不是一个断裂的文化,中国古代文化并未死亡,它以新的形态存活在当代文化中,从近代以来中国传统文化所面临的主要问题是如何消化西方文化的问题,完成自己的社会转变。中国有着自己的文化和历史,它不需要,也不可能完全按照西方的道路实现自己的现代化,而是要学习西方乃至世界各种先进和优秀的文化为我所用,在自己文化的基础上创造新的文化。近四百年的中国文化的演变大体是沿着这样的逻辑发展的。中国文化并不是一个博物馆的文化,一个只是发古人之幽思的死去的文化,它活着,它是发展的。中国文化从晚明以来的四百年历史有着一个一以贯之的逻辑和思想:学习西方、走自己的路,这样的自觉性使得中国文化获得新生。三千年、一百年、六十年,环环相扣,代代相传,万变不离其宗,中国文化,历经磨难,凤凰涅槃。

国家的独立、民族的自觉是中国文化百年变更的一个最重要成果,中华民族在1949年获得国家的独立和民族文化的再生有着中国历史和文化的内在逻辑。美国著名中国学家费正清告诫西方人"要了解中国,不能仅仅靠移植西方的名词,它是一个不同的生命。它的政治只能从其内部进行演变性的了解"。他又说:"中国的国家和社会的当代的形式,是一个基本上独立的进化过程的最终产品,它可以与希腊—罗马的犹太—基督教的西方相比,但绝不是一样的。"②文化民族主义、在西方帝国主义压迫下的国家独立与民族存亡的思想、

---

① 冯天瑜、何晓明、周积明:《中华文化史》第2卷,上海:上海人民出版社,2005年,第924页。
② [美]R.麦克法夸尔、[美]费正清:《革命的中国兴起》,北京:中国社会科学出版社,1990年,第14、15页。

中国几千年的传统文化,所有这些构成了中国当代历史发展的逻辑基础。历史中国和当代中国是融合在一起的一个完整的中国。

今天发展的中国以更大的包容性吸收着各种外来文化,在这个"三千年未有之变局"的伟大历史转折中,中国的传统文化作为它的底色,为现代文化的创新提供了智慧和思想,近现代文化的变迁和发展成为我们今天创造新文化的出发点。正像经过六百年的消化和吸收,中国彻底完成了对佛教的吸收一样。四百年来对西方文化的吸收与改造为今天中华文化的重建打下了坚实的基础,中国以其特有的古代文化的资源和现代文化再生的历程可以给当代世界展示其文化的独特魅力,可以为今天的世界提供一种古代与现代融为一体的智慧与思想。中国传统文化经过近代和当代的洗礼,以新的形态存活在中国人的心中,经过近现代西方文化洗礼后的中华文化仍是我们中国人的精神家园。

在探索中行进的中国人并未迷路,在困顿中创新的中国人并未停顿探索。分歧和争论时时发生,矛盾与苦恼处处缠绕着我们,但我们知道这是一个更为成熟的新的文化形态形成的标志;思想从未像今天这样活跃,社会生活从未像今天这样复杂多面,历史的转型从未像今天这样急速,但我们知道,我们在开创着历史,这一切都是崭新的。在向世界学习的过程中,我们的文化观念开始开阔,在消化外来文化之时,我们开始自觉。在发展中我们获得新生,在伟大的历史成就面前我们有理由为我们的文化感到自豪。中国近三十年所取得的伟大成就完全可以和人类史上任何一段最辉煌的历史相比,我们有理由将自己积淀在三千年文化基础上,历经百年磨难后在这个伟大的时代所迸发出来的思想和智慧介绍给世界,与各国人民分享中国的智慧。

二、全球视野是中国文化"走出去"的学术基础

梁启超当年在谈到中国历史的研究时曾说过,根据中国的历史的发展,研究中国的历史可以划分为:"中国之中国""亚洲之中国"以及"世界之中国"三个阶段。所谓"中国之中国"的研究阶段是指中国

的先秦史,自黄帝时代直至秦统一。这是"中国民族自发达自竞争自团结之时代。"所谓"亚洲之中国"的研究阶段,是为中世史,时间是从秦统一后至清代乾隆末年。这是中华民族与亚洲各民族相互交流并不断融合的时代。所谓"世界之中国"的研究阶段是为近世史。自乾隆末年至当时,这是中华民族与亚洲各民族开始同西方民族交流并产生激烈竞争之时代。由此开始,中国成为世界的一部分。

梁公这样的历时性划分虽然有一定的道理,但实际上中国和世界的关系是一直存在的,尽管中国的地缘有一定的封闭性,但中国文化从一开始就不是一个封闭的文化。中国和世界的关系,并不是从乾隆年间才开始。中国文化在东亚的传播,如果从汉籍传入为起点已经有一千多年[①],中国和欧洲的关系也可追溯到久远年代,在汉书中已经有了"大秦国"的记载[②],而早在希腊拉丁作家的著作中也开始有了中国的记载,虽然在地理和名称上都尚不准确[③]。我将西方对中国的认识划分为"游记汉学阶段""传教士汉学阶段"和"专业汉学阶段"三个阶段,虽然这样的划分有待细化,但大体说明欧洲人对中国认识的历史进程。这说明中国文化从来就不是一个完全封闭性的文化,它是在与外部世界文化的交流和会通中发展起来的。因此,在世界范围展开中国文化的研究,这是中国文化的历史本质所要求的。唯有此,才能真正揭示中国文化的世界性意义。

中国文化要"走出去",必须具有全球视野,这就要求我们要探索中国文化对世界各国的传播与影响,对在世界范围内展开的中国文化研究给予学术的关照。在中外文化交流史的背景下追踪中国文化典籍外传的历史与轨迹,梳理中国文化典籍外译的历史、人物和各种译本,研究各国汉学(中国学)发展与变迁的历史,并通过对各国重要的汉学家、汉学名著的翻译和研究,勾勒出世界主要国家汉学(中国学)的发展史。

---

① 参阅严绍璗:《日本中国学史》,南昌:江西人民出版社,1999年。
② 参阅[德]夏德著、朱杰勤译:《大秦国全录》,郑州:大象出版社,2009年;[美]费雷德里克·J. 梯加特著、丘进译:《罗马与中国》,郑州:大象出版社,2009年;[英]H. 裕尔著、张绪山译:《东域纪程录丛》,昆明:云南人民出版社,2002年。
③ [法]戈岱司编、耿昇译:《希腊拉丁作家远东古文献辑录》,北京:中华书局,1987年。

严绍璗先生在谈到近三十年来的海外汉学(中国学)研究的意义时说:"对中国学术界来说,国际中国学(汉学)正在成为一门引人注目的学术。它意味着我国学术界对中国文化所具有的世界历史性意义的认识愈来愈深入;也意味着我国学术界愈来愈多的人士开始认识到,中国文化作为世界人类的共同精神财富,对它的研究,事实上具有世界性。或许可以说,这是20年来我国人文科学的学术观念的最重要的转变与最重大的提升的标志。"①

我们必须看到中国文化学术的研究已经是一项国际性的学术事业,我们应该在世界范围内展开对中国人文学术的研究,诸如文学、历史、哲学、艺术、宗教、考古,等等,严先生所说的"我国人文科学的学术观念的最重要的转变与最重大的提升",就是说对中国人文的研究已经不仅仅局限在中国本土,而应在世界范围内展开。

当年梁启超这样立论他的中国历史研究时就有两个目的:其一,对西方主导的世界史不满意,因为在西方主导的世界史中中国对人类史的贡献是看不到的。1901年,他在《中国史叙论》中说:"今世之著世界史者,必以泰西各国为中心点,虽日本、俄罗斯之史家(凡著世界史者,日本、俄罗斯皆摈不录)亦无异议焉。盖以过去、现在之间,能推行文明之力以左右世界者,实惟泰西民族,而他族莫能与争也。"这里他对"西方中心论"的不满已经十分清楚。其二,从世界史的角度重新看待中国文化的地位和贡献。他指出中国史主要应"说明中国民族所产文化,以何为基本,其与世界他部分文化相互之影响何如","说明中国民族在人类全体上之位置及其特性,与其将来对人类所应负之责任"。② 虽然当时中国弱积弱贫,但他认为:"中国文明力未必不可以左右世界,即中国史在世界史中当占一强有力之位置也。"③

只有对在世界范围内展开的中国文化研究给予关照,打通中外,从世界的观点来看中国才能揭示中国文化的共同价值和意义。

---

① 任继愈主编:《国际汉学》第5期,郑州:大象出版社,2000年,第6页。
② 梁启超:《中国历史研究法》,《饮冰室合集》专集之七十三,第7页。
③ 梁启超:《中国史叙论》,《饮冰室合集》文集之六,第2页。

三、中国文化学术"走出去"的宏观思考

发展的中国需要在世界范围内重塑自己的国际形象,作为世界大国的中国需要在世界话语体系中有自己的声音,作为唯一延续下来的世界文明古国的中国应向世界展示中华文明特有的魅力,而要做到这一点,进一步推动中国文化走向世界,在世界范围内从更高的学术层面介绍中国文化已经成为中国和平发展之急需。

中国现在已经成为世界性大国,中国不仅在全球有着自己的政治利益和经济利益,同时也有着自己的文化利益。一个大国的崛起不仅仅是经济和政治的崛起,同时也是文化和价值观念的崛起。因此,我们不仅需要从全球的角度谋划我们的经济和政治的发展,同时也需要对中国学术和文化在全球的发展有战略性的规划,从而为中国的国家利益提供学术、文化与价值的支撑。

语言是基础,文化是外围,学术是核心,这是世界主要国家向外部传播自己的文化和观念的基本经验。我们应认真吸取这些经验,在继续做好孔子学院和中国文化中心建设的同时,开始设计中国人文社会科学"走出去"的战略计划,并将中国人文社会科学"走出去"的规划置于国家软实力"走出去"整体战略的核心,给予充分的重视和支持。我们应清醒地认识到:真正能够最终为国家的战略发展服务,使中国影响世界,确保中国发展的和平世界环境,并逐步开始使中国掌握学术和思想的话语权的是中国人文社会科学的研究在世界范围内产生影响。所以,要有更大的眼光,更深刻的认识来全面规划中国人文社会科学的"走出去"战略,提升中国软实力"走出去"的层次和水平,从而使中国的"走出去"战略有分工,有合作,有层次,有计划,形成整个中国软实力"走出去"的整体力量,为中国的进一步发展服务。

在传播自己文化和学术时最忌讳的是将国内政治运作的方式搬到国外。中国人文社会科学学术"走出去"的大忌是:不做调查研究,不从实际出发,在布局和展开这项工作中不是从国外的实际形势出发,完全依靠个人经验和意志来进行决策。在工作内容上,只求国内

舆论的热闹，完全不按照学术和文化本身的特点运作，这样必然最终会使中国学术"走出去"计划失败。不大张旗鼓，不轰轰烈烈，"随风潜入夜，润物细无声"，这是它的基本工作方式。在工作的布局和节奏上要掌握好，要有全局性的考虑，全国一盘棋，将学术"走出去"和国家的大战略紧密配合，连成一体。

在全球化的今天，在中国已经成为世界大国的今天，我们应反思我们过去外宣存在的问题，以适应新的形势和新的发展。要根据新的形势，重新思考中国学术"走出去"的思路。以下两个思路是要特别注意避免的。

意识形态的宣传方式。冷战已经结束，冷战时的一些语言和宣传的方法要改变，现在是你中有我，我中有你。从全球化的角度讲中国的贡献；从世界近代史的角度讲中国现代历史的合理性；在金融危机情况下，介绍中国道路和中国模式。这样要比单纯讲中国的成就更为合理。冷战结束，并不意味着西方对中国文化的态度转变。但目前在西方对中国的态度中既有国家的立场，也有意识形态的立场。如何分清西方的这两种立场，有效地宣传中国是很重要的。要解决这个问题就必须站在全球化的背景下考虑国家的利益，站在世界的角度为中国辩护。

西方中心主义的模式。在看待中国和世界的关系时没有文化自觉，没有中国立场是个很严重的问题。一切跟着西方跑，在观念、规则、方法上都是西方的，缺乏文化的自觉性，这样的文化立场在国内已经存在很长时间，因而必然影响我们的学术"走出去"。中国有着自己的历史和文化传统，不能完全按照西方的模式来指导中国的发展。要从文化的多元性说明中国的正当性。那种在骨子里看不起自己的文化，对西方文化顶礼膜拜的观念是极其危险的，这样的观念将会使中国学术"走出去"彻底失败。

四、对话与博弈将是我们与西方文化相处的常态

随着我国综合国力的不断增强，中华文化在世界文化格局中的地位越来越重要。当前，推动中华文化"走出去"、提高中华文化国际

影响力,可谓正逢其时。同时也应清醒地认识到,中华文化"走出去"的过程不可能一帆风顺,必然要付出一番艰辛努力。在这个过程中,我们要认真吸收借鉴世界其他民族的优秀文化,使之为我所用;同时要在世界舞台展现中华文化的魅力,让世界了解中华文化的价值。

近代以来,西方国家在世界文化格局中一直处于主导地位。我国在政治制度、文化传统等方面与西方国家存在较大差异,一些西方媒体至今仍惯用冷战思维、戴着有色眼镜看待中国,甚至从一些文化问题入手,频频向我们提出质疑、诘问。如何应对西方在文化上对中国的偏见、误解,甚至挑衅,是推动中华文化"走出去"必须要认真对待和解决的问题。我们应积极开展平等的文化交流对话,在与其他国家文化交流互动中阐明自己的观点主张,在回击无理指责、澄清误读误解中寻找共同点、增进共识。习近平主席在许多重要外交场合发表讲话,勾画了中华文化的基本立场和轮廓,表达了对待西方文化和世界各种文化的态度。他指出:"当代中国是历史中国的延续和发展,当代中国思想文化也是中国传统思想文化的传承和升华,要认识今天的中国、今天的中国人,就要深入了解中国的文化血脉,准确把握滋养中国人的文化土壤。"这是对中国历史文化发展脉络的科学阐释,为推动中华文化"走出去"、为世界深入了解中华文化提供了基本立足点和视角。他还指出,"文化因交流而多彩,文明因互鉴而丰富",为不同文化进行平等交流提供了宽广视野和理论支撑。

推动中华文化"走出去",既需要我们以多种形式向世界推介中华文化,也需要国内学术界、文化界进一步加强与拓展对其他国家优秀文化传统和成果的研究阐发。同时,对其他国家,尤其是西方国家来说,认识和理解历史悠久又不断焕发新的生机的中华文化,也是一个重要课题。对话与博弈,将是未来相当长时间我们与西方文化相处的基本状态。

在文化传播方面改变西强我弱的局面,推动文化平等交流,需要创新和发展我们自己的传播学理论,努力占据世界文化交流对话的制高点。这需要我们深入探究当今世界格局变化的文化背景与原因,探索建构既具有中国特色,又具有国际视野的文化话语体系,进一步增强我们在世界文化发展中的话语权。需要强调的是,文化与意识形态紧密联系，文化传播工作者一定要把文化传播与维护意识形态安全作为一体两面，纳入自己对中华文化"走出去"的理解与实践。应时刻牢记，"不断扩大中华文化国际影响力，形成与我国国际地位相称的文化软实力，牢牢掌握思想文化领域国际斗争主动权，切实维护国家文化安全"是中华文化"走出去"的根本与前提。

五、发挥外语大学的学术优势，服务国家文化发展战略

北京外国语大学在65年校庆时正式提出北外的战略使命是"把世界介绍给中国和把中国介绍给世界"。这是我国外语大学第一次自觉地将大学的发展与国家的战略任务紧密结合起来。因为中国文化"走出去"是说着外语"走出去"的。同时，中国文化"走出去"作为一项国家战略，急需加强顶层设计、建设高端智库，从中国的国家实力和地位出发，为中国文化"走出去"设计总体战略、中长期发展规划提供咨询；急需充分发挥高校的人才培养的优势，解决当下中国文化"走出去"人才匮乏，高端人才稀缺的不利局面；急需动员高校的学术力量，对中国文化在海外传播的历史、特点、规律做系统研究，为中国文化"走出去"提供学术支撑；急需从国家文化战略的高度做好海外汉学家的工作，充分发挥汉学家在中国文化海外传播的重要作用，培养传播中国文化的国际队伍与本土力量。正是在这样的思考下，北外在2012年建立了中国文化"走出去"协同创新中心，与国内高校、国家机关、学术团体等联合展开中国文化"走出去"的战略研究，为中国文化全球发展提供智慧，为中国文化全球发展培养人才队伍。

战略研究、人才培养、政策建言、舆论引导和公共外交是智库的五大功能。北京外国语大学作为以中国文化在全球发展为其研究目标的智库，这五大功能更有着自己特殊的意义。

就战略研究来说，中国文化"走出去"是一个伟大的事业，"提高中国文化国际影响力"是几代人共同的奋斗目标，因为这样一个目标是和整个世界格局的转变联系在一起的。我们必须认识到中国文化"走出去"绝非一路凯歌，中国文化将随着中国国家整体实力的崛起，

重新回到世界文化的中心,在整个过程中伴随着与西方文化占主导地位的世界文化格局的博弈。因此,中国文化"走出去"的战略研究需要有我们对中国文化自我表达的创新研究为基础,有对中国文化在世界各民族的传播轨迹与路径、各国汉学(中国学)发展与历史变迁、世界各国的中国形象形成的机制等问题的系统深入的学术研究做支撑,只有这样才能真正揭示文明互鉴中的中国文化的世界性意义,做出有学术含量和有实际指导意义的战略研究。

就人才培养来说,北京外国语大紧密配合中国国家利益在全球发展的利益新需求,在做好为国家部门、企业和社会急需的跨文化交流人才培养,做好文化"走出去"急需的复合型专门人才、战略性语言人才和国际化领袖人才的培养方面已经取得了重要的成果,成为我国高端外语人才的培养基地,中国文化"走出去"高端人才培养基地,中国外交家的摇篮。

就政策建言来说,《中国文化走出去年度研究报告》是我们的主要成果,这份年度报告至今仍是国内唯一一份跨行业、跨学科,全面展现中国文化"走出去"的研究报告,也是国内高校唯一一份系统考察中国文化"走出去"轨迹,并从学术上加以总结的年度研究报告。2013年我们已经出版了《中国文化走出去年度研究报告(2012卷)》,这次我们出版的《中国文化"走出去"年度研究报告(2015卷)》给读者呈现中国文化在全球发展的新进展、新成果以及我们对其的新思考。为全面总结中国文化"走出去"战略的实施,总结经验,这次我们编辑了近十年来在中国文化"走出去"的各个领域的重要文章。读者可以从这些文集中看到我国各个行业与领域对中国文化"走出去"的认识。

就舆论引导而言,2015年央视多个频道播出了由北外中国海外汉学研究中心主编的大型学术纪录片《纽带》,受到学术界各方面的好评。

2016年是北外中国海外汉学研究中心成立20周年。北外中国海外汉学研究中心作为北外中国文化"走出去"协同创新中心的核心实体单位做了大量的工作。高校智库建设是"以学者为核心,以机构建设为重点,以项目为抓手,以成果转化平台为基础,创新体制机制,整合优质资源，打造高校智库品牌"。作为我校中国文化"走出去"协同创新中心的核心实体单位，为进一步做好智库建设，2015年6月我们将"中国海外汉学研究中心"更名为"国际中国文化研究院"，新的名称含有新的寓意，这就是我们的研究对象不再仅仅局限于海外汉学研究，而是把中国文化在海外传播与发展作为我们的研究对象；新的名称预示着我们有了新的目标，我们不仅要在中国文化海外传播的历史、文献、规律等基础学术研究上推出新的研究成果，同时，也预示着我们开始扩张我们的学术研究领域，将当下中国文化在全球的发展研究作为我们的重要任务之一。这次更名表明了我们不仅要在海外汉学研究这一学术研究领域居于领先地位，而且要将我们的基础研究转化为服务国家文化发展的智慧，努力将"国际中国文化研究院"建设成一流的国家智库。

在"我国前所未有地靠近世界舞台中心，前所未有地接近实现中华民族伟大复兴目标、前所未有地具有实现这个目标的能力和信心"这样伟大的历史时刻，回顾我们20年的学术历程，或许李大钊先生的"铁肩担道义，妙手著文章"是我们最好的总结，将安静的书桌和沸腾的生活融合在一起将是我们今后追求的目标。

谨以此为序。

张西平

2016年3月5日写于岳各庄东路阅园小区游心书屋

前　言

受北京外国语大学中国文化"走出去"协同创新中心张西平教授的委托,我们牵头选编《汉语国际传播研究新动态》。关于该书文献选编的一些考虑,我们有以下几点需要向读者说明。

首先,关于文献选编范围的说明。汉语国际传播研究是一个新兴学术研究领域,甚至可以说是一个新兴学科。其学科边界尚在讨论之中,但我们将其按目前教育部的学科专业目录定位,其上位学科为汉语国际教育。根据我们的理解,其并列学科方向有对外汉语教学,即汉语国际教育包括中国国内的对外汉语教学和汉语国际传播两大组成部分。汉语国际传播的下位学科方向包括海外汉语教学和反映汉语从中国走向世界这一动态过程相关的各种理论和实践问题的研究。基于上述认知,本文献的选题主要包括海外汉语教学和关于汉语从中国走向世界相关的理论和实践问题的研究成果,包括作为为海外汉语教学重要组成部分的华文教育方面的研究成果,但对外汉语教学方面的成果均未收录。另外,根据张西平教授的意见,本文献选编主要反映最新的研究成果,因而,从时间节点上看,我们只收录了2013—2016年公开发表的该领域学术论文,其他文献有待今后进一步选编。

第二,选编的基本原则是主要考虑论文的理论创新性和学术引领性。优先选择一些能从整体上把握学科发展方向,选题新,观点新,可能对后人研究具有较高参考价值和引领作用的文章。由于发表时间较短,引证情况尚不明朗,因此是否选入主要以编者的主观判断为主，因而可能具有明显的主观色彩。

第三，本文献选编的分类说明。我们主要根据内容，将文献分为三大部分：一是综合研究；二是"三教"问题研究；三是典型案例研究。综合研究部分选入了15篇论文，分别涉及全球性语言特征与汉语国际传播的远景目标、后方法理论、汉语国际化、汉语国际教育学科建设及其专业定位以及国际化与本土化、汉语典籍对外传播、语言国际传播机构比较等方面。论文多为国内外著名学者之作，文章多站位较高，视角较宽，对未来汉语国际传播研究具有引领和指导意义。"三教"问题研究部分共收录了10篇（组）论文，分别涉及国际汉语师资问题解决策略、国际化与本土化问题、教师专业发展、教材的"本土化"与"普适性"理论探讨、国际汉语教师标准比较以及汉语国际传播的文化内容等研究。典型案例研究部分选编了两个案例，一是汉语快速传播的国家案例——泰国，二是孔子学院可持续发展典型案例——美国肯尼索州立大学孔子学院案例。

第四，本文献选编没有撰写文献导读。主要原因有二，一是选编本文献的初衷是为汉语国际传播研究人员或研究生等专业素养较高的群体免去文献检索查阅之苦，提供阅读方便；二是汉语国际传播研究是一个崭新的学科领域，特别需要开拓性、发散性和多视角思考和创新，我们不希望自己的观点对读者的思考产生太多影响甚至束缚。

最后，我们要感谢北京外国语大学中国文化"走出去"协同创新中心和张西平教授对我们的信任，将汉语国际传播研究文献选编工作委托给我们。由于时间、视野及学术水平局限，可能有一些好文章未能选入该文集，希望有关读者给予谅解。本文献选编乃该领域学术文献选编的尝试，缺点不足在所难免，欢迎广大同行批评指正。汉语国际传播研究文献选编工作我们打算继续进行下去，因此，我们衷心希望同行专家向我们推荐该领域的好文章，以便编入该系列其他文集中。

吴应辉

2016年4月

目　录

第一部分　汉语国际传播综合研究

3　让汉语成为一门全球性语言
　　——全球性语言特征探讨与汉语国际传播的远景目标
　　吴应辉

19　汉语国际化的内涵、趋势与对策
　　李　泉　张海涛

36　汉语国际教育学科建设亟待解决的主要问题
　　吴应辉

40　何为国际汉语教育"国际化""本土化"
　　赵金铭

54　关于语言教育的若干思考
　　崔希亮

69　汉语典籍对外传播中的文化形态研究
　　李志凌

84　重构"汉语国际教育"学科理论体系
　　——从"国际汉语教学"走向"汉语国际教育"
　　丁安琪

86　从美国汉语学习者的变化看汉语国际教育学科的研究对象
　　白建华

88 汉语国际传播研究前景广阔
　　——序《汉语国际传播研究理论与方法》
　　崔希亮

91 汉语国际传播中的几个问题
　　陆俭明

97 国际汉语教育的本旨是汉语教学
　　赵金铭

107 国际汉语教学：事业与学科
　　李 泉

123 关于汉语国际教育的学科定位问题
　　崔希亮

132 汉语国际传播事业新常态特征及发展思考
　　吴应辉

144 汉语国际教育面临的若干理论与实践问题
　　吴应辉

第二部分　汉语国际传播教师、教材和教法问题研究

163 大力培养本土汉语教师是解决世界各国汉语师资短缺问题的重要战略
　　李东伟

174 后方法理论视野下的对外汉语教学研究
　　——第11届对外汉语国际学术研讨会观点汇辑
　　陈 申　崔永华等

196 国际汉语教师培养的理念与模式
　　——国际汉语教师培养国际化和本土化关系探讨之三
　　张新生

209 关于海外华语文教师专业发展研究的思考
　　贾益民

226 论国际汉语教学隐性资源及其开发
　　李　泉　金香兰

240 美国二语教师专业发展有效途径及启示
　　王添淼　方　旭　付璐璐

252 关于国际汉语教学"本土化"与"普适性"教材的理论探讨
　　吴应辉

265 新旧《国际汉语教师标准》对比分析
　　邵　滨　邵　辉

274 汉语教材的"国别化"问题探讨
　　李　泉

297 汉语国际教育背景下文化传播内容选择的原则
　　朱瑞平　张春燕

第三部分　汉语国际传播典型个案研究

311 泰国汉语传播模式值得世界借鉴
　　——泰国汉语快速传播模式及其对汉语国际传播的启示
　　吴应辉　央　青　梁　宇　李志凌等

327 孔子学院可持续发展典型案例："政商孔校"四方优质资源整合模式
　　——美国肯尼索州立大学孔子学院可持续发展新模式案例研究
　　武慧君　金克华　吴应辉

337 附录:汉语国际传播研究论文存目(2013—2014)

342 论文作者简介

344 编后记

第一部分

汉语国际传播综合研究

让汉语成为一门全球性语言
——全球性语言特征探讨与汉语国际传播的远景目标[①]

吴应辉

一、引言

  语言既是人类交流的工具,又是文化的载体,还是文化的重要组成部分。世界上的语言多达五六千种,使用人口多寡悬殊,少则数百人,多则20亿;各语言使用范围差异极大,有的仅限于本民族使用,有的多民族通用,有的一国一语,有的多国共通。只有极少数语言,如英语,可在全球许多国家、众多领域广泛使用,成为名副其实的全球性语言。

  作为中国人,我们自然会思考这样的问题,汉语能像英语一样成为一门全球性语言吗?我们有时会有这样一种憧憬,让中国人走到世界的任何一个角落都能使用汉语进行交流,就像今天能说英语的人一样,走遍世界而无语言障碍。让汉语成为一门"全球性语言"是13亿中国人和所有海外华人华侨的共同梦想。如果真有那么一天,作为中华民族一分子,我们将十分自豪。基于中国国力发展预期、汉语人口状况、"走出去"国家战略,以及当前我国主导的汉语国际传播

[①] 本文曾以《全球华人共同努力,推动华语成为一门全球性语言》为题目,在2014全球华文教育论坛上报告,文中的"汉语"替换为"华语"并收入该会论文集。

事业没有确立长远目标的现实,笔者提出,让汉语成为"全球性语言"应被确立为汉语国际传播的远景目标。

国内外学术界涉足此课题的讨论才刚刚开始。李志凌阐述了全球性语言的基本形态,汉语成为"全球性语言"的主要途径等问题,认为一种语言同时具备"地域性语言""领域性语言"和"具有普遍象征时代的标志性语言"三个充要条件[①],便可以视作一种全球性语言。在如何使汉语成为"全球性语言"方面,李志凌还提出了三条主要途径:"汉语纳入传播对象国的主要语言政策与设计范畴;汉语成为主要的区域性或领域性语言,或具备显要的时代人文特征;拥有顺畅有效的国际化传播通道。"[②] 吴应辉等对泰国汉语快速传播个案进行深入研究后,明确提出了"汉语成为全球性语言完全可能"的结论[③]。在上述研究的基础之上,本文进一步讨论"全球性语言"的有关理论以及怎样才能使汉语成为一门全球性语言问题。现就有关理论和实践问题探讨如下。

二、"全球性语言"在语言分类中的定位

(一)语言国际传播视野下的语言分类

语言分类是语言研究的手段,研究目的不同,分类视角和标准也会随之改变。传统的语言分类主要以研究语言本身为目的,因而,分类的视角和标准也往往根据语言要素的特点而确定。影响较大的谱系分类法、类型分类法、地域分类法等都是对语言本体的分类,研究的目的是语言的内部结构和体系。功能分类法则主要从语言使用情况的视角对语言进行分类,研究的目的是语言外部的社会功能。

---

① 李志凌提出的三个要素的原文是:A 语言具有广泛而深刻的地域性分布,是一种典型的"地域性语言";A 语言在特定领域内具有广泛而深刻的使用价值,是一种不可替代的"领域性语言";A 语言成为一种具有普遍象征时代的"标志性语言"。
② 李志凌:《泰国汉语快速传播对汉语成为全球性语言的启示》,《汉语国际传播研究》2012 年第 1 辑。
③ 该结论在"泰国汉语快速传播模式及其对汉语国际传播的启示研究"课题(国家社科基金课题:08BYY018)的研究报告中提出。吴应辉、央青、梁宇、李志凌:《泰国汉语传播模式值得世界借鉴——泰国汉语快速传播模式及其对汉语国际传播的启示》,《汉语国际传播研究》2012 年第 1 辑。

笔者认为,语言国际传播视野下的语言分类主要为研究语言在全球视野下的社会交流功能而服务,因而属于功能分类,可根据社会交流功能的不同层次将语言分为六类:

1. 民族语言

民族语言是指一个民族的通用语言,一般说来一个民族使用一种语言,但也有一个民族使用两种以上民族语言或没有自己的民族语言而使用其他民族的语言或通用语言的情况。如裕固族就有东部裕固语、西部裕固语两种语言,而回族、满族都使用汉语。

2. 族际通用语

族际通用语是指两个以上的民族共同使用的语言,在多民族国家或地区较为常见。如汉语是中国各民族之间的族际通用语;俄语是苏联各民族的族际通用语,今天中亚各国各民族仍然借助俄语进行相互沟通。

3. 国家通用语

国家通用语是指在一个国家普遍通用的语言。国家通用语言包括国家法律规定的官方语言和没有取得官方语言地位但普遍通用的语言。"通用语言"这一概念强调一种语言在现实社会中的使用情况,而"官方语言"这一概念则强调一种语言在一个国家的政治地位。如英语是美国的通用语,但由于受种族平等等观念的影响,并未取得法律规定的官方语言地位。国家通用语可以只有一种,也可以有多种。如新加坡有英语、华语、马来语和泰米尔语四种官方语言;瑞士有德语、法语、意大利语和罗曼语四种官方语言;比利时有法语、荷兰语和德语三种官方语言。

4. 区域性语言

区域性语言是指全球视野下,某一地理区域内两个或两个以上国家或地区通用的语言。如中东—北非地区的阿拉伯语,除巴西以外的拉丁美洲的西班牙语,西非—中非地区的法语等。

5. 国际性语言

国际性语言是指在两个或两个以上国家中通用，或在众多国际组织、国际交往中经常使用的语言。联合国的六种工作语言英语、法语、俄语、西班牙语、汉语、阿拉伯语，以及德语、葡萄牙语、马来语、泰米尔语、乌尔都语、斯瓦希里语、豪萨语等都是国际性语言。区域性语言与国际性语言有交叉性，都表达几个不同国家共同使用的语言之意，但前者强调两个同一性，即既强调地域的同一性又强调语言的同一性，后者则强调语言的同一性而忽略地域的同一性。我们使用这两个术语时往往有所侧重，区域性语言强调地域，而国际性语言强调该语言的国际交流功能。区域性语言一定是国际性语言，但国际性语言不一定必须是区域性语言，如汉语主要在中国使用，在新加坡是官方语言之一，而且是联合国工作语言，因而其国际性语言地位毋庸置疑，但是中国与新加坡并未形成一个相互连接的共同区域，因此，汉语还不能算区域性语言。

6. 全球性语言

全球性语言是指作为母语、第二语言或外语的使用者人数众多，且在世界各地广泛分布，在国际政治、经济、文化、教育、媒体等领域广泛使用的语言。英语是世界语言史上到目前为止唯一的全球性语言。

上述分类具有层级性，第一层级为最低层级，第六层级为最高层级，任何一个高层级的功能往往包含其下几个层级的功能，反之则不具备包含关系。如第二层级的族际通用语就包含民族语言的功能；全球性语言不仅具有全球通用功能，同时还具有民族语言、族际语言、区域性语言和国际性语言的各种功能。如英语既具有全球通用语的功能，同时还具有作为一种英国主体民族的民族语言功能，英国主体民族、苏格兰人、威尔士人、外来移民等民族的族际语言功能，包括美国和加拿大两个国家的北美地区的区域性语言以及作为世界各国各领域重要交流语言的国际性语言的各种功能。

(二) 全球性语言的基本特征

根据对"全球性语言"的界定以及对英语这一"全球性语言"的现状分析,笔者认为,全球性语言应该具有至少五个基本特征:

第一,该语言的使用人口(以下简称"语言人口")众多,至少达到全球总人口的四分之一,而且作为外语使用人口众多。这里所说的"语言人口"包括该语言的母语人口、作为第二语言和外语使用的人口。这里所说的"语言人口"众多,是否需要量化是一个值得探讨的问题。如果不进行量化,"众多"是一个含义十分宽泛的词语,百万、千万、几亿还是10亿、20亿,还是更多?如果要进行量化,有何科学依据?显然,要找出一个确切的语言国际传播的"全球化"的"量"的界限十分困难。然而,英语已经成为一门全球性语言,其相关特征可供参考。因此,笔者建议,以目前英语人口数目(含母语人口、作为第二语言和外语使用的人口)作为"全球性语言"的语言人口参照标准。据英国文化协会发布的信息,"英语作为第一语言使用的人数达3.75亿,作为第二语言使用的人数达3.75亿,作为外语使用的人约7.5亿……"①这就是说,全球英语作为第一语言、第二语言和外语使用的人数约为15亿,2012年全球人口为63亿,使用英语的人口约占全球人口的四分之一。因此,建议将全球性语言的语言人口总量的下限确定为全球人口的四分之一。

第二,某语言作为外语使用者人数众多是"全球性语言"最为重要的特征之一。若将英语和汉语的全球传播状况做一个对比,我们不难发现,汉语的语言人口总量比英语的语言人口总量少一些的事实并非决定英语是全球性语言而汉语不是的主要因素。最重要的因素是语言人口中母语人口和外语人口的结构比例问题。汉语母语人口达13亿多,而英语的母语人口仅为3.75亿;但汉语作为外语使用人口很少,据说全球学习汉语的人数为4 000万(中国以外),而且还不能说都是将汉语作为外语使用者,而把英语作为第二语言、外语使

---

① 英国文化协会网站(http://www.britishcouncil.org/learning-faq-the-english-language.htm): English is spoken as a first language by around 375 million and as a second language by around 375 million speakers in the world. Around 750 million people are believed to speak English as a foreign language.

用者却达到了11亿多①。以上两组数据对比结果显而易见,要成为一门全球性语言,该语言作为外语使用者数量是一个重要特征。我们甚至可以下结论,作为外语使用人数众多是"全球性语言"的主要特征之一。如果以已经成为"全球性语言"的英语作为参照,某种语言要成为"全球性语言",该语言作为外语使用人数至少应占全球总人数的12%左右。②

第三,该语言使用者在全球分布广泛,将该语言作为母语、官方语言或通用语言的国家数量众多,基本达到全世界国家总数的三分之一。不论是作为母语、第二语言,还是作为外语使用者,不应该只集中在世界的某个局部,如目前的汉语;而应该广泛分布于世界各地,如今天的英语。我们将汉语和英语的使用国家数量进行对比后也发现,以作为母语或通用语使用的国家数为参考指标,汉语和英语的差距巨大,汉语仅有中国和新加坡("华语"为四种官方语言之一)两个国家,而将英语作为母语或官方语言使用的国家则达到44个③,再加上英语作为通用语使用的国家,则讲英语的国家总数达到了73个④,分布在世界六大洲。由此看来,作为母语、官方语言或通用语使用的国家数量众多是"全球性语言"的又一重要特征。讲英语的73个国家,也基本占到了全世界224个国家的三分之一,那么我们能不能参照英语的情况,设定一个"全球性语言"作为母语、官方语言或通用语言国家数的下限是基本达到全世界国家总数的三分之一呢?

第四,该语言已经成为世界各国官方和民间各领域相互交流的重要语言,尤其在经济、文化、教育、科技、传媒等领域被普遍使用。如重要的经贸文件由该语言写成;以该语言呈现的文学艺术作品在全球广泛传播;世界各国各级各类学校将该语言作为主要外语进行教学;该语言成为世界各国主要媒体的使用语言和信息载体,如成为

---

① 根据英国文化协会网站公布的英语作为第二语言人数3.75亿和英语作为外语使用人数7.5亿两个数字相加而得。网站:http://www.britishcouncil.org/learning-faq-the-english-language.htm。
② 英语作为外语使用人数除以全人口总数:7.5亿÷63亿=11.90%。
③ 吴应辉:《硬实力是语言国际传播的决定性因素——联合国五种工作语言的国际化历程对汉语国际传播的启示》,《汉语国际传播研究》2011年第1辑。
④ 维基百科:英语国家和地区列表,http//zh.wikipedia.org。

网络、电视、广播、影视作品、时尚文化等使用的主要语言。

第五，该语言的母语国已无需投入大量经费进行该语言的国际推广，学习使用该语言已成为各国民众的需求和自觉行动。以目前的"全球性语言"英语名称为例，英国、美国、加拿大、澳大利亚、新西兰等母语国已无需投入大量经费向世界推广英语，与之形成鲜明对比的是，世界各国民众都在非常主动积极地学习英语，以至于母语国和输入国可以把英语教育发展成为一个庞大的盈利产业，而英语作为第二语言或外语的人数已经数倍于英语母语人数。

国际性语言与全球性语言两个概念存在广度和深度上的区别。国际性语言只需要在两个以上的国家通用，并在一些重要的国际组织和国际交往中使用，即可称为国际性语言。而全球性语言只有在世界各地的许多国家普遍使用，作为母语、第二语言或外语使用者达到全球人口四分之一以上，在许多国际组织和国际交往中经常使用的语言才称得上"全球性语言"。英语可称"全球性语言"，但西班牙语、葡萄牙语、法语、俄语等只能称"国际性语言"。汉语在中国、新加坡、马来西亚等国家使用，也是联合国六种工作语言之一，已经是"国际性语言"，但还不是"全球性语言"。

三、成为"全球性语言"的必备条件

（一）该语言所属的国家必须具有超级强大的实力

语言传播史上众多的语言兴衰案例，如拉丁语、古埃及语、梵语、亚拉姆语①、希腊语等语言的兴衰史告诉我们，语言传播的决定性因素不在语言本身而在语言之外的社会，如与语言相关的民族或国家的状况，语言态度、政策、标准、相应人口、地域分布、相关文化，等等。

---

① 亚拉姆语：英语名称为 Aramaic language；汉译名称还有阿拉姆语、阿拉米语、亚兰语、亚拉美语或阿辣米语，是闪米特语族（闪族）的一种语言，与希伯来语和阿拉伯语相近。亚拉姆语有 3 000 年的历史，是世界上少数存活了上千年的古老语言之一。它是《旧约圣经》后期书写时所用的语言，并被认为是耶稣基督时代的犹太人的日常用语。一些学者更认为耶稣基督是以这种语言传道的。现在，还有许多居住在伊拉克、叙利亚、黎巴嫩、亚美尼亚、瑞典、美国等国家和西欧、拉美等地区的亚述人及部分亚拉姆人（即阿拉美亚人）后裔使用亚拉姆语。（参见维基百科该词条）

语言优美程度、科学程度、难易程度与语言传播的广度和深度没有必然联系。语言传播的决定性因素在于该语言所属民族或国家的强弱程度。少数学者对此已发表过精辟观点,李宇明指出,"语言的强弱与语言所属社团的强弱盛衰呈正相关关系"[①];张西平也指出,"国强语言强,国胜语言胜"[②];李志凌也提出,"语言的全球性不等于语言的优质性"[③]。而且,从文化相对论的视角看,任何一种文化(包括语言)对于本民族来说都有其优越性,而从他者的视角来判断一种文化(包括语言)的优劣往往有失偏颇。任何一种语言要成为全球性语言,都必须有一个甚至多个使用该语言的超级强大的国家作为后盾,尤其是将该语言作为第一语言的国家。国家综合实力与语言的国际传播呈正相关关系。而在综合国力中,"国家硬实力是语言国际传播的决定性因素"[④],而软实力只是辅助性因素。这是因为,硬实力是综合实力的基础,软实力附着于硬实力之上,没有硬实力,软实力就成了无源之水,无本之木。试想,在世界某个角落有一个非常不发达的小国,其语言十分优美,我们可以想象其语言能广泛传播吗?

(二)该语言具有巨大的国际传播需求

任何语言都具有国际传播的可能性,但这种可能性不一定都能变成现实性。国家实力决定该语言国际传播可能性的大小,现实需求则决定这种可能性转化为现实性进程的快慢,以及该语言传播的广度和深度。语言传播的"需求决定论"[⑤]认为,语言都有价值,但不一定都有传播价值,有传播价值的语言不一定都有国际传播价值,因为有的语言只能在国内族际间传播;语言的国际传播价值由语言国际传播需求决定,有国际传播需求,则有国际传播价值,反之则无国际传播价值可言。因此,语言国际传播需求是语言国际传播的动力

---

① 李宇明:《强国的语言与语言强国》,《光明日报》2004 年 7 月 28 日。
② 张西平:《在世界范围内书写中国学术与文化》,《世界主要国家语言推广政策概览》(序二),北京:外语教学与研究出版社,2008 年。
③ 李志凌:《泰国汉语快速传播对汉语成为全球性语言的启示》,《汉语国际传播研究》2012 年第 1 辑。
④ 吴应辉:《硬实力是语言国际传播的决定性因素——联合国五种工作语言的国际化历程对汉语国际传播的启示》,《汉语国际传播研究》2011 年第 1 辑。
⑤ 吴应辉:《汉语国际传播研究理论与方法》,北京:中央民族大学出版社,2013 年。

源泉,而这种需求可分为输入性传播需求和输出性传播需求;在语言国际传播过程中,这两种需求同时具备当是语言国际传播的最佳动力组合。任何一种语言要成为全球性语言,都必须以该语言具有巨大的国际传播需求为基础。全球强烈的英语学习需求经久不衰,而且呈现日益增强之势,展示了其强大的国际传播价值和英语作为全球性语言地位日益加强之势。

(三) 积极的语言传播态度和措施

语言传播态度和措施是影响语言传播进程的又一重要因素。"语言传播态度可分为个体语言传播态度和群体语言传播态度……,群体语言传播态度和措施往往对语言传播产生重要影响,如果这种群体语言传播态度和措施上升为国家态度和国家方略,它对语言传播将产生重大影响。一种具有国际传播价值的语言如果没有输出方和输入方对语言传播的积极态度,这种语言的国际传播将大打折扣。至少要有一方持积极的语言传播态度,这种语言的国际传播才有可能实现。"[①]语言传播史上,积极的语言传播态度和措施推动语言快速走向世界的典型案例俯拾即是,有英语、法语、西班牙语、葡萄牙语、俄语、阿拉伯语、梵语等,而作为反证的个案也不乏其例,有荷兰语、德语以及我们引以为自豪的汉语,这些语言在历史上曾经有可能在本国之外较大范围传播,但这三种语言所属国家当时的政府却没有非常积极的语言传播态度和措施,因而三种语言在海外并没有达到应有的传播效果。下面举两个例子说明积极的语言传播态度和措施对语言国际传播产生的积极影响。

新加坡华人占75%以上,但1965年独立后,1967年时任总理李光耀制定政策,确定英语为主的多元语言政策,与英语相关的主要内容包括:"四种官方语言(英语、马来语、汉语、泰米尔语)并存;英语(文)作为工作语言(working language),具有国语的实际地位;教育上实行双语政策,各民族学生均须学习英语为共同语。"[②]这一政策

[①] 吴应辉:《汉语国际传播研究理论与方法》,北京:中央民族大学出版社,2013年。
[②] 詹伯慧:《新加坡的语言政策与华文教育》,《暨南大学华文学院学报》2011年第3期。

对英语在新加坡的快速传播起到了重要作用,这项政策使一个原本以华人居多,主要讲华语的国家逐渐变成了一个名誉上四语平等,实际上英语行国语之实的国家。新加坡这种积极推行英语的态度和政策,对英语在新加坡的传播发挥了至关重要的作用。

另一个例子是英语在中国的传播。中华人民共和国成立后直到"文化大革命"结束,中国的外语教学出现"一边倒"的现象,主要学习俄语。但在1978年改革开放开始后,中国对英语的态度和措施发生了彻底改变,成为世界上推动英语教学最积极的国家之一。中国教育部积极引导开展英语教学,通过几个文件强化了英语在高等院校和中小学的地位。1979年下发了教育部关于印发《加强外语教育的几点意见》的通知①,通知中明确了"今后一个时期外语教学的总体要求:千方百计地提高外语教育质量,切实抓好中、小学外语教育这个基础,在办好高等学校专业外语教育和公共外语教育的同时,大力开展各种形式的业余外语教育,努力使越来越多的科技工作者和其他专业人员掌握外语工具,为加速实现四个现代化多作贡献。"该"意见"还明确了必须做好的八个方面的工作②,并指出"当前主要的任务还是大力发展英语教育",这个"意见"对后来中国外语教学,尤其是英语教学起到了重要的推动作用。1982年7月30日教育部又发出《关于加强中学外语教育的意见》的通知③,该意见提出,"中学外语是一门重要的工具课,也是整个外语教育的基础,中学又是学习外语的重要阶段。要提高外语教育质量,必须从中学抓起。各级教育行政部门应提高对中学外语教育重要性的认识,加强领导,认真总结经验,进一步明确中学外语教育的要求,采取切实有效措施,扎扎实实地提高质量。"该"意见"明确"中学语种设置,从全国范围来说,以英语为主",该文件对推动中国中学外语教学发挥了重要作用。1992

---

① 教育部:"关于印发《加强外语教育的几点意见》的通知"(1979)教高一字027号。
② (一)必须加强中小学外语教育。(二)要大力办好高等学校公共外语教育和各种形式的业余外语教育,培养既懂专业又掌握外语的科技人才。(三)集中精力办好一批重点外语院系,使之成为培养水平较高的外事翻译、高校专业外语师资和外国语言文学研究人才的基地。(四)语种布局要有战略眼光和长远规划。(五)大力抓好外语师资队伍的培养和提高。(六)编选出版一批相对稳定的大、中、小学外语教材。(七)加强外语教学法和语言科学的研究。(八)尽快把外语电化教学搞上去。
③ 教育部:《关于加强中学外语教育的意见》,《人民教育》1982年第10期。

年,教育部下发的《九年义务教育全日制小学、初级中学课程计划(试行)》①首次规定,有条件的小学可增设外语,初中阶段开设外语课。2001 年教育部下发的《义务教育课程设置实验方案》②将外语课正式列入小学课程,并明确小学开设英语课的起始年级一般为三年级。在上述规定的实施过程中,英语在中国社会各界的地位得到了进一步强化。如中国的中小学基本全部选择英语作为其主要或唯一的外语必修课;在高等学校升学考试中,英语和语文、数学科目具有同等地位;中国在全日制普通大学推行大学英语等级考试,学生成绩与获取大学毕业证书和学位证书挂钩,如许多学校规定通过大学英语四级才能授予学士学位,通过大学英语六级才能授予硕士学位;英语专业也推出全国英语专业四级和八级考试,学生成绩也往往与学位证和毕业证挂钩;各类专业技术职称评定要求必须具有专业职称外语考试合格证;学生取得的英语证书或托福、雅思成绩也往往是求职中衡量求职者综合素质的重要参考指标。总之,过去三十多年中国对英语的积极态度和有关措施推动了英语在中国的快速传播,以至于有人估计,中国英语作为第二语言的人口比英语母语人口还要多。英语语言学界的一些学者甚至提出新观点,认为"中国英语"已经成为英语大家庭中的一种国别变体。由此可见,中国改革开放后对英语在中国传播的非常积极的态度和措施起到了推动英语在中国快速传播的效果。

四、汉语完全可能成为一门"全球性语言"

汉语是否能成为一门"全球性语言"既是一个很值得探讨的理论问题,又是一个直接关乎汉语国际传播中长期战略的现实问题。笔者认为,汉语完全可能成为一门"全球性语言"。主要理由如下:

(一) 中国完全可能具有使汉语成为"全球性语言"的硬实力和软实力

中国经济持续稳步增长势头良好,经济总量和人均收入可望在 2020

---

① 教育部:《九年义务教育全日制小学、初级中学课程计划(试行)》,《课程·教材·教法》1992 年第 10 期。
② 教育部:《义务教育课程设置实验方案》,《基础教育外语教学研究》2002 年第 1 期。

年后超过美国,成为全球第一大经济体,科技、军事等硬实力也将随之提升。如果中国未来不发生大的动荡,经过几代人的努力,中国完全有可能成为全球超级强大和对人类发展最重要的国家之一。这是汉语成为"全球性语言"的决定性因素。此外,博大精深的中华传统文化和不断创新发展的中国新兴文化,也将形成推动汉语走向世界的软实力。

(二) 汉语母语人口众多是汉语成为全球性语言的有利因素

目前以汉语为母语的人口总数约 13 亿,此外在马来西亚、新加坡还有为数不少以汉语为第一语言的华人华侨。这是目前世界上任何一种语言都无法相比的,母语及第一语言人口的多少虽不是语言国际传播的决定因素,但也是重要的辅助因素,试想,随着中国的日益强大,将有越来越多的汉语为母语或第一语言的人走向世界。一个很少的百分比乘以如此大的基数都将成为一个非常可观的数字。如果世界不排斥中国的移民,汉语的母语者或第一语言者大量移民海外将促进汉语快速向世界传播。从这个意义上说,汉语母语或第一语言人口众多是汉语国际传播的有利因素。

(三) 中国积极的汉语国际传播态度和措施将助推汉语快速走向世界

汉语和中华文化国际传播已经成为中国"走出去"战略的重要组成部分。汉语国际传播事业在中国已经做到了"四有",即有组织机构,有政策支持,有经费保障,有完善体系。汉语在全球的传播体系已初步建立,已经形成上有国家领导大力支持、下有普通民众积极参与、国内国外密切合作、骨干项目引领示范、多种形式百花齐放的良好发展势头。中国作为汉语母语国正积极推进汉语国际传播事业,而世界许多国家如泰国、韩国、美国、法国、肯尼亚等都以前所未有的积极态度和政策措施支持本国的汉语和中华文化教学。

(四) 新加坡、马来西亚和泰国等案例展示了华语成为"全球性语言"的美好前景

在新加坡,华语被确定为四种官方语言之一,尽管近年来新加坡华语地位有所下降,但华语在新加坡日常生活中通行度仍然较高。

根据新加坡有关教育政策,华裔学生在小学和中学都必须学习华语;在马来西亚,华人社区普遍通行华语,且华文教学完整地存在于华人举办的从幼儿园到大专的各级教育体系中,且公立中小学及大学华语作为第二语言教学日益受到重视。在泰国,汉语快速传播的案例向我们展示了汉语成为一门全球性语言的美好前景。汉语在泰国的快速传播大约始于 2003 年[①],"短短十年间,汉语快速进入泰国各类教育体系中,包括高等教育、基础教育、职业教育,甚至学前教育体系中。开设汉语课的学校连年大幅度增长,一个只有 6 500 万人口的国家,2014 年有 3 000 多所学校开设了汉语课程,100 多万人在学习汉语"[②],学习汉语人数占到了全国总人口的 1.54%,近年来学习汉语人数年均递增近 10 万人,而且这种趋势还在持续。参与汉语水平考试人数累计已达 56 万人次[③]。从 2003 年至 2014 年,应泰国教育部邀请,国家汉办共向泰国派遣了 13 批、累计 5 769 名汉语教师志愿者,但仍然不能满足泰国汉语教学迅速发展的需要。2014 年国家汉办派到泰国的汉语教师志愿者的人数达到了 1 500 多人,开设汉语课程的各类学校达到了 3 000 多所。

"目前泰国各界都热情支持汉语教学,把汉语在泰国的快速传播现象置于汉语国际传播的全球视野中考察,我们会发现泰国汉语传播速度之快,发展状况之好,完全出乎人们意料,可谓汉语国际传播事业中的一个奇迹……许多中小学生都能讲一些汉语,甚至幼儿园 3—4 岁的孩子也能用简单汉语跟中国的来访者打招呼,使我们对汉语在泰国的传播效果深感振奋。汉语从中国走进泰国,并在泰国快速传播,堪称当今汉语走向世界的一面旗帜,向我们展示了汉语成为泰国流行语言的美好前景,增强了我们努力推动汉语走向世界,使汉语成为一门全球性语言的信心。汉语在泰国的快速传播不过十年,在普通民众中就如此流行,试想,如果这种趋势持续 30 年、50 年、

---

① 主要标志是 2003 年泰国从中国引进了 21 位汉语教师志愿者,从一个侧面反映出泰国汉语教学需求出现明显增长。

② 杨讴、王天乐:《中文给泰国大学生插上梦想的翅膀》。人民网:http://world.people.com.cn/n/2014/0614/c1002-25147718.html。

③ 汉办驻泰国代表处 2011 年 2 月提供数据。

100年……如果汉语在世界各国的传播都像泰国一样,汉语总有一天会像今天的英语一样成为一门流行的国际通用语言。"①

(五)汉语成为"全球性语言"是一个长期的历史过程

作为文化的一部分,语言的盛衰兴亡必然遵循文化盛衰兴亡的基本规律。任何一种文化的兴起与衰亡都有一定的惯性,既不会瞬间兴起也不会瞬间消失,都要经历一个渐变的历史过程。世界语言传播史告诉我们,拉丁语从大约公元前2世纪形成到传遍罗马帝国所辖的地中海沿岸的广大地区,再到公元8世纪口语逐渐消亡,经历了约1000年的时间;阿拉伯语大约从公元7世纪开始在西亚和北非地区传播,直到13世纪,大概经历了600多年的时间才使其成为该地区各国的母语②;西班牙语从16世纪开始至今传遍了除巴西以外的拉丁美洲和非洲的赤道几内亚和西撒哈拉,历时400多年;英语从17世纪至今不断向世界各地传播,从一种岛国语言变成了一种举世公认的全球性语言,也经历了400多年的时间。由此看来,让汉语成为全球性语言不是朝夕之功,需要长期不懈努力。当然,由于信息技术的高度发达,今天和未来的语言传播速度肯定会比过去快得多,因此,让汉语成为一门全球性语言的进程可能比历史上绝大多数语言的国际化进程要快得多,但也至少需要若干代人持续不断的努力。

(六)让汉语成为一门"全球性语言"需要做好的主要工作

要推动汉语成为一门全球性语言,我们必须做好以下工作。第一,基于"国家硬实力是语言国际传播的决定性因素"的逻辑判断,中国必须长期坚持以经济建设为中心,构筑强大的国家经济实力,并以此为依托,大力发展科学技术,使中国的科技处于世界领先水平。第二,中国要大力发展教育和文化事业,尤其是高等教育,使中国教育具有卓越的质量信誉和品牌形象,使中国成为全球最大的留学目的地国家和最具文化吸引力的国家。大批从中国学成回国的学生将会

---

① 吴应辉、央青、梁宇、李志凌:《泰国汉语传播模式值得世界借鉴——泰国汉语快速传播模式及其对汉语国际传播的启示》,《汉语国际传播研究》2012年第1辑。

② 刘开古:《中世纪阿拉伯语在西亚、北非的传播》,《阿拉伯世界》1998年第2期。

发挥种子作用,把汉语和中华文化传播到自己的国家。第三,移民是语言国际传播的最有效的途径之一。要鼓励中国企业对外投资,以对外投资为龙头带动中国人走出国门,走向世界,从而带动汉语和中华文化走向世界。因此,我们应该制定更宽松、便利的出国政策,为中国公民出国创造更好的政策条件。第四,要努力维护中国的统一以及普通话和规范汉字作为通用语言文字的地位。罗马帝国的崩溃和分裂,导致新兴国家的诞生,而新兴国家的发展又导致拉丁语各分支的相互隔离发展,最终导致统一的拉丁语的消亡和拉丁语系诸语言的形成。鉴于罗马帝国崩溃及拉丁语消亡的教训,我们应该努力维护中国的国家统一,维护普通话和规范汉字作为各民族通用语言文字的地位,以便汉语国际传播内容规范有序。

五、余论

本文的研究只是关于"全球性语言"理论问题和汉语成为"全球性语言"可能性的初步探讨,笔者认为下列课题非常值得跟踪并深化研究,有关理论假设需要进一步研究和时间验证。

(一)"全球性语言"非母语形式与他国母语的共存性课题

"全球性语言"在不同国家和地区可能以母语、第二语言、外语甚至混合语等形式存在。因此,研究"全球性语言"与其他国家或地区原有语言,即"他国母语"的关系是学术意义和实践意义兼有的重要选题。笔者认为,"全球性语言"的非母语形式,即作为第二语言、外语,甚至混合语等形式,对输入国家或地区原有母语的存在不构成威胁,完全可以和谐共存。正如全球15亿以上英语作为第二语言和外语的英语人口一样,他们可以在需要时使用英语,但不会影响其母语的地位,因此,笔者提出一个"'全球性语言'非母语形式与他国母语的具有共存性"的理论假设,希望在未来进一步研究验证。

(二)"全球性语言"的"非唯一性""潜在全球性语言"与"既成全球性语言"的竞争性与共容性课题

英语已经成为举世公认的"全球性语言",那么是否还会出现并存的其他"全球性语言"呢？由此带来的理论问题是，"全球性语言"是"唯一的"还是"非唯一的"？笔者认为，"全球性语言"的"非唯一性"命题成立，即世界上除英语之外，还有可能出现其他全球性语言，正如一些国家多语通用一样，相互之间虽有竞争，但可以和谐并存。"潜在全球性语言"与"既成全球性语言"之间如何相互影响？是相互竞争还是共容共生？笔者认为，"潜在全球性语言"与"既成全球性语言"之间肯定存在竞争关系，"既成全球性语言"已抢得先机，在一定程度上会成为"潜在全球性语言"的障碍。然而，两者之间的竞争不是两种语言本身的竞争，而是两种语言背后语言所属国家实力之间的竞争，语言背后的国家实力对比将决定语言的地位高低。"潜在全球性语言"可能上升为"全球性语言"，而后者亦可能下降为前者，但当双方背后的国家实力旗鼓相当时，"全球性语言"的"非唯一性"现象，即两种及两种以上"全球性语言"同时并存的现象可能出现。这些假设也有待进一步深入研究并需要在未来的语言传播进程中检验。

（三）汉语国际传播事业从业者在汉语全球化进程中的角色定位

从大的趋势上看，汉语的全球化进程由中国的实力决定而非汉语国际传播事业从业者可以左右。因此，汉语国际传播从业者应保持清醒的头脑，我们不能从根本上影响汉语的全球化进程，只能努力为汉语的全球化进程提供力所能及的专业服务。汉语国际传播事业的从业者既要高瞻远瞩、坚定信心，顺势而谋，又不能过分高估自己的力量，要摆正位置，量力而行，循序渐进，守土有责，扎扎实实地做好本职工作，以满足汉语国际传播事业日益增长的理论研究、人才培养和组织保障需求。

汉语成为"全球性语言"的梦想虽然美好，但需要若干代人的持续努力方能实现。我们不能急功近利，必须着眼长远。让我们共同努力，为汉语成为一门"全球性语言"做出自己力所能及的贡献。

汉语国际化的内涵、趋势与对策

李 泉 张海涛

一、引言

进入 21 世纪以来,汉语在国际上的应用前景正被海外各国越来越多的人看好,汉语的学习价值开始受到各国教育部门和公众的关注;海内外特别是海外学习汉语的人数持续增长,国际社会对汉语学习和汉语教学的需求不断增强。对此,就如何抓住汉语走向世界的难得机遇,加快汉语的国际化进程,业界同仁进行了多方面探讨。

例如:世界各地汉语教学的形势、问题与举措[1],汉语的世界性及全球化时代汉语传播的趋势[2],利用汉语拼音与国际接轨,培养多语种汉语师资[3],语言的强弱与国力强弱的关系,提升汉语价值、扩大学习需求[4],建立"大华语"的概念[5],汉语国际传播的国家策略和

---

[1] 严美华:《世界汉语教学的新形势与新举措》,《世界汉语教学》2003 年第 3 期;吴英成:《全球华语的崛起与挑战》,《语文建设通讯(香港)》2003 年第 73 期;贾益民:《海外华文教学的若干问题》,《语言文字应用》2007 年第 3 期。

[2] 王路江:《从对外汉语教学到国际汉语教学》,《世界汉语教学》2003 年第 3 期;赵金铭:《汉语的世界性与世界汉语教学》,《汉语与对外汉语研究文录》,北京:外语教学与研究出版社,2005 年。

[3] 马庆株:《关于对外汉语教学的若干建议》,《世界汉语教学》2003 年第 3 期。

[4] 李宇明:《强国的语言与语言强国》,《光明日报》2004 年 7 月 28 日;李宇明:《语言学习需求与对外汉语教学》,《汉语教学学刊》(第一辑),北京:北京大学出版社,2005 年。

[5] 陆俭明:《关于建立"大华语"的概念的建议》,《汉语教学学刊》(第一辑),北京:北京大学出版,2005 年。

学术策略①，强势语言传播的历史回顾以及汉语国际传播的发展趋势②，汉语传播必须以汉语教学为重点③，以科研引航促进国际汉语教学事业的发展④，国际汉语教学事业发展与学科建设的关系⑤，海外汉语教学的机遇、挑战与传播理念⑥，国际汉语教师的素质与培养的针对性⑦，语言国际化的衡量标准与汉语的国际化程度⑧，国际汉语教育与对外汉语教学之间的沿革与拓展关系⑨，等等。这些讨论、建议和相关的学术研究，有助于了解汉语国际化面临的机遇、存在的问题以及语言传播的各种动因，有助于更好地把握海内外汉语教学之关系及国际汉语教学的本质，有助于制定和选择国际汉语教学的策略、措施和在重大问题上的取向，等等。

但是，现有的研究中不少问题还未形成广泛共识，另有许多问题尚未深入探讨。比如，目前汉语国际化程度如何，所谓汉语热能持续多久？长远来看，汉语学习、教学和应用的国际化能达到什么程度？汉语能否以及何时能成为国际化的语言？影响汉语国际化进程的学习者因素有哪些？影响汉语国际化进程的语言及文字本身的因素有哪些？等等。这些问题不仅关乎汉语传播策略和教学理念的制定，更影响着汉语教学在海内外的持续发展。本文无力全面探讨上述问题，愿就汉语国际化的现状、内涵、趋势和对策略陈浅见，以供参考。

---

① 金立鑫：《试论汉语国际推广的国家策略和学科策略》，《华东师范大学学报》2006年第4期。
② 高增霞：《简论汉语的国际化》，《中国社会科学院研究生院学报》2007年第6期；吴应辉：《国家硬实力是语言国际传播的决定性因素》，《汉语国际传播研究》（第1辑），北京：商务印书馆，2010年。
③ 郑定欧：《汉语国际推广三题》，《汉语学习》2008年第3期。
④ 陆俭明：《以科研引航使汉语教学事业健康地向前发展》，《语言文字应用》2009年第3期。
⑤ 崔希亮：《对外汉语教学与汉语国际教育的发展与展望》，《语言文字应用》2010年第2期；李泉：《国际汉语教学：事业与学科》，《语言教育》2013年第1期。
⑥ 王觉非：《美国的中文教学状况：机会与挑战》，《汉语国际传播研究》（第1辑），北京：商务印书馆，2010年；李泉：《国际汉语教学理念与策略探讨》，《国际汉语教育》（第一、二辑），北京：外语教学与研究出版社，2010年。
⑦ 陆俭明：《汉语教师的素质和师资培养的针对性》，《国际汉语》（第1辑），广州：中山大学出版社，2011年；朱志平、赵宏勃：《汉语教学的国际化进程》，《北京师范大学学报》2013年第2期。
⑧ 曾毅平：《汉语国际化略论》，《世界华文教育》2013年第2期。
⑨ 赵金铭：《国际汉语教学的本旨是汉语教学》，《汉语应用语言学研究》（第2辑），北京：商务印书馆，2013年。

二、汉语国际化的现状

探讨汉语的国际化问题,首先应了解汉语国际化的现状如何。"现状"是制定政策的基点,是推进汉语国际化进程的起点。而评估汉语国际化的现状则是一个见仁见智的问题。媒体和文献中的相关表述有"世界兴起汉语热""普通话全球热""汉语走俏某某国""某某国汉语学习者激增""某某国汉语教师短缺"以及"汉语热需要冷思考""真正的汉语热尚需时日",等等。结合有关报道和我们近年参与海外高校、孔子学院等组织的海外汉语教师培训及所见所闻,拟对目前的汉语国际化现状及程度做如下估计和判断:

1. 中国经济的持续发展,综合国力和国际影响力不断提升,促进了国际上汉语学习的热情持续升温。"海外汉语教学由先前少数精英的学术性、猎奇性需求,转变为实用化、社会化、平民化和多元化需求趋势"[①]。近年来,在中国政府有关部门的积极推动下,国际汉语教学事业获得空前发展,所谓汉语热的说法正是在这种背景下出现的。海内外一线汉语教师明显感到,相较于十年前,汉语走向世界的步伐明显加快,汉语教学的国际化程度明显加深,这已是不争的事实。简言之,汉语正快步走向世界。

2. 从国际汉语教学的整体状况以及实际学习汉语的人数来看,从汉语进入有关国家国民主流教育体系以及教师、教材和教学标准等的本土化情况来看,从与英语、法语、西班牙语、德语、俄语等普遍或比较普遍学习的语言相比,从汉语作为第二语言在国际场合的使用情况来看,从外国人中真正能用汉语进行恰当的口头和书面交际的高端人才的数量来看,现阶段汉语的国际化水平还相当低,国际汉语教学正处在方兴渐热的阶段,汉语的国际化进程正处于初始阶段。[②] 简言之,汉语的国际化程度还很低。

新世纪以来,特别是 2005 年以后,海内外媒体和刊物不断报道

---

① 李泉:《关于建立国际汉语教育学科的构想》,《世界汉语教学》2009 年第 3 期。
② 李泉:《国际汉语教学理念与策略探讨》,《国际汉语教育》(第一、二辑),北京:外语教学与研究出版社,2010 年。

所谓"汉语热"的情况,不少海外人士都表达了对汉语学习和应用前景看好的意见。例如:英国有关方面的一项调查得出的结论是:10年后,今天在校读书的学生,没有人可以避免同中国打交道。英国48家集团俱乐部主席说:"过去俱乐部成员聚会时,所有人相互问候都用西班牙语,以显示自己有国际学识,现在改成用汉语了。"[1] 当然,也有些报道和展望言过其实、夸大其辞,有些学习者也存在"学了汉语就能找到工作,就能赚大钱"的盲目乐观心理。但是,汉语在世界范围迅速升温却是客观事实。主要表现为:汉语学习的人数在不断增加并呈现大众化趋势,学习目标正从传统的"学术和专业"需求急遽向"实用和兴趣"需求拓展,学习方式和学习内容也呈现多样化趋势,等等。有报道说,海外学习汉语的人数已达 5 000 万[2],而来华的各国留学生 2005 年仅 14 万多人,2012 年已达 30 万余人。[3] 可以说,海外各国不断升温的汉语学习需求,以及中国政府的大力投入和国内高等院校的积极参与,使得汉语正加快走向世界的步伐。

但是,汉语的国际化进程尚处于初始阶段,国际化程度还很低。表现为:世界上学汉语的人数有 4 000 万、5 000 万之说,但是"这些汉语学习者中,华人华侨学生几乎占了绝大多数,约占总人数的 70% 多"[4]。并且"绝大多数还只是能说上几句日常汉语口语而已,因此说,汉语还是一个相当弱势的语言"[5]。退一步说,即使这四五千万人都是非华裔学习者也不算多,特别是跟英语等强势语言相比,跟中国是个人口和语言大国相比,跟中国学习外语的人数相比(百度搜索:仅中国学习英语的人数就有 3 亿),跟我们希望能用汉语进行交际和用汉语来了解中国的人数相比,何况这其中的绝大多数汉语水平还很低。此外,目前汉语进入海外主流教育渠道的程度还不高,一些孔子学院缺乏本土汉语教师。实际上,汉语并没有真正"热"起

---

[1] 王芳、傅丁根:《文化交流的"中国样本"》,《人民日报》2012 年 3 月 1 日。
[2] 同上。
[3] 陆俭明:《有关汉语应用语言学的学科建设与发展的几个问题》,《汉语应用语言学研究》2013 年第 1 期。
[4] 贾益民:《海外华文教学的若干问题》,《语言文字应用》2007 年第 3 期。
[5] 陆俭明:《有关汉语应用语言学的学科建设与发展的几个问题》,《汉语应用语言学研究》2013 年第 1 期。

来,只是学汉语的人数比以前增多,汉语的学习价值和应用前景正被广泛地看好。比如,就美国的汉语教学来看,王觉非认为客观的说法应当是"现在开始加温了","美国公众现在对中文的关注程度正在提高"①。如此等等的一些情况,让我们相信,目前汉语的国际化程度还相当低。

如果以上的估计和判断大体符合实际,那么这应成为制定现阶段汉语国际化政策、选择国际汉语教学策略、确立国际汉语教学理念的重要依据。我们认为,对现阶段的国际汉语教学来讲,普及应是第一位的,是当下的,是一个人为的过程;提高是第二位的,后续的,是一个水涨船高的过程。学汉语的人多了,一些人对汉语汉字的畏惧感就会逐渐消除,汉语难学的偏见就会逐渐破除,汉语传播就会进入一个更加良性的状态。②

三、汉语国际化的内涵

何谓汉语的国际化?可以从不同的角度来考量,用不同的标准去界定。曾毅平指出,"语言国际化指的是一种语言成为国际通用语言的过程。国际通用程度可以分为低级、初级、中级、高级和最高级5等。低级是起步水平,至少一种语言在两国间通用。初级指区域若干国家通用。中级指在洲际多国或多种国际公共事务领域通用。高级则应为国际普遍使用"③。照此来看,目前汉语的国际化程度恐怕连低级都够不上。我们认为,现阶段的汉语国际化就是汉语教学、汉语学习和汉语应用走向世界的进程及程度。具体表现为:

其一,学汉语的国别广泛化,即在世界200多个国家和地区中开展汉语教学的国家逐步增多,随着汉语国际化程度的加深而最终占据绝大多数(80%以上),并且汉语成为有关国家最主要的外语语种

---

① 王觉非:《美国的中文教学状况:机会与挑战》,《汉语国际传播研究》(第1辑),北京:商务印书馆,2010年。
② 李泉:《国际汉语教学理念与策略探讨》,《国际汉语教育》(第一、二辑),北京:外语教学与研究出版社,2010年。
③ 曾毅平:《汉语国际化略论》,《世界华文教育》2013年第2期。

之一。

其二，学汉语的人数居高化，即学汉语的人数应成为有关国家外语学习者中最大的群体之一；世界范围内汉语学习者的人数，随着汉语国际化程度的加深而逐步与学习法语、西班牙语、德语等主要语种的人数大体相当乃至超过，并不断追近英语学习者的人数。

其三，汉语教学体系完善化，即世界各有关国家从事汉语教学的机构普遍增多，汉语学历化和非学历化教育层级逐步完善，普遍性地建立起涵盖从幼儿园、小学、中学、大学及成人教育的汉语教学体系；与此同时，各种专门用途的汉语教学（如商务汉语、科技汉语、医学汉语、公司汉语、航空汉语、旅游汉语等）得到广泛的发展，并且逐步积累起比较成熟的理论和丰富的教学资源及教学实践经验。

其四，汉语教学全面本土化，即汉语全面性地进入有关国家国民教育体系，成为有关国家及各级各类学校承认的外语教育的科目，并且是主要的外语学习语种；同时在汉语教师、教材、教法、教学模式及教学标准等各个方面逐步实现本土化或形成本土化特色。汉语教学在越来越多的国家全面实现本土化，是汉语真正走向国际化的核心标志。

其五，汉语应用场合多样化，即不仅在汉语学习和教学、汉语和中国文化学术研讨，以及有关中国问题的国际会议等场合"汉语化"或尽量汉语化、逐步汉语化，而且诸如中国外销产品的包装及说明也应逐步采取"汉外双语化"，海外旅游景点的标志和介绍逐步增加中文说明（现在已经在某些国家开始这样做了），等等，以便扩大汉语的国际使用场合，增强各国人民对汉语汉字的观感和兴趣乃至于学习和应用的机会。其中，当中国的某些先进的科学技术研究成果（如航空航天等领域），以及研究和介绍中国传统文化的学术论著（如中医中药、儒家经典等）不再以英语等发表或翻译成英语等，而是直接以汉语发表或出版并被国际社会所接受和利用时，才表明汉语真正走向世界。

其六，汉语在国际间媒介化，即随着汉语不断持续、深入地走向世界，汉语应逐步成为双边、多边以及区域性、多区域性乃至国际性的媒介语、通用语。比如，东亚的中日、中韩、中日韩乃至韩日之间、东南亚各国之间以及东亚地区和东南亚地区各国之间的媒介语、通用语。即汉语在某些场合、某些区域内逐步替代英语等媒介语而成为新的媒介语。这是汉语国际化的理想境界。显然，需要一个相当长的时期，需要具备诸多良好的汉语国际化的发展条件，才可能逐步得以实现。

当然，并没有充分的理由表明只有以上六个方面才是汉语国际化内涵的体现，甚至是否还有更能体现汉语国际化内涵的指标也还值得探讨。但是我们相信，以上确定的汉语国际化的基本内涵，应该符合当下汉语国际化进程的现状及相当长一个时期的发展方向。果真如此，则上述"六化"应是国际汉语教学发展的重要取向，是汉语国际化的重点努力方向。汉语传播策略、教学策略、教学目标等的制定，海内外特别是海外汉语教学的开展，都应围绕着这样一些工作取向和努力方向来进行。其中，学汉语国别的增多，特别是学汉语人数的增多，是汉语国际化"量"的体现，是汉语国际化的显性标志。汉语教学层次的多样化和汉语教育体系的完善，以及教师、教材、教法、教学标准等逐步而全面实现本土化，是汉语"学科"国际化的具体体现，是汉语国际化可持续发展的保证。汉语应用场合多样化，特别是不再以英语等媒介语而是直接用汉语发表学术成果，并能够被国际学术界阅读和利用，以及汉语成为"中外""外外"之间口头和书面交流的语言，则是汉语国际化的真正实现。

四、未来汉语国际化的趋势

未来汉语国际化的发展趋势如何？即目前汉语快步走向世界的良好势头能否得以持续、稳步的发展，所谓的汉语热能"热"多久？会不会像当年由于日本经济的强劲发展而带动了世界范围的"日语热"，而后又由于日本经济的长期低迷而导致日语变"凉"？这不仅是海内外汉语教学与研究的从业人员所关心的问题，更是在学的特别是将要选择汉语学习的海外各类学生，以及未来的、潜在的汉语学习者所共同关心的问题。这的确是一个重要的问题，对许多汉语学习者来说也是一个非常现实的问题，影响着他们是否选择学汉语，因而也影响着汉语国际化的程度。然而,这个问题目前没有定论,似乎也难有定论,很大程度上说,这是一个有待让未来事实回答的问题。但是,我们也可以不"等待未来",而根据现有的认识做些一般性的分析和预测。我们认为,从以下几个方面看,汉语将在世界上继续升温。

其一,中国经济持续发展,则汉语将进一步国际化。近年来世界范围的"汉语热"跟中国经济多年来的持续快速发展密切相关,毫无疑问,中国经济多年的快速发展是形成"汉语热"的一个根本动因。因此,如果中国经济大体保持现有的发展水平,乃至进一步稳步发展,无疑将会进一步促进"汉语热"持续升温,进一步加快和深化汉语的国际化进程。简言之,中国经济发展则汉语热,这应该是多数人的共识。

其二,中国经济发展放缓,则汉语的国际化会受到影响。按照"汉语热"的经济发展动因说,如果中国经济发展速度放缓、持续低迷乃至长期衰退,那么,无疑也会导致"汉语热"降温,汉语的国际化进程放缓,乃至汉语变"凉"。但是"放缓"说目前还只是一种假设的情况,中国经济尚未出现低迷的迹象,更未出现长期衰退的事实。实际上,自2010年以来中国已经成为世界第二大经济体,中国经济总体上仍在发展阶段。据《金砖国家经济社会发展报告》预测:到2020年,中国经济总量有可能超越美国居世界第一。[1] 中国经济正处于转型期,增长放缓难以避免,但随着居民收入及基础投资需求持续增加,中国经济未来仍有巨大发展空间。据预计,至2020年中国经济每年平均增长仍可达7%。[2] 国际清算银行的调查报告显示:2013年人民币首次超过瑞典克朗、港元进入全球十大交易最频繁货币榜单,成为世界第九大交易货币,而2010年4月人民币还只排在第17位,可见,人民币正加速其国际化进程。[3] 有关中国经济发展的现状和趋势,我们可以从习近平在亚太经合组织工商领导人峰会上的演讲中得到最新的权威看法,在回答中国经济会不会"硬着陆",中国经济能不能持续健康发展的问题时,他强调指出:"中国经济已经进入新

---

[1] 陈郁:《金砖国家经济社会发展报告(2011)在京发布》,中国经济网,2011年4月7日。
[2] 李伟:《至2020年中国经济年增速仍可达7%》,凤凰网(财经),2013年4月25日。
[3] 阮煜琳:《人民币跃至全球第九大交易货币》,中国新闻网,2013年9月6日。

的发展阶段,正在进行深刻的方式转变和结构调整。""综合分析各方面情况,我对中国经济发展前景充满信心。"信心来自于中国经济增速处在合理区间和预期目标内,中国经济增速有所趋缓是中国主动调控的结果;来自于中国经济发展质量和效益稳步提升,而不再简单以国内生产总值增长率论英雄;来自于中国经济的强劲内生动力,中国经济发展的内生动力正在不断增加,并将继续增强;来自于亚太发展的良好前景。① 所有这些都表明:经济动因仍将持续促进汉语的国际化进程。

其三,中国持续的改革开放政策和广大民众的强国梦,是可以期待汉语国际化的内在动因。一方面,中国经济的崛起得益于中国实行的改革开放政策,改革促发展、发展是硬道理的观念早已深入人心。中国是世界上最大的发展中国家,市场大、内需外需发展空间广。更为重要的是,中国对内改革对外开放和以经济建设为中心的国策不会改变。2013年11月9—12日召开的中共十八届中央委员会第三次全体会议决定成立"中央全面深化改革领导小组",负责改革总体设计、统筹协调、整体推进、督促落实。这将进一步有力促进中国经济和社会的全面发展。另一方面,回顾鸦片战争以来百余年中国积贫积弱、备受欺凌的历史,无论是仁人志士还是广大民众都普遍抱有强烈的屈辱感,以及由此而产生的强烈的富强梦,这也许就是中国近30年经济快速发展的深层动因。可以说,中国的发展有着强大的历史基础、人心所向和改革需求,这无疑将成为我们相信和期待中国经济、社会不断发展,进而相信和期待汉语的国际化是一种必然进程的重要理由。

其四,经济以外的中国文化等因素,也是可以期待汉语国际化的重要动因。实际上,一种语言成为普遍学习的语言,不仅仅是经济因素一个方面的动因,语言本身以及科技、文化、教育等综合国力方面的因素也是人们选择学习某种语言的重要动因,而在这些方面汉语仍有相当大的优势。比如,汉语汉字背后的中国文化就是吸引外国人学习汉语的重要因素,几十年海内外汉语教学的实践已经证明了

---

① 习近平:《深化改革开放,共创美好亚太》,凤凰网,2013年10月8日。

这一点。又如,传统的汉学研究将伴随着中国的发展而进一步得到发展,研究过去的中国和现在的中国的各个方面是汉学研究的基本任务,研究中国迅速崛起的原因和未来的走向则是当下汉学研究的重要课题,而从事汉学研究的首要前提是学习和掌握汉语。总体上看,为了了解中国文化和从事汉学研究而学习汉语的人数不会占汉语学习者的多数,但他们受经济因素的影响不大,因而既不会大规模增长或快速增长,也不会突然减少或大量减少,他们是一个持久性的汉语学习群体,并将随着中国国际化程度的加深而持续、稳步增加。

其五,全球化背景下,中国的国际化进程加快,而中国的国际化必然促进汉语的国际化。具体说,在全球化、信息化时代,在"地球已成村"的当今世界,随着中国愈加深入地融入国际社会,以及"中国制造""中国装备""中国创造"不断走进世界各国,随着世界对中国立场、中国声音关注度的不断提高,以及中国人、中国事的"中国新闻"逐步成为世界新闻,而出于更好地了解中国的需要,中国的语言——汉语必然将走向世界,并在中外交流中发挥越来越大的媒介功能。与此同时,随着中国经济实力、综合国力和国际影响力的不断增强,世界各国了解中国和走进中国的愿望也会增强,并将在与中国的合作和交流中实现共赢。而真正要了解中国和走进中国,必然要借助汉语,因为只有通过汉语才能更好地了解中国,更好地同中国打交道。可见,汉语在中国的国际化过程中,将逐步但必然要担当起应有的媒介功能。换言之,汉语国际化也是中国国际化的重要体现和标志,二者相辅相成,相互促进。

综上所述,我们相信,随着中国经济社会的不断发展、科学技术和教育水平的不断提高、文化影响力的不断增强和综合国力的不断提升,以及全球经济一体化、政治多极化和文化多元化趋势的不断发展,汉语的国际化将是一个必然的趋势,国际汉语教学必将获得不断的和更大的发展。因此,我们对汉语的国际化持乐观的态度,甚至相信,汉语的国际化进程已然不可逆转。"长远来说,学习汉语将逐渐成为一种全球性的热潮,或迟或早公认的汉语热必将呈现,汉语亦终将成为一种世界强势语言。"①当然,这绝不会一蹴而就,需要中国经济和社会长期持续稳定发展,需要中国社会文明程度和国际化程度不断提高,需要海内外汉语教学界一代代同仁付出更多的努力。

五、促进汉语国际化的对策

如何推进和深化汉语的国际化进程,是一项系统性的顶层设计工程,需要海内外有关部门以及汉语教学界同行的通力合作,需要进行系统性的研究。尤其需要汉语母语国的有关部门对国际汉语教学事业做出全面的、长远的、战略性的规划设计,需要国际汉语教学界在广泛深入研究的基础上对国际汉语教育学科做出科学的学术发展规划,以便使汉语的国际化从初始阶段就能进入一个既切合实际、又有利于持续发展的进程。本文的引玉意见如下:

(一)制定现阶段国际汉语教学总目标

如何推进汉语的国际化进程,可谓千头万绪。其中,首要的应该是科学而恰当地规划汉语国际化初始阶段国际汉语教学的总体发展目标,即进行汉语教学发展目标的顶层设计。这可能是一项十分必要而迫切的工作。因为它不仅直接关乎现阶段汉语传播的理念和教学策略的选择,也关乎汉语国际化未来的发展进程。如何确定现阶段国际汉语教学的总目标?我们认为应依据如下两个因素:(1)当下汉语国际化的现状,即上文所说的"汉语正快步走向世界"和"汉语的国际化程度还很低",这关乎汉语传播目标的可行性。(2)汉语走向世界所要面对的主要现实问题,这关乎汉语传播目标的针对性。从学习者的角度看②,汉语走向世界所面临的现实问题主要有两个:

---

① 李泉:《国际汉语教学理念与策略探讨》,《国际汉语教育》(第一、二辑),北京:外语教学与研究出版社,2010年。

② 实际上,从不同的角度看,汉语走向世界所要面对的问题很多,有世界各国的语言态度、政策问题,有汉语传播的政策、渠道和方法问题,也有汉语本身的问题,如李宇明指出汉语走向强势语言的不利因素有汉语的一致性差,方言分歧严重,普通话没有普及;现实生活中存在着轻汉语重外语(主要是英语)的政策规定或心理倾向,损伤了母语的声望;汉语汉字的规范标准不健全;地区性或国际性的组织、会议以及外交、贸易等场合真正使用汉语的不多,等等。见李宇明:《强国的语言与语言强国》,《光明日报》2004年7月28日。

"汉语(汉字)难学"和"对中国缺乏了解"。前者不管是个真命题还是伪命题,都是一个在世界上广泛存在的现实问题。因此"汉语难学"这种普遍性的看法,是汉语走向世界所应面对的一个客观现实,在制定汉语传播策略和具体的汉语教学实践中,需要给予足够的重视。①后者也是我们在制定汉语传播策略和具体的汉语教学实践中需要认真加以对待的一个问题。由于历史和文化传统等多方面的原因,除了少数研究中国问题和来过中国的外国人以外,当今世界特别是各国民众对中国还相当不了解,或者没什么概念,或者只留下一个"中国很神秘(有两解:神奇、有吸引力;很传统、很落后)"的印象,或者对中国的认识还停留在百余年前、三十年前的状态。②

基于汉语国际化的现状和汉语走向世界所面临的问题,我们认为,现阶段国际汉语教学的总目标,应是"培育汉语市场,扩大汉语市场"。即应不遗余力地满足越来越多的外国人学习汉语的愿望,并千方百计地吸引更多的外国人想学汉语、乐学汉语,并且能学得下去。一句话,以能吸引住更多的人学汉语为现阶段汉语国际传播的上策,以做大做强汉语学习的市场,想方设法让更多的人走进汉语、接触汉语、学习汉语,不断扩大汉语学习者的基数,作为现阶段国际汉语教学的总目标。③ 确定这样一种总目标(或称指导思想、传播理念),将有助于与近年来世界范围的"汉语热情"相接轨,有助于扩大学习汉语的人数,从而逐步提高汉语的国际化程度,汉语学习者的基数大了,才有可持续发展的空间,有了数量才会有质量;而学汉语的人多

---

① 实际上,所谓汉语汉字难学更多的还是一种观念问题。对许多学习者来说,学汉语不过是学习一种"真正的外语",需要付出比学习亲属语言更多一些时间和精力而已。而汉字学习和使用过程中存在"降难"机制,如高频字集中之系统"易化"机制,汉字读、写、认、用之间难易"转化"机制,汉语拼音对汉字难读和难写的"补救"机制等,因此,实际上汉字并不那么难学。见李泉:《关于"汉字难学"问题的思考》,《汉语国际传播研究》(第1辑),北京:商务印书馆,2013年。

② 据美国教授麦克·尼克斯基说,对许多美国人来说,中国在他们头脑中的形象仍旧与几百年前相差无几——一个由皇帝统治的、人们还穿着传统服装的农耕社会。时至今日,仍有较多的美国人不了解当今中国经济建设的成就及改革开放政策。更令人遗憾的是,许多美国人不知道有北京和上海这样的国际化大城市。见戴蓉:《孔子学院与文化外交》,《汉语国际传播与国际汉语教学研究》,北京:中央民族大学出版社,2011年。

③ 李泉:《国际汉语教学理念与策略探讨》,《国际汉语教育》(第一、二辑),北京:外语教学与研究出版社,2010年。

了,则有助于改变"汉语难学"的观念,有助于增强学习者对中国、中国人和中国文化的了解。为此,在汉语国际化的初始阶段,海外的汉语教学也应有意识地"放下身段",努力化繁为简,走"亲民化"之路;力避知识传授的"繁琐化"和教学内容的"怀古化""猎奇化"。换言之,在教学标准、教学内容、教学方法以及在汉字教学、教材编写等各个方面都应采取更加贴近学习者实际需求的灵活措施,尤其是海外中小学及社会大众的汉语教学。① 力争在汉语国际化的初始阶段,在目标策略和教学行动上"吸引人""留住人""发展人",为后续发展奠定基础、预留空间。

(二) 积极促进本土化教师队伍的建立

采取积极的措施,努力培养和培训本土化汉语教师。这是发展国际汉语教学、推进和深化汉语国际化的重要措施,也是汉语真正走向世界的一个重要标志。如果在世界范围内建立了一支包括海外华人在内的汉语本土化教师队伍,则为汉语的国际传播提供了不可或缺的资源保障。他们不仅可以从事汉语教学,更有资格、有条件和有能力促进有关国家、有关学校、当地社区汉语教学的开展,乃至积极影响有关国家或当地教育部门汉语政策的制定和实施。一旦汉语教学与本土汉语教师的工作乃至生存和发展联系起来,他们便有传播汉语的内在动力,便会积极寻求机会从事汉语教学工作,甚至创造条件开展各种类型和形式的汉语教学。相反,没有这样一支本土化的国际汉语教师队伍,汉语的国际传播便缺少了依靠和重要的支撑力量,汉语教学的本土化就难以真正实现,汉语的国际化就难以真正实现。可以说,本土化汉语教师是国际汉语教学的"火种",是汉语国际化进程中的不可缺少的重要资源保障。建立本土化的国际汉语教师队伍是一项根本性的、战略性的措施。

(三) 促进汉语走进海外国民教育体系

据报道,已有英国、法国、美国等 40 多个国家颁布政令,将汉语

---

① 李泉:《国际汉语教学理念与策略探讨》,《国际汉语教育》(第一、二辑),北京:外语教学与研究出版社,2010 年。

教学正式纳入国民教育体系。在日本、韩国、泰国和蒙古国,汉语已跃升为第二大外语。[①] 从制度上保证汉语的学习地位,无疑是汉语国际化的重大进展。汉语只有越来越多地进入有关国家中小学和大学等主流教育体系中,才能从根本上保证和深化汉语教学的国际化进程。可以说,进入有关国家的国民教育体系是汉语真正走向世界和高水平汉语国际化的制度保证。因此,作为汉语的母语国,中国政府及有关部门、教学机构和学术团体,以及海内外汉语教师,应通过多种途径和方式,进一步促进这项关键工作的达成和实施,以确保汉语教学地位的提升和汉语教学的可持续发展。当然,进入国民主流教育体系绝非说说就能做到,根本上取决于有关国家及其当地政府自身对汉语学习价值的认可,而这又在很大程度上取决于中国经济的持续发展以及中国文化、政治、外交等国际影响力的不断增强。从这个意义上说,促进和保持中国经济的长期持续发展以及综合国力和科技教育水平的不断提高,才是汉语不断走进有关国家国民教育体系的根本动因。

(四) 整合和完善面向海内外的国际汉语教育学科

国际汉语教学不仅是中国的一项事业,也是一项国际间的友好事业。开展这项工作不仅有利于汉语和中国文化走向世界,更有利于满足各国人民对汉语及中国文化的实用需求、学术需求、兴趣需求,有利于中外各国人民的了解和理解,有利于世界的和平发展和和谐发展。然而,国际汉语教学更是一门以汉语作为外语或第二语言教学的学科,并且事业的发展归根结底需要学科发展的支撑,没有一个强大的学科及其建设成果的支撑,国际汉语教学的水平和效率就难以提升,汉语的国际化进程就会大大迟缓。因此,应加强海内外汉语教学界的联合,积极建立国际汉语教育大学科,探讨海内外汉语教学的共性和个性,研究和解决共同面对的和各自面临的教学理论和教学实践的问题。[②] 可以说,学科建设是事业发展的学术保障,也是

[①] 王芳、傅丁根:《文化交流的"中国样本"》,《人民日报》2012年3月1日。
[②] 李泉:《关于建立国际汉语教育学科的构想》,《世界汉语教学》2009年第3期。

国际汉语教学健康发展、持续发展和深广发展的根本保证。事实上，国际汉语教学学科建设的水平本身即是汉语国际化水平的重要标志。上文所说的目前汉语国际化的程度还不高，其中就包含了学科建设的成果还不够丰厚的因素在内，特别是着眼于海外丰富多彩的汉语教学实践及其对于学科研究成果的需求。因此，海内外汉语教学界同仁应进一步加强交流与合作，整合和完善国际汉语教育学科，以支持海内外汉语教学实践的深入发展、高效发展，不断促进和深化汉语的国际化进程。

（五）积极探索促进汉语国际化的其他各种措施

国内对外汉语教学界同仁在加强对外汉语教学理论研究的同时，应积极开展面向海外的国际汉语教学的研究，努力将国内的对外汉语教学建设成国际汉语教学的"学科基地"，从多方面引领和促进汉语的国际化进程。例如，探究多种多样适合不同区域和国家的汉语教学模式，制定和完善各类用途的汉语水平标准、教学标准、课程标准和教学大纲，编写普适性、区域性和国别化的各类汉语教材，探讨适合汉语、汉字特点的教学方法，等等，以供海外汉语教学参考和借鉴。当然，这样一些具体的工作也可以海内外合作研究。

而海外汉语教学界在汉语国际化的进程中更可以大有作为，比如，在"培育汉语市场、扩大汉语市场"的当下，积极促动和支持海外中小学乃至幼儿园的汉语教学，这是汉语国际化的"群众基础"。又如，海外汉语教学普遍课时少，又缺乏汉语环境，因此应尽可能争取更多的汉语课时量，这是汉语学习和掌握的必要条件；而在具体的汉语教学中，可以考虑采取"量化""成就化""小步快走"的教学原则，每次课的教学内容不求多（如3—5个词，1—2个语言点）、求扎实（听、说读写"四会"）、求实效（如张口就来，灵活运用），如此这般的日积月累才能真正"学住"汉语，才能让学习者真正有成就感。再如，应将中国传统的教学方法熟读和背诵引入海外的中小学汉语教学，熟读和背诵是中国千年承传的语文教学传统，很可能也是适合海外学习者学习汉语汉字的方法。当然，海外不同地区、不同教学机构，更可以结合自己的教学实践和教学传统探索适合本国、本地区的汉语教学模式和教学方法。长久来看,汉语的国际化很大程度上也是国际汉语教学的多元化,换言之,由于文化传统、教学体制和教学传统等的不同,多样化的汉语教学恰是汉语国际化的一个重要表现。

六、小结与余言

讨论汉语国际化的内涵,是希望能有助于明确当下海内外汉语教学实施的重点。而探讨这一问题需要了解汉语国际化的现状,本文对汉语国际化现状的基本评估是:"汉语正快步走向世界"和"汉语的国际化程度还很低"。基于此,我们认为汉语国际化的基本内涵应是:学汉语的国别广泛化,学汉语的人数居高化,汉语教学体系完善化,汉语教学全面本土化,汉语应用场合多样化,汉语在国际间媒介化。换言之,这"六化"是汉语国际化的主要表现,也是当下和未来相当长一个时期促进汉语国际化的主要努力方向和实施重点。

关于未来汉语国际化的趋势,即汉语热能"热"多久?这不仅是业界人士,更是海外汉语学习者和潜在的汉语学习者所关心的一个实际问题。本文从经济发展的"好"与"差"、中国的改革开放政策和广大民众的强国梦、经济以外的文化等因素、中国的国际化进程等方面做了分析和讨论,其基本结论是:尽管不会一帆风顺,但汉语走向世界是一种不可逆转的趋势,或迟或早汉语终将成为一种强势和普遍学习的语言。汉语在中国走向世界和世界走进中国的过程中必将充当重要的角色。实际上,中国的国际化本身就包含汉语的国际化。如果说中国的国际化是一种必然的趋势,那么汉语的国际化也将是一种必然的趋势。

本文认为,促进汉语国际化进程的主要措施包括:一、首先需要制定现阶段国际汉语教学的总目标,因为目标明确并切合实际才能有效地推进汉语的国际化进程。为此,本文基于对现阶段汉语国际化现状的基本认识(汉语正快步走向世界、汉语的国际化程度还很低),以及从学习者角度看汉语走向世界所要面对的两个现实问题(汉语汉字"难学"、世界对中国缺乏了解),主张现阶段国际汉语教学的总目标应是"培育汉语市场,扩大汉语市场"。即千方百计地吸引更多的外国人想学汉语、乐学汉语,并且能学得下去。为此,在汉语国际化初始阶段应确立"来学就好,能学就赢"的观念,并且在教学实施过程中让学习者真正感到"汉语并不难学",汉语"有意思",乃至"汉语好学",这样才会有越来越多的人加入汉语学习的行列。二、积极促进本土化教师队伍的建立。三、促进汉语走进海外国民教育体系,这一点许多学者和文献中都提到过,本文做了进一步阐释。四、建立兼顾海内外的国际汉语教育学科。五、积极探索促进汉语国际化的其他各种措施。

  作为余言,想特别强调的是:汉语的国际化虽然是一个必然的趋势,但将是一个漫长的过程,并且不会是直线型的持续发展。一方面,"任何一国经济的发展,均不可能永远是线性发展趋势,而只可能是动态的非线性发展趋势"。我国经济在此前高速增长的惯性下"未来10年内仍有可能保持5%以上的增速。可是,如果缺乏内在经济体制的深刻转变,在这一高速惯性消减无力之后,我国经济极可能会面临较长时期的停滞"[①]。另一方面,国际社会从来就不缺乏诸如"中国威胁论"这样别有目的的声音,从来就不缺乏反华的政客和抑华的政治势力。因此,同中国的和平崛起一样,汉语的国际化进程同样不会直线型持续发展。此外,汉语的国际化是一个程度的问题,不同时期有不同的内涵体现和工作重点,本文对汉语国际化的内涵和国际汉语教学总目标的探讨,是基于当下汉语国际化初始阶段的状况而言。最后,"加快促进汉语国际化的进程"更多地表明作为汉语的母语国应抓住机遇,不遗余力地满足各国民众汉语学习需求的一种主观愿望。国际汉语教学仍需按照语言传播和外语/第二语言教学的规律办事,加强国际汉语教学学科建设,加强汉语、汉字本身及其教学规律的研究;切不可以事业的发展代替学科自身的发展,或忽视学科自身的建设,更不可能将学科"事业化"乃至"边缘化",国际汉语教学事业与学科应相互促进,共同发展。

---

① 杨国英:《2052年中国问鼎世界经济中心是个伪命题》,《南方都市报》2013年10月6日。

汉语国际教育学科建设亟待解决的主要问题

吴应辉

笔者认为"汉语国际教育"作为一个学科加以建设,目前亟待解决的主要问题如下:

一、学科名称问题

关于学科名称,"汉语国际教育""国际汉语教学"和"国际汉语教育"是目前学界使用较多的几个学科名称。尽管众说纷纭,而且笔者曾提出使用"国际汉语教学"作为学科名称的观点,但毕竟教育部新颁布的高等学校本科专业目录和专业硕士目录中都使用了"汉语国际教育"这一学科名称。因此,"汉语国际教育"作为一个正式的学科名称,已无需继续讨论,今后可以此作为规范名称使用。

二、学科归属问题

"汉语国际教育"在2012版的教育部本科专业目录中归入了"中国语言文学"一级学科之下,而"汉语国际教育硕士"专业学位却归入了"教育学"一级学科之下。笔者认为,学科归属应根据学科内涵决定。"汉语国际教育"的学科基础主要是汉语语言学,因此该学科应归入"中国语言文学"一级学科。但同时我们也要承认它还是一门交叉学科,教育学、跨文化交流学等许多学科理论与方法贯穿其中。因此,关于该学科的定位可以这样表述:"汉语国际教育"是一门与教育学等许多学科交叉的"中国语言文学"一级学科之下的二级学科。

三、学科理论体系构建问题

一个学科之所以成为一个独立的学科,是因其具有独立的学科理论体系。"汉语国际教育硕士"专业学位2007年正式批准设立,而"汉语国际教育"本科2012年才正式列入大学本科专业目录,博士层次的学位点则尚未列入教育部公布的新的学科目录。如此新的一个学科,其理论体系还十分薄弱,构建任务非常艰巨。既需要宏观层次的理论,为学科搭建起理论体系框架,也需要大量中观层次的理论,以丰富学科理论体系的每一个分支,同时还需要大量的微观研究,为学科理论体系提供充足而又翔实的个案支撑。

四、学位点建设与高层次人才培养问题

一个学科在各个层次上的学位点是否列入官方学科目录是衡量该学科国家认可度的重要标志。"汉语国际教育"在本科和硕士层次上已列入教育部学科专业目录,成为奠定学科地位的重要基础,但"汉语国际教育博士"专业学位尚在论证报审进程中。我们应积极促进,争取该专业博士点早日获得国务院学位委员会批准设立。

"汉语国际教育"高层次人才培养也是非常需要关注的问题。硕士层次目前存在数量扩张太快、质量参差不齐的问题。硕士学位授权点审批下放到省(自治区、直辖市)之后,部分学科基础薄弱、专业师资匮乏的学校也获准加入了"汉语国际教育硕士"专业学位研究生培养院校之列,而且这种趋势还在蔓延。笔者认为有必要控制"汉语国际教育硕士"专业学位的布点。盲目扩张将导致"汉语国际教育硕士"专业学位研究生培养质量降低,就业形势恶化,最终将造成该专业学位社会声誉严重受损的恶果。"汉语国际教育硕士"培养的另一个问题是国别针对性不够。绝大多数学校因确定不了对象国而无法

开设对象国语言、文化方面的课程,导致学生作为国家汉办汉语教师志愿者派出前,必须在国家汉办委托的培训机构接受 2—3 个月的对象国语言及文化等方面的培训,造成教育资源和学生时间的极大浪费。

另外,汉语国际教育博士层次的人才培养至今仍然十分薄弱,完全处于供不应求的状态。中国目前设有汉语国际教育相关二级学科博士专业的高校只有中央民族大学、华东师范大学、四川大学、厦门大学[①]等少数几所高校。北京语言大学、北京师范大学、北京大学、中国人民大学、中山大学等其他高校多在"语言学及应用语言学"二级学科之下设"对外汉语教学"方向培养博士生,其课程设置更多地偏向汉语本体及语言学理论,汉语教学理论与方法也多针对汉语目的语环境下的"对外汉语教学"。鉴于海外汉语教学的快速发展,在对外汉语教学方向的博士生培养中,有必要增加海外汉语教学相关理论与方法方面的课程。

此外,目前很多国家的著名高校也在积极开展汉语教学学科建设,普遍亟须博士层次汉语教学研究人才。因此,各博士培养单位还应该尽量多招收国际学生,为世界各国多培养本土汉语教学专家。

五、学术观念转变与学术导向问题

目前国内学界还不同程度地存在"重本体轻应用"的学术观念,而"汉语国际教育"这一新兴学科领域应用性很强。这就要求学界,尤其是汉语教学界转变学术观念,多给这个新兴学科一些学术机会。如在国家社会科学基金和教育部人文社会科学研究课题指南中,语言学学科之下的课题目录就应该将"汉语国际教育"相关选题多列入一些;在学术会议方面,也应大力支持多举办"汉语国际教育"相关的

---

① 各校设置二级学科博士点的专业名称及开始招收时间如下:华东师范大学 2012 年开始设立"国际汉语教育"二级学科博士点;中央民族大学 2013 年设立"国际汉语教学"二级学科博士点,但 2008 年就在语言学及应用语言学二级学科下设立"汉语国际传播"研究方向培养中外博士生;四川大学 2014 年开始设立"汉语国际教育"和"中华文化国际传播"两个二级学科博士点;厦门大学 2014 年开始设立"对外汉语教学"二级学科博士点。

学术会议,逐步营造出浓郁的"汉语国际教育"学术氛围。

六、研究经费投入问题

国家财政对汉语国际推广事业投入了巨资,且逐年增加,主要用于孔子学院、公派汉语教师、汉语教师志愿者、孔子学院奖学金、汉语教材本土化、新汉学计划、大型活动等项目,这对推动汉语走向世界发挥了重要作用。但是,学术研究对汉语和中华文化国际传播事业所能发挥的重要作用并未引起足够重视。因此,建议国家有关部门每年投入一定经费专门用于"汉语国际教育"相关研究,为推动汉语和中华文化国际传播事业快速健康发展提供理论参考和学术支撑。

最后,关于"汉语国际教育"学科的研究对象,笔者曾提出过"汉语国际传播研究的十大领域",与"汉语国际教育"多有交叉,由于篇幅所限,在此不做介绍,有兴趣者可查阅相关文献。

何为国际汉语教育"国际化""本土化"

赵金铭

汉语作为第二语言/外语教学,从一开始就是国际化的事业。对外汉语教学最初的定义是,面向母语非汉语的来华成年外国人的汉语教学,教学对象是世界各国的汉语学习者。与此同时,对外汉语教学工作者,走出国门,在世界各国教授汉语,足迹遍布全世界。教学对象与教学环境都体现了国际化。因此,今天如果强调国际汉语教育国际化,必须明确其内涵,否则会引起思想混乱,不利于汉语国际教育整体水平的提升。

当下国际汉语教育在世界范围内蓬勃发展。原有的对外汉语教学,是一个汉语作为第二语言/外语教学的学科,作为一个独立的学科,为更好地体现学科外向型的特点,如今已更名为国际汉语教育,但这不过是内涵更深、外延更广,涵盖面更宽阔,但其本质未变,依然是汉语作为第二语言/外语教学学科。换言之,学科性质并未发生改变。对外汉语教学是其前身,国际汉语教育是在其基础上的拓展,二者本为一体。现今提出国际化、国别化问题,对汉语国际教育来说,应有新的认识。即国际汉语教育中可以"国际化"的是什么?国际汉语教育特别是汉语教材如何"国别化"?

汉语加快走向世界是件大好事,是提升国家软实力的重要环节。国际汉语教育的国际化与国别化,一事两面,其目的是让汉语更快地走向世界。汉语作为第二语言/外语教学加快走向世界的过程,就是国际汉语教育的国际化具体体现。需要进一步解决的问题,则包括如何适应各国、各地的汉语教学实际,体现国别化特点。国际汉语教育的哪些方面应加速国际化,哪些应保留自己的特色,哪些在国别化的过程中更应体现汉语和中华文化的特点？是我们应该探讨的问题。

目前国际汉语教育的本土化、国别化、当地化的提法,被广为使用,但因所指不明,概念的内涵与外延不清楚,见仁见智,容易造成思想的混乱。这种提法大约来源于英语的"localization"。目前使用于"国际化汉语教学""国别化汉语教材""本土化汉语教师""本土化汉语教学法"等中。这之中,有的可以国际化、本土化,有的不可国际化、本土化,不可不详加区分。本文将从教师、课程设置、教学方法和教材内容诸方面加以阐述。

一、汉语教师国际化

（一）汉语教师构成国际化

汉语作为外语教学的教师应该本土化,也就是应该大量培养母语非汉语的本土汉语教师,并逐渐使其成为当地汉语教师的主体。

世界上大国在向全球推广本民族语时,只靠母语为本民族语的教师是远远不够的。中国有3亿多人在学习英语,母语为英语的教师是个别的,绝大多数是母语为汉语的英语教师。我国有成千上万的英语教师,众所周知,如北京外国语大学的许国璋先生、北京大学的李赋宁先生等,以他们为代表的广大英语教师,承担着我国英语作为外语教学的主体。目前,世界上有4 000多万人学习汉语,我国派出的汉语教师只是任教者中的一小部分,汉语教师缺口很大。解决的唯一办法,是汉语教师本土化,大量培养母语非汉语的本土汉语教师。多培养像美国黎天睦、德国柯彼德、法国白乐桑、日本伊地智善继和舆水优、韩国许壁这样的终生献给汉语教学的外国人。他们汉语水平很高,又有教本国学生汉语的教学高招,令人钦佩。

还有一些长期旅居海外的华人,像英国佟秉正,美国李英哲、姚道中,澳大利亚胡百华、徐家祯等,以及近年来脱颖而出的中青年华人汉语教师,他们身在异国,熟悉当地人的学习习惯与教学环境,也是海外汉语教师本土化的中坚。

对来自海外的母语非汉语的汉语教师,应加大培养力度,使之成为合格的母语非汉语的汉语教师。所谓合格,必须在汉语和中国文化知识、汉语教学技能和教师的基本素质三方面达标。

目前,所设立的汉语国际教育硕士专业学位,正在培养母语非汉语的外籍汉语教师,他们有望成为未来海外本土汉语教师的新生力量。当务之急是尽快提升他们的汉语水平,汉语是根基,这些教师汉语水平的高低,决定着国际汉语教育发展水平,是治本措施。目前虽有不少就读汉语国际教育硕士专业学位的外国学生,其中不少学生汉语本身的水平还有待于极大地提高,特别是应该加深高级汉语课程的学习,尤其要加大汉语原文的阅读,加强汉语写作的教学,使其逐步达到使用汉语时使用汉语思维。取法乎上,仅得其中。对汉语教师的培养必须高标准,这样将来作为母语非汉语的汉语教师,才能在异国教好汉语,传播汉语。如果在培养阶段忽略其汉语水平的不断提升,仅仅完成培养计划所设课程的教学,将难以肩负将汉语传播到世界的使命,也难以成为合格的汉语教师。国际汉语教学界加快汉语走向世界,需要千军万马的汉语教师队伍,汉语教师本土化理有必至,势有必然。汉语教师本土化之日,就是汉语走向世界之时。

(二)汉语教师知识结构国际化

国际汉语教师知识结构的国际化,则要求国际汉语教师不仅汉语和中国文化知识扎实,还应该了解世界文化,拓展自己的国际视野,不但具有民族认同感,还应具有世界认同感,培养世界公民意识。要能将汉语置于多元语境与多元文化之中,真正使汉语作为第二语言教育具有国际化视野。

我们这里主要论述汉语为母语的教师的知识结构在国际化方面的欠缺。汉语为母语的教师在语言知识和语言教学技能的培养方面甚为重视。每位汉语教师至少皆具备用一种外语熟练进行汉语教学的能力,并具有国外教学或学习经历,具有跨文化沟通能力。但是,从国际化角度看,仅此是不够的,我们所要了解的是,国际汉语教师对所教的外国学习对象是否有充分的了解?是否真正明了外国学习者是如何看待所学的汉语和中华文化的?

目前,我们对以汉语为本族语教师的培训,缺少重要的一环,那就是是否接受过用外国人的眼光看待汉语和中国文化的训练?教过外国人汉语的著名语言学家韩礼德说过,绝大部分的汉语教师仍是以汉语为本族语的人,"他们是否采用外部立场审视汉语的语言现象?问题是他们可能带来许许多多关于汉语语言和汉语文化的神话,但这些往往使'西方'(这里说的'西方'包括南北美、非洲、澳洲、欧洲南亚及西南亚)学习者学习起来更加困难"[①]。韩礼德所说的"神话",就是指我们对自己非常熟悉并习以为常的汉语和文化现象的理解与认识。其中最突出者,大多来源于汉语声调和方块汉字。在我们看来,汉语有声调,是很自然的事情,四声区别意义,汉语说起来高低参差,抑扬顿挫,优美悦耳。汉字是我们祖先留给我们的宝贵财富,我们为汉字承载厚重的中华文化而自豪,母语为汉语的儿童学起汉字来从来没感到有任何困难。

但是,不少外国学习者却对汉语感到陌生,认为汉字书写很奇怪。这是因为汉语是有声调的分析型语言,书写形式是方块字,汉语语法又有一些独特之处,所以母语是没有声调、以拼音为书写形式的曲折语言的学生对汉语感到特别陌生。针对这种现象,赵元任先生说,"声调很难学,其实这是心理因素而不是语言本身,因为学生一旦明白了声调是词的一部分,并且记住要使用它否则词就不是原来的词了。一旦这个态度明确下来,模拟声调并不难。"赵先生几十年的汉语教学,只遇到一个特例,他说"我仅仅想起一个个案,就是在伯克利这儿的一门课上,一个学生就是不能模拟声调。如果你说'啊'a(第二声),他会说a(第四声)。他是调盲,或者叫调聋。"这就表明,初学者对汉语声调是不了解的,保有其自身的认识,于是觉得难学。汉语教师一定要了解学习者是如何看待汉语声调的,要能讲清楚声调的本质,解除其误解与畏难情绪。

---

① [英]韩礼德:《教外国学习者汉语要略》,《国际汉语》2012年第2期。

又比如，一些学习者认为汉语难学，是基于汉字的书写不容易。甚至认为一个汉字，就是一幅画。但汉字与音节相联系，所以一个教外国人汉语的中国人必须完全熟悉汉语拼音，能熟练地用汉语拼音书写，能熟练地阅读汉语拼音，以汉语拼音为引导，教外国人先说话，用此带动学习者学会基本汉语会话。当其掌握了初步的语言之后，在一个适当的时候，进入汉字学习，适当讲解汉字是怎么一回事，结构及其变化，这时他们将如母语者学习汉字一样地轻松自如，这就是基于学习者对汉字的透彻了解。如果在还没掌握初步语言的情况下，贸然引进汉字，会令一个初学者十分不解，以致产生畏难甚至厌恶情绪。了解他们如何认识汉字，因势利导地使其正确地了解汉字，再遵循识字、描字、写字的规律教汉字，汉字之难，便迎刃而解。首要的就是要真正知彼，具有"他者视角"，要设身处地地为学习者考虑，从学习者视角出发，有针对性地进行教学。

汉语教师国际化，重要的一环，就是教师要具有"他者视角"。无论教语言，还是教文化，皆如是。周有光老先生最近强调："在经济全球化的进程中，语言政策有许多都是全球化的。"中国的语言政策要"从世界看中国，不要从中国看世界"①。对我们的母语汉语和中国文化，我们自己熟知，并了然于心，但是我们不一定知道外国学习者是怎么看汉语和中国文化的，要知其所想，也就是说，不但要了解学习者的语言和文化，还要了解它们如何认识和看待我们的语言和文化。这样才能有针对性地教，才能达到预期效果。

了解他人，不仅有助于推动汉语学习，一旦学习者了解了我们的汉语和文化，言传身教，一通百通，会收到意想不到的效果。有人介绍说，通过外国学生的视角所展现的中国文化，远比中国自己所介绍和传播更能得到世界的认同。比如，"一位法国学生拍摄中国太极，他的影片讲述了一个太极哲学的故事。他希望在个人主义盛行的社会，借鉴这一哲学找到解决问题的有效办法，使世界和谐共处。"②这就与我们对太极的认识不同，介绍太极的角度也不一样。但却把我

---

① 周有光:《给北京语言大学语言文字规范标准研究所题字》，北京语言大学校网，2013年。
② 漆谦:《借外国青年视角传播中国文化》，《环球时报》2013年9月26日。

们的和谐理念介绍给世人。国际汉语教师国际化的重要一环是了解世界各地汉语学习者对汉语和中国文化的认识与理解,唯其如此,才能因势利导,循循善诱,教好汉语和中国文化。

二、汉语课程设置与汉语教学法国际化

人们常说,国际汉语教育有所谓"三教"问题,教师问题是个前提,前提明确之后,就是课程、教法、教材的国际化问题。

(一)汉语课程设置国际化

国际汉语教育课程分为两类:汉语作为第二语言学习的各类汉语课程、国际汉语教师培养和培训课程。

在汉语作为第二语言学习的汉语课程中,在国内因多年来比较注重功能法语言教学,追求听和说效果,不仅读、写成为弱项,还多少忽视了系统语言知识的讲授。讲授要用学习者母语,受条件限制,这在一定程度上是有难度的。因此课程体系上就缺少针对学习者心理的语音、词汇、语法和汉字结构的讲解与演示课程。明显的后果就是,学习者大多缺少对汉语知识的较为全面和系统的认识。

而在世界各地的汉语教学中,使用母语进行讲解汉语知识的情形却十分普遍。如在保加利亚,当地汉语教师认为,在他们那里,没有汉语语言环境,汉语不能习得,只能学得。因此很注意语言理论和语言知识的教学,在课程设计中,课时较多,占有很大比重。

我们认为,在汉语课程国际化过程中,应加强语言知识课程的分量,讲解是必要的,可画龙点睛地讲解,简明扼要,点到为比,成人学习者追求理解与分析,善于对比与类推,讲解可达举一反三,触类旁通之效。

而在教师培训课程国际化方面,我们还有不够完备之处。多年来,我们曾努力地将汉语作为母语教学与汉语作为第二语言教学区分开来,这是两种不同性质的语言教学。然后,我们又非常强调对外汉语教学不是知识的传授,而是技能的训练。于是,在教师的培养与培训方面,既注重训练语言技能的培养,也注意培养对学习者学习过

程的观察,却忽视了自身语言学知识的积累。

英国 MTESOL 的课程体系,就很值得我们参考。据田艳介绍,英国英语国际教育硕士语言学类课程在核心课和选修课中的比重都不小(分别占 18.29%,11.90%)[1],据李晓琪对美国英语国际教育硕士课程的考察也发现,其语言学类课程占到了 20.17%。[2] 而我们的汉语国际教育硕士核心课程中语言学类却占 0%。在课程国际化中,应引起关注。在我们的课程设计中,对中国文化、文化传播,以及跨文化交际类课程较为关注,是我们的特色。

我们的选修课中,虽有"汉外语言对比"一门课,是一门重要的语言类课程,但真正能开出这门课的,并不多见。此外诸如国际化视野类的课程基本没有列入课程规划。如果从课程设置的三大类上看,基本知识类课程、语言教学技能类课程,以及特色类课程,有两类还有待于与国际第二语言教学课程设置相协调,参考国外第二语言教学体系,结合汉语和汉字本身的特色,在核心课程的设置上,真正体现汉语作为外语教学的特点,与国际第二语言教学课程设置前沿接轨,既保证汉语教师语言学知识的完备性,又保障学习者通过汉语知识课程的学习,结合技能训练,在一定时间里尽快掌握汉语。

(二) 汉语教学模式、教学方法国际化

我们有几十年在国内从事对外汉语教学的经验,形成了一套有效的汉语教学模式和教学方法。当我们走出国门,面对的是世界各国的汉语学习者,语言各异。文化背景不同,语言教学环境也有很大的差异,我们必须基于将普遍的语言教学原理,结合当地的实际,使所采用的汉语教学模式和教学方法适应当地的学习者。世界不同国家和地区的丰富多彩的汉语教学模式构成了汉语教学模式的国际化。

汉语作为外语教学法不仅应该国际化,更可以本土化。内容既定,方法灵便。国际汉语教育,面对的是多种多样的教学对象,纷繁

---

[1] 田艳:《基于英国 MTESOL 课程体系对汉语国际教育硕士课程设置的思考》,《世界汉语教学》2012 年第 2 期。

[2] 李晓琪:《英美大学 TESOL 专业研究生课程设置考察与思考》,《汉语国际传播研究》2011 年第 1 期。

复杂的教学环境,应将汉语教学的一般规律,与所在国家和地区的教学实际相结合,并加以改造,以求适应教学与学习的特殊需求。所谓国别化汉语教学,不过是汉语作为第二语言教学一般规律的具体化。个别地区的汉语教学经验,是一般规律与当地实际相结合的升华,具有一定的参考价值和借鉴意义。

作为一门学科的国际汉语教育,就语言教学来讲,与其他语言作为外语教学,在教学法原则、教学方法、教学技巧三个层面,既有共性又有个性。共性不必说,个性就是要体现汉语语音、词汇、语法的特点,及其书写系统汉字所独具的特色。教学法的选择,只要遵循语言教学的基本原理,可依据当地国情,做灵活处理。只有掌握了汉语作为外语教学的一般规律,当我们走向世界各地进行汉语教学时,才能结合当地的实际情况,开展有针对性的汉语教学,形成当地汉语教学的特色。世界各地各具特色的汉语教学,才能共同打造蓬勃发展国际汉语教育的宏伟局面。教学法的选择,可依据当地国情,遵循语言教学的基本原理,作灵活处理。只要立论坚实,目的明确,条条大路通罗马,教学方法不但可以国别化,还可标新立异。

在实行国际汉语教育国际化时,有一种观点认为,在教学与教材编写中应"认真推行国家汉办/孔子学院总部提出的'三贴近'原则:贴近外国人习惯,贴近外国人思维,贴近外国人生活。特别在教材内容方面,认为不少国际汉语教育教材编写理念陈旧,内容不能贴近外国人的生活习惯和思维。"[①]

我们认为,教材内容可从两方面思考:一是语言内容,主要指语言基本要素。国际汉语教学在语言内容上,也就是汉语语言系统,包括语音系统、词汇体系、语法结构和规范汉字,都不能国际化,必须依照我国有关规定规范化;二是言语内容,一般指思想内容、文化内容,内涵丰富,包括文化精髓,社会生活。民风民俗等都体现在言语内容中。在言语内容上,既映现中华民族文化特点,又体现人类共通的思想感情,比如"己所不欲,勿施于人",和谐社会和谐世界,既是中国特

---

① 刘英林、马箭飞:《研制〈音节和汉字词汇等级划分〉探寻汉语国际教育新思维》,《世界汉语教学》2010年第1期。

色,又是世界共通的。在这种意义上,有些言语内容是可以国际化的。

但是,思维又当别论。思维是人类特有的一种精神活动,各民族的思维有一致性,也有差异性。语言是思维的重要工具,各民族的思维习惯不同,正如德国著名的理论语言学家洪堡特说,"每一种语言都包含着一种独特的世界观",思维有差异,反映在语言上就是表达方式不同。比如对时间、地址等的表述,汉语是从大到小,而有些语言是从小到大。比如说一个单位的地址:

汉语:中国北京海淀区学院路 15 号北京语言大学

英语:Beijing Language and Culture University No. 15, Xueyuan Rd. Haidian District, Beijing, China

汉语中一个动词带一个宾语,宾语不一定是受事,可以具有多种多样的语义关系。吕叔湘先生曾经说过,汉语"动词和宾语的关系,是说不完的。"[①]徐通锵认为,这是因为汉语和印欧语,是两种有原则差异的语言世界观,这种差异,使汉语和印欧语的结构走向不同的结构类型,汉语重语义,印欧语重形态变化。[②]汉语动词和宾语只要语义相关,可以直接组合,无需任何成分,在印欧语中,往往置于介词框架中,何以如此,是不同的思维形式决定的,如:

汉语语义		英译
1) 吃大碗(工具)	用大碗吃	eat with a big bowl
2) 吃食堂(处所)	在食堂吃	eat at dinning hall
3) 吃包伙(方式)	以包伙形式吃	get meals at a fixed rate
4) 吃父母(依据)	依靠父母吃	live on their parents
5) 跑第四棒(系事)	跑的是第四棒	run relay as the fourth
6) 跑十秒(结果)	跑的结果是十秒	run within 10 seconds
7) 跑警报(原因)	因警报而跑	evacuate on alarm
8) 跑原料/跑官儿(目的)	为原料而跑	look for material

[①] 吕叔湘:《在第一届汉语国际教学讨论会全体会议上的讲话》,《语言教学与研究》1985 年第 4 期。
[②] 徐通锵:《语言是什么》,北京:北京大学出版社,2007 年。

	为得官儿而跑	crave for official positions
9）跑了犯人（施事）	犯人跑了	prisoners escaped

学习一种新的语言,就是要克服本族人固有的思维习惯和语言表达方式的影响,接受新的思维习惯和语言习惯。王力先生说:"要学好外语,很重要的是改变自己的语言习惯。""等到自己说外语,或用外语写文章时,是用外语思想的,而不是用母语思想,然后译成外语说出来或写下来的,那就是真正彻底改变自己的语言习惯了。"① 王力先生为了强调学习外语时改变语言和思维习惯的重要,进一步引用马克思的话。马克思曾说:"就像一个刚学会外国语的人总是要在心里把外国语言译成本国语言一样;只有当他能够忘掉本国语言来运用新语言的时候,他才领会了新语言的精神,才算是运用自如。"

早期留学美国,英语达到运用自如水平的潘光旦教授曾说:"无论学哪一科,想知道自己的英文是否'够用',必须问自己两个问题:（1）写作的时候是否能直接用英文想?（2）写作时是否能有'三分随便'?"何炳棣按:"随便"是多少带点"游刃有余"的意思。②

钱锺书先生说:"思想是不出声的语言。"我们教外国人学习汉语,就是要告诉他们汉语的语言表达方式,以及背后的思维习惯。一个外国人汉语学习的最高境界,就是在说汉语时直接用汉语思维,然后说出符合规范的汉语,而不是先想好母语怎么说,再翻译成汉语说出来。因此,汉语教学不是贴近外国学习者的思维,而是相反,要让外国学习者了解汉语的思维习惯,掌握汉语的思维习惯,从而学会正确的汉语表达方式。

当我们讲国际化时,一定要守住自我,汉语教学内容不能国际化,汉语的教学方法不能走偏。要按照第二语言教学规律编写教材,组织教学,要把握好汉语和汉字的特点,体现中华文化的精髓。在借鉴世界语言教学的新理念、新方法的同时,激发并创新具有汉语特点的语言教学法,大力培养汉语教学人才,使汉语更快地走向世界。

---

① 王力:《谈谈学外语》,《王力论学新著》,南宁:广西人民出版社,1983年。
② 何炳棣:《读史阅世六十年》,桂林:广西师范大学出版社,2009年。

三、汉语作为外语教材的语言内容，不能国际化，也不应本土化

汉语作为第二语言教学，首先面临的问题是教什么？其次是怎样学？再次才是如何教？国际汉语教育的本旨，是要让汉语加快走向世界，教标准的汉语，教规范的汉字，这都是不容置疑的。

我们这里主要讲语言内容不能国际化，也就是语言要素不能国际化。汉语作为外语教材的语言、文字应遵循汉语规范化的要求，应该依据《中华人民共和国国家通用语言文字法》第十条之规定："学校及其他教育机构以普通话和规范汉字为基本的教育教学用语用字。"以之作为国际汉语教育中"教什么""学什么"的根本法则，也就是说，在语言要素与文化内容方面，不能本土化。

在不违背这条基本原则情况下，可适当增添一些汉语使用过程中的一些当地色彩，如个别词汇的表达。像新加坡所教汉语中就可能增加脚车、组屋、巴沙、沙爹等词汇。也可结合当地一些人文特色，如法国的埃菲尔铁塔、美国的自由女神等。至于语音格局、基本语法结构是不可改变的，如果按照当地的一些汉语表达方法编写汉语教材，按照当地的汉语发音，进行汉语教学，无疑将会扩大各地华语之间的歧义，增加汉语国际之间的交际难度。对本已建立的汉语教学国际标准，带来冲击，有可能导致教学标准的难以执行。没有标准，不能保证汉语教学质量与学习效率，统一的教学评估也将会受到影响。

现在有一种观点认为，普通话是国家标准语，而带有方言味儿的地方普通话是通用形式。应该承认地方普通话的存在及其合法性，比如邓小平1974年在联合国大会第六届特别会议上的发言，说的是带有四川口音的地方普通话。这种通用语为一般民众所用。涉及汉语国际化，有人提出"放宽语音标准是汉语国际化的重要一步"，并认为"通用语目前的语音标准将众多的外国学生摒弃在'初级汉语'的大门之外，而'北京口音'（如儿化音）又让无法抽身来北京留学的外国学生对'高级汉语'望而却步。"于是提出"在认识到国家语言有通

用形式和标准形式以及争取汉语作为国际交际语的目标之后,将通用语与标准音脱钩无疑是汉语国际化的一条终南捷径。①

我们认为世界各国、各地的华人社区,存在各种带有方言特点的普通话,这就是上面所说的通用语。通用语用于人们之间的交际,也无可非议。但是作为语言教育用的国别化的汉语教材,还是应该教规范的普通话,而不应教带方言味儿的话。其实,之所以产生上述误解,是混淆了民族共同语和民族标准语的概念。

早在1987年,胡明扬先生就论述过,民族共同语和民族标准语是两个不同的概念。民族共同语一般是自然形成的,可以没有明确的规范。"官话"正是这样一种汉民族共同语。民族标准语是有明确规范的民族共同语,是在民族共同语发展的一定阶段人为推广的,普通话就是这样一种汉民族标准语。胡先生进一步说:"民族语言规范化的进程就要求其他方言向基础方言靠拢,逐步做到民族语言的规范化。这是现代社会的要求,也是一个民族和社会现代化的要求。"②

国际汉语教育要教给外国学习者的应该是汉民族标准语,而不应该是没有规范的民族共同语。在世界各地的华人聚居区,流行各种带自己方言特色的汉民族共同语。他们往往只依照自己的语言习惯,用自己的语音、词汇、语法,去套所学语言的语音、词汇、语法,形成带有方言味儿的普通话,即共同语,这种现象很普遍。比如四川、湖南等地,许多人 n l 不分,台湾等地区的舌尖音问题,粤方言的 j q x 组和 zhi chi shi 组混淆等。国际汉语教育不能顺应学习者的要求,降低语言标准,即使普通话中难发的必须儿化的一些音,也应学会,如:小孩儿玩儿球儿。姑娘好像花儿一样。我爱吃冰棍儿。如不儿化就很不顺耳。

有一些特殊词类和特殊的词,普通话中是有严格区分的。比如语气词就很复杂,只有较按照标准的读音,才能理解它的含义:

你回去吗?(一般询问)

你回去吧?(有疑问的询问)

---

① 侍建国、卓琼妍:《关于国家语言的新思考》,《语言教学与研究》2013年第1期。
② 胡明扬:《语言和方言》,《胡明扬语言学论文集》(增订本),北京:商务印书馆,2011年。

你回去啊？（有些吃惊的询问）

你回去啦？（意思是"不应该回去"）

你回去嘛！（带点儿撒娇的意思）

再比如，汉语谓语动词既可有前修饰语，又可有后补语。我在新加坡问路，应该说"直走"，回答我的人说"走直"。粤语区有人将"你先走"，说成"你行先"。凤凰卫视的主持人说，"评论不是结论，而是提供多一个看问题的视角和方法。"这句话与"评论不是结论，而是多提供一个看问题的视角和方法。"有什么区别？其实涉及动补结构结果问题。汉语结果补语是一个结构，两个表述，

我听懂了→我听＋我懂了

我洗衣服洗湿了鞋→我洗衣服＋鞋湿了

我吃光了碗里的饭→我吃碗里的饭＋碗里的饭光了

这些具有汉语特点的语法现象，只有依据母语者的思维习惯，使用规范的表达方法，才能掌握汉语的语言形式。

世界上主要国家在向外推广自己的母语时，教材中随之而用的均为本民族标准语。回顾世界通用的外国人所编的英语教材，如《新概念英语》《走遍美国》，并未结合所在国家本土化。国人所编的在国内广泛使用的英语教材，如许国璋《英语》（四册），也并未结合我国情况本土化。根本的原因是，一种语言在使用过程中，随着地域的改变，会发生一些地域变异，不可因这些变异而改变语言的规范性。至于教材中的语言对比与文化差异在教材中的体现，则另当别论。质言之，国际汉语教育中汉语教材的本土化、国别化应该慎重对待。

国际汉语教材依据面对的学习对象大致可分为三类：

1. 通用汉语教材，如李晓琪主编《博雅汉语》，李泉主编《发展汉语》

2. 针对某种语言文化背景的汉语教材，如刘珣主编《新实用汉语课本》（供母语为英语者使用），李艾《新思维汉语》（供母语为西班牙语者使用）

3. 针对某地区语言文化背景的汉语教材，如匈牙利罗兰大学《匈牙利汉语课本》（在匈牙利供母语为匈牙利语者使用），白

乐桑、张朋朋《汉语语言文字启蒙》(在法国供母语为法语者使用)。

所谓国别化教材,应该指第三类,是使用面较窄的汉语教材。即使这类教材,也应遵循说普通话,写规范汉字的原则。

总之,国际汉语教育中的"本土化""国别化""当地化"等提法,概念模糊,易致误解。如若理解偏差,将不利于国际汉语教育的长期发展。不能笼统地谈国际汉语教育的"国际化""本土化",哪些该"化",哪些可"化",哪些不能"化",要分别对待,以利于国际汉语教育的长期发展。

关于语言教育的若干思考[①]

崔希亮

一、引言:语言的多重价值与语言教育

语言具有多重价值。作为人类社会的交际工具,语言具有工具价值,因为这个交际工具是最方便、最有效的,绝非其他交际工具可以代替的;作为一套符号系统,语言具有科学研究的价值,因为这个符号系统的结构形式、符号外在形式与内在意义之间的关系、系统的嬗变与人类认知的关系、不同的语言符号系统之间的关系,等等问题都值得进行科学的研究;语言作为文化的载体毫无疑问也具有文化价值,我们祖先创造的非物质文化通过语言得以保存和传承;语言也是信息的载体,现代社会信息爆炸,语言在信息化时代承载着巨量信息,这些信息与我们的生活息息相关;语言也是资源,如何保护濒危语言、发掘语言资源为我们服务是我们认识语言价值的另一个视角。可见语言具有多重价值,因此语言教育的多重价值也就不言而喻。然而我们目前的语言教育往往只重视其工具价值,对于语言的其他价值重视得不够。学习一门语言不仅仅是获得一种交际工具,同时我们也获得了认识世界、认识异质文化、认识自我、获取信息、利用资

[①] 本文主要内容曾于 2013 年 11 月在台北举行的"2013 华语文教学与研究国际研讨会"和 2014 年 1 月在商务印书馆举行的"2014 中青年语言学者沙龙"上择要发言,得到与会代表许多宝贵意见,谨致谢忱!

源的另一种途径。以前我们从重视工具价值的语言教育出发，发展出了一整套教学理论和教学方法，这些理论和方法推动了语言教育事业的发展，但是今天如果我们把视域放大，我们需要思考和整合的问题已经超出传统的理论和方法所涵盖的领域。

二、语言教育涵盖的范围和几组相关的概念

语言教育是一个大概念，这个概念涵盖了许多内容。有一些相互依存又相互对立的概念有必要首先厘清。语言教育应该区分以下几个不同的侧面：

（一）母语教育与外语教育

母语教育和外语教育都很重要，但相比之下母语教育更为重要。母语是我们人生发展和群体认同的重要标志，发展母语表达能力是人的第一需求[①]。母语这一概念在使用中有不同的含义[②]，按照语言标准，一个人首先习得的语言就是母语（与第一语言概念相同），而按照心理标准，"母亲的语言"才是母语，母语的概念反映了民族的自我意识。按照心理标准定义的母语与情感认同、文化认同相关，因此母语教育不仅仅是语言教育。在不同的国家或地区，人们对母语的态度可能不太一样，但是不管怎么说，母语教育在语言教育中是最重要的。外语也称外国语，指的是与自己母语不同的别国语言，外语教育在现代语言教育中处于非常显赫的地位，这是因为全球化时代大大地拉近了国家间的距离。

（二）第一语言与第二语言

第一语言是我们最先接触或学会的语言，它可以是我们的母语，且大多数情况下是我们的母语，但也可以是外族语或者外国语。在第一语言之外接触和获得的其他语言都是第二语言。我们学习第一

---

① 李宇明：《论母语》，《世界汉语教学》2003 年第 1 期。
② 戴庆厦、何俊芳：《论母语》，《民族研究》1997 年第 2 期。

外语、第二外语、第三外语,它们都属于第二语言。

(三) 语言习得与语言学习

通过自然方法获得语言的途径称为语言习得,通过课堂教育获得语言的途径称为语言学习。母语获得通常是习得的过程,外语获得通常是学习的过程;第一语言获得是习得的过程,第二语言获得是学习的过程。但是现在学术界已经不再严格区分"习得"与"学习"这两个概念,第二语言的获得过程也可以称为第二语言习得。

(四) 语言知识与语言能力

对一种语言或几种语言的语音、词汇、语法、篇章的认识就是关于这一种语言或几种语言的知识,语言能力是对一种语言或几种语言进行应用的技能。语言知识不能自然地转变为语言能力,所以语言教学应该侧重能力训练,而非知识灌输。需要特别指出的是,在语言教育领域所讨论的语言知识、语言能力与乔姆斯基所说的 performance,competence 无关。

(五) 现代语言与古代语言

语言教育通常指的是现代语言的教育,但是在语言教育领域我们也会涉及古代语言的教育问题,例如古拉丁语的学习、古希腊语的学习、古希伯来语的学习、古代汉语的学习,等等。

(六) 语文教育与语言教育

语文是"语言文学"的简称,语文教育包括语言和文学两个部分。在我国,从小学到高中,语文教育都是重要内容,语文教育的目标是提高学习者的语言理解和表达能力,提升学习者的文学修养,同时语文教育还承担了情感教育和文化认同及文化传承的功能,即"文以载道"的功能。语言教育比语文教育单纯,其目标是让学习者掌握语言,包括语言知识和语言能力,文化功能是副产品。

(七) 语言教育与文化传播

毫无疑问,语言是文化的载体,教授一种语言同时也是在传播这种语言所负载的文化,学习一种语言也必须学习这种语言背后的文化。尽管如此,语言教育本身并不担负文化传播之责,文化传播是语言教育的必然副产品。没有哪种语言教育是与文化内容完全剥离的。你要讲"不到长城非好汉"就不能不讲"长城"和"好汉",你要讲"君子成人之美"就不能不讲什么是"君子",你要解释《红楼梦》中的"凤丫头"为什么叫"丫头",而袭人、晴雯为什么也叫"丫头"(有留学生以为是"Y头"),都不可能离开文化解读。母语学习连带的目标就是对母文化的认同,而外语学习连带的目标是对目的语文化的了解。因此语言教育自然而然地会涉及文化,语言走到哪里,文化就会走到哪里。

三、目前我国语言教育存在的问题

中国的语言教育历史并不长,其中还经历了许多的曲折。我们的母语教育存在不少问题,全社会的语言能力尤其是书面语的应用能力都在下降,能把文章写得清楚明白已经很不容易,更遑论文采了。已经读到博士学位的中文系毕业生可能连一篇规范的应用文都写不好,因为我们的语文教育和语言教育脱离生活实际,以致很多文科博士不会写挽联,不会写邀请函,不会写贺词,不会写稍具文言色彩的正式公函。中国重视外语教育,但是我们的外语教育规划和外语教育本身都存在缺陷[①]。从规划上看,外语教育的布局缺乏长远考虑;从外语教育本身来看,学习者的付出和成绩严重不对称,效率低下,除了专业的外语院校之外,公共外语教育培养出的学生很难达到理想的水平,航空公司的空乘人员所说的英语大部分不能令人满意,各类说明书或者指示语的英文翻译笑话百出。我们在书本上学得的句子一到现实生活中就会四处碰壁,而那些活生生的语言我们在课堂上却从未听说过。这些问题大家都遇到过,兹不赘言。还有一些问题也需要引起语言规划和语言教育工作者高度重视:

---

① 胡文仲:《新中国六十年外语教育的成就与缺失》,《外语教学与研究》2009 年第 3 期。

(一) 语言与社会生活的冲突

中国是一个多民族的地域大国和人口大国,也是一个语言资源丰富的国家。在全社会的语言生活中,也存在着一些隐性或显性的矛盾,处理不好就会演变为语言冲突。语言竞争产生语言矛盾,矛盾长期积累就会演变为冲突,这些矛盾在我国主要表现为普通话和方言的矛盾、汉语和少数民族语言的矛盾、母语和外语的矛盾、跨境语言的矛盾、民族语之间的矛盾等,个别方言区为了保护自己的方言采取了比较激烈的对立方式,个别人群对外语采取敌视和排斥的态度,此外还有濒危语言的抢救和保护问题、少数民族聚居地区的双语教育问题、繁体字和简体字的问题、中国内地(大陆)与港澳台语言生活的统合问题,等等,这些矛盾在某种程度上都与语言教育政策有关。中国的城市化进程中也会产生局部语言社会生活不和谐问题[1],应该因势利导做好疏解工作,尤其是在做语言教育规划和制定语言政策的时候要通盘考虑。

(二) 母语教育存在问题

我们的母语教育存在四个方面的问题:一个是对母语教育的重视程度不够,基础教育和中等教育中语文课的课时在下降,学生的母语能力堪忧;第二个是考试驱动的教育模式消解了学生的创造性学习能力,寻找"标准答案"、死记硬背"标准答案"成为常规学习模式,一直到大学阶段,很多学习者仍然习惯于寻找所谓的"标准答案";第三个问题是母语学习碎片化、题目化,学习者没有时间和兴趣阅读原典,语文课上精彩的文章被分析、肢解为不同的考试题目,有的题目连文章的作者也不知道答案;第四个问题是外语学习时间投入过多,分散了母语学习的精力。中国外语教育中心 2004 年曾对非英语专业大学生做过调查,19% 的人英语学习占用了几乎全部的学习时间,56% 的人占用了大部分时间,16% 的人占用正常学习时间,只有 9%

---

[1] 李宇明:《当代中国语言生活中的问题》,《中国社会科学》2012 年第 9 期。

的人占用很少时间①,这个结果显示,母语学习与外语学习严重失衡。这与政策导向有关:公务员考试、就业考试、职称评定、职务晋升都要考英语,在我们的语言教育体系中,英语畸形发展。就如同20世纪50年代全民学习俄语一样,现在变成了全民学英语。

(三) 外语教育布局不合理

在外语教育中,英语教育受重视程度显然非同一般,英语取得了唯我独尊的地位。其他外语语种的发展举步维艰。当然,英语是当今世界通用程度最高的语言,加强英语教育本无可厚非。但是作为一个大国来说,仅有英语的外语教育是有缺陷的。西班牙语、阿拉伯语、法语、德语、俄语、日语、葡萄牙语的国际地位也在上升,国内的外语院校开设这些语种招生和就业都没有问题,但是有很多特别重要的语言仍然没有得到足够的重视,比如波斯语、希伯来语、印地语、乌尔都语、马来语、印尼语、越南语、泰语等,还有非洲大陆的一些比较大的语言,比如斯瓦希里语、豪萨语、祖鲁语、约鲁巴语等,学习的人都不多。从国家语言教育规划的角度来看,应该有意识地培养和储备一些稀有语种的专门人才,这对提升国家整体语言能力和保障国家安全都具有非常重要的战略意义。非通用语种的开设成本高,招生就业也存在风险,国家有关部门应该加大扶持的力度。中国已经成为世界上第二大经济体,在世界各地只要有人的地方就有中国人的足迹,我们与国际社会的联系如此之紧密,作为一个大国,应该有足够的外语人才,尽可能多地掌握不同的语言。

(四) 语言国别研究深度不够

外语教育涉及的一个很重要的内容就是国情教育,学习一种语言一定要了解那种语言的背景和国情,我们的国别研究刚刚起步,还有很多问题需要解决。从专业设置上看,外语语言文学是常规的专业,缺乏语言文学之外的专门研究。语言是工具,但是不能把语言仅

---

① 王建华:《国家语言教育政策:母语教育与英语学习》,《绍兴文理学院学报》(哲学社会科学版)2006年第3期。

仅当作工具,语言之外的政治、经济、文化、历史、宗教都应该做有深度的研究。

(五)面对语言教育的革新准备不足

语言教育正面临着革命性的变化,这种变化主要是由技术革命带来的。信息技术的发展、网络技术的发展、视听传播技术的发展、多媒体技术的发展、数据库技术的发展、教育教学技术(包括过程性技术和产品型技术)的发展带动了语言教育观念的变革和学习方式的变革,学习者获取信息和资源的途径发生了巨大的变化,这种变革对传统的语言教育模式产生了巨大的冲击。但是我们对这样的变革准备不足,尤其是在第二语言教学领域(包括外语教学和对外汉语教学),传统教育模式正在受到挑战,与之相应的课程、教材、教学法、教师角色、学生角色、教学场所也都受到挑战。[①]

四、大数据时代的语言教育

云计算、物联网、社交网络等新兴服务技术的发展给我们的数据捕捉、挖掘、处理、管理和利用提出了新的课题。所谓大数据(big data)指的是超出我们日常处理能力的超大规模数据,它具有如下一些特征[②]:规模巨大(volume)、复杂多样(variety)、高速流动(velocity)、潜藏价值(value)。大数据还具有交互性,数据之间可以互相建立联系,使看上去不相干的数据彼此之间有了关系。大数据时代改变了人们的思维方式和研究范式,大数据思维渗透到我们生活的各个方面,它对语言教育的影响也是很深远的。

(一)大数据时代对语言教育的影响

大数据是一种现象,更是一种思维模式。语言教育涉及教师培养、教材编写、教学工具书编写、课程设置、教学资源准备、专题研究

---

① 侯艳宾、田巍:《"后方法"时代外语教师角色转换》,《河北农业大学学报》(农林教育版)2012年第4期。
② 孟小峰、慈祥:《大数据管理:概念、技术与挑战》,《计算机研究与发展》2013年第1期。

等活动,前大数据时代,我们的很多基础工作都是通过手工的方式完成的,例如统计教材中词汇的复现率,编写词典时搜集语料,备课时寻找教学用的视频资料、音频资料,专门为教学准备需要的资源,学术研究时一点一滴地积累素材、做卡片、手工分类,等等,在大数据时代这些工作方式都发生了变化,有专门的数据管理软件用来编写教材[①],编写工具书,有专门的音频、视频库可以提供不同层次的教学需求。大规模语料库可以为研究提供帮助,基于数据的研究在人文社会科学领域,尤其是在语言学和应用语言学领域大行其道[②]。例如我们通过"HSK动态作文语料库"[③]可以对学习者的语言能力进行研究,并与其HSK考试成绩建立相关联系,这种研究是复式的;我们还可以把留学生的语言使用状况与汉语为母语的人进行比较,"现代汉语语料库"[④]可以为这种比较提供数据。语料库语言学的兴起使我们有可能对语言习得过程做多角度的观察,抽象的"语言能力"可以通过具体的"语言运用"来判断。各种语言工程为语言教育和相关研究提供了平台,人们的工作方式有了变化,共建、共享、动态更新成为主流。美国宾州大学的语言数据联盟(LDC)就是其中典型的例子,其中不仅有丰富的英语语料,还有其他语种的语料,这种联盟的方式汇聚了世界各地的语言资源。中文语言资源联盟(CLDC)也已经由中文信息学会发起建设,其中的声音、图像、文字等资源也可以为语言教育提供素材。迄今为止,我们一线的语言教师对这些资源的利用还很不够。当然,我们的数据化进程还处于初级阶段,很多语言资源库的质量还需提高。

(二) 云技术、物联网、社会网络技术的应用带来的教育革命

云技术是指通过网络将庞大的计算处理程序自动分拆成无数个较小的子程序,再交由多部服务器所组成的庞大系统经搜寻、计算分析之后将处理结果回传给用户。这个过程大概只需要几秒钟或者更

---

① 如储诚志等2003年开发的教材编写辅助软件《中文助教》。
② 詹卫东:《大数据时代的汉语语言学研究》,《山西大学学报》(哲学社会科学版)2013年第5期。
③ 由北京语言大学开发,其网络版可以免费使用。
④ 由北京大学中国语言学研究中心开发,其网络版可以免费使用。

短。基于云计算(cloud computing)的分布式计算技术和网络技术结合,可为用户提供方便快捷的数据服务。我们每天都离不开的搜索引擎就是云计算的产物。语言教育实际上已经在利用这项技术的成果为教师答疑和学生自主学习提供帮助,例如学生在遇到一个新的概念时可以利用"百度百科"来寻求答案,教师遇到解决不了的问题也可以求助于"百度贴吧",备课时需要的图片也可以从"百度图片"中选取,音频视频资料也同样可以到网上"抓"一个。如果有不认识的东西,例如植物或者花卉,也可以通过"百度识图"来找到答案。

所谓物联网(Internet of things)是互联网的拓展和延伸,通过传感技术、定位技术、无线数据通信技术、云端计算等技术实现物与物之间的信息交换。移动手机、汽车、微电脑、家用电器等电子设备彼此之间可以交互传输数据,这为语言学习提供了更广阔的发展空间。教师可以利用物联网即时传输课程内容给学生,学生可以即时获取各类数据并进行自主学习。教师也可以把数据传输到网络空间,学生可以随时访问这个共享空间并在其中进行讨论。驾驶汽车的时候可以随时打开语言学习软件,接受教师的远程教学辅导。物联网为个性化的语言教育奠定了基础。

社交网络服务为语言教育打开了另一扇大门,学习者可以利用社交网络聊天,也可以利用社交网络进行语言学习,例如可以利用 Facebook、QQ、微信、MSN、Skype 等聊天工具学习语言。目前已经有了一些语言学习的社交网站,例如美国的 Livemocha 语言学习者社交平台,已经有 600 万注册者。此外还有诸如爱拓奇(italki)、英孚(EF)、Sanbit、Palabea、Lang-8,等等,在这些社交网站可以注册为网络学生,找到语伴,交流学习心得,找到最合适的老师,分享免费的学习资源,在线观看教学视频等。

(三)未来社会语言教育的发展趋势

预测未来是一件最为困难、最为冒险的工作,但是我们对一些现象的观察和分析可以让我们看到未来社会的一些图景。我们应该提前了解语言教育的发展形势,以期及早做出相应的调整,在教育观念、教学方法、学习理论、教育技术方面抢得先手,更好地满足学习者多样的社会需求。目前我们正规的语言教育还是基于课堂教学的,教师是教学的组织者,学生在课堂上在教师的指导下学习,黑板(或白板)、写字笔、教鞭、多媒体播放器、投影仪、音响设备、教学挂图等传统的教学设备和按部就班的教学计划都是必不可少的。从某种意义上说,这样的语言教学模式加上分课型的专门训练(听力、口语、报刊阅读、泛读、精读、语法、汉字、文化常识等)确实取得了成功,但是这些已经难以满足学习者的需求。一些学习者离开校园到茶馆、咖啡馆、商铺去练习口语,因为那样的场所是开放的,话题是多变的,学习时间可以自由控制。白乐桑①在回忆自己学习汉语的经历时,认为自己口语水平在他住院的时候得到突飞猛进的提高,因为在医院他可以全天候地练习口语。②

未来的语言教育大概应该有以下一些特征:

1. 开放的学习平台

除了正规的课堂教学之外,未来的语言教育会更加关注开放的语言学习平台。在这个开放的学习平台上,教师和学习者的互动是全方位的,学习者之间的互动也是全方位的,这个学习平台不受空间制约,学习者可以自己在虚拟空间建立适合自己学习需求的虚拟班级,学习者在这里也可以自主决定什么时间参加什么样的考试(自适应测试),并根据自己的考试成绩自主决定是否换班。教师和教学技术支持有各自的管理终端。现在的网络教学大都是这样的开放平台,但是学习者自主选择的余地不大。因为这还需要有更为丰富的课程资源和课外资源,能够支持学习者在线学习或者离线学习。

2. 公开的教育资源

教师自己建立的教学资源库毕竟有限,但是如果把所有教师的教学资源集中起来,做成公开的教育资源,大家建设,大家分享,那么这样的教育资源就会产生巨大的效益。开放的语言学习平台需要有

---

① 白乐桑,法国著名汉学家,法国汉语教师协会创始人及首任会长,现任法国国民教育部汉语总督学、巴黎东方语言学院教授、世界汉语教学学会副会长。1973年—1975年先后在北京语言学院和北京大学学习。

② [法]白乐桑:《我的"七〇"印迹》,郑州:大象出版社,2014年,第28—29页。

这样的大数据的支撑。

3. 自由的学习空间

语言学习过程是有规律的,学习者在学习过程中会有平台期和疲劳期,教室的设计、课程的设计、教学模式的设计、教材的设计都应该照顾到语言学习的规律。未来的语言教育会给学习者提供更多的自由学习空间,最大限度地为不同层次、不同阶段、不同需求的学习者提供定制服务。把纪律约束和自主选择结合起来,这样可以调动学习者的内生动力,把"好之者"变成"乐之者"。

4. 自主的学习时间

对于那些一边工作一边学习语言及那些学习时间碎片化的人来说,自主的学习时间非常重要。网络教学可以为学习者提供更优质的服务,让学习者自主选择学习时间。一些语言学习平台已经关注到语言学习者的个体差异和个性需求,他们利用动漫技术和其他教育资源把语言学习变成一件轻松愉快的事,让更多的学习者受益。

5. 学习成绩和语言能力的自我评测

未来的语言学习平台一定会有自适应性语言测试(self-adapted language test)工具,学习者可以根据自己的情况做阶段性的成绩测验和语言能力评估。学习者还可以根据自己的成绩及时调整学习策略。在这个学习平台上,就如同很多网络游戏一样,学习者之间可以竞赛,一个阶段过关以后学习者自动升级,每个学习者都可以看到自己在群里的排名。

6. 全新的课堂教学模式

大数据时代的语言教学模式已经出现变化的端倪,翻转课堂(flipped classroom 或 inverted classroom)和慕课(MOOCs)等新的教学形式已经出现,以后还会出现其他的教学形式。翻转课堂这种教学形式颠覆了传统的教学模式,强调了学习者的自主性,课堂变成了答疑解惑和讨论的场所,大量的句型练习(drilling)可以在课下完成。慕课是大规模、开放式、在线课程,这种网上课程打破了传统的空间限制,实现了优质教学资源的共享。未来的教学竞争主要体现在线上和线下的服务质量上。

7. 学习流程的重构

我们现在的语言教育可以分为专业学习和业余学习两大类,专业学习要训练学习者听、说、读、写、译五种技能,业余学习则根据学习者的目的要求突出其中的某项技能。从学习流程上来说大致如下图所示:

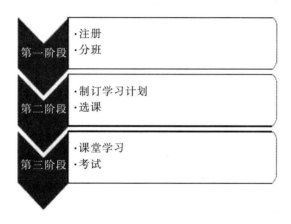

将来的学习流程会发生很大的变化,学习者选择的自主性会大大增加,如下图所示:

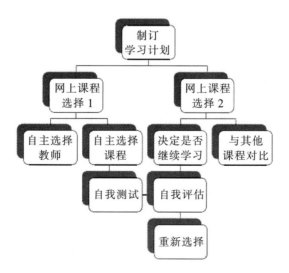

五、进一步讨论

而对语言教育形式的变革,我们还需要进一步探讨一些与语言教育有关的理念问题,因为这些问题直接影响了语言教育的宏观规划、教学模式的选择、语言学习范式的发展方向。

(一)以教为中心还是以学为中心?

传统的课堂教学模式,教师是教学的中心,因为教师是教学的组织者和实施者,教师带领学习者走过每一个台阶。因此语言教学过程是一个施予图式(giving schema),在这个图式中,语言教育侧重于教的过程,因此教师、教材、教学法显得比较重要。如果换一种视角,把学习者作为语言教育的中心,就要考虑到学习者的学习过程,注重学习规律,关注学习者的心理焦虑、个体需求、学习者与教师的互动、学习者之间的互动,这时候语言教学过程就变成了接受图式(receiving schema)。以前我们对学习者的接受心理研究不够,对学习者的个体差异研究也不够,没有做到因材施教。

(二)从语言切入还是从文化切入?

语言教育,尤其是第二语言教育,不可避免地会遇到文化问题,有的时候学习者因为对文化问题产生兴趣才开始学习某一种语言。有鉴于此,有些学者主张语言教育应该从文化切入,这与语言教学中导入文化在理念上是不一样的。语言学习和文化探究是相辅相成、并行不悖的两件事,一般情况下,语言教育不必专门从文化的角度切入,如果有特殊的学习者,就是对文化问题感兴趣,由文化问题而及于语言,在这种情况下从文化切入也未为不可。

(三)问题驱动还是理论驱动?

这里主要讨论,语言教育的专题研究是以问题为出发点,还是以理论为出发点?换句话说,我们的研究是为了解决现实中的问题,还是为了建立一个理论模型或者验证他人的某种理论假说?我认为两者都需要,但是一定是问题在先,理论在后,有了问题我们才会去做研究。任何研究都是先提出问题,再进行理论假设,然后对这个假设进行证明,最终是为了解释或解决最初提出的问题。

(四)语言学的研究还是教育学的研究?

语言教育既是语言学的问题,也是教育学的问题。从语言学的角度看,我们应该关注语言本身的结构规律,以及如何把这些规律变成学习者容易接受的教学步骤;我们更应该关注学习者本身,总结成功者的个体经验,探讨学习规律并追踪其心理基础,也要对那些不成功者进行观察,分析学习中的障碍并探索解决之道。从教育学的角度看,我们应该关注教与学两者的关系,关注教育如何为学习者提供个性服务,关注大数据时代教育理念的变革对语言教育的影响。

(五)单语教育还是复语教育?

我们目前的外语教育以一种语言为主,同时辅修第二外语,其结果是主修的外语学得很好,第二外语基本上不能用。对于那些禀赋好的学习者来说,学习两门或者更多的外语并不是一件不可能的事,尤其是在他们年轻的时候。因此复语教育(例如英语+西班牙语,或者法语+葡萄牙语)可以总结经验,大胆实验。语言学习可以开发人的认知潜能,同时学习两种同一语系的语言完全可以做到。

(六)多学科交叉还是单学科深入?

语言教育(尤其是第二语言教学)是一门交叉学科,它与语言学、教育学、心理学、认知科学、信息科学、语言工程都有关系,尤其是未来的语言教育不仅仅是语言学和教育学的事,多学科的交叉是大势所趋。当然,学科的深入研究还是必不可少的,但是不注意学科整合和多学科合作,恐怕很难满足未来语言教育的需求。

(七)形式主义的研究还是功能主义的研究?

语言学有形式主义和功能主义两个大的阵营,他们对语言的认识和研究范式都非常对立。第二语言习得这个学科的理论基础是形式主义的假说,其目标是寻找语言普遍现象的佐证。然而在具体的语言学习过程中,学习者和教师遇到的问题大多可以通过功能主义的研究得到解决。语言教师的语言观更倾向于亲近功能主义的研究。事实上到底谁能更好地解决语言学习的问题,目前下结论还为时过早。

汉语典籍对外传播中的文化形态研究

李志凌

在传播的过程中,随着时空环境的变化,作为一种文化产品的汉语典籍原有的存在形式、文化价值和社会价值都会受到相应的影响,致使典籍表现出来的文化形态及其特有的文化内涵处于一种运动发展的状态。不仅典籍本身会发生从无到有、从粗到精、从单行本到多卷本、从功能专一到功能泛化等变化,其文化形态的外在表征与内部性质也会发生不同程度的改变。这些改变根本上是因传播活动的存在而导致的。传播使典籍的应用界面增大,发生文化接触的范围和机会也得以加大。这时,典籍中的文化获得了重新发展的空间与条件。这种情况在汉语典籍的对外传播中体现得更加明显。对外传播活动不仅为汉语典籍及其文化的运动发展划出了一条轨迹,还使典籍的文化形态呈现出两种和而不同的类型,即前文化形态和后文化形态。

汉语典籍的产生和价值生成过程实际就是典籍及其文化传播的过程。观察其中文化形态的发展变化,便要紧密依托典籍的整个存在过程。既然如此,典籍及其文化必然同时经历不同的形态阶段。这些阶段中当然应该包括了初始形态、成熟形态和再生形态。前面两个阶段不妨统称为"前文化形态",因为它们反映了文化本源的特质,也是在原有文化界域内、文化内涵上的自我成长与丰富。最后出现的"再生"阶段具有"后文化形态"的特点,这时,典籍文化开始出现越来越多的超越形式和外延价值。

一、汉典外传的前文化形态

汉语典籍对外传播过程中的前文化形态主要表现为以下几个特征,我们可借《离骚》为例加以说明:

(一) 典籍文化的始创性特征——在传播的前文化阶段,典籍有一个从无到有的创制过程

战国时的诗人屈原因遭贵族排挤,被楚王放逐,悲愤之下而作《离骚》,成为中国文学史上第一部具有现实意义、带有自传体性质的浪漫主义长篇抒情诗。这首中国文学史上最长的抒情诗共 373 句,为诗人自己独立完成。它的形式来源于楚国人民的口头创作,经诗人加以改造之后,形成了一部完整的长篇诗作,用 5 章共 14 个完整义段来叙述自己的遭遇,阐述政治理想。这是《离骚》这部著作从抽象的人文意识和精神思想转化为具象的文化符号,形成具有可读性、可传播性和概念可泛化典籍读物的最初变化,可以理解为典籍及其所载文化形式的"雏形缔造"阶段。

中华文明发展的客观历史告诉我们,在汉代以前,典籍的保存与流通并不像后代那样简易,而且书写工具不发达,大量文献的记录和书写都很困难,"古人无笔砚纸墨之便,往往铸金刻石,始传久远;其著之简策者,亦有漆书刀削之劳"[①]。在这种情况下,典籍的创制、传播十分不便,多采用口耳相传的形式,而且主要是弟子从师得以教传,靠抄写、记录、整理成书,再加以流传。这一点,吕思勉已做过说明:"古代文字用少,书策流传,义率存于口说,其说即谓之传。凡古书,莫不有传与之相辅而行。"[②]屈原所作的《离骚》《九章》《九歌》等诗歌经典非本人一己之力可以实现广泛流传的,同样是先在口耳相传中立名、言志之后,才有成籍之资《楚辞章句·序》中说:"楚人高其

---

① 舒芜、陈迩冬:《近代文论选》,北京:人民文学出版社,1999 年,第 100 页。
② 吕思勉:《先秦学术概论》,北京:中国大百科全书出版社,1985 年,第 68 页。

行义,玮其文采,以相教传。"①这种"以相教传"就是典籍原始的"无纸化"传播。在那个文本不能批量生产的时代,不论多么杰出的作品,在传播的初始阶段都必须依靠口耳相传的方式才能流传开来。《汉书·地理志》中记载:"始楚贤臣屈原被谗流放,作《离骚》诸赋以自伤悼。后有宋玉、唐勒之慕而述之,皆以显名。汉兴,高祖王兄子濞于吴,招致天下娱游子弟,枚乘、邹阳、严夫子结兴于文景之际。而淮南王安亦都寿春,招宾客著书。而吴有严助、朱买臣,贵显汉朝,文辞并发,故世传楚辞。"

(二) 典籍文化的纯粹性特征——在传播的前文化阶段,典籍及其文化形态一般比较纯粹和单一

纯粹不意味着简单,单一也不意味着狭隘。典籍的作者并不一定在创作之始就怀着遗作千古、流芳百世的抱负,并特意将作品的艺术高度、文化价值、经典意义等因素统统兼顾,有意扩大典籍的"经典"成分和文化载量。实际上,典籍在成为经典之前,可能只是满足于作者个人的某种艺术追求,某种价值关切,某种功能目的,抑或只是乘一时情思感发,为满足某种个体表达需求而作的产品。

屈原创作《离骚》之际本不是冲着塑造经典的关怀去的,而主要是对自己的坎坷人生发出深刻的哀叹。可以说,他的创作初衷是很"私人"(private)、很"自我"(self-entered)的,即便其艺术手法高超,意境深远,仍只是为个体的心理需求而服务的。这从《离骚》等作品中采用第一人称作为叙述主体就可以明显识别,如诗言:"惟夫党人之偷乐兮,路幽昧以险隘;岂余身之惮殃兮,恐皇舆之败绩";"荃不察余之中情兮,反信谗而齌怒;余固知謇謇之为患兮,忍而不能舍也";"闺中既已邃远兮,哲王又不寤;怀朕情而不发兮,余焉能忍此终古。"②屈原并不知道后人(包括他的学生)会如此尊崇他的作品,并推出大量的拟骚之作,对其人生经历、国士风范、文学精神等进行深度挖掘;也不能预见他的作品能够开创一种特殊的文学创作手法;更

---

① 洪兴祖:《楚辞补注》,北京:中华书局,1983年,第48、118页。
② 屈原:《离骚》,长春:吉林文史出版社,2004年,第13页。

想不到自己悲悯天人,忠贞爱国的精神能化为中国文人的一种典型气质;他同样预料不到自己的人生经历和文学成就能够赢得华夏同胞的极大同情,催生出端午、龙舟、诗祭、巫摊祭祀等这样一些民俗文化。

可见,典籍作品原始的纯粹性和单一性并不妨碍它戴上经典的符号光环,开创出经典的文化,衍生出经典的文化意义。

(三)典籍文化的专类化特征——在传播的前文化阶段,典籍及其文化特征表现出较为鲜明的地方性、民族性和专门性,有时甚至是较大的个体性

无论是《离骚》也好,《论语》也好,《史记》也好,还是"四书""五经"、四库全书,绝大多数的汉语典籍基本都能显示出以上这些特点。

《离骚》这部典籍的形成和发展过程在这一点上则格外典型。作品中体现出来的诗人个人意志与个性化抒发已不用再说明,这是作品的个体性特征。《离骚》的文化本体是楚辞文化,而母体则是楚文化,她闪烁着楚文化中独特的浪漫色彩。最为典型之处就是作品原创之时吸收了楚国巫文化与土文化双重营养。有人形象地把这称为"将屈赋的脐带连在南楚巫文化之上"[1]。另一方面,作者努力将自己造就成"南人而学北方之学"的天才诗人。正因为屈赋吸收了"北方之学"的精华,屈原的作品有了鲜明的地方性和民族性,他的思想同时还富于时代特色"楚地巫术文化浪漫情调与中原文化的历险精神被天才的屈原完美地融合在一起,才生成了楚辞这一文学瑰宝"[2]。《离骚》的初创以及后来学人对其"慕而述之",都体现出相当长久和主要的文学化特色。后人的"述"不只是对原作进行重复,同时还融入了阅读者的个人感受与领悟。仿作杂有个体"贫士失职而志不平"的情愫,艺术形式上效法屈原,但也带有一些变化,因而又体现出"作"的某些特质。在这种形式下,述作便兼有了传授、传播之用。随着屈原作品流传的深入和广泛,原作本身和后期的这些拟骚

---

[1] 浦先毛微:《屈原与汨罗地方文化》,http://www.mlnews.gov.cn/index.php?m=content&c=index&a=show&catid=465&id=683(2011—12—27)

[2] 同上。

之作开始突破原来那些纯文学、专门性的学术意义,而具有了更加丰富的含义和功用。如人们依据《离骚》等屈原代表作开始了大量的地方文化考察,人物活动遗址发掘,以及关于历史的、民族的、民俗的、美术工艺等方面的研究。在这个基础上,典籍文化经过扩展后变得越来越细化,更加专门性的文化形式也随之诞生,如以《离骚》中"香草美人"为浪漫符号的文化演变为民间花草装饰艺术、刺绣艺术、雕花艺术,甚至歌舞(巫俗祭神)、书法(屈骚体)、皮影戏(神话故事)、神案戏(香草凤鸟、民间传说),等等。

典籍文化由于原创的时空背景,以及创作者和阐释者的知识条件、见解视阈和文化需求等因素,往往表现出特定的个体性、地方性、民族性和专门性等范畴基础。随着传播活动的延续与推进,这些特性在表面上会被不断淡化,但实际却可能因为新的时空条件出现,或异文化接触与交流的深刻发生,而使这些特性在另一个平台上变得更加突出,更加强化。

(四)典籍载体的原始性特征——在传播的前文化阶段,典籍这种文化载体的形式往往都有较大程度的原始性

所谓典籍载体的原始性,是指记录文化内容的书写文本在呈现形式上,与该文化产生的时代特征保持着同步,和当代的文本书写和记载方式相比,同时又有较大的差距,一般比较古朴和传统。以汉语古籍的原始类型来看,历代流传下来的古籍分为抄写本和刻印本两类,抄写本即人工抄写的图书;刻印本即采用雕版印刷或活字印刷的图书。如果再进一步细分,汉语典籍传统的书写形式还包括:手写本、影写本、精抄本、稿本、彩绘本、原刻本、精刻本、修补本、配本、百衲本、活字本、套印本、铅印本、石印本、足本、残本、节本、通行本、官刻本、私刻本、坊刻本、稀见本、孤本、善本、珍本等。

在典籍传播的前文化形态阶段,典籍原始的创制方式与版本形态构成了前文化中的重要组成部分,同样是具有重要文化价值的因子。它们的原始性虽然反映出典籍制作之初工艺的某种落后状态,但这并不妨碍典籍文化价值获得不断涵养和提升;相反,这些原始的制典工艺借此保留下了许多时代性的文化烙印,使典籍具有了基本

的文化价值,反而成就了经典的某些外在气象,丰富了典籍文化的内涵。所以,在汉语典籍的对外传播过程中,对典籍载体的呈现方式、创制工艺和版本给予关注,也是十分必要的。

(五) 典籍文化的源语叙议特征——在传播的前文化阶段,对典籍文化进行记载、叙述和议论的语言,使用的都是原著文化的书写语言,即文化的源语(the source language for the culture)

此特点的基本意义是指,人们对典籍文化的描述和阐发仍然在同一个文化语境之下,没有脱离原著的语言系统。典籍文化在文化源语中被编码和书写,又在同样的文化源语中被解码、解读、消化、发展、利用。用来记载和叙述典籍文化的语言并不是永远不变的。随着传播范围的扩大和对典籍文化深刻认知需求的增加,用来记叙和解读典籍文化的语言有可能变得多样起来。借助其他语言的认知系统可以对源语文化进行更深入的参照和比较,新语言的使用也必然促成典籍新版本的出现,文化的样态上也可以得到进一步的丰富和发展;另外,借助于新语言,典籍及其文化的传播便能推向更多的领域、更广阔的空间,以影响更多的接受者。这个时候,典籍文化的传播便进入了后文化阶段。从这个分析来看,典籍及其文化的记载与叙述语言上是否有变化,是同一语言还是多种语言,形成了典籍文化的传播能否进入下一种文化形态的关键因素。由于语言和文化间相辅相成、二合一体的密切关系,以新语言对原著及其文化进行诠释即可产生不同以往的知识经验基础、文化认知心理与认知方式,自然可能衍生出新的价值观,从而催生新的典籍文化发展形态。在传播的运动过程中,这种变化即导致了对外传播事实的形成。也就是说,典籍文化的记载与叙述语言一旦发生改变,跨文化传播、对外传播活动便即实质性地发生了。

以《离骚》为例,在其对外传播的前文化阶段,人们对它展开的一切诠释都是基于它的原始记载语——由汉语进行的,作品的文化价值也主要是由它的原始书写语言来阐发呈现的。《汉书》称宋玉、唐勒等大批后来学人"慕而述之",对屈原作品进行述作、转述,毫无例外地都是用汉语而作的。"《九辩》里有直接袭用屈原作品或接近屈原作品的句子,计有《离骚》十例,《哀郢》四例,《惜诵》、《惜往日》、《思美人》各一例。至于复述屈原论调、规仿屈原语气的地方更不可胜数。"①汉代刘向将屈原的作品及后世一些文人的主要作品编辑汇总为《楚辞》,所题明确指示出作者所开创的"楚辞"这种特殊的文体,借此彪炳屈原的文学贡献。它所界定的楚辞文化正是在《离骚》的语言形式和风格基础之上延展升华而得。在《离骚》实现对外跨文化传播以前,关于原作及其文化的所有解读与发展基本都是在其文化源语,即汉语的语言体系中展开的,它搭建了典籍传播前文化形态中的基本框架,并赋予它文化的核心与灵魂。

(六)以源语文化为阐释系统——在传播的前文化阶段,对典籍及其文化的诠释与阐发是在源语文化体系内展开的,典籍文化的内涵和外延都在源语文化范畴之内

就汉语典籍对外传播而言,在前文化形态阶段,汉语文化体系对典籍及其文化所具有的文化含义构成了范围限定;所有从中挖掘、衍生出来的文化意义都带有汉语文化,甚至中华文化核心的深刻烙印。

如果我们把人们对典籍文化所做的各种解读和扩展细分为几种具体的类型,考察每个类型与源语文化的密切程度,借此当可判断这种关于典籍文化的诠释与阐发活动是在哪种文化体系之内完成的。对此,我们可以从奈达对文化结构的分类中得到一些启示。他将文化因素分作五类,即生态文化(ecological culture)、物质文化(material culture)、社会文化(social culture)、宗教文化(religious culture)、语言文化(linguistic culture)②。对一个文化产品的文化属性进行认定也可以从这些因素上找到依据。我们不妨将汉语的文化体系也理解为:它由这五种文化成分所构成,每一种成分都能体现出汉语文化的性质;反过来,如果任何一种成分带上了非汉语文化的因子,就足以说明某一个文化产品超越了汉语文化体系,是跨文化接

---

① 马茂元:《楚辞选》,北京:人民文学出版社,1996年,第2页。
② Nida E., *Towards a Science of Translating*, Leiden:Brill, 1964, p.91.

触、对外传播得到的某种结果。

仍以《离骚》为例。后人从它的传播中引发了各种解读,发展出了各种文化产品。仅一部《汉书》就以不同章节,从各个角度反映了屈原及其作品的对社会文化、物质文化、生态文化、语言文化和宗教文化各方面的影响。如《汉书·淮南王传》记载淮南王刘安入朝,武帝"使为《离骚传》,旦受诏,日食时上"。对此《汉书·武帝纪》也另有记载《汉书·扬雄传》记:扬雄读屈原作品"未尝不流涕","乃作书往往摭《离骚》文而反之,自崛山投之江流以吊屈原,名曰《反离骚》……"[①]这些章节较为细致地从社会结构、语言文化上对作者和作品对后世的影响予以了解读。《汉书·地理志》记录了屈原的个人经历和楚辞文风在民间流传的事实,反映出许多当时真实的社会生活面貌。《汉书·艺文志》在诗赋类记录中收入屈原赋类300多篇,其中虽有不少拟作,但将屈原的创作精神、文艺风格(其中当然包括语言)等加以丰富阐释。《汉书·楚王传》虽未直接谈到屈原及其代表作,但以"汉兴,……天下唯有《易》卜,未有他书。至孝惠之世,乃除挟书之律,然公卿大臣绛、灌之属咸介胄武夫,莫以为意"这样的介绍,与屈原文化形成对照,反映出中原社会曾一度有过的文化学术荒芜现象。

除了相关文献资料折射出来的汉文化意义,我们还可以从地方习俗、人文环境、语言习惯、生活方式与生产工具、民间工艺等方面看到屈原及其作品在传播中形成的种种汉文化气象。这些情况说明,人们在屈原作品的传播过程中所运用的文化解码工具,始终都深深烙有汉语文化的符号。

人们对典籍文化的各种后期解读与发展,如果阐发所得成果带有明显的源语文化符号(因子),说明人们对典籍文化的解析属于源语文化范畴;如阐发所得的产品带上了异文化的因子,特别是借助了其他的语言形式以及由此产生不同于源语文化的知识经验和认知效果,则说明文化解读活动超越了原有的文化范畴,进入了新的典籍文化发展形态。

[①] 洪兴祖:《楚辞补注》,北京:中华书局,1983年,第48、118页。

二、汉典外传的后文化形态

在传播的过程中,汉语典籍出现的后文化形态指的是典籍文化发展超越了著作源语文化的新型文化样态,它的文化样态并非源语文化传统所有,是跨文化、跨民族,尤其是跨语言或跨文化语境传播的结果。

由于汉语典籍自诞生以后便一直经历着传播的活动,传播的结果即是对典籍文化的诠释、消化、利用和发展等活动产生的结果,前期主要产生于源语文化体系之内,因此属于前文化形态的产品;而后期,当汉语典籍的传播进入了对外传播的跨文化交流阶段,非源语文化因子可能为典籍及其文化带来新的语言形式、新的文化观点、新的社会服务功能、新的文化产品等。这时,典籍文化便具有了后文化形态的特征。由此可见,典籍的存在形态一旦具有了对外传播、跨民族文化的传播或跨语境传播的特性,就成为典籍前、后文化形态的一个分水岭,因为典籍所具有的源语文化开始面临根本性的突破。

汉语典籍传播的后文化形态有多种表现形式,如汉语典籍及其文化的叙述语言变成了外语,人们用外语来介绍、推广汉语典籍;有了外语本,人们用新的语言形式和思维方式传递着原著文化的思想内容;产生了海外汉学,西方(诗歌)文学中出现了启发自中国诗歌传统的意象概念和诗艺手法;西方也有一部分人依照汉语典籍中介绍的中国传统文化过上了春节、中秋、端午这样的汉文化节日,等等。这些文化产品都具有超越源语文化的特征,是对汉语典籍文化外延的极大丰富和拓展。对此,已无需多作说明。我们这里选取两种较为特别的情况来分析汉典外传中后文化形态的发生。

(一) 汉语典籍对外传播中的文化本土化

典籍的传播实质上就是文化的传播。典籍及其文化在传播的过程中客观上经历着语境转换的实际情况。语境,就是语言使用的环境,是语用学、社会语言学等学科中常用的一个重要概念。语境可以分为上下文语境、情景语境和文化语境,也可以分为语言语境与非语言语境。与典籍文化传播关系最为密切的是文化语境的概念。

国外学者 Samovar 认为,文化语境包括知识的储存、经历、价值、行为、态度、宗教信仰、时间概念、空间关系、学科领域等诸多方面。① Kramsch 解释道,部落经济、社会组织、家庭模式、繁殖习俗、季节循环、时空概念等都是文化语境的主要因素。② 黄国文指出,"每个言语社团都有自己的历史、文化、风俗习惯、社会规约、思维方式、道德观念、价值取向。这种反映特定言语社团特点的方式和因素构成了所说的'文化语境'。"③ 为了找到适合的生存条件,典籍对外传播面临的一个首要问题就是能否适应目标文化语境。这种适应,一方面可以是对原有文化进行筛选,去除与目标文化语境特征相抵触和冲突的内容,保留容易被接受的成分,或保留不同民族文化间接触和交流中那些具有文化通约性(cultural commensurability)的元素;另一方面,可以是突破原有的某些文化样态与形式,做到入乡随俗,源语文化出现再生(regeneration)。无论是哪一种适应的方式,都是典籍及其源语文化本土化的表现。

典籍传播过程中的文化本土化有许多细节性的手段,比如典籍版本上的、语言上的、宣传上的、文化符号上的,等等,但总的概括起来,这些本土化手段主要属于两种特殊的类型:

1. 以改造和替换为主——大卫·霍克斯的文化本土化思想

大卫.霍克斯在翻译《红楼梦》时,为了将这部堪称中华文化"百科全书"文学名著顺利传入西方社会,十分注意处理作品里富有中华文化特色的内容,基本原则就是尽量调整或改造原作中的这些文化元素,使之符合西方文化语境下的读者期待,顺应西方的社会风俗、认知习惯、民族文化、宗教意志等。

《红楼梦》中有很多儒释道的宗教意识和信仰,这些意识层面的

---

① Samovar et al. *Communication Between Cultures*, Beijing: Beijing Foreign Language Teaching and Research Press, 2000, p. 36.
② Kramsch C., *Language and Culture*, Shanghai: Shanghai Foreign Language Education Press, 2000, p. 26.
③ 黄国文:《语篇分析的理论与实践》,上海:上海外语教育出版社,2001年,第124页。

东西深刻地反映在典籍的字里行间。"儒"虽只是一家学说，算不上宗教，却规范了人们的生活方式。佛教是外来的宗教流派，传到中国后，被本土的中华文化兼容吸收，衍生出深厚的本土化教派，因此成为最具民众基础的信仰寄托。道教则是中国土生土长的传统宗教，孕育了大量的哲学思想。这些核心的中国宗教文化思想浸淫在典籍文化中，不能不引起霍克斯这样翻译者的留意。他的处理办法是在不妨害原著文化主题精神传播的前提下，尽量将这些中式的文化元素归化到目的语，也就是英语世界的文化体系之内，不令其因为不可理解而导致英语读者的困惑和反感。例如，他将小说中出现的"天""导书""道""圣人"等具有中国特色的宗教哲学概念词一律译为"heaven""God""the way""saint"等，以此比拟西方宗教里的"上帝""救世主""原罪""天国"等意象，使西方读者产生文化亲切感。再看小说中"世上都晓神仙好"这样的说法。霍克斯没有像另一位翻译大师杨宪益那样，保留汉语的文化特色，译成"All men long to be immortals"，而译成"Men all know that salvation should he won"。这里的"salvation"是基督教的一个概念，是每个人都渴望得到的救赎。这样一来，源语文化在目的语境下的传播产生了文化精神的转换，虽然对于传递出的源语文化信息有所折损，但读者获得了阅读上通畅无碍的心理适应性，手中的典籍也成为一种"友好"的读本(friendly classic)了。

又如，为了避免目标文化语境中对原著中的某些文化意象产生误解，霍克斯将《红楼梦》中最重要的这个"红"色意象进行了大面积的改动。鉴于西方读者憎红喜绿的文化习俗，他将很多出现"红"字的地方，归化译为英语的"golden"，"yellow"或"green"。又把许多复杂的中国宗亲家庭文化符号进行简化，如"老祖宗""嫡亲"等简译作"Granny Dear""one side of the family"。

我们从霍克斯推出的《红楼梦》经典译本 *The Story of the Stones*(取名《石头记》)中看到，译者在"文化语境顺应"(adaptation to cultural context)思想的指导下，对典籍及其蕴涵的文化做了大量"本地化"处理(localization)，使原有的典籍文化无论在形式上，还是内容上都对原著载体与文化载量产生了很大突破。这是后文化形态形成的一个重要标志。

2. 以创造和再生为主——埃兹拉·庞德的文化本土化思想

如果说霍克斯传播汉语典籍时采用的本地化处理更多的是对源语文化内容加以"手术式"的修改和转换,而非大刀阔斧的改头换面,那么,庞德处理汉语诗歌的英语传播所采用的创作式翻译策略,则将源语文化的本地化处理推向了更加极致且又极富意蕴和文化价值的程度。

作为西方现代意象派诗歌运动的创始人和领袖,庞德一直在寻找能够支持这种全新艺术形式的精神养分,直到他发现费偌罗萨遗留下来的一些关于中国古诗的笔记和译文,欣喜若狂的他仿佛发现了新大陆,内心的撞击告诉他新诗运动完全可以从这种充满了神奇意象、融合了时间艺术、视觉艺术、造型艺术和音乐艺术、铸音、画、文为一炉的中国古典诗歌中寻得无穷的给养和艺术支持。他发现的中国诗歌为他的美学思想提供了最有说服力的素材和理论依据。[①]

庞德在翻译中国古典诗歌时,常对原作故意改写或故意不译,这并非是因其不通汉语而造成的误读误解,而是基于他对原诗理解的基础上进行有意识的意义牺牲。庞德翻译形式严格而整饬的汉语古诗时采用的是自由诗体的表现形式,这虽然常常有悖于原作的诗形,甚至丢弃了一些字面意义,却重点传达了原作的韵味,向西方读者传递出最能触发心灵感动的信息。正如西方学者 Hayot 评价的那样,庞德恰恰是透悟了原作的诗意精神来再现原作的。(Pound in fact reaches the heart of the Chinese originals.)[②]

庞德翻译中国古典诗歌的目的是要创作出为诗歌爱好者接受的现代主义意象派新诗。"重视原诗总体的效果,寻求原作者和译者'思想感情'的对等"。"翻译时不是推敲词句,而是使自己的感情进入原诗作者的角色,将原作中的思维方式和感情方式进行浓缩提炼,再传达到英语中去。他翻译的不是词句;词句只不过将他引到词本

---

① 刘象愚:《从两例译诗看庞德对中国诗的发明》,《中国比较文学》1998 年第 1 期。
② Hayot E., "Critical Dreams: Orientalism, Modernism, and the Meaning of Pound's China", *Twentieth Century Literature*, 1999(4).

身所表达的事物和感情中去。"①庞德认为,艺术作品的意义并非一成不变的。语言变了,作品的意义就必然会改变。原作语言所引起的联想和解读与不同时代、不同文化中重新塑造的新作品所引起的联想与解读肯定是不一样的。按照他进一步的解释,语言的活力是指词语在结构中与其他词语在特定的地点和时间所产生的新的关系,从而获得新的品质,这就给语言带来了"活力",同时也给作品在新的语境下带来了新生。

由于庞德非常独特的"创造性"翻译,他向西方世界译介的中国古典诗歌作品深受欧美文坛的称赞,引起了读者的强烈反响,他也因此获得"我们时代中国诗歌的发明者"②的光荣称号。他翻译、创作、编著的诗集《华夏集》(Cathay,1915)被认为是"中国古典诗歌在美国的第一次真正的成功,自此以后中国诗成了大众瞩目的对象"③。毫无疑问,庞德对中国诗歌文化在英语世界这个别样的异文化语境中的传播是很成功的。传播者用创造的热情和对源语文化焕发新生的呼唤,使汉语经典作品与文化成果得以一种诱人的精神品质和全新的形态在异文化土壤上获得生机勃勃的发展,这不可不谓是汉文化传播中一种奇特而意义非凡的成就。

(二)以社会功能为导向的典籍文化回流与返销

汉语典籍对外传播还有一种极为特殊的形式,它的传播终点不是异国他乡,不是海外读者,而是中国本身的人民和社会。也就是说,汉语典籍经由向外传播路径之后,折返回归,从出口转为内销,对典籍的出产地产生反作用,而这类传播的推动者主要是外国人,他们这样做有着特别的文化功利目的。

早在16世纪,西方便有传教士来华,翻译了一些中国的文化经典作品。随着中外交流的增多,西方传教士了解中国的兴趣不断加大,更感到教化当时中国人既是政治、经济、宗教的需要,也是一种历

---

① 郭建中:《当代美国翻译理论》,武汉:湖北教育出版社,2000年,第44—45页。
② Pound E., *The Classic Anthology Defined by Confucius*, *the Introduction by Achilles Fang*, London: Faber and FaberLimited, 1954.
③ 赵毅衡:《远游的诗神》,成都:四川人民出版社,1985年,第150页。

史的必然;同时,他们也越来越深刻地意识到传统经典在中国社会中的重要地位及其对中国民众的巨大影响。于是,他们开始用另一种眼光来了解中华典籍,渴望从中找到有利于他们传播西方宗教思想和文化意识形态的种子,在译介诠释汉语经典的时候,附会上西方思想的影子与文化类因,使本已取走的经典又经文化漂染之后回传到中华大地上,赋予了典籍及其原有的文化内涵以新的文化形态、文化元素。

以《论语》为例。传教士早期的一个特殊翻译动机是想借助《论语》这样的汉语经典在中国人信仰中的地位来传达基督教的真理。他们努力从典籍中寻找基督教的义理证据,想借孔子之口,说出与耶稣训世一致的人生哲理。教士们用基督教的经院哲学穿凿附会的方法来诠释中国经典,有时甚至任意妄为,力图从中找出天主创造世界、灵魂不灭、天堂和地狱的存在并非虚妄无稽的各种理据。利玛窦曾说:"我知我也模棱两可地翻译过几篇文章,拿来为我所用。"[1]在自己翻译的关于孔子的部分古文篇章得到出版的时候,古莱神父曾对外强调:"翻译的目的不在于把中国智慧带给欧洲学者,而是用来当作工具,使中国人皈依基督。"[2]

西方传教士翻译《论语》的策略是对儒学作"神学化"诠释,用基督教神学附会儒学。他们相信(或意图使人相信),孔子孜孜以求的东西只有基督的启示才能带来果实。"在西方,《论语》最初可能是被当作近似基督伦理篇言的东西来阅读的,或者由于预示了基督教神学,孔子因此被发现是值得尊崇的。"[3]他们专门选定儒家思想中的"仁"为阐发的一个思想核心,与天主教"爱"的思想相类比,进而推演出"爱天主"实为"仁"爱之至;又将"孝、忠、敬"挑出来,附加上天主教的道德含义,归结说敬畏与仁爱都是人对天主的两种基本情感。在传教士译解的文本中,充满了造物主、天国、原罪、灵魂、来世等概念,使原本纯粹的道德学术之说演变为精心传布的教义主张。

这种形式的典籍传播不得不说是西方传教士的一种独创,是用

---

[1] 杨平:《〈论语〉的英译研究——总结与评价》,《东方丛刊》2008年第6期。
[2] 马祖毅、任荣珍:《汉籍外译史》,武汉:湖北教育出版社,1997年,第35页。
[3] 杨平:《〈论语〉的英译研究——总结与评价》,《东方丛刊》2008年第6期。

一种全新的眼界和功利意图对原著文化进行的异化突变。也许,中国和西方文化在某些认知机理和成就上确有某些共性,这为传播者的附会利用创造了条件,也使中国的经典著作获得了在异文化土壤上重新生长的空间和养分。出于实用的目的,这样的传播方式无可厚非;但是,由于其传播目的是对典籍原产地的源语文化进行同化,对源语受众进行精神上的蚀化和消解,使得这一类传播行为所产生的新文化形式不但无益,反而有害。

不可否认,这种典籍文化在传播过程中回流返销的现象,不仅仅存在于西方对华传教的那一段历史时期,而且在现当代也一样有这样的情况,只是回流的目的也许没有了明显的意识侵略性,反而可能多了些理性与和谐,回流而来的可能是经由外部渠道清理过的新鲜血液。因此,我们不必一味地用陈旧的心理经验排斥这类传播活动,可以开放且又审慎地鉴别回流的文化,主动吸收、理性利用,使典籍的文化生命在新的时空环境下永葆青春活力。

重构"汉语国际教育"学科理论体系
——从"国际汉语教学"走向"汉语国际教育"

丁安琪

随着汉语加快走向世界,原来中国语境下的"对外汉语教学"快速发展为"国际汉语教学",并进一步发展成为"汉语国际教育"。2007年,"汉语国际教育硕士"专业学位正式批准设立,"汉语国际教育"专业也于2012年正式列入大学本科专业目录。与"国际汉语教学"相比,"汉语国际教育"内涵更丰富,外延更广泛。新形势下,我们有必要重新讨论"汉语国际教育"的学科理论体系建设。

不管是"对外汉语教学"还是"国际汉语教学",因其"教学"的本质,通常被看成是汉语教师在一定的教学原则指导下解决问题的职业活动。这一职业活动包含汉语知识的传授、汉语教学实践及教师教学能力的提高等,其核心是如何提高汉语(及文化)的教学效果,因此我们必须以语言学、教育学、心理学、文化学等为理论基础,研究"教/学什么"与"怎么教/学"的问题及教学中遇到的某一实际问题,如教材编写、课程设计等,或者与之相关的教师职业发展、教学技术开发及教学实践研究等,这些内容共同构建了汉语国际教育学科理论体系的主要框架。

在汉语国际推广大背景下,"汉语国际教育"的教学对象已经发生了一些变化,现在对海外汉语相关人员的培养越来越得到重视。海外汉语学习者中既包括汉语作为外语的学习者,也包括汉语作为传承语的学习者,中小学汉语学习者的比重越来越大;海外本土汉语教师的培养成为我们汉语国际教育硕士(或许以后还有博士)培养的重要组成部分;其他与汉语相关的专业人士的培养,如新汉学家的培养,也成为"汉语国际教育"的重要内容。受众的转变,使"汉语国际教育"不仅仅包含"教学",还涉及汉语知识、教学效果与教学方法之外的很多因素,如"汉语国际传播""汉语与学习者母语""汉语与中外社会文化""汉语与中外历史传统(尤其是中外文化交流的历史与传统)""民族认同"乃至"国家战略"等诸多问题。这些问题是我们汉语国际教育工作者,包括教育实施者、教育研究者与政策制定者等无法回避的问题,是与"国际汉语教学"相比更宏观的问题。但现阶段,我们缺少对这些问题的深入研究。如果要从学科建设的角度对这些问题进行研究,我们需要将哲学、政治学、经济学、社会学、民族学、传播学等学科都纳入汉语国际教育学科理论基础之中,并在此基础上重新思考汉语国际教育的基本理论、应用理论等,重构这一学科的理论体系。

从美国汉语学习者的变化看汉语国际教育学科的研究对象

白建华

美国现代语言学会的调查显示,2002年全美各高校学习汉语的学生人数为34 253名,比1998年增长了20%。2006年进行了类似的调查,结果显示,与2002年相比,学习汉语的学生人数又增长了50%。到了2009年,学习汉语的学生人数已经超过60 000名。从上述统计数据可以发现,学习汉语的学生人数呈几何级增长的趋势。

其次,汉语学习者呈低龄化趋势。自Dodge基金会在20世纪80年代资助了60所高中的汉语教学之后,汉语教学在全美中学不断发展。2004年,全美中小学中文教师协会调查发现,全美163所中学有16 091名中学生注册学习汉语。另外,超过16万中学生注册了美国周末中文学校学习汉语。而且,越来越多的小学生甚至幼儿园的孩子也加入了学习汉语的队伍之中。

除此之外,美国的汉语教学还有另外一个特征:那就是学生来源的多元化。除了打算从事汉学研究的人之外,更多的学生来自经济系、国际关系系、政治系、商学院甚至理工科等。很多学校学习汉语的男生人数超过了女生。这一现象反映了越来越多的人已经初步认识到学习中华文化及汉语在国际事务中的跨文化认同和有效沟通方面的重要性。

可以说,现在是汉语教学的黄金时期,是千载难逢的好机会。要把握这个好机会,延长目前的机遇期,我们必须意识到上述几点变化。汉语教学作为一个学科已经变得越来越专业化,它从一个教学法发展缓慢的边缘学科发展成为一个专业性很强的学科。那么,上述几点变化(学生人数呈几何级增长、学生低龄化、生源多元化)应该对汉语教学法研究、课程设计和教材研发等方面具有引导作用。

学习者低龄化使得我们需要更好地研发适合不同地区的中小学的课程,特别是小学汉语课程。目前还有不少中小学使用大学的教科书,不能适应中小学学生的学习兴趣和认知特点。低龄化现象带来的另外一个问题就是大学需要开设更多高级班课程。越来越多的学生进入大学不是从零开始,大学的课程设置有待改进,开发高年级教材也需要进一步加强,高年级汉语教师的培训也需要提上议事日程。生源多元化,同样带来课程设置、教材编写及教师构成的问题。

新的时期,新的变化对教材的开发、课程的设置、教师的需求及培训都提出了更多的挑战,特别是中小学和大学的高年级教学。另外,作为一门新兴的、跨学科的学科,汉语国际教育应该加强行动研究,来验证并指导国际汉语教学中的"经验之谈",为这些"经验之谈"找到理论依据,使我们不光能知其然,还能知其所以然。总之,汉语教学走到今天应该继续向着专业化方向迈进,让我们的教学成为具有高度科学性的一门艺术。

汉语国际传播研究前景广阔
——序《汉语国际传播研究理论与方法》

崔希亮

吴应辉教授的新著《汉语国际传播研究理论与方法》即将付梓，我能先睹为快，感到十分荣幸，也十分快慰。应辉教授近年来在汉语国际传播领域的研究志存高远，用功甚勤。更为难得是他在行政管理、理论研究和教学实践方面都取得了令人瞩目的成就，在学界产生了广泛的影响。我相信这一部新著的出版会在学界产生更为深远的影响。

汉语国际传播是一个重大课题，也是一个有待于深入研究的课题。随着中国改革开放的窗口不断扩大，中国的社会、经济、政治、文化在世界上的影响力不断增强，来华留学生数量节节攀升，海外孔子学院应运而生。我们都知道，随着全球化时代的到来，国家与国家之间的竞争越来越激烈，这种竞争包括经济实力的竞争、意识形态的竞争、国家政治制度的竞争、军事实力的竞争，也包括文化软实力的竞争，而文化软实力的竞争在很大程度上与语言实力的竞争有关，因为语言是文化的载体。国家的语言实力包括一个国家在国际上的话语权、国家语言安全实力和语言传播能力。在历史上，所有世界强国都很重视自己民族语言的传播，因为语言的传播与知识的传播、思想的传播、科学技术的传播是互为表里的。中国正走在从世界大国到世界强国的发展道路上，汉语的国际传播已经成为现实，它既是国际社会了解中国、与中国交流的需要,也是中国国际化进程中的必然趋势。在进入网络时代以后,世界各国之间在虚拟世界的国界已经不再成为人们交流的樊篱,语言的传播面临着新的形势。如何应对这种新局面,需要学界同仁认真对待。我们做好准备了吗？我们已经做了什么？我们还需要做些什么？"凡事预则立,不预则废",学术研究就应该走在时间的前面。应辉教授的研究可以说是正逢其时。

汉语国际传播有很多问题值得研究,例如如何借鉴其他国家语言传播的理念和手段问题、汉语国际传播的途径问题、汉语国际传播的体系问题、汉语国际传播的障碍问题、汉语国际传播的"三教"问题、汉语国际传播的政策和策略问题、汉语国际传播研究本身的理论和方法论问题,等等。应辉教授在这本书里详细考察了世界语言强国在自己的语言国际传播过程中的历史与现状,借他山之石来攻我们的汉语国际传播之玉。我个人认为这是非常重要的研究。中国对外汉语教学的历史已经有60多年了,这项事业的发展从来就没有离开过对西方的借鉴,"拿来主义"没有什么不好,在发展自己的同时不忘以他人为镜鉴,这是聪明的做法。应辉教授对英语、法语、西班牙语、阿拉伯语、俄语、德语、日语和韩国语的调查分析是非常有实用价值的。当然,应辉教授的目标是建立汉语国际传播的理论体系,这是学术追求,其学术价值更大。

中国的对外汉语教学领域已经取得了非常多的研究成果,这些研究成果涵盖了面向对外汉语教学的本体研究、第二语言教学法的研究、教材的研究、汉语中介语的研究、汉语第二语言习得的研究、汉语第二语言教学的课程与教学模式研究、跨文化比较研究、跨语言比较研究、语言测试研究、语言要素分技能教学研究,等等,很多研究成果都是非常微观和深入的,但是在宏观政策、基本理论、战略和策略的研究方面还是比较欠缺的,应辉教授的研究恰好可以弥补这方面的不足,从这个意义上说,他的研究是拓荒之举。

我们的学术传统一方面来自于传统的朴学,一方面来自于西方的实证主义,对于建构理论往往不屑于为之,谈问题者多,谈主义者少。我们的理论都隐藏在对具体问题的讨论之中。这种做法当然无可厚非,但是我想说的是理论建设非常重要,因为没有理论指导的研究有流于盲目的风险。有了理论才可以登高望远。应辉教授在汉语国际传播研究的理论建设方面进行探索的勇气值得肯定。我们有理由相信,在未来的若干年里,汉语国际传播领域会涌现出更多的学者,会有更多的理论思考。

"为学日益,为道日损",学问越积累越多,道理却越探究越少,因为学无止境,而大道至简。随着学问的增长,我们会发现理论越来越简单,这是在学养的基础上所做出的高度概括。

序文不宜过长,就此打住。

汉语国际传播中的几个问题[①]

陆俭明

崔希亮教授在为吴应辉教授的《汉语国际传播研究理论与方法》一书所写的序文里,说了这样一句话:"汉语国际传播是一个重大课题,也是一个有待于深入研究的课题。"

北京外国语大学张西平教授也为吴应辉教授的这部大作写了篇序文,标题就叫:《加强汉语国际传播理论的研究》。

我很同意他们二位的看法,即第一,汉语国际传播是一个重大课题;第二,汉语国际传播是一个有待深入研究的课题;第三,需要加强汉语国际传播的理论研究。吴应辉教授的《汉语国际传播研究理论与方法》,为我们开展汉语国际传播的理论研究开了个好头。本文试就汉语国际传播的有关问题说些不成熟的想法,以求教于大家。

一、应该树立什么样的"汉语国际传播"观?

该树立什么样的"汉语国际传播"观?汉语国际传播的目的是什么?有人会说:"这还用问吗?是为了推广汉语,推广文化,增强我国的软实力。"这是目前很普遍的看法。但这种认识值得肯定吗?

[①] 本文原是作者在"第二届汉语国际传播学术研讨会"(中央民族大学,2013 年 7 月 20 — 21 日)所作的主题报告,发表时有所修改。

且不说使用"推广"一说极为不妥,正如吴应辉教授在他书中的《代序》里所指出:

> 汉语国际推广这一术语曾一度被官方广泛使用,它能充分反映有关机关要把汉语推向世界的主动性、积极性和美好愿望,但会带来"文化侵略"之嫌的负面效应。

事实上不是"会带来",而是已经带来了负面影响。我们应该看到"推广汉语,推广文化"之说违背了 21 世纪"文明、和谐、共赢"的时代特点。大家知道,现在是一个大数据、网络化、全球化、人类逐步走向太空的时代,我们要逐渐习惯于用世界的眼光来看中国,用世界的眼光来看世界,用世界的眼光来思考问题。在汉语国际传播上,我们也需要有这种世界的眼光,而不是只有"国家的眼光"。只有这样,我们的作为,我们的工作,才会受到各国的欢迎与尊重,才会真正符合我们国家的利益。因此,我们必须明确,汉语教学走出国门,开展汉语国际教学,其目的是为世界各国建造通向中国的友谊之桥——汉语桥。我们必须树立这样一种"汉语国际传播"观。

二、汉语国际教学的核心任务是什么?

按说这不应该是个问题,可是现在在某种错误导向下这也成了问题。我们必须明确,整个汉语教学是一个独立的学科,它是一个以汉语言文字教学为核心的涉及多个学科的交叉性学科。汉语国际教学的核心任务与内容是汉语言文字教学。汉语国际教学的出发点和终极目标是让愿意学习汉语的外国学生学习、掌握好汉语,培养他们综合运用汉语的能力。因此,汉语教学总的指导思想应该是"怎么让一个零起点的外国学生在最短的时间内能尽快地学习、掌握好汉语"。

为什么汉语国际教学必须以汉语言文字教学为基础,为核心任务呢?理由有二:

第一,汉语教学最直接的目的是设法让外国学生在最短的时间里尽快、最好地学习并掌握好汉语。有人强调要通过汉语教学让外国学生了解灿烂的中华文化。这个想法当然好,但是试问:如果我们进行汉语教育的结果是外国学生的汉语过不了关,他们怎能了解中华文化?

第二,外国学生在学习汉语的过程中,所出现的问题,所提出的问题,主要或大量的都是汉语言文字方面的问题。

因此,汉语教学的基础教学是汉语言文字教学,在初级阶段的汉语教学中尤其如此。从整体上来说,其他学科方面的教学都是为汉语言文字教学服务的。

三、文化教学在汉语国际传播中处于什么位置?

有人说,汉语教学的重心现在已经由语言教学转移到文化教学,更有媒体片面而又偏激地宣传:"汉语教学是手段,传播中国文化才是目的";"不能只讲授语言的应用,而不深入到文化的内涵";"外国人要学的是中国文化,不是汉语",等等。[①] 这些看法、这些认识正确吗?确实,语言教学离不开文化,特别是由于不同民族、不同国家存在着文化上的差异,所以需要重视跨文化交际问题。但是,文化教学不能成为汉语教学的重心,不能当作汉语教学的主流,更不能用文化技艺来冲击乃至取代汉语言文字教学。要知道,语言是文化的载体,汉语教育必然会同时伴随着文化教育,但这种文化教育应该是润物细无声的,应该是耳濡目染、潜移默化的。[②] 这样的文化教育才能深入骨髓。文化教育要从这方面去下工夫,而目前有些做法只是一种浮躁之举。再说,一个民族、一个国家文化的传播,一定的宣传当然需要,但主要是靠文化自身厚重的吸引力、感染力、影响力,这才能真正实现有效的文化传播。此外,文化传播还得有赖于两方面:一是我们每个中国人,特别是汉语教师自身的言谈举止——汉语教师就是中华文化的形象大使,就是中华文化的窗口与镜子。二是靠学好并

---

① 转引自李泉:《2012 国际汉语教学:学科与事业》,"汉语应用语言学学科建设与发展高峰论坛"报告,北京语言大学,2012 年 8 月。

② 转引自赵金铭:《2012 国际汉语教育的本旨是汉语教学》,"汉语应用语言学学科建设与发展高峰论坛"报告,北京语言大学,2012 年 8 月。

掌握了汉语,特别是汉语书面语的外国学者,由他们来向自己的国人介绍中华文化,这是中华文化走向世界最有效的途径之一。如果按照前面所说的那些错误导向来开展汉语国际教学,不仅会大大削弱汉语言文字的教学,而且从文化传播的角度来说,这既非策略之举,更非科学之举,反倒有损中华文化的传播,引起一些国家的反感与不安。

我们的老前辈吕叔湘、季羡林、朱德熙等先生都曾这样强调过:"首先要教给外国汉语学习者的是汉语本身。"① 只有达到老前辈们所说的教学目的,才能真正做到汉语教学、中华文化传播的双赢。

四、如何正确认识汉语教材"国别化"的问题

2009年12月在厦门大学举行了"2009年汉语国别化教材国际研讨会","国别化:对外汉语教材发展的必然趋势"成了研讨会的中心议题。从那时候开始,汉语教材"国别化"的呼声越来越高。有人认为"编写国别化教材和地区教材……是今后的发展方向";有人认为国别化是"对外汉语教材编写的趋势"。2011年纽约汉语教材专题研讨会的主题之一就是"开发国别化教材的必要性和可行性"。

鉴于事实上存在汉字文化圈和非汉字文化圈的区别,鉴于汉语跟国外各个语言的差异性,汉语教材"国别化"这一理念可取,我也早在2008年就说过在教材编写中需要考虑"国别化"问题。② 再说,这也符合"因材施教"的教学总原则。但是,必须了解,汉语教材的"国别化"要有个基础,那个基础就是汉语教材的"普适化"。

所谓"汉语教材的普适化",是说不管学习者是哪个国家的,不管学习者母语是属于哪个语种的,也不管学习者是属于哪个业务领域的,汉语中的拼音方案,汉语中的这些汉字、这些词、这些成语、这些语法点、这些文化点,是必须学习、了解和掌握的。

---

① 季羡林:《2000 我们要奉行"送去主义"》,载张德鑫主编《对外汉语教学:回眸与思考》,北京:外语教学与研究出版社,2000 年。
② 陆俭明:《进一步以科学态度对待汉语教材编写》,载《第九届国际汉语教学研讨会论文选》编委会编《第九届国际汉语教学研讨会论文选》,北京:高等教育出版社,2010 年,第 82—83 页。

可是，大家要清醒地看到，目前除了汉语拼音方案之外，这些汉字、这些词、这些成语、这些语法点、这些文化点，具体是指哪些？换句话说，一个外国学生要学习、掌握汉语到底——

该学多少、该学哪些最必须学的汉字？
该学多少、该学哪些最必须学的词？
该学多少、该学哪些最必须学的成语？
该学多少、该学哪些最必须学的汉语语法点？
该学多少、该学哪些最必须学的文化点？

根据目前对一些有影响的教材统计所获得的数据看（这里所说的数据见《2006中国语言生活状况报告》）[①]，目前大家都心中无数，没有这方面的科学数据。

这样看来，汉语教材的"国别化"问题当然需要研究，但当前更亟须的是要以科研引航，做踏踏实实的基础性研究工作，包括调查研究工作，研制供汉语国际教学使用的比较科学必学汉字字表、必学汉语词汇表、必学汉语成语表、必学汉语语法要点表和必学的文化要点表，切实建设具有"普适性"的汉语教材，在此基础上，编写出高质量的带有"国别化"性质的汉语教材。没有"普适性"的基础，"国别化"只能是贴点标签而已。在这方面，英语教材 *New Concept English* 值得借鉴。这套英语经典系列教材包括了基本的英语词汇、语法、语音，课文内容简单有趣，使得英语入门更加容易。

五、如何解决汉语国际传播中的汉语教师问题

汉语国际教学的广泛开展必然带来汉语教师不足的问题。如何解决好海外汉语教师不足的问题？目前的主要做法是大量派出汉语教师志愿者。且不说目前派出的汉语教师志愿者完全符合素质要求的很少，从长远来看，此非上策。海外汉语教师的培养，从长远来看应立足于培养越来越多的本地教师，而不是立足于外派大量汉语教

---

① 国家语言资源检测与研究中心编：《2006中国语言生活状况报告》（下册），北京：商务印书馆，2007年。

师志愿者。必须认识到,只有当海外的汉语教学基本上都由当地汉语教师来教,才能真正做到汉语"国别化"教学,汉语才能真正走向世界。

六、汉语如何才能真正成为世界的强势语言

国人大概都盼着汉语能成为世界各国的首选外语,汉语能成为国际强势语言。但怎样才能让汉语成为世界各国的首选外语,成为国际强势语言?这得靠什么?靠宣传?靠政治扩张?还是靠别的什么?这里,我只想指出这么一点:事实告诉我们,一种语言要成为各国首选外语,要成为世界强势语言,取决于多方面的因素,而其中最重要的因素有两个:

第一个因素是国家强盛,特别是在经济、政治和综合国力上能居世界前列。这是最根本的因素。

第二个因素是国家科技、教育事业高度发展,这是在具备前一个因素条件下的关键性因素。

显然,汉语要成为各国的首选外语,成为世界的强势语言,重要的是我们国家要强盛,特别是在经济、科技、教育上能居世界前列。我想,一旦我们国家能在世界各国进行投资,开设工厂或企业,所招聘的员工要求必须会汉语;一旦各个国家要发展自己的科学技术必须派学生到中国来留学;一旦在某些科学领域,特别是自然科学领域,非得参考由汉语撰写的学术论文不可;一旦各国青年都想着要到中国来留学或工作,那时各国青少年就自然地把汉语作为首选外语了,就像现在世界各国对待英语那样。

国际汉语教育的本旨是汉语教学

赵金铭

近年来,随着汉语加快走向世界,"国际汉语教育"在世界范围内蓬勃发展。我国以接收外国留学生学习汉语为主的对外汉语教学,作为一个独立的学科,正以积极的姿态参与并融入国际汉语教育发展和建设的巨大洪流之中,成为其重要的组成部分。从另一个角度看,国际汉语教育的迅猛发展,正是承袭了几十年来对外汉语教学积累的宝贵教学资源,传承了对外汉语教学学科研究的优良传统,从而发展成为一个内涵更深、外延更广、涵盖面更宽阔的学科。国际汉语教育,是什么学科?我们认为,这个学科的本旨依然是汉语教学,是汉语作为第二语言/外语教学。目前,社会上对这个学科的性质、学科的地位认识尚不十分清晰,甚至还存在诸多误解与偏见。认识问题的存在,正表明学科研究的不足和薄弱。因此,有必要从观念上和舆论上,正本清源,使国际汉语教育学科沿着正确的轨迹发展。

一、国际汉语教育学科的沿革与发展

任何一门科学的发展,都不能割断历史,都不能一空依傍,由微而著,由晦而显,由细流而成巨川,在继承和创造中前进,是学术发展的一般规律。

我国以现代汉语白话文作为第二语言教学,至今已有八九十年的历史。新中国的对外汉语教学也已走过60年的不平凡历程。对外汉语教学已具有科学的课程体系和成型的培养模式,所实施的汉语预备教育、汉语短期速成强化教学、汉语长期进修教学和汉语四年制本科教育,已构成完备的教学体制,具备学士、硕士、博士的学位制度,可以满足世界上各种不同层次的汉语学习需求。几十年来,对外汉语教学培养了一大批懂汉语、熟悉中华文化的国际汉语人才,这是作为一个学科为国家所做出的贡献。近年来,来华学习汉语的人数,逐年增加。2010年来华留学人数已逾25.6万人次。具有关方面预测,到2020年,全年来华留学人数将达到50万人次。① 对外汉语教学,具有广大的教学对象,有明确的教学目的,遵循语言规律、语言教学规律和语言学习规律,建立起科学的课程体系,具有独立的教材系统,形成了完备的教学体系。从科学研究的角度,研究目标明确,具有独立的研究对象,科学系统的研究方法。业内所取得的丰硕的科学研究成果,已为学界所认可。对外汉语教学作为一个学科,早已成为学界与社会的共识。

今天的国际汉语教育学科正是在原有的对外汉语教学学科基础上发展而来的,从对外汉语教学,到国际汉语教学,再到国际汉语教育,本学科的"内涵更加丰富,体系更加完备,视野更加开阔,范围更加广泛,研究理念更加先进,研究成果更加丰厚"②。原来意义上的对外汉语教学,本来就涵盖海外的汉语教学,几十年来,大批汉语教师奔赴世界各国从事汉语教学,为汉语国际传播做出了贡献。今天的国际汉语教育,不管是孔子学院汉语教学,社会办学机构的汉语教学,还是大、中、小学的汉语教学,都会从国内的对外汉语教学中吸取营养,国内的对外汉语教学依然是国际汉语教育的大本营,国际汉语教育不过是国内对外汉语教学的延伸与拓展。李泉曾提出"关于建立国际汉语教育学科的构想"③,认为既有必要,也有可能。其实学科早已存在,对外汉语教学就是一个学科,已无疑义。目前的国际汉

---

① 教育部国际合作与交流司:《留学中国计划》,2010年。
② 赵金铭:《从对外汉语教学到汉语国际推广》,《对外汉语教学专题研究书系》"代序",北京:商务印书馆,2006年。
③ 李泉:《关于建立国际汉语教育学科的设想》,《世界汉语教学》2009年第3期。

语教育是对外汉语教学的延伸和扩展,对外汉语教学是其前身,国际汉语教育是在其基础上的拓展,二者本为一体,不分轩轾,毫无疑问,自然依旧是一个学科。

必也,正名乎？名定而实辨。关于名称,最早将"对外汉语教学"使用为"国际汉语教学",当在 1985 年于北京香山举行的第一届国际汉语教学讨论会,会议名称是也。1987 年,时为中国社会科学院语言研究所名誉所长的吕叔湘先生,在第二届国际汉语教学讨论会上再次使用,他说:"我自己对国际汉语教学当然感兴趣,很关注这个事业的发展。"[①]同年创刊的杂志《世界汉语教学》在其发刊词中说:"作为世界汉语教学学会的会刊,《世界汉语教学》将竭诚为国际汉语教学工作者服务。"无论从法理上讲,还是从学理上讲,从事对外汉语教学工作的人,都是国际汉语教学工作者。

近年来,在教育部和国家语委发布的文件[②]中,使用的是"汉语国际教育",其英译为：Teaching Chinese to the Speakers of Other Languages。汉语表述为:"而向母语非汉语者的汉语教育、教学,包括世界各地的国际汉语教学和中国国内的对外汉语教学。"此处所出现的"国际汉语教学"是确指的,并不包括对外汉语教学。而只有"汉语国际教育"才包括二者。这种将"国际汉语教学"和"对外汉语教学"分割为二是不尽妥当的。我们主张二者本为一体。至于"汉语国际教育"与"国际汉语教育",只是表述不同,在内涵与外延上是等同的,两者相较,我们倾向使用"国际汉语教育"。

那么,国际汉语教育是什么学科？

二、国际汉语教育的学术定位与学科属性

我国国家通用语言是汉语,也是现代汉民族的共同语。因为中国是多民族国家,汉语作为语言教育大致分为三种：对汉民族本族人的汉语教育称作语文教育,对中国少数民族的汉语教育称作双语教

[①] 参见吕叔湘 1987 年在《世界汉语教学》创刊号开幕式上的讲话。
[②] 中华人民共和国教育部、国家语言文字工作委员会：《汉语国际教育用音节汉字词汇等级划分》,北京：北京语言大学出版社,2010 年。

育,对母语非汉语的外国人及海外华人、华侨的汉语教育称作国际汉语教育。语文教育、双语教育、国际汉语教育,统称汉语教育。

既然国际汉语教育的本旨依然是汉语教学,那么,国际汉语教育的学术定位就应属于第二语言/外语教学。国际汉语教育,无论作为专业还是作为学科,从概念范畴上,本质上都属于汉语作为第二语言/外语教学。国际汉语教育的上级学科定位还是属于应用语言学范畴。学科内涵扩大为基于"大汉语"概念的汉语作为第二语言/外语教学,下辖国内的对外汉语教学(汉语作为第二语言教学)、海外的汉语作为外语教学(包括对华人、华侨的汉语教学和对无语言背景的非华人、华侨的汉语教学)。所谓之"大汉语",指世界范围广泛使用的汉语,诸如中国台湾使用的国语,新加坡使用的华语,世界各地华人社区使用的带有方言色彩的汉语等。之所以称"国际汉语教育",是因其涵盖面更宽,外延不仅包括国内外汉语作为第二语言/外语教学的教学,还包括作为第二语言/外语的汉语研究、汉语教学研究、汉语认知与习得研究,汉语教学组织与管理,汉语教师的培养与培训,以及国际汉语教育实施过程中的相关工作。从这个意义上讲,国际汉语教育,又是一项国家和民族的事业。专业、学科、事业是对同一个事物,从不同的角度的观察与使用。

国际汉语教育,之所以用"教育",而不用"教学",并非表明汉语教学隶属于教育学科范畴。虽然国际上有的国家将英语作为外语教学,置身于教育系统管理,属教育行政安排,与学科无涉。教育的概念,是按一定要求培养人的工作。教学的解释是,教师把知识、技能传授给学生的过程。[1] 显然,国际汉语教育中使用的"教育",语意内涵实指"教学",主要是汉语知识、技能的传授。所以我们认为,国际汉语教育的本旨是汉语教学。之所以使用"教育"一词,可以在更广泛的意义上理解国际汉语教育。比如,众所周知,在培养学习者语言综合运用能力的课程目标结构关系的具体内容中,有一项叫"文化意识",其细目中有"国际视野",内容包括"了解世界文化,拓展国际视

---

[1] 中国社会科学院语言研究所词典编辑室编:《现代汉语词典》第5版,北京:商务印书馆,2005年。

野""具有民族认同感和世界认同感""培养世界公民意识"等教育内容。① 这些育人的内容,是在语言教学过程中,在教学内容、教学方法、教授风格、教师为人、教师言谈举止等方面体现出来的,而不是语言教学课程中的必教的内容。不能赋予语言教学不可承担的过重的教育任务。

诚然,有关教育类的课程,在学科课程体系中是不可或缺的。一般来说,均置于培养教师的选修课程之中。比如,英国有些大学在非主干课中开设的"特殊教育需求"(Special Educational Needs)、"公民教育"(Citizenship Education)等教育类课程,"多元语境下的英语"(English in Diverse World Context)、"语言教育的国际视角"(International Perspectives on Language Education)等国际视野类课程②均属此。

总之,国际汉语教育学科中,虽有"教育"二字,在学科归属上,却并不属于教育门类。既然是第二语言教学,自然归属于语言学及应用语言学门类。

国际汉语教育作为一个学科,学科雏形虽已形成,目前还在发展壮大之中,要得到社会的认可,要跻身世界第二语言教育之林,仍需做如下四方面的努力。一是从理论上深入探讨汉语作为第二语言/外语教学规律,使其具有理念的内涵、体系性的价值和方法论的意义。二是完备和完善具有汉语作为第二语言/外语教学特点的科学的课程设置体系和教材体系。三是要有一批反映汉语作为第二语言/外语教学特点的为学界所认同的标志性科学研究成果。四是要有一定数量的具有影响的汉语作为第二语言/外语教学人才和教学研究的学术代表人物。诸事具备,国际汉语教育学科水到渠成。

---

① 国家汉语国际推广领导小组办公室:《国际汉语教学通用课程大纲》,北京:外语教学与研究出版社,2008年,第24页。
② 田艳:《基于英国MTESCOL课程体系对汉语国际教育硕士课程设置的思考》,《世界汉语教学》2012年第2期。

三、国际汉语教育各分支应整合而不是分立

目前国际汉语教育，从国内来看，还是对外汉语教学。从国际上看，汉语教育主要在四个层次上展开：(1)孔子学院以及教授汉语的各种汉语课堂，主要是为满足当地社区学习汉语的多样化需求，是一种非学历汉语教育；(2)外国大学中文系或东亚学系，汉语教学是为培养汉语专业人才，属正规的汉语学历教育；(3)大学中作为公共外语课程的汉语教学，中、小学的汉语教学，是作为外语课程学习，是语言基础教育；(4)各种类型的华文学校是以华人华侨子女为培养对象，类型多样，内中有汉语作为母语教学、汉语作为第二语言教学和汉语作为外语教学。这四个层次的汉语教学，可统称为海外汉语教学。在这四个层次上，应具有不同的汉语教学原则与方法，对不同国家、不同地域、不同学习目的、不同语言文化背景的汉语教学应展现出教学与教材方面的差异。

据统计，在全世界 4 000 多万汉语学习者中，华侨、华人学习者竟占 70 000[①]，华人华侨学习者是一个特殊的庞大的学习者群体，他们有着自己的语言文化背景，有着深远的中国文化渊源，处在一个复杂的学习环境之中，中国传统的语言教学理念深深地影响着他们，因此，"华文教学"具有自身的特殊性，应专门进行研究。

简言之，对外汉语教学整合海外汉语教学，即统称为国际汉语教育。目前，海外孔子学院汉语教学及海外大、中、小学汉语教学，对华人、华侨的汉语教学，以及国内的对外汉语教学，三者分别隶属于国内三个主管部门，各主管部门大多考虑自身的发展，各自为政，部门之间彼此缺乏沟通与联系。这种局面的形成，既有历史的原因，又跟汉语加快走向世界有关。对外汉语教学、海外华文教学，分别隶属于自身的上级主管单位，而孔子学院是 2005 年后出现的新生事物，孔子学院总部统管其事。国际汉语教师，在不同部门从事汉语教学，就会面临不同的上级领导单位。

---

① 贾益民：《海外华文教育的若干问题》，《语言文字应用》2007 年第 3 期。

这种分块管理的结果是,资源不能共享,研究易有重复,在一定程度上影响着国际汉语教育的发展。我们认为,海内外汉语教学是延续关系,是包容关系,国内的对外汉语教学,面向华人华侨的华文教学,以及孔子学院汉语教学和海外大、中、小学汉语教学,三者在做同一件事,从事同一种国家和民族的事业,这就是国际汉语教育。三者本为一体,应该整合,而不应分立。国内的对外汉语教学与海外的汉语教学,相互支撑,互为补充,相辅相成,浑然一体,才能构成气势磅礴的国际汉语教育。

四、国际汉语教育研究应将一般规律与具体实际相结合

在国际汉语教育新形势下,如何把汉语作为外语教给不同教学环境下、不同需求、不同语言文化背景的学习者,是一个根本的研究课题。也就是说,在继续深入研究对外汉语教学的同时,探索新时期海外汉语教学的普遍的科学规律,创新适合海外非目的语环境下的汉语教学方法,编写适合海外学习者需要的汉语教材,培养合格的汉语教师,是我们面临的主要任务,也是我们要研究的主要课题。

几十年的对外汉语教学研究,取得了令人瞩目的成果,这是一笔宝贵的财富,也是我们今后研究的起点,立足于已有的研究基础,做更加深入的探讨,是科学研究的一般规律。国际汉语教育是一门实践性很强的学科。我们主张提升国际汉语教育的学术性,并不意味着减弱其实践性。但是理论是基础,知识是根本,奠定好基础,培植好根本,根深叶茂,本固枝荣,在此基础上发展技能与方法,将会更加有力。相反,根未深,本不固,一味强调技能与方法的掌握,往往似水上浮萍,未免有些漂浮之感。

国际汉语教育应该研究汉语作为外语教学带有规律性的东西,要研究具有普遍指导意义的东西。即:

    本体论　汉语语言学　教什么
    认识论　心理学　如何学
    方法论　教育学　怎样教

工具论教育技术用什么教学手段①

  国内的对外汉语教学,经过几十年的磨炼,已冲出传统语文教育的藩篱,融入世界第二语言教学的潮流之中。今天,当我们走向世界从事非目的语环境下的汉语教学时,应找准研究的起点,要对以往的研究有全面、正确的把握,应节约研究资源,避免重复研究。今日的国际汉语教育,面对的是多种多样的教学对象,纷繁复杂的教学环境,教学中遇到的问题层出不穷。我们应敏锐地观察,科学地运用,将一般与具体相结合,将汉语作为第二语言教学的一般规律,与所在国家或地区的教学实际相结合,并加以改造,以求适应教学与学习的特殊需求。所谓国别化汉语教学,不过是汉语作为第二语言教学一般规律的具体化。个别地区的汉语教学经验,是一般规律与当地实际情况相结合的升华,具有一定的参考价值与借鉴意义。个别国家或地区所进行的教学实验、所取得的教学成果,是宝贵的教学经验,丰富了国际汉语教育的内涵,值得借鉴与参考。但推广应取慎重态度,更不能照搬。作为一门学科的国际汉语教育,就语言教学来讲,与其他语言作为外语教学既有共性又有个性。共性不必说,个性就是要体现汉语语音、词汇、语法的特点及其书写系统汉字所独具的特色。只有掌握了汉语作为外语教学的一般规律,当我们走向世界各地进行汉语教学时,才能结合当地的实际情况,开展有针对性的汉语教学,形成当地汉语教学的特色。世界各地各具特色的汉语教学,才能共同打造蓬勃发展国际汉语教育的宏伟局面。

五、国际汉语教育的深刻内涵在于语言文化密不可分

  国际汉语教育的主旨是努力拓展汉语教学,伴随着汉语教学,文化也会随之跟进。众所周知,语言的推广,文化的传播,是一个国家软实力的体现,也是提升其在国际上的话语权问题。话语权的概念是软实力的延伸,而软实力是与一个国家意识形态和价值观念的影响力和感召力密切相关的。从某种意义上说,我国在这方面还处于

---

① 赵金铭:《对外汉语研究的基本框架》,《世界汉语教学》2001年第3期。

弱势。

我们现在提倡中国文化"走出去",在汉语国际教育中,融入中华文化,让世界了解中国,让中国话语权在世界上发声,汉语教学起着重要的作用。为此,我们应该将汉语教学方法与教学模式的研究和文化介绍的途径与方略的研究同时论证。目前,国际汉语教育中的文化教学,有些急功近利,讲述过于直白,多少带有为介绍中华文化而讲文化的倾向,甚至于将文化的介绍作为汉语教学的主体。文化的传播是个很复杂的现象。当我们介绍自己的价值观念和文化时,首要的,或者说第一步,是对外国汉语学习者要有更深入透彻的了解。"由于在这方面缺少深入研究,有时北京对外宣传中华文明的正面信息,却不能得到海外的正面反映。"①斯言值得我们深思。

我们应该研究,在介绍自家文化时,如何与学习者的本土文化相结合,知己知彼,你中有我,我中有你,采用双向文化的态度,方能达到目的。所谓之,各美其美,美人之美,美美与共,天下大同。要善于廓清中外文化不同话语体系和不同文化差异所带来的障碍,用国外学习者可以接受、可以理解的方式,用受众易于通晓的话语,来讲解中华文化、介绍中华文化。②

目前,在世界第二语言教学中,目的语文化的传授已经置于一个更宏大的背景之中,呈现全球化和多元性的趋势,学习者在自身文化和异文化的交流与碰撞中,不断领悟与体验,文化不再是作为语言学习的对象,而是作为语言学习的背景。这也就是我们所说的文化的学习应该是润物细无声,文化是耳濡目染,文化是潜移默化。文化的教学与学习,本来就是语言教学学科内涵中所必备的。这完全是由语言文化的一体性而决定的。语言是文化的载体,文化通过语言而呈现。从某种意义上说,教语言与学语言必定伴随着文化,只不过是与独立传授文化的讲授课程有所区别而已。

国际汉语教学的过程,也是一个跨文化交际过程。而跨越文化交流中最基本的问题是跨越语言交流问题。有时语义完全理解,但

---

① 彼得·马蒂斯:《中国要发出声音》,香港《亚洲时报》在线,10月23日。乔恒译:《北京如何发出自己的声音》,《环球时报》2012年10月24日。
② 赵金铭:《国际汉语教育研究的现状与拓展》,《语言教学与研究》2011年第1期。

深层含义却未必明白。如北京一所大学登了一则广告,"商场如战场",要给企业的 CEO 们举办一个《孙子兵法》在商场上应用的培训班。于是,俄罗斯的一家报纸说,跟中国人做生意要特别小心,中国商人是用战争的思维与外国人做生意。[①] 这就出现了跨文化交际障碍。所以,在国际汉语教育中,要善于挖掘可理解的语言结构条件下隐藏的深层文化内涵。文化的传播,在于文化的吸引力。正如韩震所指出的:"现在中国文化是一种有自己特色、有自己形式、有自己传统文化的方式进行推广,但要真正成为具有世界意义的东西,必须挖掘具有新的普遍世界意义、代表未来人类前进发展方向,并且大家愿意在这种文化下生活的内在特质。文化的魅力不在于宣传,而在于吸引力。"[②]中华厚重的传统文化与绚丽的当今中国社会文化,其吸引力是由承载这种文化的汉语来体现的。做好汉语本身的传播,在这个过程之中,让文化自然而然地显现其吸引力,展现其深刻的影响力,是国际汉语教育的重要使命。我们的理念是,语言文化密不可分,语言为基础,文化是依托,汉语教学与中华文化学习浑然一体,紧密契合,在汉语教学与学习中,因势利导,让学习者自然地领悟中华文化。

[①] 赵启正:《传递中国声音需要公共外交》,《北京青年报》2012 年 10 月 21 日。
[②] 韩震:《中国文化为何前行艰难?》,《环球时报》2012 年 12 月 28 日。

国际汉语教学：事业与学科[①]

李 泉

一、问题的提出

讨论国际汉语教学作为一项事业与作为一门学科的关系，似乎是个很奇怪的问题。因为许多行外人士并不清楚国际汉语教学（对外汉语教学）还是一门学科，他们能理解这是国家的一项事业，但想不出教外国人汉语怎么能跟学科扯上关系？而行业内的一些汉语教师也淡忘了乃至根本就没有注意到"事业"与"学科"不是一回事，甚至有专家质疑：为什么要区分国际汉语教学事业与国际汉语教学学科？能分得开吗？讨论这样的问题意义何在？事业发展了不就是学科的发展吗？对学科与事业之关系的这样一些看法很值得我们深思，也正说明了探讨这一问题的必要性和迫切性，特别是考虑到近些年来学科发展和建设明显滞后于国际汉语教学事业快速发展的现实。

我们认为，把国际汉语教学事业与学科看做是一回事，不仅对学科自身的发展很不利，对事业的持续和深入发展也不利。因此，在关注国际汉语教学事业不断发展的同时，更应关注学科的发展现状、发

[①] 本文初稿曾在教育部人文社会科学重点研究基地、北京语言大学对外汉语中心主办的"汉语应用语言学学科建设与发展高峰论坛"（2012年8月20日）上做过主题报告。刘川平教授对本文提出了宝贵的修改意见，特此深致谢意。

展方向与自身建设问题,尤其要思考在近些年来海内外汉语教学事业取得可喜成绩的同时,学科地位是更加确立了、更加突出了、更加被学术界乃至社会公众认可了?还是仍旧"原地踏步走",乃至被逐步淡忘化、边缘化?同时我们也需要盘点近些年来学科自身建设取得了多少重要的成果,与事业发展的适应程度如何?事业的发展为学科的理论研究提出了哪些重要课题?学科的发展和建设如何更好地服务于世界范围内丰富多彩的汉语教学实践?等等。

限于篇幅等因素,本文主要讨论:从实然层面上看"国际汉语教学"的双重属性;从历时层面上看事业与学科的先后关系;从本质上看事业与学科的主要区别;从应然层面上看事业与学科的相互促进。我们认为,国际汉语教学作为一项事业不同于作为一门学科;事业的发展无法替代学科自身的发展,不能将学科事业化;发展事业不应忽视学科的建设,不能把学科边缘化;应加强学科自身的发展和建设,同时学科的建设也应着眼和服务于事业发展的需要;事业和学科应相互促进,共同发展。

二、是事业又是学科

从实然层面上看,在当今中国的语境下,"国际汉语教学"(包括"对外汉语教学")这一概念的所指具有双重属性,既指一门学科,也指一项事业。其中,"对外汉语教学"的说法至少在1983年成立的全国性学术团体"中国教育学会对外汉语教学研究会"中就正式提出了,并广泛使用至今;"国际汉语教学"的说法至少在1985年召开的第一届国际汉语教学讨论会中就已经出现了,但近些年来这一说法才较为广泛使用。

作为一项事业,它始于新中国成立后的20世纪50年代初。由于当时国际政治格局正处于冷战时期,整个50、60乃至70年代,对外国人的汉语教学都服务和服从于国家对外交流与合作的需要,是国家对外交往的一个组成部分,对外汉语教学工作甚至被看做是外事或准外事。比如,从50年代向友好国家外派汉语教师,60年代成立专门的教学机构、培养和储备对外汉语师资,70年代恢复因"文化大革命"而停办的对外汉语教学,到80、90年代随着改革开放政策的实施和深化而广泛发展对外汉语教学①,进入新世纪以来随着海外对汉语教学需求的不断增多,特别是中国文化"走出去"战略的实施②,以及2002年开始每年一届的世界大学生"汉语桥"大赛、2003年在国内设立国家对外汉语教学基地及中美合作启动AP中文项目、2004年开始在海外设立孔子学院、2005年召开第一届世界汉语大会、2006年首届孔子学院大会召开、2007年成立孔子学院总部③,等等,海内外汉语教学事业获得了空前的发展和繁荣,并产生了广泛的社会和国际影响。这一切从国家和政府有关部门以及社会大众和媒体舆论的层面来看,都是把对外汉语教学当做事业,至少主要不是当做学科来看待的。如今对外汉语教学虽然已经去掉了"政治色彩",淡化了"外事角色",逐步转向汉语教育的国际化、汉语教学的教育化、汉语学习的大众化,但仍被看做是一项国家和民族的事业,仍是国家对外开放大格局中的一个组成部分,并被视为中国文化"走出去"的一个依托和表现,被视为发展中国软实力的一项规模化、持续性的系统工程。回顾历史,我们可以看到"对外汉语教学的每一步发展,都跟国家的发展、国际风云的变幻以及我国和世界的交流与合作息息相关。"④

作为一门学科,"国际汉语教学"泛指海内外把汉语作为外语或第二语言的教学,而以往习惯所说的"对外汉语教学"亦指汉语作为外语或第二语言教学,这两个概念只是所指范围不尽相同而已。⑤

---

① 吕必松:《对外汉语教学发展概要》,北京:北京语言大学出版社,1990年;张德鑫:《对外汉语教学五十年一世纪之交的回眸与思考》,《语言文字应用》2000年第1期。
② 杨力英:《近年来中国文化"走出去"战略研究综述》,《探索》2009年第2期。
③ 中国国家对外汉语教学领导小组办公室编印(内部资料):《国家汉办2002年鉴》,2002年;中国国家对外汉语教学领导小组办公室编印(内部资料):《国家汉办2003年鉴》,2003年;许琳:《汉语国际推广的形势和任务》,《世界汉语教学》2007年第2期;崔希亮:《对外汉语教学与汉语国际教育的发展与展望》,《语言文字应用》2010年第2期。
④ 赵金铭:《从对外汉语教学到汉语国际推广》"代序",李泉主编《对外汉语教学学科理论研究》,北京:商务印书馆,2006年。
⑤ 基于这样的理解和认识,本文不刻意区别二者的不同(参见正文下文)。不过,关于学科的名称及国际汉语教学与对外汉语教学的内涵与所指,学界一直有不同看法,如中国对外汉语教学学会:《对外汉语教学的定性、定位、定量问题座谈会纪要》,《世界汉语教学》1995年第1期;潘文国:《对外汉语教学事业、对外汉语教学(专业)与对外汉语学科》,《汉语国际推广论丛》(第一辑),北京:北京大学出版社,2006年;崔希亮:《对外汉语教学与汉语国际教育的发展与展望》,《语言文字应用》2010年第2期;北京语言大学对外汉语研究中心:《新形势下对外汉语教学学科建设与发展座谈会纪要》,《世界汉语教学》2012年第3期等。

对外汉语教学主要指的是在目的语环境下的汉语作为第二语言的教学,但在这一概念下所讨论的问题也涉及在海外汉语作为外语的教学;近年来较多使用的国际汉语教学更多侧重的是海外非目的语环境下汉语作为外语的教学,但在这一概念下所讨论的问题也涉及国内的汉语作为第二语言的教学。简言之,对外汉语教学主要着眼于在中国开展的汉语作为第二语言的教学,国际汉语教学主要着眼于在世界范围内开展的汉语作为外语的教学。实际上,这两个概念都是基于中国的话语立场,并且二者的学科内涵及学科属性是相同的,差别主要是汉语教学(学习)的语言环境、文化环境和社会环境不同,以及学时、学制等某些具体的问题,因此,海内外汉语教学在本质上是一致的[1]。

国际汉语教学是一项事业,也是一门学科,这是中国的汉语作为外语或第二语言教学的一个重大特点。[2] 并且在业界也达成广泛的共识,只是对二者的区别重视、探讨不够,在相关问题的讨论及文献中(也包括一些人的观念中)往往有意无意将二者混为一谈。而教育主管部门(包括一些高校)对国际汉语教学"既是一项事业,也是一门学科"这一双重属性的认识尚未达成广泛的共识,主要是对其学科属性认识不足,甚至不愿承认其学科地位。遗憾的是,迄今业内还有许多人没有注意到国际汉语教学这种双重属性,把事业跟学科当成一回事,把诸如汉语教学规模的扩大、学汉语人数的增多、汉语教学和研究基地的设立、海外孔子学院(孔子课堂)的增加、汉语教材数量的增长、外派教师和志愿者的增多等事业的发展,也都看成是学科的发展,而忽略了对学科本身的关注。"规模的扩大、数量的增多"等无疑是令人鼓舞的,但这主要是事业发展的标志,并不属于学科自身建设的成就,也"不能使教学和科研水平有突破性的提高"[3];事业的发展

---

[1] 李泉:《关于建立国际汉语教育学科的构想》,《世界汉语教学》2009 年第 3 期。

[2] 实际上,别的语言大国(如英语、法语、德语、西班牙语等)在向外传播语言时,也是既把语言教学看做一个学科,也看做一项事业,并且对后者的重视和投入也是不遗余力。只是中外语言传播的历史与动因、传播的方式与机制、管理的单位及其性质、资金投入的方式与力度,等等,不尽相同而已。但比较起来看,特别是进入 21 世纪以来,随着中国综合国力的不断提升,中国汉语传播的步伐明显加快。

[3] 林焘:《世界汉语教学与研究丛书》"总序",《作为第二语言的汉语本体研究》,北京:外语教学与研究出版社,2005 年。

可以为学科的发展提供某些机遇和课题,但需要探讨其中跟学科建设相关的问题并加以深入研究,形成诸如有助于课堂教学质量、教材编写质量、教师教学能力提高的科研成果,从而成为学科建设的成果。而目前业界对事业发展的这种"跟进"意识还不够强、科研成果还不够丰厚。

近年来,国际汉语教学事业在中国政府的大力支持下得到了前所未有的发展,学科建设虽然也取得了很大的进展,但总的来看还显得相对滞后,与事业的发展越来越不相称。这种状况不仅对学科自身的发展不利,长远看对事业的持续发展更为不利。这是因为:国际汉语教学事业以汉语(作为外语或第二语言)教学为依托,因此它是一项以学术研究做后盾、以学科建设成果为支撑的特殊事业;国际汉语教学学科是一项伴随事业发展而发展,并应服务于事业发展的学科。因此,关注和发展事业,就不能不关注和发展学科;关注和发展学科,就不能不关注和服务事业的发展。否则,事业便不会得到应有的、持续的、高效的发展,因为不研究和掌握汉语(汉字)的结构和组合规律,不了解和掌握教学规律和习得规律,则无论在何种环境下开展汉语教学,都难以取得应有的教学质量和效果,更谈不上高质高效的教学效果。而不能为事业发展提供理论、方法、模式、标准等学术支撑的学科,不仅会偏离学科的发展方向,也会降低和弱化学科的应用价值。

三、首先是事业然后是学科

从历时层面看,对外国人的汉语教学,首先是作为一项国家的事业来看待的,因而受到中国政府和国家几代领导人的高度重视,并不断获得发展,这一点学者们有许多相关论述。

例如,李培元指出:"1950 年,中国开始与东欧各国交换留学生,当时教育部对这项工作非常重视,决定在清华大学设立'东欧交换生中国语文专修班',承担对外国学生教授汉语的任务。"[①]这里记述的

---

① 李培元:《中国对外汉语教学的 40 年》,《世界汉语教学》1989 年第 3 期。

正是新中国对外汉语教学事业的"起点之事",而接收外国留学生(同时也外派留学生)是1950年6月25日,由当时的政务院总理周恩来亲自主持会议研究决定的①。又如,吕必松《对外汉语教学发展概要》一书共三个部分,第一部分就是"对外汉语教学事业的发展",并将1950年到70年代末以来的对外汉语教学事业分为"初创、巩固和发展、恢复和蓬勃发展"四个阶段,另两部分是"对外汉语教学法的发展"和"对外汉语教学学科理论的发展"。还如,赵金铭指出"对外汉语教学的蓬勃发展,一直得到国家的高度重视和大力支持。"②再如,崔希亮指出"对外汉语教学与国际汉语教学事业发展的动因"之一即是"几代领导人都对来华留学生事业的发展十分关心"③。

不仅如此,有关部门和领导多次申明:对外汉语教学是国家的事业以及中国政府非常重视这项事业。有关的事件和说法如:1987年7月,国务院批准成立了由7个部委和原北京语言学院组成的"国家对外汉语教学领导小组",以加强对这项工作的领导和协调。1989年5月,国家教委印发的《全国对外汉语教学工作会议纪要》通知明确提出"发展对外汉语教学事业是一项国家和民族的事业"。1990年8月在第三届国际汉语教学讨论会开幕式上,时任国家教委副主任滕藤指出"中国政府对发展对外汉语教学,历来十分重视,把它看作是一项国家和民族的事业,是对外开放政策的重要组成部分"④。可见,对外汉语教学首先是作为一项事业发展起来的,是新中国成立以来最早最重要的对外交流活动之一,其规模和影响伴随国家的发

---

① 程裕祯主编:《对外汉语教学发展史》,北京:北京大学出版社,2005年,第7页。
② 赵金铭:《从对外汉语教学到汉语国际推广》"代序",李泉主编《对外汉语教学学科理论研究》,北京:商务印书馆,2006年。
③ 有关对外汉语教学事业发展情况,详参张道一:《新中国对外国人进行汉语教学的三十二年》,《语言教学与研究》1982年第3期;李培元:《中国对外汉语教学的40年》,《世界汉语教学》1989年第3期;吕必松:《对外汉语教学发展概要》,北京:北京语言大学出版社,1990年;张亚军:《对外汉语教法学》,北京:现代出版社,1990年;施光亨主编:《对外汉语教学是一门新型的学科》,北京:北京语言学院出版社,1994年;张德鑫:《对外汉语教学五十年——世纪之交的回眸与思考》,《语言文字应用》2000年第1期;陆俭明:《增强学科意识、发展对外汉语教学》,《世界汉语教学》2004年第1期;程裕祯主编:《对外汉语教学发展史》,北京:北京大学出版社,2005年;张西平主编:《世界汉语教育》,北京:商务印书馆,2009年;许嘉璐:《在第九届国际汉语教学研讨会开幕式上的讲话》,《第九届国际汉语教学研讨会论文选》,北京:高等教育出版社.2010年等。
④ 施光亨主编:《对外汉语教学是一门新型的学科》,北京:北京语言学院出版社,1994年,第1、5、35页。

展和对外交往的频密而不断扩大。如今,向世界传播汉语及中国文化已经进一步成为国家对外交流和发展的一项国策性的事业。

其次,才是作为一门学科来看待的。实际上,在对外汉语教学事业发展的同时,前辈学人就开始了科学理论的研究和探索,以回答和解决教学中出现的理论和实际问题。新中国第一篇研究对外汉语教学的学术论文是周祖谟的《教非汉族学生学习汉语的一些问题》[①]。此后,邓懿发表了《教外国留学生汉语遇到的困难和问题》[②]、王学作等发表了《试论对留学生讲授汉语的几个基本问题》[③]。他们的研究首次明确:对外国人的汉语教学不同于对汉族学生的母语语文教学;要根据外国学生的需要来确定教学目标;根据成年人学习汉语的特点进行教学,培养他们实际运用汉语的能力。相关的研究已经涉及对外汉语教学的基本原则、教学目标、教学内容和重点、教学程序和要点、教学方法和教材编写,等等。50年代的这些研究成果,对当时和后来的对外汉语教学理论研究和教学实践都起到了奠基和引导的作用。此后的60、70年代至少发表了20多篇对外汉语教学研究的文章[④],进一步拓展和深化了学科理论和学科实践的研究。

但是,真正确立学科意识,明确提出对外汉语教学是一门学科,则是在70年代末以后。主要标志性的事件和代表性的观点如:1978年3月,中国社会科学院召开北京地区语言学科规划座谈会,与会语言学家在把对外汉语教学视为一门学科的问题上达成共识,会后发表的《北京地区语言学科规划座谈会简况》首次明确提出"要把对外国人的汉语教学作为一个专门的学科来研究;应成立专门的机构,培养专门的人才"(《中国语文》1978年第1期)。1984年9月,著名语言学家王力为《语言教学与研究》创刊五周年题词"对外汉语教学是一门科学"(《语言教学与研究》1984年第3期)。1984年12月,时任教育部长何东昌在外国留学生工作会议上指出:"多年的事实证明,

---

① 周祖谟:《教非汉族学生学习汉语的一些问题》,《中国语文》1953年第7期。
② 邓懿:《教外国留学生汉语遇到的困难和问题》,《现代汉语规范问题学术会议文件汇编》,北京:科学出版社,1956年。
③ 王学作、柯炳生:《试论对留学生讲授汉语的几个基本问题》,《教学与研究》1957年第2期。
④ 吕必松:《对外汉语教学发展概要》,北京:北京语言大学出版社,1990年,第112—115页。

对外汉语教学已发展成为一门新的学科。"①此外,1983年6月,全国性的学术团体"中国教育学会对外汉语教学研究会"(中国对外汉语教学学会的前身)成立;1985年8月,第一届国际汉语教学讨论会(有20个国家和地区的260名代表参会,中外代表各占一半)召开;1987年8月,在第二届国际汉语教学讨论会上成立了国际性的学术团体——世界汉语教学学会②,都标志着对外汉语教学是一门学科的认识在不断增强、不断明确,从而把对外汉语教学的理论研究提高到学科建设的高度,明确树立了理论研究的学科意识,为学科理论的研究确立了目标,展示了高度③。并因此,自20世纪80年代以来,对外汉语教学的学科建设获得了空前发展,学科地位不断提升,影响不断扩大。④

实际上,对外汉语教学不仅从它的起始点看,首先是作为国家的

---

① 施光亨主编:《对外汉语教学是一门新型的学科》,北京:北京语言学院出版社,1994年,第9页。
② 程裕祯主编:《对外汉语教学发展史》,北京:北京大学出版社,2005年,第84、85页。
③ 李泉:《对外汉语教学理论思考》,北京:教育科学出版社,2005年,第4页。
④ 有关对外汉语教学学科发展情况,详见张道一:《新中国对外国人进行汉语教学的三十二年》,《语言教学与研究》1982年第3期;李培元:《中国对外汉语教学的40年》,《世界汉语教学》1989年第3期;吕必松:《对外汉语教学发展概要》,北京:北京语言大学出版社,1990年;吕必松:《对外汉语教学学科理论建设的现状和面临的问题》,《语言文字应用》1999年第4期;张亚军:《对外汉语教法学》,北京:现代出版社,1990年;施光亨主编:《对外汉语教学是一门新型的学科》,北京:北京语言学院出版社,1994年;李杨:《对外汉语本科教育研究》,北京:北京语言大学出版社,1999年;张德鑫:《对外汉语教学五十年——世纪之交的回眸与思考》,《语言文字应用》2000年第1期;刘珣:《近20年对外汉语教育学科的理论建设》,《世界汉语教学》2000年第1期;刘珣:《对外汉语教育学引论》,北京:北京语言大学出版社,2000年;刘珣:《汉语教学大发展形势下学科建设的断想》,《汉语研究与应用》(第二辑),北京:中国社会科学出版社,2004年;赵金铭:《近十年对外汉语教学研究述评》,《语言教学与研究》1989年第1期;赵金铭:《对外汉语教学与研究的现状与前瞻》,《中国语文》1996年第6期;赵金铭:《对外汉语教学研究的基本框架》,《世界汉语教学》2001年第3期;赵金铭:《从对外汉语教学到汉语国际推广》"代序",李泉主编《对外汉语教学学科理论研究》,北京:商务印书馆,2006年;赵金铭:《对外汉语教学法回视与再认识》,《世界汉语教学》2010年第2期;崔永华:《对外汉语教学学科概说》,《对外汉语教学的教学研究》,北京:外语教学与研究出版社,2005年;程棠:《对外汉语教学目的原则方法》,北京:华语教学出版社,2000年;程棠:《对外汉语教学学科发展说略》,《汉语学习》2004年第6期;邓守信:《作为独立学科的对外汉语教学》,《汉语研究与应用》(第一辑),北京:中国社会科学出版社,2003年;陆俭明:《增强学科意识、发展对外汉语教学》,《世界汉语教学》2004年第1期;陆俭明:《在第九届国际汉语教学研讨会开幕式上的讲话》,《第九届国际汉语教学研讨会论文选》,北京:高等教育出版社,2010年;李泉:《对外汉语教学理论思考》,北京:教育科学出版社,2005年;李泉主编:《对外汉语教学学科理论研究》,北京:商务印书馆,2006年;李泉:《关于建立国际汉语教育学科的构想》,《世界汉语教学》2009年第3期;李泉:《国际汉语教学学科建设若干问题》,《第九届国际汉语教学研讨会论文选》,北京:高等教育出版社,2010年;李向农、贾益民:《对外汉语与汉语国际教育:专业与学科之辨》,《湖北大学学报》2011年第4期等。

一项事业来看待和发展的,其60余年的发展历程主要都是作为一项事业来建设的;其次才是作为一门学科来建设的。并且这"首先"和"其次"不仅是二者发生和发展的先后顺序,更是受重视程度和投入力度上轻重关系的体现。尽管如此,中国政府从一开始就把对外国人的汉语教学当成一项国家的事业来看待,并给予高度重视、支持和投入,确实为学科建设提供了坚实的基础。因为只有事业发展了,学科才能更好地发展,才会更有地位。换言之,本是一门外语或第二语言教学的学科,却能被国家当成一项事业来看待和发展,这不能不说是这门学科的幸运。当然,我们也要思考这门学科是否因此也受到持续而应有的重视和发展?学科和事业的发展是否相互协调?国际汉语教学大发展的新形势下学科的发展和建设方向如何?等等。

四、事业和学科终究有别

国际汉语教学作为一项事业跟作为一门学科,虽然都以汉语教学为依托,并且有些情况下可以说是"一回事",如国际汉语教育专业硕士学位的设立、国际汉语教师的培养和培训、国际汉语能力标准的制定、国际汉语教材的编写,等等,既是事业发展的需要,也是学科建设的需要,但从本质上看,国际汉语教学作为事业与作为学科是"两件事",不应不加区分地混为一谈。对此,我们做过初步探讨[①],不妨择要转述如下并加以补充:

(一) 主体者和发展理念不同

国际汉语教学作为一项事业,是以政府及其有关部门为事业实施的主管和主体单位,以海内外的汉语教学机构为依托,组织和协调相关的行业、部门与资源,在世界范围内开展汉语及相关的中国文化教学活动。国际汉语教学事业的发展理念应该是:服务世界各国人民汉语学习需求、满足各国人民了解中国文化的愿望、增进中外彼此

---

① 李泉:《国际汉语教学学科建设若干问题》,《第九届国际汉语教学研讨会论文选》,北京:高等教育出版社,2010年。

间的了解和理解、促进世界多元文化的和谐发展。作为一门学科,它是在政府及相关部门的指导下,以学科的教育主管部门和本行业的学术团体为责任单位,以学术界及海内外专家学者和业界广大同仁为学科建设的实施主体,组织和引导业界人士开展汉语教学理论研究。其发展理念应该是:建立和完善汉语教学的学科理论体系,开展汉语及相关文化教学内容和教学方法等的研究,研究和解决海内外汉语教学工作中的理论和实际问题,促进汉语教学质量和效益不断提高,推进汉语教学事业不断发展。

(二) 出发点和参照系不同

国际汉语教学作为一项事业,是从国家对外发展的战略高度,从提升民族语言和文化国际影响力的角度,甚至把它看做是"国家和全民族伟大复兴事业的重要组成部分"[1]来规划和发展这项事业;宜参照英语、德语、法语、西班牙语等国家推广语言的经验和做法,来探索和创新汉语传播的机制与途径。作为一门学科,其基本出发点是遵循汉语汉字的规律和第二语言教学的规律,科学而高效地教外国人学习和掌握汉语;应借鉴国际通行的以及不断发展的语言教学理论与方法,来探索和创新汉语的教学规律、教学模式和教学方法。

(三) 基本目标和所属范畴不同

作为一项事业,谋划的是汉语国际推广的战略布局和可持续发展的途径,目的是让更多的人走近汉语、学习汉语,进而了解和理解中国,感受和理解中华文化,从而为国家和平发展创造一个和谐的外部环境,为中华文化"走出去"铺就一个宽广的平台。因此,应纳入国家对外发展的战略格局之中,是国家外文、外宣和文化传播事业的组成部分。作为一门学科,谋划的是汉语作为外语或第二语言教学学科理论的构架和内涵构成,目标是建设一个科学完善、符合汉语特点和教学规律的学科体系,其研究重点是汉语要素的结构和组合规律以及汉语要素和汉语技能的教学模式与方法,从而让学习者更快更

---

[1] 许琳:《汉语加快走向世界是件大好事》,《语言文字应用》(增刊)2006年S1期。

好地掌握汉语。因此,学科的建设和研究当纳入国家教育体系及其科学研究范畴之中,其有关语言教学和习得研究等的研究成果归属于国际第二语言教学的学科范畴。

(四) 发展路径和建设手段不同

事业的发展不但要有明确的目标,更要有相当的规模和人力、物力、财力的投入。因此,可以采取多种方式和手段,可以"千方百计、千军万马",以便把事业做强做大。学科的建设不但要有明确的目标,更要有学术研究、学术成果的积累和体现。因此,应采取学术研究的手段以及培养专业人才等措施,应当走学术化、专业化之路,这是这个学科建设和发展的基本路径。汉语作为外语教学是一门科学,是一门学问,需要进行语言要素的本体研究和教学研究,需要进行教学理论、教学方法、习得理论、测试理论、教材编写等专业研究,需要培养有专门知识和教学能力的专业师资队伍。因此,可以"千方百计",但不可能是不讲究学术化和专业化的"千军万马"。

(五) 实际追求和发展标志不同

事业所追求的往往是规模、数量、影响和可持续性,就国际汉语教学事业来讲,还要考虑汉语传播的合理布局和重点区域建设,以服务于国家对外交流和发展的大局。主要要研究和考虑的是汉语传播的机制、体制、途径、政策和措施,以及人力、物力和财力的争取与调配等。事业发展的主要标志是:世界范围内汉语教学机构和教学规模的扩大、学汉语和用汉语人数的增加、汉语及中华文化影响力的增强,以及通过汉语及中华文化的传播能够让各国人民更好地了解和理解中国,增进中外人民的文化交流和友好感情。学科的发展和建设首先以学术研究为基础,追求的是对学科各领域研究的充分和深入,以满足教学的需要。学科发展的主要标志是:学科理论体系的构建和不断完善,教学体系及学历层次的不断完善,汉语结构规律、组合规律和应用规律研究以及汉语教学规律和习得规律研究的不断深入,汉语教学模式和教学方法的多样化与有效性,各类教学大纲、教学标准、评估标准等的制定与完善,以及关注和引领学科理论研究和教学实践中重大问题和热点问题的探讨等内涵性的课题,以适应和推进世界范围内科学、高效地开展汉语教学。

简言之,事业和学科各有自己的发展宗旨、发展手段和呈现形态,等等,亦即事业有事业的发展规律,学科有学科的发展规律,根本上说,二者不是一回事。这启示我们,不能把事业的发展等同于学科的发展,事业的发展也不能替代学科的发展;学科的发展虽然广泛意义上说也是一种事业的发展,但本质上是学术的发展、理论体系的完整、研究成果的积累及其应用价值的不断提升,它同样不能等同和替代事业的发展。

五、事业和学科应相互促进

国际汉语教学事业与国际汉语教学学科之间不仅存在诸多方面本质上的差异,也有着诸多方面天然性的联系。因为二者都是以汉语教学为基础和平台,前者着力拓展和满足世界范围内学习汉语和汉语教学的需求,更加关注学习汉语的人数、规模和影响的扩大,后者着力研究汉语本身及汉语教学的规律,更加关注对教学内容和教学方法及相关问题的学术研究。二者都应关注汉语教学的质量和水平,但提高教学质量和水平主要靠学术研究和学科建设来实现。进一步说,国际汉语教学事业不是一项单纯的事业,而是一项以汉语教学为依托、以学科建设成果为支撑的事业;国际汉语教学学科也不是一门单纯的学科,而是一门以汉语教学为主体、以对教学内容和方法及相关的理论与实践问题的研究成果为依托、以支持事业发展为重要建设目标的学科。国际汉语教学事业与学科所分别具有的这样一些特性及其内在联系,要求我们在发展事业的同时不能忽视学科建设,学科建设也应为事业的发展服务。

脱离汉语教学,事业便难以甚至无从开展,而开展汉语教学离不开学术研究及其学科建设成果的支撑,即所谓事业的发展离不开学科的支撑。例如,从外语或第二语言教学的两大基本问题"教什么"和"怎么教"来看,便可以引出许许多多相关的问题,如教什么内容、教什么人、语言要素(语音、词汇、语法及相关要素—汉字)怎么教、语言技能(听说读写)怎么教、成人怎么教、儿童怎么教,等等,回答这些问题也许不一定很难,但是,把这些问题交织起来并具体化,并问一问为什么?进而要求高质量、高效益地教和学,那么问题就不会是那么简单了,其中必然涉及理论、理据等学术性的问题。而所涉及的学术问题需要学术研究来解决,这就必然跟学科研究挂上钩。举个具体的例子,回答教什么的问题并不难:教汉语;回答教什么样的汉语也不难:教地道的汉语(什么是地道的汉语本身就值得研究)。那么用于回答对方夸赞的"(瞧你说的)哪儿的话"算不算地道的汉语,为什么?教材编写要不要教这样的话语套子?何时教、怎么教?如何解释这句话的含义和用法?如何确保所做出的语义解释和用法说明是正确和有效的?异文化学习者会如何认知这一语句,能否恰当地使用(抑或是仅限于理解而不用)?如此等等的问题,无论是做出肯定或否定的回答,亦无论做出什么样的解释,其所需要的知识、理论、理据等,不仅超出了这一例子的本身,也超出了教材的范畴,而需要运用更多的外语教学、语言学、教育学、文化学、跨文化交际等方面的知识和理论来阐释与回答。① 这足以说明,没有科学理论(包括语言学、教育学、心理学、文化学等学科理论基础)研究成果的支撑,事业所依托的平台——汉语教学便难以开展,至少无法进行科学、有序、高效的汉语教学工作。

　　学科的发展虽然有其自身的目标、内涵、参照系、研究重点等,但无疑应关注事业发展,解决和回答事业发展所遇到的理论和实践问题,也即学科的研究和建设要适应和服务于事业的发展,同时事业的发展也为学科的发展提供了机遇、挑战和发展空间。例如,学科研究的核心内容之一是面向教学需要而开展的汉语、汉字的本体研究以及教学应用研究,如大量的一词、一语、一个格式、一个句式的研究以及相关成分和语言现象的对比研究成果,便可以为科学、有效的汉语教学提供直接的帮助。不仅如此,学科的研究更应随着事业的发展而积极主动地提出重大的理论研究课题,更新和丰富学科研究和建

---

① 李泉:《汉语教材编写的根本问题探讨》,《国际汉语教育研究》第 2 辑,北京:高等教育出版社,2011年。

设的内容,为事业的发展提供学术和理论支撑。比如,随着近些年来国家汉语教学事业发展战略和工作重心更多地转向海外汉语教学以及面对汉语走向世界的国际化进程的加快,而应开阔视野、拓展学科研究范围和领域,将学科建设的重心由主要面向国内的对外汉语教学转为兼顾海内外特别是海外的汉语教学,从而建立一个涵盖海内外汉语教学的国际汉语教育大学科,以探讨海内外汉语教学的共性和个性,研究和解决海内外汉语教学所共同面对的问题和各自的具体问题①,这样才能更好地适应和支撑国际汉语教学事业发展的需要。

综上所述,从事业与学科的应然层面上不难看出,二者应该是一种相互促进、相得益彰的关系。国内对外汉语教学几十年的发展历史也充分表明:事业的发展推动和促进了学科的建设,而学科的发展也支撑和深化了事业的发展。换言之,事业与学科合则兼美、分则两伤,亦即相互兼顾则互助互益、共同发展,相互脱离则一损俱损、共同受损。因此,事业和学科的发展不能偏废。

六、结语

本文的讨论和分析希望能进一步印证和说明:国际汉语教学(对外汉语教学)既指一项事业也指一门学科;其发生、发展和确立以及受到重视的程度均为"首先是一项事业,然后才是一门学科",这两点其实不是我们的新观点而是事实。提出来并加以讨论是针对近年来不仅是政府有关部门及学术界,而且在汉语教学和研究的行业内也有不少人忽略或混淆事业与学科的区别,把事业的发展简单地看成是学科的发展,这不仅对学科建设和地位的进一步确立与提升不利,对事业的发展也没有任何益处(反而是不利的)。在此基础上,进一步提出和论述事业与学科不是一回事,它们各有自己的发展宗旨、所属范畴、发展途径与手段、发展的内涵与呈现形态,等等,并认为二者之间的种种差别是客观、合理和必要的,意在呼吁关注事业与学科自

---

① 李泉:《关于建立国际汉语教育学科的构想》,《世界汉语教学》2009年第3期。

身的发展特点和发展规律,站在学科的立场上,应更加关注学科自身的发展和建设。强调事业与学科有差别,并不是主张把二者完全对立、彻底割裂开来,使之井水不犯河水。恰恰相反,我们在呼吁应注意事业与学科的不同以及遵循各自的发展方向、发展手段、发展形态、发展内涵等的同时,更强调二者应相互照应、相互关联、相互协调、相互促进,从而形成相辅相成、相得益彰、并驾齐驱、共同发展的优佳状态。

国际汉语教学作为一项事业可以承担或具有多种功能,如通过开展汉语教学,不仅可以满足各国朋友学习汉语的愿望和需求,还可以增进各国人民对中国、中国人民和中国文化的了解和理解,甚至还以起到加强中国与世界各国的友好关系、促进世界多元文化发展与和谐世界的构建等作用。然而必须认识到,事业亦有事业的发展规律,这就是事业的发展和多种功能的实现都不能脱离"汉语教学"这一基本的核心的工作,脱离和淡化这一平台,则国际汉语教学事业或者无所依托,或者过于走向"文化化"或"功能扩张化",长久看都不利于这一事业的发展。换言之,国际汉语教学事业的功能应通过汉语教学及相关的文化教学来实现,它所能承担的功能都应是汉语教学功能的合理与有效延伸。

国际汉语教学作为一门学科的地位却始终未能得到"事业般"广泛的理解和认可,还存在对学科地位的"偏见"之忧、对学科管理的"归属"之忧、对非学历教育的学科"认同"之忧、对学科作用的"弱化"之忧、舆论导向对学科的"矮化"之忧[1]。各界对学科的重视和认可程度远不如对事业的重视和认可程度,对学科的建设力度远不如事业的投入力度,这虽然在相当程度上说也是可以理解的,因为不能要求政府部门和社会各界对一门学科能给予超常的重视和投入,但是,不重视学科的后果也是不难想象的。因为这是一项需要有,也应该有学术研究和学科建设成果来支撑的事业。不可理解的是,具体教学单位的领导和从业教师也缺乏学科和学科建设的意识[2],通过

---

[1] 李泉:《国际汉语教学学科建设若干问题》,《第九届国际汉语教学研讨会论文选》,北京:高等教育出版社,2010年。
[2] 陆俭明:《增强学科意识、发展对外汉语教学》,《世界汉语教学》2004年第1期。

实地考察和座谈,"发现对外汉语教学领域更为突出的问题是,多数学校,负责对外汉语教学工作的领导和从事对外汉语教学的教师,学科意识普遍不强,不注重对外汉语教学学科的理论建设和整体建设;不注意整合各不同学科的力量来为建设对外汉语教学学科服务。"

而更令人感到隐忧的是,尽管近些年来学科研究也取得了不少很好的成果,不仅数量不断增加,研究的领域和视角也有所突破,但总的看来,业界从业人员特别是国内的对外汉语教学界似乎缺乏了20世纪80、90年代那样一种建立学科和争取学科地位的"心劲儿":学科建设的热情有所冷却,甚至在观念上淡化了学科意识;缺乏学术研究的热点问题和重大问题的讨论和争鸣;学科建设缺乏权威部门或权威学术机构的规划与指导,学术研究呈现无为而治的状态;甚至连前辈们辛辛苦苦、好不容易成立起来的学术团体,其学术活动也大为减少,比如中国对外汉语教学学会就有十余年未曾组织过任何学术活动,地区性的对外汉语教学分会也随之销声匿迹。如此等等令人担忧的状况,应该引起有关部门和业界同仁高度重视,增强对学科建设的危机感和紧迫感。

关于汉语国际教育的学科定位问题

崔希亮

"汉语国际教育"是一项事业,也是一个专业,这个专业如果不是一个独立的学科的话,那么它应该在某个既有的学科体系或者某几个既有的学科体系中找到自己的位置。本文不讨论作为事业的"汉语国际教育",只讨论作为专业的"汉语国际教育"和它的学科定位问题。学科定位问题涉及汉语国际教育人才培养的目标、规格、学科体系、课程设置和教材编写,在这个问题上学界和管理者都存在着一些模糊认识,也存在着一些争论。我们无意介入各种争论,只是就这个问题发表一孔之见,为事业发展和学科建设做一点工作。

学科定位问题实际上包含两个方面:一是"汉语国际教育"应该归属于哪个学科或哪几个学科;二是"汉语国际教育"的学科理论基础(或曰支撑学科)是什么。当然,这两个问题是相互关联的。

"汉语国际教育"作为一个专业名称历史并不长,这个专业名称脱胎于"对外汉语"或"对外汉语教学",但它与"对外汉语"或"对外汉语教学"这个名称既有联系又有区别①。"对外汉语"或"对外汉语教学"这个名称已经争议了多年,公婆各说各有理。如果"汉语国际教育"这个名称能够界定清楚,那么以前关于"对外汉语"的各种名实之争就可以休矣。随着汉语国际教育事业的不断发展,"汉语国际教

---

① 崔希亮:《对外汉语教学与汉语国际教育的发展与展望》,《语言文字应用》2010年第5期。

育"这一名称进入了本科专业目录,也进入了硕士教育专业目录,北京语言大学还开设了"汉语国际教育"的博士专业(代码0501Z1)。但是关于这个专业的学科定位问题却一直存在着不同的认识,而且这种认识上的纷乱还有愈演愈烈之势。让我们分两个阶段来讨论这个问题。

第一个阶段是"对外汉语"或者"对外汉语教学"阶段。有人认为"对外汉语教学"的学科归属应该归入教育学[1],有人认为"对外汉语教学"应该归属于语言学学科下面的"应用语言学"[2];有人认为"对外汉语教学"是一门独立的学科[3];也有人认为"对外汉语教学"应该归属于国际上通行的"第二语言教学"学科[4],这个学科又是综合运用多种学科理论的"新兴的边缘交叉学科"[5]。

第二个阶段是"汉语国际教育"阶段。从"对外汉语"或"对外汉语教学"到"汉语国际教育"不仅仅是名称的改变,学科的内涵也发生了变化,这是毫无疑问的。但是"汉语国际教育"的学科内涵到底边界在哪里?是不是什么内容都可以放进来?我们发现在这个问题上看法是很不统一的。除了传统的汉语言文字学、语言学及应用语言学的内涵之外,有人把"汉语国际教育"放在传播学的框架内进行研究[6]。也有人提出:"汉语国际教育"不仅仅是语言教育,还应该把文化传承和传播作为主要任务[7];也有学者更进一步把"汉语国际教

---

[1] 刘珣:《对外汉语教育学引论》,北京:北京语言大学出版社,2000年;刘珣:《对外汉语教育学科初探》,北京:外语教学与研究出版社,2005年。
[2] 杨庆华:《在对外汉语教学的定位、定性、定量座谈会上的发言》,《语言教学与研究》1995年第1期;金立鑫:《试论对外汉语教学学科的科学属性及其内部结构》,《暨南大学华文学院学报》2002年第1期。
[3] 赵金铭:《对外汉语教学概论》,北京:商务印书馆,2004年,第5—10页。
[4] 第二语言教学属于应用语言学这个学科范畴。
[5] 崔永华:《对外汉语教学学科概说》,《中国文化研究》(春之卷),1997年。
[6] 吴应辉、牟玲:《汉语国际传播与国际汉语教学研究》,北京:中央民族大学出版社,2011年;刘毓民:《汉语国际教育——基于传播学的分析》,华东师范大学博士学位论文,2012年。
[7] 郑通涛:《汉语国际教育与文化传承、文化传播的协同创新——在2013年东亚汉学学会第四届学术年会暨首届新汉学国际学术研讨会上的发言》,《海外华文教育》2013年第4期。郑通涛指出:"汉语国际教育的目的在于提供一个可靠的、本土化汉语汉学教学与研究环境。而其研究的内容包含了跨学科的语言、文学、历史、哲学、政治、经济、文化、心理、教育等对象。"

育"的目标扩大为"国际理解教育",可以影响"情感地缘政治"①。在这种认识背景下,有人提出孔子学院的主要任务应该定位为"中国文化传播"就不足为奇了。

2012 年教育部发布的"普通高等学校本科专业目录"中"汉语国际教育"(代码 050103)归属于文学门类(代码 05)下位的中国语言文学类(代码 0501)。

0501　　中国语言文学类
050101　汉语言文学
050102　汉语言
050103　汉语国际教育
050104　中国少数民族语言文学
050105　古典文献学

而在研究生教育体系中,"汉语国际教育"作为专业硕士学位(代码 0453)是与教育学(代码 04)门类相关的一个领域,它与学术型的教育学(代码 0401)、心理学(代码 0402)、体育学(代码 0403)不同,与专业学位领域的教育(代码 0451)、体育(代码 0452)以及应用心理学(代码 0454)等并列,同时涉及文学(代码 05)学科门类。②

0401　教育学
040101　教育学原理　　040102　课程与教学论
040103　教育史　　　　040104　比较教育学
040105　学前教育学　　040106　高等教育学
040107　成人教育学　　040108　职业技术教育学

---

① 胡范铸、刘毓民、胡玉华:《汉语国际教育的根本目标与核心理念——基于"情感地缘政治"和"国际理解教育"的重新分析》,《华东师范大学学报》(哲学社会科学版)2014 年第 2 期。胡范铸、刘毓民、胡玉华指出:"应该说,汉语国际教育不但绝不是单纯的语言教学,也不仅仅是一种文化传播,不应该只是希望由此拓展中国经济实力或提升中国国际政治地位。汉语国际教育在本质上是一种基于语言能力训练而展开的'国际理解教育',是一种可以影响'情感地缘政治'的过程,它应该是造就国际社会情感沟通的重要力量。"

② 硕士、博士专业学位授予与人才培养目录参见教育部《关于印发〈硕士、博士专业学位研究生教育发展总体方案〉、〈硕士、博士专业学位设置与授权审核办法〉的通知》(学位【2010】49 号),该文件是国务院学位委员会第 27 次会议审议通过。关于汉语国际教育硕士专业学位授权点基本条件,参见《关于开展新增硕士专业学位授权点审核工作的通知》(学位【2010】20 号)。

040109　特殊教育学　　　040110　教育技术学
040111　教育法学
0402　心理学
040201　基础心理学　　　040202　发展与教育心理学
040203　应用心理学
0403　体育学
040301　体育人文社会学　040302　运动人体科学
040303　体育教育训练学　040304　民族传统体育学
0451　教育
045101　教育管理　　　　045102　学科教学(思政)
045103　学科教学(语文)　045104　学科教学(数学)
045105　学科教学(物理)　045106　学科教学(化学)
045107　学科教学(生物)　045108　学科教学(英语)
045109　学科教学(历史)　045110　学科教学(地理)
045111　学科教学(音乐)　045112　学科教学(体育)
045113　学科教学(美术)　045114　现代教育技术
045115　小学教育　　　　045116　心理健康教育
045117　科学与技术教育　045118　学前教育
045119　特殊教育　　　　0452　体育
045201　体育教学　　　　045202　运动训练
045203　竞赛组织　　　　045204　社会体育指导
0453　汉语国际教育
0454　应用心理学

　　博士学位的情况更加不统一,有的学校在中国语言文学一级学科下设立"汉语国际教育"专业,有的学校在外国语言文学一级学科下设立"汉语国际教育"专业,专业名称也不尽相同。从"对外汉语"或"对外汉语教学"到"汉语国际教育""汉语国际传播""语言学及应用语言学"(对外汉语教学),专业名称变了,但大的学科都是文学学科门类,不在教育学门类中。

　　之所以会出现这种现象,是因为"汉语国际教育"实在是具有中国特色的一个专业,它与国际上的学科体系无法直接对应,在中国的高等教育学科体系中也摇摆不定。2012年北京语言大学对外汉语研究中心和重庆大学国际学院联合举办"汉语国际教育形势下的对外汉语教学学科建设"国际学术研讨会,与会专家就这个学科的性质、定位、学科基础、学科框架、学科与事业的关系、人才培养等问题进行了深入的研究和讨论,但是并没有完全达成共识。一些学者坚持"对外汉语教学是一门独立的学科",坚持沿用"对外汉语"或"对外汉语教学"旧名。我们在这里不准备就存废及其利弊问题进行讨论,既然教育部学科目录已经改为"汉语国际教育",我们就要面对现实。再者说,"汉语国际教育"这个名称已经为社会所接受,按照约定俗成的原则,我们就在这个前提下讨论问题。

我们这里所讨论的"汉语国际教育"从专业内涵上涵盖了它的前身"对外汉语"或"对外汉语教学"。国内学界有关"对外汉语""对外汉语教学"和"汉语国际教育"名称存废的纠结实际上反映了人们对这个学科定位的不同认识。其中的一些基本问题李向农和贾益民已经阐述得非常清楚[1],尤其是关于"专业"和"学科"的分别说得很明白。潘文国分析了"对外汉语教学"这个名称的问题以及产生分歧的原因,主张为"对外汉语"正名,因为名不正则言不顺,言不顺则事不成[2]。现在看来,"汉语国际教育"这个名称避免了"对外汉语"逻辑上不清不楚的麻烦,也避免了"对外汉语教学"层次切分上的尴尬。但是如果不把"汉语国际教育"的学科属性和学科内涵说清楚,有人就会随意解释,它就会变得无涯无际。

"汉语国际教育"是一个专业,这个专业是培养"汉语作为第二语言教学"的教师和研究者。而"汉语作为第二语言教学"从理论上说既包括对外国人进行的汉语教学,也包括对境内少数民族进行的汉语教学。但是"汉语国际教育"的内涵则比较明确,它只包括在国内或者国外对第一语言非汉语者进行的第二语言教学。有人提出"汉语国际教育"的主要任务是中国文化传播,对这个观点我们不敢苟同。语言是文化的载体,第二语言教学不可避免地会涉及文化问题,

---

[1] 李向农、贾益民:《对外汉语与汉语国际教育:专业与学科之辨》,《湖北大学学报》(哲学社会科学版)2011年第4期。

[2] 潘文国:《论"对外汉语"的学科性》,《世界汉语教学》2004年第1期。

"汉语国际教育"说到底还是"汉语教育","国际"只不过突出了它的教育对象及其分布特点。说白了,它的意思就是培养能够在世界各地进行汉语教学的专门人才,包括本土人才。"汉语国际教育"到底是什么教育?在这里学者们的认识产生了分歧:有人说"汉语国际教育"是汉语文教育[①],有人说"汉语国际教育"的核心是汉语言文字教学[②],也有人说"汉语国际教育"含义更广,应该对这个学科的体系进行重构[③]。目前"汉语国际教育"本科专业归在"中国语言文学"这个学科门类,而硕士专业则归属于"教育学",博士专业归属于"中国语言文学"或"外国语言文学",这实际上是一个很滑稽的局面。

我们认为"汉语国际教育"从学科属性上来说不单纯,它是交叉学科,既然是交叉学科,那么把它简单地归到哪里都不合适。它涉及汉语言文字学、语言学、教育学、心理学、信息科学、传播学等多个学科门类。可否说"汉语国际教育"已经是一个独立的学科了?从学理上说恐怕还不能。但是从它的交叉性上看,作为一个独立的学科来看待是比较合理的。作为一个独立的学科就应该有独特的研究对象、独特的研究方法、独特的科学体系、独特的研究成果[④]。它的独特之处在哪里呢?除了赵金铭提出的四个方面,我们认为还应该看到以下一些独特之处:

(1)"汉语国际教育"这个名称诞生的背景是独特的,它与孔子学院事业的发展有伴生关系。

(2)"汉语国际教育"既是一项事业,又是一个专业,这个概念不单纯。作为事业人们赋予它太多的功能,而作为专业则必须有明确的边界。

(3)作为专业的"汉语国际教育"的研究对象从本质上说不是单一均质的。"如果说化学、物理学、天文学等学科的研究对象是较为单一的、匀质的,那么对外汉语教学学科的研究对象就是复合的、非匀质的。"[⑤]它的研究对象甚至不是一种静态的事物,而是一种行为。

---

① 骆小所、卢石英:《汉语国际教育的目的是汉语文国际教育》,《云南师范大学学报》(对外汉语教学与研究版)2007年第6期。
② 陆俭明:《汉语国际教育专业的定位问题》,《语言教学与研究》2014年第2期。
③ 丁安琪:《重构"汉语国际教育"学科理论体系——从"国际汉语教学"走向"汉语国际教育"》,《国际汉语教学研究》2014年第2期。
④ 赵金铭:《对外汉语教学概论》,北京:商务印书馆,2004年,第5—10页。
⑤ 金立鑫:《试论对外汉语教学学科的科学属性及其内部结构》,《暨南大学华文学院学报》2002年第1期。

也就是说，它不仅要研究静态的语言，更要研究如何教授语言。而要研究如何教授语言，必得研究语言自身的结构规律、研究教学方法、研究学习者的习得过程、研究教学环境和手段。语言研究从学科上来说应该归属于语言学，教学法研究从学科上来说应该归属于教育学，习得研究从学科上来说既有语言学的属性，又有认知科学的属性，也是教育学关注的课题，教学环境和手段的研究则涉及现代教育技术、传播学以及与此相关的一些学科，如教材研究、语言测试、语料库，等等，它涉及出版、心理测量和计算机技术。

（4）"汉语国际教育"不仅仅要研究语言和语言教学，还要研究语言背后的文化，这是毋庸置疑的，语言是文化的载体，语言教育不可能完全脱离文化内容，但是不能把文化教学与研究作为主要任务。当然，一个在海外从事汉语教学与研究的教师一定要对自己国家的政治、历史、文学、艺术、哲学、社会等常识性的内容有所了解，这是另外一个问题。不唯汉语国际教育如此，任何一个人文学者除了自己的专业之外也要有这方面的修养。

（5）"汉语国际教育"还要有针对性地研究所在国家的政治、历史、文化、宗教信仰、风俗习惯等，做到"入境问俗，入国问禁，入门问讳"。知己知彼才能百战不殆，这是很浅显的道理。

（6）"汉语国际教育"这个专业培养的人才不仅仅要有知识，更要有能力。这个能力包括组织能力、外交能力、文化理解能力、独立研究能力、语言表达能力、才艺表演能力、亲和力，等等，当然最重要的要有教学操作能力。一个好的汉语国际教育工作者应该既是"匠人"又是"学者"，既是中华文明的"传播者"，又是异质文明的"接受者"，既是传道授业解惑的"教师"，又是促进世界和平的民间"大使"。基于以上分析，我们可以看到学界对这个专业和学科有不同的认识其来有自。但是任何一个专业都不可能，也不应该是包罗万象的，必须加以限定。简单做个结论："汉语国际教育"的学科定位是交叉性的，很难简单地归之于某个单一学科。从这个意义上说，可以说它是一门"独立的学科"。它的学科基础是语言学（理论语言学、应用语言学）、汉语言文字学、教育学、认知科学和现代教育技术（图示如下）。

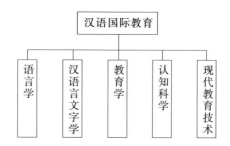

这个专业的课程体系也应该包括以上几个学科领域的内容。根据这样的学理逻辑,我们组织编写了一套"汉语国际教育"的教材①,其中包括了八个板块:基础理论与方法板块;汉语语言学理论板块;语言教学理论板块;语言技能教学理论板块;语言要素教学理论板块;语言教育技术理论板块;汉外对比及跨文化交际理论板块;语言测试及其他板块。具体如下:

1.《语言导论》　　　　　　　16.《对外汉语教材研究》
2.《语言学流派》　　　　　　17.《汉语听说教学研究》
3.《语言学方法论》　　　　　18.《汉语阅读教学研究》
4.《语言教学研究方法论》　　19.《汉语写作教学研究》
5.《语言研究的实验设计》　　20.《语法及语法教学研究》
6.《汉语概论》　　　　　　　21.《语音及语音教学研究》
7.《汉语简史》　　　　　　　22.《词汇及词汇教学研究》
8.《第二语言教学导论》　　　23.《汉字及汉字教学研究》
9.《第二语言教学设计概论》　24.《语用、篇章教学研究》
10.《第二语言习得与认知研究》25.《语言教育技术研究》
11.《第二语言学习概论》　　　26.《语言教育资源研究》
12.《语言测试概论》　　　　　27.《汉外对比研究与教学》
13.《第二语言教学史》　　　　28.《跨文化交际研究与教学》
14.《第二语言教学法研究》　　29.《第二语言教学与文化》
15.《专门用途汉语研究与教学》30.《第二语言教师发展与培养》

"汉语国际教育"的学科定位问题众说纷纭,各有各的道理。我

---

① 由崔希亮主编,三十多位汉语国际教育领域的学者参与的这套教材已经列入北京语言大学出版社的出版计划,目前已有若干种教材完稿。

们认为这个专业应该作为一个独立的二级学科来建设，而不是简单地依附于其他的学科。然而就目前的现状来看，依托于中国语言文学是比较好的，因为教学中出现的很多问题实际上是我们对汉语本体的认识还不充分，对如何把本体研究的成果转化为容易为学习者所接受的教学方案研究得还不够。从国际学术界比较能够接受和理解的角度看，"汉语国际教育"的学科支撑理论都可以纳入应用语言学的范围，因为说到底它还是第二语言教学的翻版，只不过这个第二语言教学有特定的对象和目标而已。本文只是一家之言，说出来就教于大方之家。

汉语国际传播事业新常态特征及发展思考

吴应辉

"'新常态'是指由过去的状态向一种新的相对稳定的常态的转变,是一个全面、深刻、持久变化的时期,是一个优化、调整、转型、升级并行的过程。"①党的十八大以来,我国经济社会各领域都呈现出了发展新常态,作为从业者和研究者,我们应该认真研究探讨汉语国际传播事业新常态的基本特征,谋划汉语国际传播事业发展新常态的有关顶层设计和实现策略。随着中国综合国力的快速增强,过去十年中,汉语国际传播事业在国家大力支持和业界共同努力下,取得了长足进步,但在长期可持续发展方面仍面临不少问题,本文从战略的高度提出几点思考,以期抛砖引玉,希望该项事业发展与我国经济社会发展同步,进入发展新常态。下面主要从汉语国际传播的意义及其新常态特征和战略思考两方面谈点个人看法。

一、汉语国际传播的意义

(一)汉语国际传播概念

"汉语国际传播是指建立在世界各国对汉语需求的基础之上,汉

---

① 李后强、邓子强:《全面把握新常态的内涵和特征》,《四川日报》2015年2月27日。

语走向世界的语言传播现象。"①汉语国际传播有狭义和广义之分，前者仅指汉语的国际传播，而后者则既包括汉语也包括中华文化的国际传播，本文使用的"汉语国际传播"属后者。汉语国际传播有事业和学术之分，本文仅探讨前者相关的问题，且立论基础为中国主导的汉语国际传播事业而非各国自主开展的汉语教学。

（二）汉语国际传播有助于提升中国文化软实力

提升国家文化软实力是我国国家战略的重要组成部分。《中共中央关于深化文化体制改革、推动社会主义文化大发展大繁荣若干重大问题的决定》明确指出，推动中华文化走向世界，开展多渠道多形式多层次对外文化交流，广泛参与世界文明对话，促进文化相互借鉴，增强中华文化在世界上的感召力和影响力，共同维护文化多样性。党的十八大报告也指出，要提高国家文化软实力，开创中华文化国际影响力不断增强的新局面。语言既是文化的组成部分，也是文化传播的载体和工具。因此，汉语国际传播是推动中华文化走向世界和提升中国文化软实力的重要载体和途径。汉语国际传播不仅具有汉语和中华文化国际传播的功能，同时还具有增进世界人民对中国了解的功能，在塑造良好的中国国家形象，配合我国整体外交等方面都能发挥积极作用。因而，汉语国际传播往往具有"公共外交"和"人文外交"功能。当今中国和世界的关系正在发生历史性变化，中国成为全球第二大经济体之后，硬实力正逐渐得到世界各国公认，但软实力仍然较弱。通过汉语和中华文化国际传播，可以增进了解，消除误会，减少冲突，削减"中国威胁论"的负面影响；可以在为中国营造一个和谐的国际人文环境方面发挥积极作用。

（三）汉语国际传播事业需要引入"新常态"概念

习近平总书记最初提出的"新常态"概念原本用于描述经济领域新的发展状态，然而党的十八大以来，经济社会各领域都呈现出了有别于以往常态的新的发展状态。语言本身需要及时反映社会生活，

---

① 吴应辉：《国际汉语教学学科建设及汉语国际传播研究探讨》，《语言文字应用》2010年第3期。

但此前人们确实没有找到一个能够生动准确地描述其他领域这种新的发展状态的恰当的术语,于是"新常态"这一概念便突破原适用领域——经济领域,迅速扩展到经济社会发展各领域。汉语国际传播事业在过去十余年中成绩卓著,其发展状态的主要特征是"高速",与改革开放以来的经济发展状态的主要特征相吻合,经济领域以"高速"为主要特征的发展状态被称为"旧常态"。这一概念是否也可以引入汉语国际传播领域,用来描述过去十几年中汉语国际传播的"高速"发展状态呢?笔者认为该项事业不仅需要使用"旧常态"这一概念来概括此前的高速发展状态,更为重要的是应该面向未来引入汉语国际传播事业发展"新常态"概念,以总括未来汉语国际传播事业的整体发展状态,并为谋划该项事业未来长期可持续发展提供一个统领性的响亮名称。

二、汉语国际传播事业新常态应具有的主要特征

(一)"中高速"或"中速"特征

"中高速"或"中速"特征,即发展速度从"高速"转为"中高速"甚至"中速",与经济发展新常态大体一致,如新建孔子学院和孔子课堂数量的增长速度可适当放缓。曾经有报道称,孔子学院发展速度最快时期,平均每三天新增一所孔子学院。"截至 2014 年 12 月 7 日,全球 126 个国家(地区)建立 475 所孔子学院和 851 个孔子课堂。"[①] 我们已注意到,新建孔子学院增速近两年已明显放缓,2013 年新建了 40 所,2014 年新增了 35 所,这是符合新常态特征的好现象。

(二)市场化特征

市场化特征,即汉语国际传播相关产品、服务和主要机构的运营都应该提高市场化水平。汉语传播机构要从以"输血"为主维持生存

---

① 国家汉办/孔子学院总部:《孔子学院发展年度报告 2015》,http://www.hanban.org/report/pdf/2014.pdf.

向以"造血"为主,走长期可持续发展的市场化道路的转变。以 2014 年全球孔子学院支出为例,国家汉办孔子学院共投入 300 265 000 美元①,按当时的汇率折算为人民币约 18 亿多元。这在孔子学院建院十周年之际,是可以理解和接受的,因为孔子学院还处于"少年儿童"阶段,需要扶持和培育。但如长期缺乏市场生存能力,仅靠输血维持生存,将很难实现长期可持续发展。虽然我们不能只计算经济成本,不考虑社会效益,但推进市场化运作,增强自我生存能力,最终实现少输血或不输血,实现收支平衡甚至有所结余应该成为未来的努力方向。汉语国际传播中资源建设也应以市场化道路为主。汉语教学资源建设是汉语国际传播面临的重要问题之一。汉语国际传播中需要大量的教学资源,如教材、配套练习、音像材料、教具、中华文化教学素材以及与教育技术和通讯技术紧密结合的教学软硬件等教学资源。中国作为汉语母语国,肩负起汉语国际传播中的资源建设重任责无旁贷,可以投入经费建设一些公益性资源。然而这种公益性资源建设也要适可而止,如过量,则弊大于利,一是本土化程度低的资源会造成大量浪费,二是会降低当地研发机构的积极性,甚至扰乱当地正常的市场秩序。因此,汉语教学资源建设的主体还是应该借鉴英语国际传播的成功经验,充分依靠有关研发和出版机构进行汉语国际传播所需资源建设并走市场化道路。我国汉语国际传播有关机构和世界各国可通过市场化的方式购买产品和服务。通过市场化途径进行资源建设是汉语国际传播长期可持续发展的必由之路。此外汉语国际传播事业需要多种社会服务,而社会服务如何实现市场化招标采购也非常值得探索和深化。

(三) 专业化特征

专业化特征,即从业人员从众多非专业人员参与向以专业人员为主从事该项事业转变。汉语国际传播是一个职业素养要求较高的行业,既要有扎实的理论基础又要有熟练的教学技能,还要有较强的

---

① 国家汉办/孔子学院总部:《孔子学院发展年度报告 2015》,http://www.hanban.org/report/pdf/2014.pdf.

跨文化交流能力。目前，一些发达国家的从业人员的专业化水平已经很高，如美国公立中小学汉语教师除学位要求外，还要求必须获得相应的教师资格证，但是许多发展中国家的汉语教师的专业化程度还比较低，并不要求必须获得教师资格证才能执教，从业人员的专业化程度亟待提高。如中国派往泰国的汉语教师志愿者从事汉语教学就不受教师资格证制约。

（四）服务性特征

服务性特征，即从我国"推广"向"服务需求"转变，即过去十几年中，我们强调向世界推广汉语和中国文化较多，未来我们应充分认识学习汉语和了解中华文化不仅是中国的需要，更是世界各国与中国开展经济文化交流的需求，理念层次上从"推广"向"传播"转变，实践层次上从"我推广"向"我服务"转变，即我们的汉语国际传播将建立在别国"需求"基础之上，由"以我为主"变为"以你为主"。

（五）各国的主体性特征

各国的主体性特征，即汉语和中华文化教学的相关责任由各国自己承担，包括经费投入、师资培养和教学资源建设等，中国的角色是帮助者，在别国提出请求时提供力所能及的帮助，尽量不要包揽过多，以免适得其反。

（六）规范化特征

规范化特征，即汉语国际传播已基本走过了开疆拓土的草创阶段，将逐渐转入规范化、标准化运作阶段。汉语国际传播事业已经形成了一个庞大的系统，系统的健康运行需要规则和标准，然而，由于前一阶段世界汉语需求增长太快，有关部门忙于事业拓展，许多运营制度和标准建设有所滞后，因此，管理制度的建立和相关标准的制定将成为汉语国际传播事业发展新常态的一个重要特征。

（七）学术支撑特征

学术支撑特征，即未来的汉语国际传播将建立在具有更多学术支撑的基础之上,专业人士将在汉语国际传播事业中发挥更多的作用。汉语国际传播是一项学术含量很高的事业,此前的事业发展主要靠行政主导和经济支撑,学术介入不够,随着该项事业发展进入新常态,学术对该项事业的支撑作用将日益凸显。

(八)"朝阳行业"特征

"朝阳行业"特征,即随着中国国力的提升,世界各国对汉语需求也将随之增长,与汉语教学和中华文化国际传播相关的行业,如在教学资源开发出版、汉语国际教育师资培养、来华留学、中国文化产品输出等行业都将出现来自世界各国日益增长的广泛需求,相关行业将成为朝阳行业。如以出版汉语作为第二语言教学教材为主业的北京语言大学出版社在美国建立了分社,高等教育出版社汉语国际教育分社在拓展东南亚和美国市场方面取得了长足进展,汉语水平考试项目盈利颇丰,网络汉语教学方兴未艾,汉语师资培训社会机构生意兴隆,等等。

三、关于汉语国际传播事业发展新常态的几点战略思考

从汉语国际传播"旧常态"转入"新常态",我们需要站在全局的高度进行系统研究,提出对全球汉语传播具有指导意义的若干策略。

(一)汉语国际传播需要加强顶层设计

一种语言要快速健康地对外传播,顶层设计十分重要。汉语国际传播事业已有一些顶层设计,但有待进一步加强。目前我国的汉语传播事业存在目标模糊、多头共管、重眼前轻长远、重事业轻学术、重数量轻质量等问题。我们需要强化顶层设计,将事关长期可持续发展的若干重要问题,如近期计划、中长期及远景规划、体制机制、政策标准、传播途径、绩效考核、项目评估、传播网络、资源开发、师资培养、学术支撑等纳入顶层设计范畴,以便汉语国际传播事业各有机组成部分能在科学的顶层设计系统框架下有序运行,实现有限资源利

用最大化,促进汉语教学效率和质量的不断提高,推动汉语国际传播事业的长期可持续发展。作为汉语国际传播顶层设计的重要组成部分,我们还要认真研究这项事业如何配合我国的全球战略,如怎样配合"一带一路"战略实施,如何配合我国的周边国家战略等。我们应该加大对"丝绸之路经济带"相关国家和地区以及"21世纪海上丝绸之路"沿线国家汉语和中华文化传播事业的支持力度,为相关国家培养大批了解中国,能使用汉语与中国开展经济文化交流的专业人才。汉语国际传播需要一个明确的远景目标——让汉语成为一门全球性语言。没有长远目标的事业往往具有盲目性。汉语国际传播事业在快速发展,但至今尚无明确的远景目标,这将影响该项事业的发展方向和长期可持续发展性。无论是汉语国际传播的主管机构还是学术界均未探讨过此问题。我们应该明确汉语国际传播的远景目标——让汉语成为一门全球性语言。所谓全球性语言,是指作为母语、第二语言或外语的使用者人数众多,且在世界各地广泛分布,在国际政治、经济、文化、教育、媒体等领域广泛使用的语言。英语是世界语言史上到目前为止唯一的全球性语言。依托中国日益增强的国家综合实力,在未来相当长一段时间之后汉语完全有可能逐渐成为一门与今天英语的国际地位相似的全球性语言。应在此远景目标下设定近期、中期及长远发展目标并制定相应规划及行动计划,使汉语国际传播事业目标明确、规划科学、路径可行,有序推进。①

(二)汉语国际传播资源配置应充分体现"发展中国家优先战略"

当前汉语国际传播资源配置总体上体现了"发达国家优先战略",对亚非拉发展中国家投入则相对较少。根据《孔子学院年度发展报告》公布的数据,以孔子学院和孔子课堂2014年底的全球分布为例,欧洲、美洲和亚洲是孔子学院和孔子课堂分布最密集的地区,分别为欧洲39国共370所,美洲17国632所,亚洲33国182所。欧洲以英国、俄罗斯、法国、德国和意大利开办的数量最多,分别为:

---

① 本段观点参见本人论文《让汉语成为一门全球性语言——全球性语言特征探讨与汉语国际传播的远景目标》,《汉语国际传播研究》2014年第2辑。

英国 134 所、俄罗斯 23 所、法国 19 所、德国 20 所、意大利 45 所;北美洲以美国、加拿大孔子学院和孔子课堂数量最多,分别为:美国 542 所,加拿大 41 所;亚洲以韩国、日本和泰国开办的数量最多,分别为:韩国 28 所、日本 21 所,泰国 31 所。在 2014 年已建的 851 个孔子课堂中,仅美国就占了 478 多个,占全球孔子课堂总数的 56.17%。汉语国际传播资源分配的"发达国家优先战略"从未见诸文字,有关机构也从未公开表述过,但事实证明,这一战略至少在过去十年的孔子学院和孔子课堂建设中得到了体现。"发达国家优先战略"对推动发达国家汉语教学发展确实起到了积极作用,也为其他国家开展汉语教学产生了一定的示范作用。但如果我们做个逆向假设,假如中国不投入资源进行支持,这些发达国家会不会发展汉语教学?影响程度会有多大?笔者的观点是,影响不会太大,这些发达国家照样会发展自己的汉语教学。理由有三:一是发达国家是基于自身与中国的经济文化交流需求,即从自身利益出发决定是否发展汉语教学,而非仅因为有中国的资源支持就开展汉语教学,一旦认为需要,不论中国是否资助都会发展自己的汉语教学;二是这些发达国家都有足够的经济实力开展汉语教学,欧美一些名校并不缺钱,中国的支持实为锦上添花;三是美国等西方发达国家少数人对于意识形态非常敏感,对孔子学院(课堂)等经费投入怀有戒心,甚至认为此类投入会妨碍学术自由。因此,我们投入资金支持其开展汉语教学是否必要,值得认真反思。相反,"发展中国家优先战略"则为"雪中送炭"之举,往往能取得投入少见效大的明显效果。汉语在泰国的传播为"发展中国家优先战略"提供了案例支撑。泰国可能是发展中国家中得到汉语传播资源支持最多的国家,过去十年中,中国国家汉办为泰国建立了 12 所孔子学院和 11 所孔子课堂;选派了上万名汉语教师志愿者和国家公派汉语教师。国家汉办对泰国的资源投入对泰国汉语教学的快速发展发挥了重要作用,效果十分显著。泰国学习汉语的人数快速攀升,短短十年间,学习汉语的人数从几万人上升到上百万人,汉语课程快速进入主流教育体系。学习汉语人数目前约占全国总人口的 1.5%,且还在持续上升。泰国个案向我们展示了汉语完全有可能成为一门全球性语言的美好前景。泰国案例也告诉我们,汉语国际传播的"发展中国家优先战略"与"发达国家优先战略"相比,投入产出效益更加明显。"发展中国家优先战略"如能实施,将对汉语在全球的传播与分布格局产生重大影响,对推动汉语成为一门全球性语言发挥举足轻重的作用。因此,汉语国际传播资源配置应充分体现"发展中国家优先战略"。强调"发展中国家优先战略",并非否定对发达国家的重视,而是强调在资源配置方面对发展中国家优先,对发达国家则应更多体现为学术相关的非经费类支持。

(三) 推进汉语国际传播事业应高度重视"华文教育"

汉语作为外语教学和华文教育同为汉语国际传播的重要组成部分。前者指对母语为非汉语的外国人的汉语教学,后者则指对母语为华语的海外华人的华文及中华文化教育。过去十多年间,前者得到了高度重视,但后者受到重视的程度却远远低于前者。海外华人华侨总人口达四千多万,对汉语走向世界发挥了重要作用。他们分布于世界各地,加强华文教育可以为汉语国际传播事业发挥以点带面的重要作用。在华人较为集中的东南亚国家,高层次的华文教育还能为所在国家及与其语言文化相似的其他国家培养华语师资,如马来西亚华人可以到印尼教授汉语等。然而,目前华文教育与汉语作为外语教学相比,并未得到足够重视。我国在汉语作为外语教学方面的资源投入远远超过对华文教育的投入。这在局部地区产生了"招了姑爷气走儿子"的不良效果。因此,我国在大力支持汉语作为外语教学的同时,应高度认识华文教育在汉语国际传播中的根据地作用和辐射作用,纠正对华文教育重视不够的问题,大力支持发展海外华文教育。

(四) 汉语国际传播中的师资培养应具有层次性、国别性和超前性

师资问题是影响日常汉语教学各因素中最为重要的因素。当前全球汉语师资总体上处于短缺状态,但深入研究后发现,国际汉语师资需求具有动态发展性、层次递进性、国别差异性和经济社会发展程度关联性等特点。因此,作为高层次汉语师资培养和输出的汉语母语国,我们在开展国际汉语师资培养的顶层设计时,应充分考虑上述特点,合理分工,不同学校培养能针对不同层次学生的汉语师资。目前全国各汉语国际教育硕士培养单位普遍以培养面向中小学的单一层次的国际汉语师资为主,未来应该兼顾学前、小学、初中、高中、大学等层次,有针对性地培养汉语师资,做到国际汉语师资培养层次多元化。由于不同国家的汉语师资也有不同的规格要求,因而国际汉语师资培养还应努力做到国别化。又因人才培养具有周期性,因而国际汉语师资培养还应做到未雨绸缪,超前培养。一般说来,处于不同经济社会发展层次的国家对国际汉语师资需求也往往有所差异,通常发达国家要求较高,发展中国家要求较低,因此,我们的国际汉语师资培养规格还应努力实现多元化。

(五) 应始终清醒认识汉语国际传播事业中中国的"有限责任"与世界各国的"主体责任"

汉语国际传播不仅是中国的需要,也是世界的需要。对此问题如果没有清醒认识,可能导致我们盲目单向投入。中国的需要无须赘述,而世界的需要则有必要强调:随着中国综合国力的快速上升,世界多极化格局的形成,中国在国际政治、经济、外交等领域发挥着日益重要的作用。世界各国从本国利益出发,都需要了解中国,并与中国开展多种形式的合作交流。语言既是交流的工具,也是文化的载体,开展与中国的合作交流必然要求培养大批通晓汉语和中华文化的专门人才,因此,发展汉语教学也是各国自身的需要。基于此,我们有必要清醒地认识汉语国际传播事业中的中国角色和世界角色,即世界各国是发展本国汉语教学的主体,理所应当肩负起本国汉语教学的主体责任,如政策措施、经费筹措、资源建设等;而中国则是各国汉语教学的支持者或配角。作为汉语母语国,中国应着力为世界有汉语教学需求的国家提供汉语教学的学术支持,如研发高质量教学资源、培养大批具有良好跨文化交流能力的专业化国际汉语师资及高水平专家、为世界各国汉语和中华文化传播提供国别化的咨询参考、对全球汉语教学提供方向性引导等。当然,也应该为确有困难的国家提供发展汉语教学必要的经费支持。任何一个国家发展外语教学,从政策到实践都是自己国家的事,我们可以提供一些力所能及的帮助，但一定要有"有限责任"意识。随着中国综合国力的快速上升，汉语教学将逐步进入许多国家的主流教育体系，包括高等教育和基础教育体系，开设汉语课程的学校将是千千万万，中国没有责任也没有能力把发展各国汉语教学的责任都承揽下来。我们应始终清醒认识孔子学院（包括"孔子课堂"）在汉语国际传播中的"补充"地位和各国汉语教学机构的"主流"地位。孔子学院与各国汉语教学机构的地位与关系是另一个需要我们清醒认识的重要问题。毋庸置疑，孔子学院已经成为汉语国际传播的重要机构，在汉语国际传播事业中发挥着重要作用。但我们对其地位及其与所在国家汉语教学机构的关系问题应有清醒的认识，否则可能犯越俎代庖、本末倒置的错误。孔子学院在不同国家汉语教学中发挥的作用有大小差异，但性质相同，均为辅助和补充。各国教育机构才是汉语教学长期可持续发展的根基和主流。孔子学院要与所在国家汉语教育机构形成互补发展，应避免与其形成竞争关系，理由有三：其一，孔子学院总量虽已达475所，但与世界各国开展汉语教学的高校数量相比，还是微乎其微。孔子课堂虽已达851个，但与各国已经或即将开展汉语教学的中小学数量相比，不过沧海一粟；其二，从办学层次上看，孔子学院基本上在非学历培训层次上开展汉语教学，而汉语教学中的学历教育基本上都由所在国家高校承担；其三，汉语教学是一个国家外语教学的组成部分，而外语教学从政策到实践都是一个国家教育主权的重要体现。因此，说到底，清醒认识孔子学院的从属和补充地位既有利于区分中国的"有限责任"与世界各国"主体责任"，并在孔子学院（课堂）未来建设中加以落实，更能体现对别国教育主权的尊重。

（六）汉语国际传播事业应寻求更多的学术支撑

汉语国际传播是一项学术含量很高的事业，应寻求更多汉语国际教育学科及其他相关学术支撑。扎实的学术研究成果、可持续的人才培养和形成一定规模的研究队伍将对汉语国际传播事业形成有力支撑。与汉语国际传播事业相关的语言规划与政策、汉语传播与"走出去"战略、汉语国际传播与国家外交战略、汉语国际传播与国家文化软实力建设、教师、教材、教学法、国别文化与跨文化交际、面向汉语教学的汉语研究、汉语作为第二语言习得、汉语测试、国际汉语教学相关标准、与汉语教学相关的教育理论与实践、教育技术在汉语教学中的应用等领域都需要扎实的学术研究成果形成支撑。然而，过去十年中，从汉语国际传播事业投入中列支的专项学术研究经费非常有限，导致汉语国际传播研究十分薄弱，能作为决策参考的研究成果寥寥无几，从而导致决策科学依据不足。此外，面向全球200多个国家的汉语传播必然遇到各种各样的问题，没有科学研究的支撑而仅凭经验决策实施，免不了要走许多弯路，传播效果也必然受到制约。有鉴于此，汉语国际传播应加强对世界各国对汉语和中华文化需求的调查研究，以达到有的放矢，科学配置资源的目的。都说出现了全球范围的"汉语热"，到底有多热？在哪些国家或地区热？在各个层次上的需求有何不同？这些需求表现在师资和教学资源方面的具体情况如何？中国作为汉语的母语国，应该如何满足这些需求？这些需求状况都是汉语国际传播可持续发展中科学决策的重要依据。客观需求在很大程度上决定语言国际传播的广度和深度，因此，我们应该加强汉语国际传播的需求研究，为宏观决策提供科学依据。总之，缺乏强有力的学科和学术支撑的汉语国际传播难免带有盲目性和主观性，有时甚至造成资源浪费，这对汉语国际传播事业的长期可持续发展十分不利，应该加大投入开展汉语国际教育学科建设，对汉语国际传播事业形成学术支撑，以达到科学传播、高效传播。汉语国际传播发展新常态影响因素很多，本文仅就作者的有限思考见教于业界同行，并希望以此引发汉语国际传播从业者，尤其是智库型学者和组织领导者对该项事业转型的相关理论和实践问题的更多深入思考与探究，以期为汉语国际传播事业发展新常态提供更多的决策参考。

汉语国际教育面临的若干理论与实践问题[①]

吴应辉

"汉语国际教育"作为一个学科确实太新,新到许多业内人士都尚未弄清其学科内涵。然而,"汉语国际教育"却又是一个热词,热到市井百姓皆知它跟教"老外"汉语有关,与孔子学院有关,与出国有关……于是业内业外不断演绎,甚至肆意发挥,使"汉语国际教育"概念模糊,众说纷纭。俗话说,外行看热闹,内行看门道,由于学科太新,即使是内行,除少数专家外,许多业内人士也多停留在"盲人摸象"阶段,局部问题探讨多,整体问题研究少,对该学科发展的重要理论与实践问题关注不够,研究不多,理论创建薄弱。本文基于近年来笔者对"汉语国际教育"宏观问题的持续关注,提出几点拙见,以期抛砖引玉,希望更多业界同仁对"汉语国际教育"相关理论与实践的宏观问题给予更多关注和探讨,以服务于学科理论体系建设和汉语国际教育事业。

一、汉语国际教育如何配合国家战略

要配合好国家战略,首先要正确把握相关国家战略。国家战略

[①] 本文原载于《云南师范大学学报》(哲学社会科学版)2016年第1期。感谢谷陵、李东伟、王祖嫘、何洪霞、郭晶对本文修改提出了宝贵意见。

很多,汉语国际教育如何找准能与本学科紧密对接的国家战略十分重要。在众多国家战略中,"走出去"战略、"提升国家文化软实力"战略、"和谐世界"战略、"公共外交和人文外交"战略、"一带一路"等战略与汉语国际教育对接度最高。

(一) 汉语国际教育与国家五大战略的关系

1. 汉语国际教育是实施"走出去"战略的重要组成部分和"提升中国文化软实力"的重要途径。

《中共中央关于深化文化体制改革、推动社会主义文化大发展大繁荣若干重大问题的决定》明确指出,"推动中华文化走向世界。开展多渠道多形式多层次对外文化交流,广泛参与世界文明对话,促进文化相互借鉴,增强中华文化在世界上的感召力和影响力,共同维护文化多样性。"①党的十八大报告也指出,要提高国家文化软实力,开创中华文化国际影响力不断增强的新局面。汉语国际教育正是实施"走出去"战略的重要组成部分和"提升中国文化软实力"的重要途径。

2. 汉语国际教育可从公共外交、人文外交层面支持我们的整体外交。汉语国际教育作为"公共外交"和"人文外交"的重要组成部分可以有效支持我国整体外交。

当今中国和世界的关系正在发生历史性变化。中国成为全球第二大经济体后,硬实力正逐渐得到世界各国的承认,但软实力仍然较弱。以汉语和中华文化为主要内容的汉语国际教育是提升我国软实力的重要途径。通过汉语国际教育,可以增进了解,消除误会,减少冲突,削减"中国威胁论"的负面影响;可以为中国营造一个和谐的国际人文环境;可以从公共外交、人文外交层面支持我国的整体外交战略。

3. 汉语国际教育有助于减少文化误读。以构建和谐世界语言既是文化的组成部分,也是文化传播的载体和工具。

---

① 本书编写组编著:《中共中央关于深化文化体制改革、推动社会主义文化大发展大繁荣若干重大问题的决定》,北京:人民出版社,2011年。

文明冲突通常由文化误读导致，而文化误读往往由语言隔阂引起。因此，从文明冲突转变为和谐世界，需要借助于语言作为载体和工具的作用，不同民族才能正确解读彼此的文化，减少误会，避免冲突，和谐共融。

4. 汉语国际教育可以为"一带一路"战略实施培养亟须语言文化人才。"一带一路"战略的实施亟须大批语言文化人才协助开展各领域的沟通交流工作。

对于中国而言，我们需要大批通晓"一带一路"沿线国家语言文化的人才，对于"一带一路"沿线国家来说，他们需要大批通晓汉语和中华文化的本土人才。汉语国际教育配合国家战略的主要途径是支持世界各国培养通晓汉语、了解中华文化的本土人才，积极开展中华文化教学交流活动，协助营造良好的公共外交和人文外交环境。通过潜移默化的汉语和中华文化国际教育，以润物细无声的方式培养大批知华、友华的国际友好人士，为提升中国的国际软实力做出贡献。

（二）汉语国际教育应充分发挥各国主体作用和重要骨干项目的支持配合作用

提到汉语国际教育，很多人自然想到孔子学院和孔子课堂。作为汉语国际教育的重要骨干项目，孔子学院和孔子课堂在汉语和中华文化国际传播方面做出了重要贡献，我们一定要办好孔子学院，但不止于此。孔子学院和孔子课堂只是汉语国际教育的一个组成部分，甚至可以说只是汉语国际教育中的沧海一粟。世界那么大，国家那么多，几百个孔子学院何以满足全球快速增长的汉语需求？汉语国际教育要实现大发展，必须依靠各国自身的教育体系。因此，要把支持各国教育体系中不同层次的汉语教学项目作为配合国家战略积极开展汉语国际教育的重要行动。同时我们还必须始终保持清醒头脑，我们的支持要适可而止，不能大包大揽，越俎代庖，永远保持协助者角色，只有充分发挥各国在汉语国际教育方面的主体作用，汉语国际教育才能真正走出中国，走进各国，融入世界。

二、汉语国际教育如何配合我国高等教育发展战略

（一）汉语国际教育要借力"双一流建设"战略

顺势而谋，方能事半功倍。汉语国际教育学科要取得跨越式发展，必须紧扣国家高等教育发展有关战略。我们应该抓住机遇，借力"双一流建设"高水平大学发展战略，把汉语国际教育建成世界一流学科。[①] 2015 年 10 月 24 日，国务院印发了《统筹推进世界一流大学和一流学科建设总体方案》[②]（以下简称"双一流建设"）。该方案作为我国高等教育的重要战略决策之一，总体目标是推动一批高水平大学和学科进入世界一流行列或前列。这将对我国高水平大学建设产生全方位的深远影响。"双一流建设"方案中还明确提出"坚持以中国特色、世界一流为核心……加快建成一批世界一流大学和一流学科，提升我国高等教育综合实力和国际竞争力"。

那么，汉语国际教育在"双一流建设"中应如何定位？首先，汉语国际教育是一个全球性的学科，中国作为汉语的母语国有责任和义务将其建设成为世界一流学科。然而，今天这种优势不甚明显，这种地位尚未形成，甚至该学科的某些领域受到了部分发达国家高校的挑战。其次，汉语国际教育完全有条件建成世界一流学科。中国设有汉语国际教育硕士及相关专业的高校达上百所，从业专家学者队伍庞大，学科基础良好，完全具备建成世界一流学科的软硬件条件。但不论是国家层面还是学校层面的顶层设计都仍需加强完善，国家层面需要确定汉语国际教育学科重点建设高校，学校层面需要作出汉语国际教育世界一流学科建设规划，包括团队建设、研究领域细化、国际化等许多方面。最后，要把汉语国际教育建设成为世界一流的学科，需要做好以下几方面工作：一要建设一流的学科队伍。中国

[①] 本观点受骆小所教授在第十二届国际汉语教学研讨会上所做报告启发（上海，2015 年）。
[②] 国务院：《国务院关于印发统筹推进世界一流大学和一流学科建设总体方案的通知》，国发【2015】64 号。方案由国家教育体制改革领导小组提出，受到中央高度重视，在全面深化改革领导小组第十五次会议上获得通过，由国务院正式公开发布实施。

汉语国际教育学科已经拥有大批国内知名专家,但国际接轨度和国际影响力还不够,尤其是在国际第二语言教学领域有较强影响力的学者还不多,我们需要引进世界一流的汉语作为第二语言教育专家,同时加大力度培养具有良好潜质和国际视野的中青年学者。二要大力培养汉语国际教育拔尖创新人才,包括各国本土汉语国际教育高端人才。三要提升汉语国际教育,尤其是海外汉语教学研究水平,产出大批具有国际影响力的前沿理论成果。四要服务世界各国的汉语教学。中国的汉语国际教育学科应该充分发挥中国作为汉语母语国优势及众多专家智慧,根据世界各国需求研发丰富多彩的汉语国际教育产品以满足其汉语教育需求。五要推动中华文化国际传播。语言是文化的载体,也是文化传播的重要工具。汉语国际教育还应该在中华文化国际传播方面发挥更大的作用,在推动中华文化国际传播中提升学科地位。

(二) 创建世界一流的汉语国际教育学科理论体系

第二语言教学是世界各国的重要学科领域之一,汉语国际教育是世界第二语言教学领域的重要组成部分。在中国实力快速增强,世界汉语热快速升温的今天,汉语国际教育学科在世界第二语言教学领域将扮演日益重要的角色。那么汉语国际教育与世界第二语言教学理论体系的关系如何处理呢? 一要与国际接轨,二要有学术自信。所谓与国际接轨,是指国际第二语言教学理论体系已经比较成熟,学科归属也已比较明晰,我们应该虚心学习借鉴其理论与方法,为构建汉语国际教育理论体系服务。然而,我们也应该清醒地认识到,国际第二语言教学理论体系主要是依据印欧语系建立的,而汉语与印欧语系语言差别较大,并非所有国际第二语言教学理论均适合汉语国际教育,如汉语有汉字,汉语教学中有汉字教学与词汇教学之分,而印欧语系的语言教学中则无此区分,直接进行词汇教学;又如汉语有声调,印欧语系语言却没有。因此,汉语国际教育理论体系的构建既要注重与国际接轨,还要深刻认识汉语及汉语教学的特殊性,构建一套既具有汉语教育特色又能与国际二语教学接轨的理论体系。在学科理论体系构建中,我们一方面要虚心学习国际先进第二语言教学理论与方法，但另一方面又不可盲目崇洋，切忌妄自菲薄，一定要有中国的学术自信。一言以蔽之，汉语是绝大多数中国人的母语和中国通用语言，中国有其他国家无法相比的世界上规模最大的汉语师资队伍和汉语国际教育学科团队，中国学者应该具有学术自信，创建出具有汉语特色和中国气派、世界领先的汉语国际教育学科理论体系，引领全球汉语国际教育发展。

三、汉语国际教育学科理论体系建设

（一）汉语国际教育理论体系尚处于草创阶段

仅从学科名称来看，汉语国际教育是一个仅有8年历史的新兴学科。汉语国际教育是随着中国国力迅速提升，"走出去"战略实施之后，应运而生的一个新兴学科。学科前身为20世纪80年代诞生的"对外汉语教学"，2008年国务院学位委员会批准正式设立"汉语国际教育硕士"专业学位（学科代码045300），2012年设立"汉语国际教育"本科专业（学科代码：050103）。从汉语国际教育本科和专业硕士的两个学科代码就可以看出，本科归属于中国语言文学学科，专业学位则归属于教育学学科。国家汉办曾一度积极论证，推动"汉语国际教育博士"专业学位正式设立，但至今未果。汉语国际教育到底应该归属于语言学还是教育学，确实是一个问题，笔者认为将其定位为语言学与教育学的交叉学科比较符合汉语国际教育的学科实际。汉语国际教育学科论体系建设尚处于草创阶段，相关研究成果较少，仅见于零星的期刊论文，为数不多的理论专著和少量本科、硕士层次教材。至今尚未形成该学科领域内广泛认可的理论体系，因而迫切需要学科理论创新。

（二）汉语国际教育研究需"教育"研究与"事业"研究并重

"汉语国际教育"与其他诸多学科不同，具有学科与事业双重属性。其学科属性不言而喻，而其事业属性对业内许多人来说却往往视而不见，因此有必要略作说明。说汉语国际教育是一项事业，是因其超越了传统意义上的学术与学科,成为国家"走出去"战略,尤其是文化"走出去"战略的重要组成部分。从这个意义上说,它与汉语国际推广、汉语国际传播是同一对象的不同表述。语言作为文化的载体和重要组成部分,其国际传播自然也成了国家战略的重要组成部分。试想,没有语言的国际传播,文化何以传向世界?汉语国际教育作为中国语言文化"走出去"的重要途径和载体,中国投入了资金和人力等大量资源以支持其发展,使"汉语国际教育"超越了学科与学术,成为名副其实的事业。基于上述双重性的认知,"汉语国际教育"研究不能只局限于"教育"研究,还应包括"事业"研究,并应努力做到教育研究与事业研究并重。

汉语国际教育中的"教育"研究主要包括基于汉语语言学和教育学的汉语语言要素和技能教学理论与方法、师资培养、教材编写等方面的研究,而汉语国际教育中的"事业"研究则主要包括"教育"之外但制约教育的各种要素的研究:首先是国际政治、经济、文化对汉语教育的影响研究,如中日关系变化对日本汉语教学的影响研究,中国经济实力快速增强对全球汉语学习需求的影响研究,莫言获诺贝尔文学奖对全球汉语学习动机的影响研究;其次是各国汉语教育相关顶层设计对汉语教学的影响研究,如对教育体制、语言政策、相关标准、教育资源配置等对汉语教育的影响研究,如"美国关键语言计划"对汉语教学的影响研究,新加坡英语作为唯一行政语言对华语地位的影响研究,泰国积极的汉语教学政策对泰国汉语教学的推动作用研究等;最后是对汉语传播项目的研究,如对孔子学院和孔子课堂、国家公派汉语教师、汉语教师志愿者、汉语水平考试、汉语比赛等项目的研究。由此看来,"事业"成分在汉语国际教育中不可忽略,因此,汉语国际教育研究必须"教育"研究与"事业"研究并重。

(三)汉语国际教育学科理论建设继承、转型与重构并行

"汉语国际教育"作为一门新兴学科,其学科理论建设面临继承、转型与重构问题。所谓继承,是指要重视对已有三十多年历史的"对外汉语教学"学科长期积累下来的理论基础的吸收和借鉴。汉语国际教育与对外汉语教学一脉相承,都主要研究汉语作为第二语言教

学问题。对外汉语教学在汉语教学的学科理论、语言要素教学理论与方法、汉语作为第二语言习得与测试、汉外对比、跨文化交际等领域都积累了丰富成果,汉语国际教育学科理论建设应该充分借鉴。所谓转型,是指我们在汉语国际教育学科理论建设中,要充分注意对外汉语教学与汉语国际教育之间的差异,要将学科理论建设的重点从面向主要针对中国国内的对外汉语教学转型为主要针对中国以外的世界各国的汉语教学。所谓重构,是指"对外汉语教学"理论体系原本就植根并服务于中国国内的对外汉语教学实践,对海外汉语教学虽有涉猎,但广度、深度均十分有限。2008 年,国务院学位委员会批准设立汉语国际教育硕士专业学位,2012 年国教育部将本科专业名称从对外汉语调整为"汉语国际教育"[1]。汉语国际教育专业硕士学位的设立和本科专业从"对外汉语"更名为"汉语国际教育"主要是为使学科名称与其内涵相一致。这在《汉语国际教育硕士专业学位设置方案》说明中得到印证:"定名为'汉语国际教育',既能体现'汉语加快走向世界'的内涵,又有别于国内双语教学中的汉语教育,还可避免'推广'一词可能引发的负面影响。"[2]从这一说明中我们还可以看出,"汉语国际教育"和"汉语国际推广"其实就是反映"汉语走向世界"这一相同内涵的两个不同名称。学科理论体系应与学科内涵名实相符,并应充分反映汉语作为第二语言教学事业的主体从中国国内转到世界各国的现实。原有的"对外汉语教学"理论体系中的一些理论已经不能解决汉语国际教育中的众多现实问题。事实上针对海外汉语教学的许多理论尚未建立,已有的部分理论尚处于碎片化状态,迫切需要建立起科学、系统的理论体系。因此,我们急需在充分吸收已有对外汉语教学理论体系中与汉语国际教育接轨的部分,同时着力重构那些不接轨或是完全空白的部分,努力构建"汉语国际教育"学科的全新理论体系。当前汉语国际教育学科理论的重构尚处于草创阶段,但我们已看到了一些可喜成果,汉语国际教育研究专著、本科及硕士研究生教材等系列成果已陆续推出,如"汉语国际传

---

[1] 见 2012 年教育部颁布高校的本科专业目录。
[2] 《汉语国际教育硕士专业学位设置方案》,见《汉语国际教育通讯》第 1 期(内部资料)。

播与国际汉学教学研究丛书"①已出版了 20 余部关于汉语国际教育基本理论、方法和国别研究的专著。此外,汉语国际教育相关学术期刊如《国际汉语教育》《国际汉语教学研究》《汉语国际传播研究》《孔子学院研究》《国际汉语学报》《国际汉语》等陆续创刊。这些期刊的创刊,也间接推动了汉语国际教育学科的理论创新。总之,从整体上看,汉语国际教育的学科理论体系建设才刚刚开始,不论质还是量都还亟待提高,我们应该坚持继承、转型与重构并行。

(四)汉语国际教育学科理论创新的两个重要方面

1. 聚焦两个方面

汉语国际教育学科理论创新任务迫切,当前宜主要聚焦于两个方面。一是学科基本理论体系建设,主要聚焦于学科通论、学科研究方法和国际汉语教学法的理论体系构建;二是汉语国际教育的国别问题研究,近年来关于美国、泰国、缅甸、马来西亚、新加坡、越南、菲律宾、土耳其、韩国等国的国别问题研究已初见成效。国别问题研究不仅具有良好的学术价值,还对汉语国际教育事业的发展具有良好的应用价值。

2. 研究重心从"对外汉语教学"转为"海外汉语教学"

汉语国际教育主要包括中国国内的"对外汉语教学"和"海外汉语教学"两大组成部分。到中国来学习汉语的国际学生总数尚不及全球学习汉语人数的 1%,也就是说海外汉语教学是汉语国际教育的绝对主体部分。然而,对二者的相关学术研究却呈现出"倒置"现象,即"对外汉语教学"在汉语国际教育事业中所占比例微乎其微,在目前的学术研究中却占绝对主导地位;而海外汉语教学虽在汉语国际教育实践中占主要部分,但相关研究却十分薄弱,著名专家学者涉足较少,现有成果多为硕士论文和非核心期刊论文且主要由赴国外任教的汉语教师志愿者、公派汉语教师及其他途径出国学习或实习

---

① 该套丛书由中央民族大学出版社自 2011 年开始出版。

的汉语国际教育硕士完成。究其原因，主要是由于许多业内人士长期在国内从事对外汉语教学，难以适应汉语国际教育事业和学科的快速转型，且缺乏海外汉语教学经验或相关调查研究。从过去几年的国别汉语教育研究的著作产出情况来看，绝大部分源于来华留学外国博士生的博士论文，如近年来研究泰国、缅甸、越南、马来西亚、韩国、土耳其、美国等汉语国际教育相关领域的著作便是如此。由此看来，我们应该投入更多资源，招收更多外国本土青年学者到中国汉语国际教育学科基础良好的学校攻读博士学位，以便开展更多的海外汉语教学研究，产出更多植根于各国汉语教学土壤，能够解决各国汉语教学理论和实践问题的"接地气"的研究成果。此外，海外华文教育是汉语国际教育的重要组成部分，也应将其纳入研究范畴。

3. "国际汉语"与"汉语国别及区域变体"研究大有可为

语言变体可根据研究视角不同而分成不同的种类。从语言传播的角度考察语言变体，至少可以分为国别变体、区域变体等，如英语这样一门全球性语言便有英国英语、美国英语、澳大利亚英语、新西兰英语、印度英语、马来西亚英语、新加坡英语等变体。从语言国际传播视角考察汉语，除中国内地的汉语普通话和汉语方言之外，还存在不同的汉语（华语）国别变体或区域变体，如马来西亚华语、新加坡华语、印度尼西亚华语、泰国华语、缅甸汉语等。各种国别（区域）变体有何特点和异同，是一个学界涉足不多的新兴研究领域。此外，还有一种与国别变体相关但又有明显区别的特殊新兴变体"国际汉语"。"国际汉语"是一个新概念，虽有学者口头提及，但至今尚未见到公开发表的相关研究成果。笔者认为，"国际汉语"是各国汉语作为第二语言使用者之间交流时普遍使用的通用汉语，它与大陆的汉语普通话和台湾的"国语"均有明显区别，在语音、词汇、语法、语用、语体等方面均呈现出独特性，总体上避繁趋简，易学易用，方便交流，如语音可能儿化较少，变调不一定完全到位，词汇可能多为常用词，语用细微区别可能被忽视，语体可能更中性，等等。从这个意义上说，"国际汉语"可视作标准汉语的简化版，便于在非汉语母语者之间交流。此外，"国际汉语"又往往呈现出"汉语国别及区域变体的"交集"或"最大公约数"特征,往往包括各种国别及区域变体的核心内容,使其能与各国变体顺畅交流。总之,"国际汉语"和"国别及区域变体"是汉语国际教育值得深入研究的重要领域,对汉语国际传播具有重要的理论和实践意义。

(五)汉语国际教育学术评价问题

在汉语国际教育的学术评价中应纠正重"本体"轻"应用"的偏见。在中国语言学及语言教学学术界一直存在一种偏见,认为语言本体研究比语言应用研究学术价值高。这种偏见延伸到了汉语国际教育领域,严重影响了汉语国际教育的学科理论建设和人才培养,主要表现在以下几个方面:第一,身在汉语国际教育领域的许多知名学者其实并没有研究汉语国际教育而是在研究汉语本体问题,也就是说岗位与职责失配;第二,汉语国际教育专业及其他异名同质专业或方向,如在语言学及应用语言学专业对外汉语教学方向的硕士和博士研究生培养中,课程设置与专业名称脱节,即专业是汉语国际教育及其他异名同质专业或方向,开设课程与本体研究课程大同小异,致使该领域的硕博学位论文近本体而远教育。部分学位论文为了"对得起"专业或方向名称,往往会在论文中牵强地加入一点点教学的"味精",虽然有了一点点教学"味道",但与汉语国际教育相去甚远,有名实不符之嫌。其实汉语国际教育的从业者,不论是著名专家还是青年学者,包括该专业的硕士和博士研究生都不应该"身在曹营心在汉",而应该履行从业者职责,全身心开展汉语国际教育相关研究,做到名副其实。然而,即使有这样的公理,在部分学校也难以实现。谨以此真实案例予以佐证:一位名校的老师曾在学术报告中坦言,在其履职的学校,如果汉语国际教育专业硕士的论文选题为汉语教学方面的,可能会通不过院系分学位委员会的审核,而通不过的理由则是如果没做语言本体研究,学术价值可能受到质疑,于是导师不得不让研究生以本体选题替换应用选题。这个案例告诉我们,重本体,轻应用的偏见在业内根深蒂固,这就需要在汉语国际教育人才培养规范中明确规定本专业的课程设置和论文选题规范,在学术评价中给予汉语国际教育研究成果公正的评价。此外,汉语国际教育的本体也应重新界定,陆俭明教授就曾指出,"必须区分汉语作为第二语言教学的本体研究和汉语本体研究",并就汉语作为第二语言教学本体研究的内涵和外延做了深入探讨。① 如果"本体"研究学术价值更高的说法成立,那么汉语国际教育学科的本体研究就是与汉语教学紧密相关的"教育"研究和"事业"研究。汉语本体研究可以纳入汉语国际教育的研究领域,因为我们的学科毕竟是汉语的国际教育,但不应喧宾夺主,本末倒置。汉语本体的研究应该是汉语语言学学科而非汉语国际教育学科的主要任务,汉语国际教育从业者不应"荒了自己的田去种别人的地",迷失汉语国际教育正确的研究方向。

四、汉语国际教育事业的长期可持续发展问题

汉语国际教育事业的长期可持续发展涉及许多方面,笔者已在不久前发表的《汉语国际传播事业发展新常态特征及发展思考》中多有涉及,在此仅谈几点新的思考。

(一) 做好配合国家战略的汉语国际教育顶层设计②

汉语国际教育必须做好、配合好国家战略的顶层设计,集中力量,形成合力,层层落实才能对国家上述战略形成有效配合,在国家层面应主要做好以下工作:

第一,做好汉语国际教育中长期发展规划。做到远景目标指明方向、中期目标努力可及、近期目标现实可行,如可将"让汉语成为一门全球性语言"作为远景目标,"让汉语成为部分国家的第一外语、大多数国家的第二外语"作为中期目标,"让汉语进入各国主流教育体系"作为近期目标。做到目标明确,措施配套、保障有力。

第二,调整战略重点。过去十年的历史表明,汉语国际教育的战略重点主要在发达国家,有锦上添花之嫌,配合"一带一路"战略的实施,未来应该将过去事实上的发达国家优先战略调整为发展中国家

---

① 陆俭明:《汉语作为第二语言教学的本体研究和汉语本体研究》,《世界汉语教学》2007年第3期。
② 参阅吴应辉:《汉语国际传播事业新常态特征及发展思考》,《语言文字应用》2015年第4期。

优先战略,体现"雪中送炭"理念,将支持重点调整到"一带一路"沿线及其他发展中国家。

第三,遵循市场规律。汉语国际教育的长期可持续发展必须建立在市场化基础之上,一定要坚信市场的优化功能,遵循市场规律,让汉语国际教育项目去接收市场的考验,靠"输血"维持生存的汉语国际教育不可能实现长期可持续发展。

第四,调整支持方式和支持对象。当前有关机构对汉语国际教育的支持方式主要是以项目为形式的拨款制,也就是说,形式上是以项目申请经费,但实际上是以项目形式支撑计划拨款。过去十年中,汉语国际推广经费主要用于支持孔子学院(课堂)、公派教师、志愿者项目、本土汉语教师培养等。今后应国际接轨,主要实施真正的项目制,以项目为依托申请经费支持,而且应该将各国教育体系中的汉语教学机构纳入支持对象,以此方式鼓励并支持各国教育机构开展汉语教学。

第五,建立实体孔子学院并构建全球孔子学院学分互认体系。[①]

第六,构建汉语国际教育的学术支撑体系。该体系应主要包括高端智库团队、高端学术群体以及制度化的汉语国际教育科研项目申报机制等,为汉语国际教育事业发展提供学术支撑。

第七,进一步构建以提高质量为核心的人才培养体系。目前汉语国际教育人才培养体系主要包括汉语国际教育本科、硕士和异名同质的博士,如国际汉语教学、国际汉语教育、语言学及应用语言学专业对外汉语教学方向等,该体系尚缺汉语国际教育博士专业学位授权点,希望未来能有所突破。此外,以提高质量为核心的研究生教育改革正在全国高校稳步推进,汉语国际教育人才培养也必须融入主流,以提高质量为核心,为世界各国培养大批高水平的汉语国际教育师资。

(二)树立"需求导向"理念,提高"两教"海外针对性

崔希亮教授曾指出,"所谓'三教'问题指的是教师问题、教材问

---

① 详见吴应辉:《关于孔子学院整体可持续发展战略设想》,《云南师范大学学报》(对外汉语教学与研究版)2009年第1期。

题和教学法问题。教师、教材和教学法问题其实是汉语国际教育的永恒主题……在'三教'问题中,最核心的问题是教师问题,因为好的教材是好的教师编出来的,教学法也要靠教师来实践。"①笔者完全赞同崔希亮教授关于教师是"三教"问题核心的观点,但同时认为有必要提高对教材重要性的认识。因为在语言教材编写出版完全进入商业化的时代,教材多由出版社组织专家和教学经验丰富的教师编写后出版发行,在汉语国际教育中使用已出版的教材已经成为常态,许多教师已不需要自己编写教材。除部分发达国家之外,绝大多数国家都主要依赖中国解决其教材供应问题。同时,教材是教学法的载体,一本教材总是基于或者体现了编者的教学理念与模式,对于新手教师有指导作用,对于有经验的老师也有借鉴作用。因此,汉语教材的质量、海外适应性以及本土化问题就显得比以往更为重要。教师和教材问题,即"两教"问题,就成了汉语国际教育面临的主要问题。

1. 汉语国际教育师资应着重解决"五多五少"问题

当前中国的汉语国际教育师资培养存在单一化培养与多元化需求之间的结构性矛盾,主要表现为"五多五少":一是通用型教师多,国别化、区域化、语别化教师少,如拉丁美洲的许多西班牙语国家很难招到能熟练使用西班牙语的汉语教师。二是需求层次多,培养层次少,如目前世界各国对汉语教师的需求从幼儿园到高等院校都需要,体现出多层次需求,但目前中国高校的汉语师资培养并没有体现相应的层次针对性,基本上是一种模糊培养,似乎针对所有层次,但又什么层次都没针对好,最终是模糊就业。三是理论课程多,实习实践少。在汉语国际教育硕士培养中,一些学校还没跳出学术型研究生培养的传统模式,课程设置中理论课程偏多,实习实践偏少,以致专业硕士培养学术化,教学能力培养被弱化。四是培养数量多,对口就业少。汉语国际教育师资培养主要在本科和硕士两个层次上培养,本科培养院校达300多所,硕士培养院校也已达到上百所,每年

---

① 崔希亮:《汉语国际教育"三教问题"的核心与基础》,《世界汉语教学》2010年第1期。

的毕业生超过 10 万人。但毕业生从事专业对口工作的比例却很低,据笔者调查,许多院校该专业的本科毕业生从事专业对口工作的比例不到 5%(不含考研生),甚至全班没有一人从事汉语国际教育专业对口的工作,硕士层次稍好一些,但普遍在 20% 左右,能达到 50% 以上的培养院校已经属于较好水平。五是中国教师培养多,本土教师培养少。由于世界各国汉语教学发展快,汉语师资需求多,而本土汉语人才培养周期长,短期内难以成才,许多发展中国家目前的汉语师资主要靠中国派遣的志愿者教师和公派教师支撑。这些汉语教师的相关经费主要由中国承担,对所在国语言文化和环境的适应均需要较长的过渡时间,且公派身份一般不超过三年,因此这种解决汉语教师不足的办法可持续性不强。发展中国家今后相当长一段时期还应努力多培养本土汉语教师。

2. 汉语国际教育教材应着重解决供需失衡、供需失配和供需脱节问题

汉语国际教育教材总体上出现供需失衡、供需失配和供需脱节的问题。供需失衡主要表现在数量和种类总体上供不应求,但部分品种又表现为供过于求,如部分中高级汉语教材便是如此。供需失配主要表现为汉语国际教育教材供给相对单一,满足不了海外汉语教材的多元化、多层次需求。供需脱节主要表现为中国出版机构出版的许多教材的营销渠道尚未延伸到国外市场,导致产销脱节。此外,汉语国际教育教材也存在"五多五少"的问题:一是中国视角多,本土视角少,以致跨文化交流问题多;二是翻译出版多,量身定制少,只顾解决有和无的问题,却忽略了国别针对性问题;三是闭门造车编写多,中外合作编写少,结果是所编写出版的教材与所在国教育制度、外语政策和语言接轨度低;四是反映中国传统文化多,展示中国现当代文明少,以致学生学习汉语后对古代中国文化了解多,对当代中国最新发展成果了解少,留下"博物馆化"的中国形象;五是中国出版多,国外就地出版少,以致产销渠道不畅。

要解决以上汉语国际教育师资和教材问题,必须树立"需求导向"理念,如果教师培养和教材编写都建立在需求导向基础上,国际汉语师资和教材的海外针对性可望大幅提高。

（三）汉语国际教育可持续发展需要走上真正的国际化之路

汉语国际教育应该名实相符，充分体现"国际"一词对专业内涵的要求。汉语国际教育中的国际化内涵可归纳为五个方面的国际化，即教育理念国际化、汉语师资国际化、教学内容国际化、教学方法国际化和研究选题国际化。以上五个国际化都应同时体现国际接轨和本土化的有机结合，如教育理念方面，美国重视平等、自由、个性、做中学等理念，而缅甸则盛行"师道尊严"，泰国则倡导寓教于乐。汉语师资的国际化，既要着力培养具有较强跨文化国际交流能力的中国汉语国际教育师资，也要大力培养本土汉语师资。教育内容的国际化主要体现在教材方面，不仅内容而且形式都要同时体现国际化和本土化特点。有观点认为外国人学汉语就必须完全学习中国的内容，这是非常典型的中国视角观点。教学内容中即使是语言要素，教学内容也应该体现语言对比和国别特色词汇，以便让学生理解自己的母语与汉语之间的异同以提高学习效率；文化内容就更应该国际接轨，既应体现共同价值又要体现本土特色。教学方法的国际化主要体现"国际本土化"，即将国际先进的教学理论与方法与所在国的实际相结合，创新出最适合所在国国情的汉语教学法。所谓研究选题的国际化是指应该广泛开展关于世界各国汉语教育的国别化和区域化选题研究。中国国内的对外汉语教学研究是汉语国际教育的组成部分，但汉语国际教育研究的主要对象应该是世界各地的汉语教学问题。汉语国际教育的国际化既需要高端顶层设计也需要每一位从业者身体力行。

（四）汉语国际教育的长期可持续发展需要充分发挥世界各国的主体作用[①]

开展汉语国际教育既是中国的需要，更是世界的需要。各国开

---

① 各国主体作用观点阐述详见吴应辉：《汉语国际传播事业新常态特征及发展思考》，《语言文字应用》2015年第4期。

展汉语教学都是出于自身与中国经济文化交流的需要。因此,汉语国际教育的开展应充分发挥各国的主体作用,即汉语和中华文化教学的相关责任由各国自己承担,包括经费投入、师资培养和教学资源建设等,中国的角色是帮助者,在别国提出请求时提供力所能及的帮助,尽量不要包揽过多,以免适得其反。汉语国际教育的最终目标和理想愿景是不再需要中国向世界推广汉语,而是世界主动向汉语和中国走来。

五、结语

汉语国际教育既是一门新兴学科也是一项崭新事业。不论是从学科还是事业的视角审视,从学术还是应用的层面思考,都面临许多理论和实践问题。本文不求全,但求实,不求是,但求思,希望以拙见为砖,引大家之玉,共同探讨汉语国际教育面临的重要理论和实践问题。

第二部分

汉语国际传播教师、教材和教法问题研究

大力培养本土汉语教师是解决世界各国汉语师资短缺问题的重要战略[①]

李东伟

随着我国国际影响力的提升,"汉语热"也在不断升温。许多国家和地区出现汉语需求增长与师资供给有限的矛盾。为解决这一问题,中国采取了选派志愿者(至今已派出2.3万余人)[②]和选送中国汉语教师等一系列措施,但这些措施能解燃眉之急,不能从根本上解决目前汉语国际传播中的师资短缺问题。况且这些措施在推动国际汉语教学发展的同时,也暴露出了诸多问题和缺陷。例如,"空降者"需要较长时间调整、摸索和磨合之后,才能使其教学方法符合他国学生的学习习惯;而现实情况却是志愿者或外派教师在国外任期较短,一般仅一至三年。外派教师刚摸索出一些有针对性的教学经验,或者说学生刚适应外教的教学方法,教师就任期届满,需要回国;学生不得不迎接新教师。师生的默契和感情又需重新培养。现行的外派教师政策一定程度上在进行着重复性工作,导致资源浪费,也不利于当地学校汉语师资队伍的整体规划和培养。

[①] 本文系2013年国家社科基金项目"国际汉语教师专业发展模式研究"(项目编号:12BYY057)成果之一。本文在撰写过程中得到了导师吴应辉教授多次悉心指导,谨此深表感谢!

[②] 刘菲、于国宁:《海外志愿者选拔的向往和挑战》,《人民日报》(海外版)2013年11月25日。

为从根本上解决国际汉语师资不足问题,应借鉴历史和现实中汉语国际传播的成功经验以及当前英语国际传播的经验,加强海外本土汉语教师培养,这应成为解决世界各国汉语师资短缺问题的重要战略。

一、本土汉语教师的界定

"本土汉语教师"与学界经常谈到的"输入型汉语教师"不同。"输入型汉语教师"是指在某个国家从事汉语教学活动,已基本消除跨文化交际障碍,使用当地语言的能力和适应当地文化的能力已基本接近本土教师水平,从中国等国家或地区输入的以汉语为母语的教师。"本土汉语教师"是指接受相当程度的汉语和中华文化教育,具有在其本国教授汉语和中华文化能力资质的教师。

"本土汉语教师"较之"输入型汉语教师"的优势主要体现在以下三个方面:一是知己知彼。本土汉语教师不仅熟悉汉语和中华文化,更了解自己国家的语言文化,了解学生的学习习惯、心理特点,能够更好地实现因材施教。二是能与学生分享汉语学习经验。本土汉语教师在从事汉语教学前,已花较长时间和精力完成了较长时间的汉语学习。他们先于学生走完了汉语学习的部分征程,收获了诸多成功或失败的经验,领悟和总结出了学习汉语的规律、技巧,以及汉语的传播方式。输入型汉语教师的母语为汉语,他们没有机会拥有汉语作为第二语言的学习经历,也就无法和外国学生分享相关经验。三是本土教师工作变动几率较小,利于当地学校汉语师资队伍的整体规划与建设。以上分析说明,本土汉语教师从某种程度上具有输入型汉语教师不具备的独特优势。

二、本土教师培养应成为解决 世界各国师资短缺问题的重要战略

"本土汉语教师"较之"输入型汉语教师"有诸多优势,从理论上说大力培养本土汉语教师应成为解决目前汉语师资短缺问题的重要

战略。研究和分析历史上不同时期汉语国际传播状况和当前世界上其他语言国际传播经验,以及当前汉语国际传播的成功个案,最终发现,事实上培养本土汉语教师确实是解决世界各国师资短缺问题的重要方法与途径。

(一)以史为鉴:本土汉语教师已为汉语国际传播做出了历史贡献

在汉语国际传播的历史中曾涌现出大批优秀本土汉语教师,他们不仅精通汉语文,了解中华文化,还总结出整套汉语学习的技巧和方法,编写了适合本国的汉语教材,甚至回国后创办了汉语学校,为汉语传播事业做出了历史贡献。

1. 本土汉语教师推出了优质教材

公元 804 年,日本的空海来唐学习。两年后他回国编写了《文镜秘府论》,详细地介绍了中国诗歌的体例和格式,对帮助日本人学写汉诗、汉语文章发挥了重要作用。时至今日,该书对高级阶段留学生古代诗词教学及古代诗词教材编写,仍具参考价值。

朝鲜半岛李朝时期的汉学家崔世珍编写的《四声通解》是当时典型的"国别化"汉语语音教材,影响颇大。崔世珍还编写了《训蒙字会》,该书一改以往该国汉字教学仅以《千字文》《类合》为教科书的面貌,为汉字启蒙教育开辟了一条行之有效的道路。

清朝时期来华传教士马若瑟(Joseph de Prémare)编写的《汉语札记》包含了语音、词汇、文字、语法、修辞等各方面的汉语知识,是一部真正帮助西方人学习汉语的综合类教材。

在汉语教学史上,本土汉语教师编撰出的优质教材还有许多,比如威妥玛(Thomas Francis Wade)的《语言自迩集》、比丘林的《汉字启蒙》,等等。

总之,以史为鉴,本土汉语教师已为汉语国际传播事业编写出了诸多优质教材。毋庸置疑,这些本土化教材加速了汉语的传播。

2. 本土汉语教师更新了教学方法

本土汉语教师较之输入型汉语教师更了解学生的母语特点、文化特色、心理状况、学习规律,在汉语国际传播中,他们创造了诸多有针对性的本土教学法。例如,汉学家崔世珍大胆地变革了汉语教学法,使李朝时期朝鲜半岛的汉语教学法出现了以下转变:由识字教学为中心转向课文教学为中心;由书面语教学为中心转向口语教学为中心。这些转变推动了当时汉语教学的发展。明后期的利玛窦(Matteo Ricci)提出了"词本位"教学法,提高了教学效果。他还提倡以官话为内容进行口语交际训练,在这一倡议指导下,教学效率得到了进一步提高。

此外,马若瑟的"渗透性"教学法、威妥玛的"威妥玛拼音方案"讲解法,均取得了较好的教学效果。

3. 本土汉语教师编撰出了更具针对性的汉语工具书

空海归国后于公元806年编著了汉字工具书《篆隶万象名义》。他从梁顾野王的《玉篇》中选取了约1 000字,分别以隶书编排字目,上冠篆体,下注反切与释义,为人们学习汉语、查阅汉字提供了便利。明朝后期的利玛窦与罗明坚(Michele Ruggleri)合编了《葡汉字典》,字典中的汉字均用拉丁字母注音。这种注音方式为汉语语音教学提供了便利。法国传教士金尼阁(Nicolas Trigault)于1625年编写了《西儒耳目资》,改进和完善了利玛窦等人的罗马字注音方案,更加便于当时传教士认读汉字。另外,19世纪英国籍基督教新教传教士马礼逊(Robert Morrison)编写了《桦英字典》,是英语母语学习者学习汉语的一部较为实用的工具书。

总之,这些工具书对推动汉语在本国的快速传播发挥了重要作用,编写这些工具书的本土教师功不可没。

4. 本土汉语教师开办了汉语学校,加速了汉语国际传播步伐

英国马礼逊1818年在马六甲创办了"英华书院",要求"学生们要学习和讨论孔子的著作"[①]。1824年他在英国开办了第一所汉语培训学校——东文书社。这些汉语学校采用西方先进教学理念和方

---

① 卞浩宇:《晚清来华西方人汉语学习与研究》,苏州大学博士论文,2010年,第70页。

法教授汉语,形成了这一时期汉语教学的标准模式,推动了当时汉语教育事业的发展,"授之以鱼,不如授之以渔",以上例证明确表明了培养优秀本土汉语教师的重要性。

(二)他山之石:英语国际传播师资问题解决的经验借鉴

在英语国际传播中,世界各国同样遇到过师资短缺问题。他们通过"大力培养本土教师"成功地解决了这一问题。这一经验值得汉语国际传播者学习借鉴。以中国的英语教学为例,之所以英语能够在中国得以迅速、广泛传播,主要依靠中国本土英语教师。中国具有庞大的本土英语教师队伍,具体信息如下:

表1显示,在中国从事英语教学的本土教师有216万人左右,这个数字尚不包含从事中国民办教育、远程教育和继续教育的英语本土教师人数。由此可见全中国乃至全世界范围内英语教师需求量之大。这样的教师需求量如若只依靠英语国家外派,是很难从根本上解决英语师资短缺问题的。目前在中国乃至世界其他国家从事英语教学的大多是本土教师。世界范围的英语教学实践告诉我们,培养本土教师是解决语言传播过程中师资紧缺问题的重要举措。

表1 2012年国民教育体系中英语教师人数一览表

学生类别	当年英语在学人数(万人)	英语教师人数(万人)
博士研究生	28.3	0.28
硕士研究生	143.6	1.43
普通本、专科	2391.3	23.91
中等职业教育	2113.7	21.13
普通高中	2467.2	24.67
初中	4763.1	47.63
小学	9695.9	96.95
合计	21603.1	216

(表格数据说明:由于没有现成的材料提供国民教育体系中各级学校英语教师总数,于是笔者根据《中国统计年鉴(2013)》查阅出了2012年我国国民教育在校学生人数,再根

据2012年国民教育在校学生总数以及目前通行的各类英语教师人均承担的教学工作量,①即按师生比100∶1的教学工作量计算出了英语教师总量。)

(三) 现实个案:泰国本土汉语教师正为汉语国际传播做出重要贡献

20世纪以来,汉语国际传播进入飞速发展时期。世界各个国家纷纷融入学习汉语和了解中华文化的热潮中,而师资短缺成为各国汉语教学遇到的瓶颈问题之一。泰国在汉语国际传播的浪潮中,走在了时代的前列。"泰国汉语传播速度之快,范围之广,目前泰国人对汉语认同度之高,都是人们没有预期到的"②。泰国在解决本国汉语师资短缺问题方面已经摸索出了一些较为成功的经验。除了从中国"输入"汉语教师外,他们还把大力培养本土汉语教师作为解决师资短缺问题的重要手段。

早在20世纪90年代初,泰国开始重视本土汉语师资培养。1994年泰国清迈皇家大学开办了全国第一个中文专业,目的即为培养本土汉语教师。之后,许多大学陆续开设了中文专业。为进一步了解泰国已培养出的本土汉语教师为汉语国际传播事业做出的具体贡献,笔者选取9名清迈皇家大学中文系第一届毕业生,采用问卷调查法,进行了深入的调查研究,结果见表2:

表2显示,在9名毕业生代表中3位具有博士学位,5位具有硕士学位,1位具有学士学位。他们均在泰国高校任汉语讲师,担任汉语专业主任等职务。以2012—2013第一学期为例,课时数最多的是赛萍和马如利,每周要上28节汉语课。培养学生人数最多的也是马如利,共培养了3 800名学习汉语的泰国学生。9名泰国本土汉语教师共计培养近两万名学习汉语的学生,人均2 000名左右。

以上个案仅是泰国第一所开办中文专业的清迈大学中文系第一届毕业生中的9名代表。考虑到自20世纪90年代以来泰国汉语毕业生人数远远多于9人,可见泰国本土汉语教师为汉语在泰国传播所做出的贡献之大。管中窥豹,可见一斑,不只是泰国,世界各地已培养和培训出的本土汉语教师虽数量不多,尚未形成规模和气候,但

---

① 江桂英:《语言经济学视角下的中国英语教育成本收益分析》,《制度经济学研究》2010年第1期。
② 吴应辉、杨吉春:《泰国汉语快速传播模式研究》,《世界汉语教学》2008年第10期。

其正在默默地为汉语国际传播事业做着贡献。今后应该加大力量关注这一群体,努力促进其发展壮大。

表2 泰国清迈皇家大学中文系第一届毕业生工作状况调查表

序号	姓名	工作单位	职称	职务	获取学位	2012—2013第一学期周课时	累计教授学生人数统计
1	赛萍	甘烹碧皇家大学	讲师	汉语系主任(人文学院副院长)	硕士	28	1999
2	溥英勇	萱素南塔皇家大学	讲师	汉语主任	学士	12	1700
3	张素英	清莱皇家大学	讲师	汉语主任	硕士	18	2000
4	番秀英	清莱皇家大学	讲师	汉语主任	博士	22	1640
5	裴思兰	清莱皇家大学	讲师		硕士	22	2800
6	芳英美	曼松德皇家大学	讲师	校委员	博士	8	816
7	唐天意	川登培皇家大学	讲师	汉语主任	博士	15	1200
8	吉娜	萱素南塔皇家大学	讲师	汉语主任	硕士	15	2500
9	马如利	清莱皇家大学	讲师	汉语主任	硕士	28	3800

三、科学有效地培养和发展本土汉语教师的具体措施

历史上汉语本土教师曾为推动汉语国际传播做出过巨大贡献;当代英语在全球范围内的广泛传播更离不开本土教师;目前推动泰国汉语发展的中坚力量是本土教师。由此可见,本土教师确实是解

决世界各国汉语师资短缺问题的重要战略。为此应采取以下措施,大力发展汉语本土教师师资队伍。

(一)加强本土汉语教师建设工作的顶层设计

"顶层设计"是指在国家层面上对本国语言的输出传播和别国语言的输入传播相关的政策措施、体制机制、战略规划、财政安排、项目策划、传播渠道、标准制定、资源建设等进行决策和规定。语言国际传播中的顶层设计具有明确政策、规范标准、编制预算、组织实施、检验监督、褒奖惩罚等功能,对语言传播具有决定性作用。[①] 泰国汉语国际传播起步较早、成效较大,主要原因之一是泰国政府十分重视"顶层设计"。2005年泰国颁布了《促进汉语教学以提高国家竞争力战略规划(2006—2010)》。该规划直接提出了汉语教育的战略目标:正规学校每个阶段的学生都应该接受良好的汉语教育;至少培养出4 000名汉语专家;保证在劳动适龄人员中至少有10万人学过汉语。2010年泰国政府又在《高等教育的战略规划》中提出,应加大汉语师资培养力度,增加赴中国留学的奖学金额度,给汉语教师更多赴中国培训的机会。可见,从国家层面推出的顶层设计,为泰国本土教师队伍建设提供了强大的政策支持。

由此可见"顶层设计"对于本土汉语教师培养起着至关重要的作用。只有从国家层面真正重视起来,只有汉语输出国、汉语输入国政府在政策、体制机制和财政安排等方面共同努力,才能培养出更多优秀的本土汉语教师。一旦培养出优秀本土汉语教师,这一群体为汉语国际传播事业做出的贡献将不可小觑。

(二)努力实现本土汉语教师培养层次的多元化和工作能力的复合化

1. 培养层次的多元化

各国汉语教学的多元化必然要求师资规格的多元化,否则将导致汉语师资结构性失调和师资培养资源浪费。因此,各国在培养本

[①] 吴应辉:《汉语国际传播研究理论与方法》,北京:中央民族大学出版社,2013年,第38页。

土汉语师资时,首先应该摸清家底,弄清各层次汉语师资需求,做好相关培养规划,明确各层次汉语教师的培养规格。例如,泰国部分小学、中学和大学均开设汉语课程,其中大学汉语课程分为两类,一类是汉语专业课,一类是汉语选修课。各阶段、各类型的汉语教学均需要师资。目前我们在师资培养过程中往往用一套培养方案培养汉语人才,然后直接分派到各阶段、各类型的教学单位开展汉语教学活动,最终导致了培养的师资针对性不强、教学效率不高。层次培养多元化是指在弄清了各个国家汉语教师需求基础后,做出相应的培养规划,明确各个层次汉语教师培养差别。例如:在培养小学汉语师资的过程中,要求教师除了具备基本汉语知识外,还应该了解儿童心理学等相关基础知识;在中学汉语师资培养过程中,应该开设普通教育学等课程;在大学汉语师资培养过程中,应该开设科研能力培养课程。学生不同学习阶段会有不同的汉语师资需求,要在培养之前合理规划,最终实现汉语师资培养层次的多元化。

2. 培养能力复合化

本土汉语教师能力培养复合化,至少可分为两个层级:一个层级是教学型汉语教师,另一个层级是研究型汉语教师。

所谓"教学型汉语教师"是指具有扎实的汉语语音、词汇、语法、语用基础,具有流利的汉语口语表达能力和跨文化交际能力,掌握一定的教学技巧和教学方法,了解第二语言学习规律,有爱心、有耐心的汉语教师。

"研究型汉语教师"是指除了具备教学型汉语教师的基本素质、能力之外,还精通中国文学、历史、中国思想史等知识的精英学者。对"研究型汉语教师"来说"讲好课、讲准课"只是工作的基本层面,更重要的工作是搞好汉语研究、汉语国际传播研究、汉语教学研究、汉语习得研究,甚至汉语史研究、中国历史政治文化研究等工作。他们的最终培养目标,要使他们成为汉语教学和汉学研究型专家。前文提到的空海、崔世珍、威妥玛、比丘林、利玛窦、马若瑟、金尼阁、马礼逊都是当时的"教学专家"和"汉学者",这些人为汉语传播事业做出的贡献在今天看来仍令人叹为观止。

（三）大力培养本土汉语教师的教育教学管理能力

高校工作人员可分为三个层次：教学型、教学—科研型、教学—科研—管理型。这一分类对本土汉语教师的培养同样适用。本土汉语教师不仅能够使用流利汉语进行汉语教学，而且还要深入了解和研究汉语、中华文化、汉语教学法、汉语习得等。我们希望这些能力超群的汉语教师、学者在自己国家开办汉语教学和研究机构。例如，马礼逊先后在马六甲和伦敦创办了"英华书院"和"东文书社"两所汉语学校，比丘林在俄国创办了第一所具有一定规模的汉语学校——恰克图汉语学校。这三所学校合理的课程安排、先进的教学理念推动了当时东南亚地区、英国和俄国汉语教育的发展。这些本土汉语教师办校的成功经验说明，要实现汉语国际传播事业可持续发展，不能仅停留在培养本土汉语教师基本知识和基本素质层面上，还要大力扶植本土汉语教师创办汉语教学和研究机构。我国英语普及程度如此之高，除正规学校的英语教学外，本土教师创办的英语教育机构，如新东方教育科技集团等，同样起到了较大的推动作用。

汉语本土教师更加了解本土文化、风俗、政治经济制度，在开办汉语学校的过程中，无论是办学理念，还是创新教学方法，常常优于目的语国家教师。因此，我们应该大力鼓励和扶持有能力的本土汉语教师开办汉语学校，进而推动全球汉语传播工作的全面发展。

四、结语

国外调研、历史回顾和英语国际传播历史经验都证明了培养本土教师应成为解决世界各国语言师资短缺问题的重要战略，汉语也不例外。培养本土汉语师资应该作为解决世界各国汉语师资短缺问题的重要战略。

国务院副总理刘延东同志在第八届全球孔子学院大会主旨演讲中强调："要继续扩大汉语教学规模，注重提高汉语教学质量，特别是要加强骨干教师的培养培训,帮助各国更多大学开办汉语师范专业,大力培养本土教师。"我们坚信,经过优化顶层设计和科学多元的培养路径,一定能涌现出一批教学、科研、管理能力俱佳的优秀本土汉语教师。

后方法理论视野下的对外汉语教学研究
——第11届对外汉语国际学术研讨会观点汇辑

陈 申 崔永华等

后方法与汉语教学:张冠李戴?
陈 申

从20世纪末至本世纪初,在全球的学术界涌现出许多带"后"字定语的新名词,诸如"后现代主义""后结构主义""后殖民主义",等等。跟随"后"字的某种学术理念往往是具有主流的强势地位,并持续了很久。在新的思潮尚未完全成熟、替代前者地位的时候,用"后"字结束前者,反映出初露端倪的逆向动态,代表了反传统的新流派、新观点。在第二语言教学领域,"后方法"是一个极为时髦的术语,如何用"后方法"理论重新审视汉语教学,自然成了国内学者关注的研究课题。

"后方法"的提法,出自美国印度裔学者库玛(B. Kumaravadivelu)在1994年和2006年推出的两本著作。库玛承认,自己受到斯顿和奥拉特等学者的影响。前者批评过于专注"教学法"的实践,忽略了语言教学内容和过程的内在联系;后者则直接指出,对语言教学法的研究已寿终正寝,不必再继续纠缠"教学法",作茧自缚。其"后方法教学论"(Post-method Pedagogy)可以简要地概括为"宏观策略的十大原则"。他的新观点提出以后,在西方国家并没有达到主流的强势地位。在国内以英语为代表的外语教学界,对其评述可以说是仁者见仁,智者见智。

"后方法"在西方提出,有两个现实因素至关重要。首先是当今各学科理论发展不平衡:语言学理论可以说是发展缓慢,乔姆斯基和韩礼德之后,尚未出现超越两位学者的学说;相对来说,心理学理论变化多端,由非英语背景的皮亚杰和维果斯基为代表的认知心理学理论,将统治了很久的行为主义彻底动摇;至于在教育方法论方面,巴西的弗雷尔理论独树一帜,对西方教育改革起了举足轻重的作用,就连法国哲学家福柯的后结构主义都强烈波及了语言教学领域。其次是反主流意识的增强:库玛认为他自己受文化研究的影响,特别关注了非英语背景的教师如何从事非英语的外语教学。认为21世纪的第二语言教学应当起根本的转变,即从纸上谈兵到课堂谈学;从知识传授到知识建构;从墨守成规到另辟蹊径。

深入探求库玛提出的"后方法教学论",可以发现三个难以克服的缺点。其一,他用宏观的策略框架替代传统的"教学法",没有从根本上走出"教学过程"的束缚,加上方法、方法论和教学论很容易混淆概念。其二,他用车轮的结构来比喻他的"十大原则",过于复杂,难以记忆,他批评语言教学理论家们提出了复杂的教学法,让教师无所适从,可是他自己并没有跨越错综复杂的樊篱。其三,他没有拿出具体的教学方案向教师们演示,其理论依然基于西方国家文化价值观和对欧洲语言的特别关注,因此,不一定完全适合中国的对外汉语教学。

但是,不能否认,就国际汉语教育而言,"后方法教学论"给我们许多正面的启示。首先,要求我们对汉语教学的社会大环境和文化小环境先作深入调查,然后制定因地施教、因时施教和因人施教的可行性方案。其次,向我们指出,与社会文化环境相关的教学内容应当与当地的需要紧密相关。改变现行教材中常见的"结构型组合",代之以"资源型的教学单元体",以便重组和增减。再者,鼓励我们加强对"后结构主义"的教育哲学思想和现代教育科技的研究,通过师资培养和教师职业发展的途径根本改变守旧、滞后的教学理念。最后,启示我们对汉语学习者的社会文化背景、心理因素包括心智、动力、情感等诸方面加以关注,特别是他们的学习策略和对教学方法和策略的喜好。

为此,我们不仅要注重"三教"(教师、教材、教法),而且要关注"三学"(学生本身、学习环境、学习行为),更需要重视跨学科理论的动向,关注教学实践环境变化,分享国际汉语教学经验,创造自己的后方法理念。"后方法"作为来自西方的"时髦帽子",操作上可以"张冠李戴",但是,必须根据自己的脑袋尺寸调整松紧。但是无论如何在学术大会讲演的时候,"戴帽子"的行为是不妥当的,不被听众们所接受。因此,除了个人的因素以外,根据文化大环境,来确定何时应该戴上,何时应该摘下,是必不可缺少的前提。

"后方法时代"之我见

崔永华

国内外有很多外语教学专家宣称,外语教学正处在"后方法时代"。国内对后方法语言教学理论的讨论大都以库玛(B. Kumaravadivelu)的 10 项宏观策略为代表。库玛 2006 年把 Stern 的三维框架(Three Dimensional Framework),Allwright 的探索实践框架(Exploratory Practice Framework)和他自己的宏观策略框架(Macro Strategic Framework)都"视为体现后方法视角的代表,尽管 Stern 和 Allwright 并没有使用后方法这一术语。三者的共同点是都对'方法'这一概念持否定的态度,并试图突破'方法'的局限"[①]。

根据库玛的说法,笔者认为后方法语言教学理论还存在其他表现形式,至少应包括以下诸种:(1)Brown 在《根据原理教学:交互式语言教学》中提出的"开明教学途径"(Enlightened Eclectic Approach)的 12 项原则,(2)Jack Richard 在《英语教学三十年之回顾》中对 8 个问题的新认识,(3)美国《21 世纪外语学习标准》的 5 个 C(交际、文化、贯通、比较、社区),(4)中国《英语课程标准》提出的 5

[①] B. Kumaravadivelu, "TESOL Methods: Changing Tracks, Challenging Trends", *TESOL Quartorly*, 40 2006, pp.59—81.

个基本的教学理念和对教学目标内容的描述,(5)中国《国际汉语教师标准》提出的汉语教师素质的5个模块,(6)中国《汉语国际教育通用课程大纲》对汉语教学目标和内容的描述。以上6种表现形式的共同点可以概括为两条:(1)对"方法"否定的态度(库玛语);(2)所提出的原则是"比较公认的,已被广为接受的"(Brown语)。这些表现形式对后方法语言教学理论的具体理念、原则、标准表述各异。笔者认为可以归纳为三个基本理念:

1. 外语教学的目标是培养综合语言运用能力。《英语课程标准》和《汉语国际教育通用课程大纲》规定教学目标为"培养综合语言运用能力";库玛10项宏观策略中包括"语言技能综合化";《21世纪外语学习标准》认为语言学习内容包括语言系统、文化知识、交际策略、批判性思维能力、学习策略、其他学科领域和技术;《欧洲语言共同参考框架》认为外语能力包括:个人综合能力、语言交际能力、语言活动能力、不同领域的交际能力。

2. 学习者是学习的中心。上述所有文献都特别强调这一点。10项宏观原则中"最大化学习机会、最小化感知失配、提高学习者自主性、激活直观启发",都体现着这种理念。

3. 语言是在使用中学会的。这也是各种文献的共识。《21世纪外语学习标准》中的一段话说得十分透彻:"语言教学的方法是为了培养学生与他人进行真实交际的能力。学习语言系统本身可能对有些学生有用,但这不会自动培养出在真实语境中理解语言和以得体方式作出有意义回应的能力。学习者有在广泛交际活动中使用目的语的机会,才能学得语言。积极地使用语言是学习过程中最重要的方面。"

理解和实践后方法语言教学理论,需要认识它的两个本质特征。(1)"以人为本"。教学以学生为中心,重视学生的需求、学习风格,强调学生参与;重视教师发展,定位教师为教学实践的主人和教学理论的创造者。(2)从分析走向综合。提倡培养综合语言运用能力,而不再是只强调语言知识、语言技能的培养;由于关注点重在学习者、教师、教学过程,因此在理论和方法上更多地寻求教育学、心理学等多学科支持;要求教师具有综合性知识和能力,《国际汉语教师标准》是一个代表。

后方法语言教学理论是外语教学的一次思想解放,将推动汉语国际教育的发展。学界应当主动了解、理解,而不应轻易将它拒之门外。现在是学界更新一些不利于新形势和教师发展的理念和举措的时候了。

教师的反思

郭春贵

20 世纪 90 年代,中日政治经济关系良好,带来了日本的汉语大热潮。可进入 21 世纪,两国关系出现了一些问题后,学习汉语人数突然递减。笔者在日从事 30 多年的汉语教育,也做过多次汉语教学调查,深觉得除了政治经济因素之外,日本汉语教育本身的一些问题也是造成学习热潮下降的原因,而这些问题似乎都值得国内外对外汉语教育界反思。

日本学习汉语的人口一直不少,每年近 20 万人(非华裔)在学习汉语,但却一直未能形成一股真正的热潮。两国关系一不好,学习人数就立刻下降。这跟日本汉语教学目的不清楚很有关系。除了大学汉语系的学生以外,其他公共汉语课、民间学习班的学习者都不是想当汉语专家而学习的,他们都只是想试试看,如果觉得有兴趣就继续学习,如果没有兴趣就放弃。汉语对他们来说只是可有可无的一种外语。因此,日本汉语教育的主要目的应该不是培养什么汉语专业人才,而是在于培养学生学习汉语的兴趣。可是大多数的汉语教师对此目的都很模糊。以为既然学生要来学习汉语,就应该正式讲解汉语知识,于是就大讲特讲,忽视培养学生的学习兴趣这个目的,造成学生失去兴趣半途而废。目前国内外的对外汉语教学是不是也存在同样的问题呢?

目前日本汉语教育界客观条件虽欠佳,但依然有一些学校的学生不减,这不能不说是教师的力量。然而那样的教师,在日本毕竟不多。大多数的汉语教师的教学意识并不太高。许多大学汉语专任教师都忙着做科研或事务,甚少把推广汉语教育,传播中国语言文化当着一项事业或职业,大多只抱着学生爱学就学,不用多费心思去教的想法。而占65%以上的非专任教师又无权参与教学制定,且认为只是教初级汉语,不用学习研究也能教,大多只为了教汉语而教汉语。结果教学效果不高,学习者无法感受兴趣而半途而废。国内外的对外汉语教师是不是也有类似的问题呢?

日本的汉语教育还存在一种重研究轻教学的风气,这风气也影响了整个汉语教育界。尽管2002年成立了"中国语教育学会",其会员人数(2014年468人)依然远远不如重视研究的"中国语学会"(2012年1224人)。大学的提升制度也只重视论文不重视教学。在那样的客观条件下,日本大多数的汉语教师也形成两个极端,搞研究的不关心教学,搞教学的不关心研究。结果两者都出现了一些偏颇。

总的来说,日本汉语教育,目前最重要的问题就在于教师意识的问题。陆俭明早已提出对外汉语教师要树立很强的学科意识、学习、研究意识、自尊自重意识。[①] 这三个意识笔者看来就是教师"专业化"和"人性化"的问题。所谓"教师专业化"就是要求教师必须具备汉语知识、外语教学知识、中国社会文化知识、教育学知识、人生哲学知识等,必须具备一定的思考与讲解的能力,同时要认清对外汉语教学的任务是在于推广中国语言文化,促进中外友好关系。所谓"教师人性化"就是要求教师在教学中应该具有爱心,要认清教育是一种"爱"的传播,眼里要有学生,要真诚关心学生,谦虚地尊重学生,要有敬业与乐业的精神。"专业化"和"人性化",两者缺一不可,加强专业知识的同时,也需要提高心灵修养。提高心灵修养的同时,也应该加强学习研究,才能成为一个受外国学生尊敬的有魅力的对外汉语教师,才能好好地传播中国语言文化和促进中外友好。

应对汉语教学重新进行分类和命名

郭 熙

随着汉语学习对象的增加,学界理出的汉语教学类型越来越多,

[①] 参见陆俭明:《汉语教员应有的意识》,《世界汉语教学》2005年第1期。

名称也各种各样。例如语文教学、汉语作为第二语言教学、对外汉语教学、华语国际教育、国际汉语教育、华语教学、中文教学、华文教学。它们有的名称相同,所指不同(例如美国的"中文教学"和香港的"中文教学");有的名称不同,所指相同(例如台湾的"华语教学"和大陆的"对外汉语教学")。在这种情况下,对不同类型的汉语教学进行系统梳理,并给予不同类型的汉语教学以适切的名称显得十分重要。

从汉语教学的性质来看,可以分为三大类:(1)国家通用语言教学,可以称为"国语"教学或"国通语"教学;(2)全球华人的民族语言文化传承教学,可以称为华文教学;(3)针对外国人汉语作为第二语言教学,可以称为中文教学。

"国语"教学的目标是培养国民使用国家通用语言的能力,并试图通过国家通用语言教育来建构和强化学习者的国家和民族文化认同。"国语"教学又可以分为三个小类:(1)汉语民族群的"国语"教学;(2)非汉语民族群的"国语"教学;(3)华侨子女的"国语"教学。社会语言学中的语言认同理论是"国语"教学贯穿教育目标的理论基础。以往对语言的交际工具属性非常重视,但对语言的认同工具属性关注不够,所以在语言教学中很少提及这一教育目标。它是不同类型"国语"教学所共有的。它们的内部区别主要在于语言背景和语言学习环境。不同的语言背景决定了对学习者要施以不同的教学方法。例如,汉语民族群的"国语"教学对象入学前应该已经完全拥有了母语的语言系统,他们的国家通用语言教学实质上是标准语教学,是语文教育。除识字外,在语言方面主要是学习书面语和正式口语。非汉语民族群和部分华侨子女一般不具备上述语言系统,应该用第二语言教学法,其教学目标和内容也有所不同。他们首先要解决的是口语交际,其他的可以缓一步。一些华侨子女虽然具有母语基础,但由于长期生活在海外,而且有的根本没有母语教育的环境,失去了母语学习的"辅路",主要是通过语言教学这一"主路"实现,所以教学也应该区别于国内的语文教育。

华文教学是对海外华人的语言文化传承教育,这一类型名实基本相符,已被广泛接受。问题是有人把它们等同于"对外汉语教学",目前还涵盖华侨子女的汉语教学。海外华文教学中有第一语言教学,也有第二语言教学,教学对象因国家或地区而异,但种种事实证明它们都不同于一般意义上的对外汉语教学。应该考虑华文教学的当地特点,确定相应的目标。

中文教学要着眼于国家,着眼于汉语是外语。外国人学汉语就是学中国话。中文教学这个名称的好处是一目了然,世界上不少国家都用这个名称。它可以跟中国的"国语"教学(教育)、华人的华文教学(教育)在教学目标上作出明显的分别。其中不仅涉及语言教学内容,也涉及文化教学内容。中文教学的主要目标是外国学习者掌握一种新的交际工具,其中的文化教学主要是交际文化和知识文化。如此重新分类和命名似乎有点儿违背"约定俗成",但我们不能忘记古人所说的"名不正则言不顺",也不能忽视传统的名称的负面影响。在理清"国语"教学、华文教学和中文教学之后,可以明显感到再用"汉语教学"作为统摄它们的上位概念有其缺陷。这个名称虽然历史不长,但影响很大。汉语这个名称的形成和广泛使用有其特定的时代背景,沿用下去在理论上并无不可,但应该充分认识该名称一定程度上的负面影响。它在不少情况下遮蔽了自身的"国家通用语言"信息。事实上,长期使用这个名称,还遮蔽了它本应具有的一个性质,即"中华民族通用语言"的信息。在教学类型上,也容易使人忽视不同类型教学深层次的目标差异,在一定程度上影响了对教学目标和方法的认识,进而影响了教学实施。因此,"汉语教学"更名一事好像也是提出来的时候了。这一点有待进一步讨论。

对于汉语教学要用"世界的眼光"来思考

陆俭明

进入 21 世纪,随着中国经济的飞速发展、综合国力的不断提升和国际地位的日益提高,我国及世界各地华人社区都积极开展汉语教学,只是各地说法不一。如今,我们是处在一个大数据、云计算、网络化、全球化、人类逐步走向太空的信息时代。高科技的迅速发展,经济的全球化,信息高速公路的大普及,带来了全球性的商品流、信息流、技术流、人才流、文化流、观念流,而国家与国家之间、地区与地区之间交流日益频繁,日趋多样化。从语言教学的角度看,目前我们处于"后方法"时代。这种时代特点要求我们要逐渐养成用"世界的眼光"来思考问题的习惯;对于汉语教学,也要用世界的眼光来思考。这里所说的"用世界的眼光来思考汉语教学",不是目前学界说得很泛的"跟国际接轨",而是要人们对汉语教学不要只是从自身、从本单位、从我们国家的视角来思考,而得从时代特点、从全球范围来思考。

上述时代特点与变化,要求个人与国家要具备更高、更多元的语言能力。联合国前任秘书长安南先生在 21 世纪来临前夕,就曾经这样说过:"21 世纪的年轻人起码要掌握三种语言,这样才能适应社会发展的需要。"这是很有前瞻性的观点。如今的现实也表明,个人的语言能力已关涉到一个人的生存与发展,成为与他人竞争的一个重要条件;国家的语言能力则已关涉到国家软、硬实力的提升问题,语言能力的强弱将会影响国家的强弱盛衰。因此当今和今后,每个国家都不能不重视语言能力问题,都不能不重视语言教育问题。正是基于这样的认识,联合国教科文组织和我国教育部、国家语委于 2014 年 6—7 日在我国苏州市联合举办了"世界语言大会"。联合国专门组织举办这样的大会,其目的就是要唤起各国政府重视语言能力和语言教育问题,所以出席这个大会的 100 多个国家 400 多位与会者,大约 90% 都是各国各级政府的有关官员,专家学者大约只有 100 人;与会专家学者的任务是对语言能力、语言教育及其与人类文明、社会进步之间的关系等方面的种种问题进行阐释,让官员们了解和理解。大会与会者围绕"语言能力与人类文明和社会进步"这一大会主题进行了认真的讨论,最后形成了《苏州共识》,进一步强调指出,"语言是人类文明世代相传的载体,是人类相互沟通理解的钥匙,是人类文明交流互鉴的纽带"。

我们国家开始变得强大了,我们还会不断强盛;但我们国家将始终不渝地坚持改革开放,坚持和平外交政策,坚持走与他国多边合作发展之路。我们在谈论汉语教学时,必须考虑"中国走向世界"这个大背景。这在语言上要求我们,在学好母语的同时,必须学习、掌握好一门乃至多门外语;同时要积极开展汉语教学,以满足各国渴望学习汉语的需要。中国走向世界,客观上必然推动汉语走向世界,这是各国的愿望与要求，不是我们强行要这样做。因此，我们开展汉语教学，其目的"是为世界各国修建通向中国的友谊之桥——汉语桥"。

近十年来世界各地华人社区都在积极开展汉语教学，这是拍手称快的事。学界提出并肯定在汉语教学中建立"大华语"的概念，以及李宇明教授最近以《汉语的国际形象》为题所作的报告中指出，"世界各地华人社区积极开展的汉语教学，其目标实际都是向外传播汉语和中华文化；开展汉语教学的各个华人社区都是向外传播汉语和中华文化的主体；具有共同目标的不同主体之间，应当相互协调，特别是海峡两岸，更应当加强语言协调，最好能够建立常规的协调机制"。这都是用世界的眼光来看待汉语教学的观点。

不难预见，汉语将逐渐成为各国学习的热门语言。如果我们上上下下都能用世界的眼光来思考汉语教学问题，汉语教学定将在全世界范围内有更大的发展，并将确保汉语能稳步、健康地走向世界。

教有法，教无定法

马　真

教学法，现在时常成为对外汉语教学界或者说"汉语国际教学"界的一个热门话题，甚至举行专门的研讨会。现在大家又都在热议"后方法"。大家关心教学法，应该说是个好事儿。可是我们要了解这样一点——方法是这里能用那里不一定能用、这里好用那里不一定好用、对这个老师来说好用对那个老师来说不一定好用、对这样的学生适用对那样的学生不一定适用的一种技巧和艺术而已。"后方法"，按我的体会，就是强调不要拘泥于某一种教学方法，要因人、因时、因地、因条件采用有针对性的教学手段。而这也就是我们的先师孔夫子早就教导的"因材施教"，也就是我们前辈老师所总结的"教有法，教无定法"之说。

要做到"因材施教"，做到"教有法，教无定法"，我觉得有两样东西特别重要——第一样东西，就是高度的教育责任心。我1960年毕业留校任教后一直从事现代汉语（主要是现代汉语语法）的教学与研究。语法课，不少人觉得不好讲，认为语法本身就枯燥无味，不容易引起学生的兴趣。可是我们的老师朱德熙先生能将现代汉语语法课讲到大家都爱听,甚至觉得听朱先生的课是一种艺术享受这样的程度。这是什么原因?起初都认为这是朱先生的教法好。后来我们毕业留校任教以后,才明白这不是根本原因,根本原因是朱先生有高度的教育责任心。记得当年我们一些年轻教员向朱先生请教时,朱先生语重心长地说了那么一句话:"要多从学生的角度考虑。"在几十年的教育生涯中,我们总记着朱先生这句话,也努力这样去做,并深深地感觉到,教好课的关键就是教育责任心,具体说眼睛里要有学生,心里要有学生。课程是教学计划所规定的。但是该讲什么内容、所讲内容前后该怎么安排,具体讲解时又该怎么开头、怎么提出问题,该从哪里切入,该怎么展开,说明问题时最好举什么样的例子,最后,该出什么样的练习,这都要老师多从学生的角度考虑,考虑怎么讲授学生更好接受、更好理解、更好懂。有了这种教育责任心,就会根据经验,针对不同教学对象、不同教学内容,想出不同的教学方法。

第二样东西,教员自己肚子里要有东西。这也就是我们常讲的"要给学生一碗水,自己就要有一桶水"。作为一名教师必须具有扎实而又较为广博的专业基础知识和一定的研究能力。就汉语教师来说,由于汉语教学最直接的目的是要让外国学生学习、掌握好汉语,所以必须具备扎实的汉语言文字学等方面的功底和一定的研究能力。这样才能做到针对不同的教学对象,灵活自如地组织教学内容,采用不同的教学方法。

总之,"教有法,教无定法",别人的教学法只能作为参考,不能照搬。好的教学法,都是老师自己在教学中用心创造出来的。作为一名教师,首先要有高度的教育责任心,同时自己肚子里要有东西,具备了这两个条件,在教学中就会游刃有余,就能针对不同的对象,根据不同的教学内容琢磨出有针对性的好的教学法;也只有这样,也才能较好地吸取、运用别人提出的教学法。

"后方法"理念与对外汉语教学中的课程目标问题

孙德金

第二语言教学中的"后方法",究竟是一种系统的理论还是一种理念,认识是不同的,我们倾向于视为一种理念。它重视教师和学生在学习过程中的主体地位,突破既有的"方法"等方面的束缚,消除"理论"和"实践"的鸿沟,以"整体观"统摄教学思想和行为。这些理念无疑是富有启发性和指导性的,尤其是对于教师培训和教师发展具有重要的价值。正如很多理论都存在着理想与现实的差距一样,"后方法"理念也让人有一种"看上去很美"的感觉,理念的实现对教师的要求很高。库玛在论及其思想时强调:"它将能帮助教师突破教学方法概念的束缚,赋予他们知识技能,培养他们理论创新的自主态度与能力,从而能够使教师独立设计出一个系统、连贯、相互关联的教学实践理论。"这一愿望的现实可能性究竟怎样,目前我们没有看到实证的材料。"后方法"理念不仅仅关乎教学方法问题,而是涉及整个教学理论和实践。我们注意到,在库玛的全部论述中基本没有涉及"教学目标",更没有论及"后方法"理念与目标实现的关系,但却多次提及"评价"。问题是,评价什么? 标准又是什么? 因为按照"泰勒原理",课程评价是以目标为标准的。这就不能不让我们思考一个重要的问题:在"后方法"时代,如何处理好"后方法"理念与课程目标的关系问题?

任何的教育教学活动都是目的、目标驱动的,对外汉语教学(汉语作为第二语言教学)因其以帮助学习者获得第二语言能力为基本任务,目标性显得尤为突出。以人的全面发展为目的的普通教育因其综合性和全面性,往往着眼的是一个长期的过程,目标的可描述性也要相对弱些。因此,对外汉语教学在课程目标问题上,既有和普通教育课程目标一致的特征,也有自身的特性。

在普通教育学的课程理论发展史上,经历了从以拉尔夫·泰勒(R. W. Tyler)为代表的传统的"目标模式"到基于后现代主义思潮的激进的"批判模式"的发展过程,篇幅所限,不能展开论述。之所以提及这一点,是想指出,"后方法"理念的提出也是有其哲学、社会学等方面的背景,第二语言教学理论的发展和普通教育学课程理论的发展过程有相似点。从后者的理论和实践的关系上可以反观第二语言教学理论与实践的关系。尽管后起的课程理论不断地批评"目标模式",但在实践层面它仍是迄今具有广泛影响的模式。该模式是在行为主义心理学的直接影响下产生的,强调行为主义目标和可观测的行为目标,强调目标的分类和体系化,强调"先决定目标,后决定手段"的基本原则。其后出现的以杜威(O. Dewey)为代表的人本主义课程理论强调学生中心理念的课程观,它有两个特征:(1)课程的核心不是学科内容,不是社会问题,而是学生的发展;(2)课程内容不是既定不变的,而是随着教学过程中学生的变化而变化的。这一课程理念显然是反"目标模式"的,其基本特征刚好和"目标模式"相反,计划性、程序性差,教学效果的可检验性差,难以把握(比如何为"学生的发展"?),正因如此,这种课程理念基本上只是在思想启发上发挥作用,并没能在学校教育实践上得到普遍接受。至于再后起的"批判模式",就更是难以把握了。以此来看"后方法"理念,确有值得深思的问题,目标问题就是其中的一个重要问题。第二语言教学的目标并不是不言自明的,需要区分"目的"和"目标",并对"目标"加以明确界定。通常的表述——"使学习者具备运用目的语的语言能力和交际能力"只是一种笼统的"目的"表述,而不是严格意义上的"目标"表述。课程目标理论对于目标的确定、目标的分类、目标的描述等有一整套程序性的要求,此一意义上的"目标"才是可以作为评价学习成果的标准,具有可检验性。而我们注意到,"后方法"理念存在着和上述人本主义课程观相似的问题,难以避免目标和内容的随意性。

我们想强调的是,无论是何种"法",也无论是何种理念,都不能以牺牲课程目标的确定性和明晰性为代价。强调教师和学生的主体地位当然没错,但在实践上还是有需要解决的复杂问题,比如,如何处理个体教学和群体教学的关系?对于有多个平行班的规模教学,如何处理教师个体和教师群体的关系?等等,当中都有目标的问题。俗话说"条条大路通罗马",路径选择可以多样,但"罗马"这个目标必须是明确的。

优化环境,促进教师研究与发展

孙德坤

第二语言教学现在进入后方法时代。后方法时代在赋予教师更多自主性的同时也给教师提出了更高的要求——需要教师不断探索适合自己教学背景和教学对象的教学方法,开展研究因此而成为对外汉语教师发展的一个重要组成部分,越来越受到重视。但是,要想研究成为教师的一种自觉行为,我们必须了解教师开展研究面临的诸多困难,为他们营造一个良好的环境,提供必要的支持。对外汉语教师对研究的态度和现状目前还不见有什么调查,不过 2013 年 Borg 和 Liu 在 *TESOL Quarterly* 第 47 卷第 2 期上发表的一篇中国大学公共英语教师研究情况的调查报告(Chinese College English Teachers' Research Engagement)可能会给我们一些参照。有兴趣的读者可以去阅读原文,这里我就以下几个问题提出一些看法,以期引起大家的关注与讨论。

关于研究目的。我认为教师研究的首要目的是职业发展,即增进对对外汉语教学学科的认识,进而改进教学方法,提高教学效率,因此教师研究更多是一种面向教学实践、以问题为导向的探索活动,这与以理论建构和发表研究成果为目的的专业研究人员的目标是不一样的。这就涉及对"研究"一词的理解,特别是教师评估体制对"研究"一词的界定,即何种活动被认可为"研究"。现行的教师(晋升)评估体制基本上只把得到学校或其他相关机构,比如国家汉办、国家教委批准和资助的项目,把在评估体制认可的学术刊物上发表的文章作为科研成果。但是大家都知道,不是所有的探索活动都是可以写成学术论文的,而学术论文的很多规范有时也会制约自由探索。如何在评估机制上解决这个难题,对教师研究来说是至关重要的,因为评估机制对教师研究活动有直接的"后效"作用(washback effect)。

关于研究方法。研究方法与研究目的是相关的,目的决定方法。就研究方法自身来说,有以论述为主的思辨研究,比如我这篇短文;有以基于数据的实证研究。这里的"实证"指 empirical,事实的,经验的,而不是 positivistic,实证主义的。实证研究大分为两类:量化(quantitative)研究与质性(qualitative)研究。从英文术语看,这两种研究是以其依据的数据(data)特征来分类的:量化研究以"数字"(number)数据为主要特征,质性研究以"文本"(text)数据为主要特征。这往往造成误导。其实,这两种研究各适应于不同的研究目的。

量化研究主要用来测试、检验、证明或证伪某种理论假设,统计分析为主要数据分析手段。而质性研究主要用来探索、调查、理解研究对象,诠释、分类是常用数据分析手段。受传统影响,对外汉语教学领域现在仍然看重量化研究,有些学者在提倡、呼吁更多实证研究时,他们的"实证"其实是指量化研究。但是质性研究在人文社会学科领域,包括教育学、第二语言教学,越来越被广泛采用,因为这些领域的研究对象是人与其所处社会环境的互动,以理解、诠释为主要目的的质性研究在这方面便显出其优势。如果我们同意教师研究的主要目的是提高对学科的理解与认识,是为了更好地理解自己的教学环境和对象,那么质性研究具有很多优势,应该提倡。当然,根据研究目的,量化研究与质性研究是可以结合使用的。

关于合作交流。毋庸讳言,无论是在第二语言教学界还是教育界,长期以来存在专业研究人员与一线教师互信与合作的问题。通常的情形是研究人员认为一线教师缺少理论,而一线教师则认为所谓的理论指导不了实践,缺少实用价值。背后的深层原因是各自对"理论"和"知识"的理解。20世纪80年代西方教育界对教师知识的大讨论实际上是想从哲学层面来阐述"知识"或"理论"是有不同的特点和呈现方式的。教师知识具有更多的个人性和实践性,与研究人员的"学术性"知识有所不同。无论从学科建设出发还是从自身发展考虑,两者的知识都具有互补性,因此有必要寻求有效途径来加强研究人员与一线教师之间的合作,在合作中增进理解,建立互信,共同探索,共同进步。

"后方法"理论对国际汉语教学法创新的指导意义与局限

吴应辉

"后方法"是关于外语教学法的一套极具批判性的理论体系,由美国圣荷西加州州立大学的应用语言学教授库玛(B. Kumaravadivelu)为主进行系统化和理论化。该理论体系对第二语言教学教师破除对传统教学法的迷信,对鼓励教师结合自己的教学实践建立自己的教学法理论具有解放思想的重要意义。同时,对于多元环境下国际汉语教学法的创新具有重要指导意义。主要体现在以下几个方面：

1. "后方法"突破了"方法"的局限

"后方法"不是方法，而是方法论。方法是人们认识和解决问题的思路、途径、方式和程序，是针对具体问题的解决办法，一般具有特定性和操作性，如问卷调查法、观察法、统计分析法、实验法等。而方法论则指在某一具体学科研究领域内，基于各种具体方法基础之上升华出来的，具有普遍指导意义的关于方法的理论。因此，方法论在更高的层次上对该学科的各种具体方法具有一般的指导意义，但它不提供对某一具体问题的具体解决办法。

之所以说"后方法"理论不是方法而是方法论，主要理由有二：一是后方法理论不仅没有提供具体的"方法"，而且从根本上反对人们盲目照搬已有方法，而是鼓励教师"教学理论实践化，教学实践理论化"，即在教学实践中灵活应用理论，并重视总结自己的教学实践经验，努力将其进行理论升华；二是后方法理论提出的外语教学法建构的三个重要参数和十条宏观原则，也并非方法，而是对外语教学法创新的宏观指导原则，为国际汉语教学法创新提供了理念参考。总之，"后方法"突破了"方法"的局限，实为对"方法"具有指导意义的方法论。

2. "后方法"理论有助于缓解多元环境下汉语教学法创新的方法论缺失问题

外语教学的多样性与复杂性需要具有普遍指导意义的方法论。"后方法"理论对世界各地的外语教学法创新具有普遍指导意义。国际汉语教学也不例外，海外汉语教学环境的多样性与复杂性从客观上提出了对教学法的多元需求，而传统的对外汉语教学法不能很好地解决海外汉语教学面临的教学方法问题。"后方法"理论的引入正逢其时，为广大世界各地汉语教学一线教师在特定环境下针对特定学习群体的教学法设计和实施提供了方法论指导，至少缓解了当前国际汉语教学法创新方法论缺失问题。"后方法"理论对这些现实问题的解决和对国际汉语教师教学法观念的改变都具有重要的方法论指导意义。

3. "宏观策略与适配观察方案"为国际汉语教学法创新中的课堂观察提供了技术路线。库玛教授"宏观策略与适配观察方案"中提出的外语教学课堂观察中的三个观察阶段及其十个观察步骤对国际汉语教学法创新中的课堂观察与反思环节非常适用。三个观察阶段分别是观察前、观察中和观察后。观察前阶段主要是观察者和讲课教师就课堂的教学目的和教学活动等进行交流;观察中阶段是指课堂教学中教师"自观"和观察者的"他观";观察后阶段是指课后讲课教师和观察者对课堂活动进行具体分析和反思。十个观察步骤为课堂观察制定了详细的技术路线。"宏观策略与适配观察方案"为课堂教学行为的自我观察、自我分析和自我评估提供了一套新的程序,通过这一观察方案的反复实施,可以使教师对课堂教学的知识和经验积累日益丰富,理解和思考日益深入,将有关知识和经验系统化和理论化的能力日益提高,最终构建起自己的理论。分散在世界各地,处于不同环境下的国际汉语教师的教学法创新尤其需要这种技术路线对其课堂观察环节进行指导。

4. "后方法"理论的局限

"后方法"理论也有局限,笔者认为主要表现在以下几个方面:第一,"后方法"理论对教师综合素质要求较高,如果教师综合素质不高,抛弃已有可用方法而追求"后方法",效果可能适得其反;第二,"后方法"理论对于熟手教师来说指导效果可能较好,但对缺乏教学经验的新手教师来说可能容易产生难以捉摸的空无之感,以至于可能无从下手,难以达到教学法创新的效果;第三,该理论受教师的主观感受影响较大,可谓仁者见仁,智者见智,因而对教学法创新认识的客观性可能产生影响;第四,可能具有轻视他人教学法的导向,容易导致自我封闭和"夜郎自大";第五,"后方法"理论仍然有许多方面不够深入,因而还需要进一步深化和完善。

后方法时代的 CSL 教师专业发展研究

吴勇毅

在"方法时代",今天的汉语作为第二语言/外语教师的发展所遵循的路子大致是这样的:"未来教师"从专家那里接受并获得语言学、教育学、心理学等,尤其是二语习得和二语/外语教学的理论知识和教学法,把自己"武装"起来,然后再把这些知识用于汉语教学实践(从见习、实习到正式上岗成为教师)。这些知识或"经纶"一方面用来"指导"教师自己的教学实践,另一方面又被起着"导管"作用的教师,传输给了学生。这就形成了"方法时代"和"现代主义"造就的二元对立:专家与教师、理论与实践、知识产生与知识消费。这种反映在二语/外语教学领域的二元论其背后折射出来的是一种专家与教师的权利不平等关系。专家是专门生产理论和知识的人,而专业学生、汉语教学志愿者、教学新手乃至广大教师则渴望得到教学理论和教学法的"圣旨"和"法宝"。教师们在得到"圣旨"和"法宝"后,就拿着它们去主宰课堂,以形成所谓某种/些教学理论或教学法的课堂教学范式,并成为它们的附庸、服从者(极端的说法是"奴隶"),同时,由于教师主导着教学的内容、方法和策略,又形成了另一种不平等,即师生的不平等关系:教师的主宰与学生的无奈与被动。在专家至上模式培养下的教师"最终成了知识'导管',也就是说,他们成为知识的被动传输者,把知识从一端(专家)传输到另一端(学生),过程中没有任何改变。教师的基本目标就是帮助学生理解并最终运用这些知识。为了实现这个目标,教师们通常依赖学来的理论体系和教学策略,几乎从不认真考虑它们在实际教学环境中的有效性和相关性。"[1]

"后方法""后现代"的一个显著特征就是反对"方法时代"和"现代主义"造就的这种二元对立。于是他们重新发问:(1)教师是谁?(2)教师干什么?(3)教师应该怎样自我建构与自我发展?

在"后现代""后方法"看来,现代人的生活轨迹主要是由社会公认的准则和规范决定的,因此"现代的自我""方法的自我"更多地是由外在塑造成的,而不是内在的、自我的真实建构。于是教师的个人身份认同,按照库玛的说法,即对自我的理解,就变得异常重要了。"后现代认为个人的身份认同是一直持续不断地由个体自身构建的,

---

[1] 库玛著,赵杨、付玲毓译:《全球化社会中的语言教师教育"知""析""识""行"和"察"的模块模型》,北京:北京大学出版社,2014年,第7页。

将身份认同看作是零碎的而非统一的,多重的而非单一的,扩展的而非限定的",教师教育的终极目标是"培养自我指导和自我决定的个体"①。

在解构二元对立的同时,"后方法""后现代"主张个性的张扬和多样性(多元),教育理念的核心是倡导教师发展的自主性。"后方法视角旨在为实习教师装备知识、技能、态度和自主性,使之能够独自创立系统化、协调一致、与自身紧密相关的教学理论,旨在提升教师能力,使之知晓如何培养反思式方式指导自己的教学,如何分析与评估自己的教学实践,如何给自己的课堂带来变化,如何对这些变化的效果实施监控。"②"后方法"之所以要打破理论家和实践者的对立与分野,就是要努力使教师从单一角色的"课堂教学实践者"转变成为具有"战略能力的教师"和"深谋远虑的研究者"。这三重角色能确保教师在摆脱"方法"的束缚后,于全球化的语言教学中适应与任何社会、政治、文化相关联的特殊语境。

而要达到这一点,教师理解和认识"教学自我"是非常必要的,它也是后方法时代汉语作为二语/外语教师专业发展研究的一个重要方面。库玛指出,认识教学自我就是认识教师的身份、信念、价值观,也就是说,教师在职业生涯中体现出的个人气质很重要,它决定了教师的教学行为,也影响着学习结果③。正如同教师信念和教师行为之间存在着紧密关系一样,教师认知风格和教师行为之间也存在着密切关系,因为它也是教师的一种身份标志,知道自己对良好的教学,了解我的学生和学科同样重要"(Palmer, 1998:2)。笔者与段伟丽在第 11 届对外汉语国际学术研讨会(ICCSL 11)上发表的论文《后方法时代的教师研究:不同认知风格的汉语教师在课堂教学策略运用上的差异》④,就是在"后方法"理论和视野的关照下进行的汉语教师研究,以探讨不同认知风格的汉语教师在课堂教学策略运用上

---

① 库玛著,赵杨、付玲毓译:《全球化社会中的语言教师教育"知""析""识""行"和"察"的模块模型》,北京:北京大学出版社,2014 年,第 5、7 页。
② 同上。
③ 同上书,第 46 页。
④ 见吴勇毅、段伟丽:《后方法时代的教师研究:不同认知风格的汉语教师在课堂教学策略运用上的差异》,"后方法理论视野下的对外汉语教学研究"国际学术研讨会论文,2014 年。

的差异。论文以对外汉语教师为调查对象,通过定量和定性相结合的研究方法,调查了对外汉语教师的场独立/场依存认知风格以及不同认知风格的教师在课堂教学策略运用上的差异并分析了差异产生的原因和理由。定量研究发现,不同认知风格的汉语教师经常使用的课堂教学策略存在着较大差异,有些呈显著性差异。这些差异有的与教师的认知风格一致,有的与其认知风格并不一致;课堂观察和访谈对此做出了一定的解释。

我们赞成"后方法"理论的观点,教师,尤其是"未来教师",绝不能把所学的各种教学理论和教学法知识,即使是库玛的宏观策略框架,当作一套满足求知欲望的知识体系,而应该把它作为一套用来发展、形成个人实践理论的工具。在"后方法"时代,教师应该充分发挥自己的认知风格和特点,去建构属于自己的、个性化的教学实践理论与方法,并使其适应施教当地的"特殊情境"。要做到这一点,教师一定要想方设法使自己成为一个具有批判意识的反思型教师。

"特殊性"与汉语国际推广中的"三教"问题

赵 杨

后方法理论同后现代、后殖民、后国家、后传播思想一样,都是对传统思想的解构与反思。与其他"后"思想不同的是,它主要关注语言教学和教师教育,以全新角度审视教学法,因此也被称为后教学法理论。后方法不是一种新方法,而是超越各种教学法,使教师能够根据自身教学实践,形成自己的教学理论,成为专家型教师和反思性教师。

库玛是后方法理论的集大成者,他从语言教学和教师教育两个方面对后方法理论做了深入阐述。在语言教学上,他提出了构成后方法理论基础的十项宏观策略[①],包括学习机会最大化、减少感知错配、促进意义协商、提升学习者自主性、培养语言意识、激发启发式教

---

① B. Kumaravadivelu,"The Post-method Condition:(E)merging Strategies for Second/Foreign Language teaching", *TESOL Quarterly* 28,1994,pp.27—48.

学、语言输入语境化、整合语言技能、联系社会和提升文化意识。在教师教育上,他提出了 KARDS 模型①。KARDS 由 knowing, analyzing, recognizing, doing, seeing 五个英文单词的首字母缩略而成,代表教师教育中"知、析、识、行、察"五个方面。

语言教学和教师教育遵循相同的三个原则,即特殊性(particularity)、实践性(practicality)和可能性(possibility)。库玛认为,语言教学是处于特定社会文化环境中的特定教师在特定的语境中教授特定的学生,以实现特定的教学目标,这就是特殊性原则。②特殊性既是目标,也是过程,其核心是"本地化"(local)。实践性原则旨在解决教学理论与教学实践之间的矛盾,使教师根据自己的教学实践创建理论进而实现理论与实践协调统一。可能性原则是指教学法不仅要考虑教与学,还要考虑制约教学的社会、经济和政治环境,培养教学参与者对环境的敏感性,使教学有助于参与者的身份构建和社会变革。在上述三原则中,特殊性是第一位的最重要的原则,是后方法理论组织原则的核心和灵魂。

特殊性原则对汉语国际推广具有重要的启示意义。汉语国际推广面临的重要问题是"三教"问题,即教师、教材和教学法③,其核心是本土化,也就是后方法理论中的特殊性。教师的特殊性要求充分重视教师在教学中的主导地位,发挥其主观能动性,在知、析、识、行、察五个方面做到本土化。教材的特殊性要求充分关注学习者,认真分析学习者需求,使教材尽可能地贴近他们。教学法的特殊性要求教师充分考虑教学过程的制约因素以及社会政治经济环境,考虑教学对象的特点和认知规律,使教学效能达到最大化。特殊性原则对教学资源供给也提出了要求。资源提供者在"三教"问题上往往有理想化倾向,试图推行一套规定详尽的放之四海而皆准的标准,对本土化考虑不足,而外语教学的可持续发展恰恰在于解决本土化问题。

---

① B. Kumaravadivelu, *Language Teacher Education for a Global Society: A Modular Model for Knowing, Analyzing, Recognizing, Doing, and Seeing*, New York: Routledge, 2012. 中译本由赵杨、付玲毓译,北京大学出版社 2014 年出版。
② B. Kumaravadivelu, "Toward a Post-method Pedagogy", *TESOL Quarterly* 35, 2001, pp. 537-560.
③ 丁安琪:《"三教"问题成为汉语国际推广的重要问题——记世界汉语教学学会第八届理事会第二次会议》,《国际汉语教育》2009 年第 3 期。

试想国人学习英语时,使用的大多是国人编写的教材,由国人教授,教师虽声称使用某种教学法,但更多的是综合各种教学法,为我所用,实现了本土化的外语教学是可持续发展的基础。在实现汉语教学本土化问题上,国外有些机构已经积累了一些成功的经验,比如出版由一线教师编写并在当地学校使用的汉语教材、培养本土化汉语师资、开展适合本土的汉语教学法研究等。这些做法贯穿的核心原则就是特殊性,即本土化。可以说,本土化解决之日,就是汉语国际推广实现可持续发展之时。反之,特殊性问题解决不好,再多的教学资源供给都可能事倍功半。

国际汉语教师培养的理念与模式
——国际汉语教师培养国际化和本土化关系探讨之三[①]

张新生

一、国际汉语教师培养理念再议

(二) 国际汉语

"国际汉语"一词近年来日趋流行,很大程度上取代了传统的"对外汉语"。由于人们对该概念的认识和理解角度不同[②],因此据此而形成的汉语教师培训观念和实践也不尽相同。了解对国际汉语概念的不同认识,对于明确国际汉语教师培养观念,选择国际汉语教师培养模式以及规划和制定国际汉语教师培养计划及国际汉语发展策略,都具有重要的理论意义和现实意义。

国际汉语从教学的角度来看,至少包含两层含义。一是扩大其地域覆盖面的"国际"的汉语教学,二是拓宽其使用领域的"国际汉语"的教学。前者往往要通过汉语母语国及相关机构的努力,推动汉

[①] 本文根据作者在 2013 年第三届国际汉语教师培养论坛上的发言改编。
[②] Hong, Lijian,"Teaching Chinese as an International Language", *Chinese Studies Review*,2007(2);李明芳:《国际汉语和英国大学汉语教学》,洪历建主编《全球语境下海外高校的汉语教学》,上海:学林出版社,2012 年;张新生:《英国中小学汉语教师培训的本土化》,《国际汉语教育人才培养理论研究》,北京:北京语言大学出版社,中央广播电视大学音像出版社,2012 年。

语在非母语国家与地区的教学,以实现让汉语走向世界而国际化的愿景;而后者则可通过借助各种渠道之努力,推动汉语教学,拓展汉语的使用领域,包括汉语的本土化使用,使其成为一种国际通用语(lingua franca),让汉语融入世界。尽管两者在提高汉语国际地位的最终目标上完全一致,但在侧重点和理念上的差异则会导致在某个阶段里汉语教师培养理念和模式上的不同。

从发展的角度来看,国际汉语主要是对外汉语理念和实践在空间上的延续和扩展。对外汉语教学作为一个学科,其定位是外语教学[①],英文译为 teaching Chinese as a foreign language。但因其主要基地在中国,是一种对在华外国人进行的汉语教学活动(因此才是"对外"汉语教学),它实际上是一种在母语国进行的(二语)教学,即 teaching Chinese (as a second language) to speakers of other languages in China。20世纪80年代至今,在中国进行的这类教学和研究活动大都是在对外汉语的观念和实践基础上进行的。21世纪初"国际汉语"概念的提出,其宗旨是强调汉语教学的"国际推广"(该词也一度出现在国家汉办的名称里),扩大在海外进行的汉语教学活动,其国际性在于强调汉语教学地域覆盖面的拓展。孔子学院的诞生和随后出现的汉语国际教育硕士课程都是为配合这一战略的实现而制定和设置的。

(二) 国际汉语教师培养

语言推广是实现语言国际化的重要手段,政府往往在该过程中扮演着重要的角色。近年来,为了配合国际汉语"走出去"的战略,汉办在国际汉语教师培养方面投入了大量的资源和力量,也在形式上采用了多种方法和途径。已经历十余年并遍布全球各地的千余所孔子学院和孔子课堂,亦已成为实现汉语走向世界和国际汉语教师派出及培养的重要平台。而在孔子学院问世不久后推出的《国际汉语教师标准》和设立的汉语国际教育硕士课程,均为国际汉语教师培养

---

① 吕必松:《对外汉语教学概论(讲义)》,《世界汉语教学》1992年第2期;刘珣:《也论对外汉语教学的学科体系及其科学定位》,《语言教学与研究》1999年第1期。

的重要举措。

和对外汉语专业硕士相比,以海外汉语教学为主要市场的汉语国际教育硕士课程(Master of Teaching Chinese to Speakers of Other Languages,简称 MTCSOL)在设置上更注重时效(课程为两年)和实效(内容设计上注重受训者实际操作能力的培养),目的在于为全球的汉语国际推广多快好省并有针对性地培养一批可以胜任海外汉语国际教育工作的专业教师。此后不久推出的《国际汉语教师标准》(以下简称《标准》,同时出台的还有《国际汉语教学通用课程大纲》和《国际汉语能力标准》两个标准),在原则(国际汉语教师培养及资格认证)和内容(五个模块十大标准)上描述了国际汉语教师的标准框架。① 《标准》在原则和内容上都主要是从汉语母语国的角度,为实现国际汉语第一层面的目标,即汉语的国际推广而制定的。这一特点也从某种程度上决定了依此设立的汉语国际硕士课程和其他相关国际汉语教师培训项目的培养内容和模式。

国际汉语教师培养如何在内容和制度上满足包括孔子学院在内的海外当地汉语教学机构和学生的要求?孔子学院如何准确地在海外定位?即孔院是海外国际汉语推广机构还是本土的汉语外语教学机构,或是两者兼而有之?如果是后者,两者间的关系应该如何处理?这些都是孔院研究者和实际工作者所关注和面临的问题。

(三)国际汉语和"通文化"交际能力

语言推广往往因强调学习者对目的语及文化的掌握,培养其单向的跨文化交际能力,而忽视学习者在该过程中自身语言和文化对语言学习的影响和作用。如上所述,汉语国际教育硕士及《标准》都具有明显的母语国语言推广特征,这也决定了其语言和文化教学内容上何为主、何为次的主从关系。即在语言上强调普通话的正统性和权威性,在文化上注重传播中国历史人文精神和传统,通过和汉语学习者母语及文化的对比,培养汉语学习者和汉语使用者进行跨文

---

① 国家汉语国际推广领导小组办公室:《国际汉语教师标准》,北京:外语教学与研究出版社,2007年。

化交际的能力。从某种意义上说,该课程和《标准》在很大程度上都继承了对外汉语教学的观念和思路,其文化内容大都是本着跨文化交际的原则安排的。

在母语环境里进行的对外汉语教学与在海外非母语环境里进行的汉语外语教学有着很大的区别,这一点已为大多数海内外汉语外语教学工作者所认可。在不同地区、不同语言及文化和语言政策环境里,人们对文化的理解和交际能力培养的需求不尽相同。现在海外语言文化教学往往更注重主客文化平等的通文化(inter-cultural)①交际能力培养。美国、加拿大、英国和澳大利亚等国对母语为汉语的中文教师进行的调查都不同程度地表明,这种对文化能力认识和培养的差异,是妨碍这些中文教师在当地进行有效的汉语外语教学的主要因素之一。②

语言和文化的关系密不可分,国际汉语教师自然也担负着弘扬文化的使命,但在海外汉语外语教学中文化教学的方法不必单一③。注重学习者通文化交际能力的培养事关国际汉语教学的可持续发展,因为这种本土化的汉语教学是汉语国际教育的根本。汉语国际教育硕士课程如何"走出去"融入海外当地主流,国际汉语教师培养如何结合海外当地汉语教学的实际需求和条件,灵活地应用《标准》的有关内容,使其达到有的放矢、事半功倍的效果,英语的国际化历史及其教师培养经验对国际汉语教师的培养或许有所启示。

---

① 虽然大多数学者都认同 cross-cultural communication 和 inter-cultural communication 之间有着很大的不同,但中文通常都译为"跨文化交际"。近期国内有学者提出可译为"跨文化互际学"(见任端:《"跨文化交际学"抑或"跨文化互际学"?》,《中国科技术语》2012 年第 2 期)。笔者认为"通文化交际"或许更能表达该概念的内涵。

② Xu, H., *Challenges Native Chinese Teachers Face in Teaching Chinese as a Foreign Language to Non-native Chinese Students in US Classroom*, MA Thesis, University of ebraska-Lincoln, 2012; LILT, *The National Centre for Languages*, *Mandarin Language Learning: Research Report DCSF-RW*019, London: Department for Children Schools and Families, 2007; Medwell, J. Richardson, K. & Li L., "Working Together to Train Tomorrow's Teachers of Chinese", *Scottish Languages Review*, 2012(25); Zhang, F., "Native Chinese Speakers and Teaching Chinese as a Second Language", In L. Kam (Ed.), *New Developments in Chinese Language Teaching and Teacher Training*. Melbourne: Key Centre for Asian Languages and Studies, 1992.

③ 张英:《如何看待目前的海外文化教学》,http://forum.myechinese.com12012/2013/03/08/中国文化教学/. 2013—11—11.

二、国际英语教师培养新动向

(一)国际英语的兴起和英语的本土化

从历史的角度看,早期殖民时期的英语化政策以及第二次世界大战后同为英语国家的美国的崛起,是造成世界今日英语五花八门和广泛使用这一现状的重要因素。但今日英语的广泛使用,更多是由于英语日益彰显的实用价值和广泛应用。就是在极为强调语言平等和文化多元化的欧洲,英语作为一种实用工具性语言,也正得到越来越广泛的使用。世界上不少国家和政府之所以专门制定一系列鼓励英语教学的语言政策,正是为了利用英语这个语言工具。正因为如此,英语教学才形成了一个真正的全球性市场。

今日国际英语的特点之一,就是它已经成了越来越多使用者所共同拥有的语言。国际英语早已不再是单一形式的语言,而是具有多种变体的英语。英语的国际性也恰恰体现在这种多元性和本土性特点之上。英语的多种存在形式,尤其是其广泛的使用领域,正在使国际英语逐渐失去其原有的民族文化性。而作为外语的英语的跨文化交际正日益被作为国际英语的文化间交际需求所替代。国际英语这一实际而多样的需求,无论对英语学习者还是英语教学者来说,都和传统的英语外语教学有着很大的不同。

(二)国际英语教师培养面临的新挑战

英语使用的上述变化,即从外语英语走向国际英语,从单一外语走向多元功能英语,也给国际英语教师的培养提出了新的挑战。纵观已有 70 余年历史的英语教师培养史,其现状可谓是层次全面、种类繁多、形式多样,从一般的短期培训到高学历的博士课程[①],应有尽有。虽然像英语母语国英国等国家的国际英语师资培养体系依然

---

① ESOL Examinations, CELTA: *Certificate in Teaching English to Speakers of Other Languages*, Cambridge: University of Cambridge Press.

在国际英语教师培养中占有极为重要的地位,尤其是著名的英语教学证书(CELTA)和英语教学文凭(DELTA)课程,但是,由于各地对英语使用需求的不同,对英语教师的要求也就不尽相同。而这种不同的需求及统一课程所具有的局限,在进入 21 世纪后引起了越来越多的英语教师培养业内专家人士的注意。英语教育界的重要人物维德逊教授就指出,在不同的国家、不同的地方和不同的教室里,英国的外语状况也不尽相同。因此,英语教学需要考虑当地的情况和条件来进行[1]。

事实上,包括中国在内的世界上大部分国家的英语教师均是由自己本土化的师资机制所培养的。虽然像英美等英语母语国也参与或提供这类本土化的师资培训工作,但国际英语教学的可持续发展很大程度上还是靠这种本土的师资培养与培训来实现的。作为英语母语国,在其国际英语教师培养方面所做出的相应调整,也在于其对教师培养本土化问题的认识的转变,其中,针对海外英语教师的短期英语教师进修课程就是个很好的例子。

(三)海外英语教师进修课程

近年来,为了加强海外英语教师的本土化培训,英国出现了许多针对海外从事英语教学活动的短期培训课程,如海外英语教师英语教学课程(Teaching English for Practicing Overseas Teachers[2])和海外英语教师进修课程(English Language Teacher Development Programme[3])等。这类课程基本都是两个星期,约 50 个课时。内容上主要包括英语教学法、英语语言、英语教学资源及使用、E 学习工作坊、课堂观察评估、英国文化、英语教学材料展示和英语语言测试等。这些课程的一个突出特点就是有机地结合了英国作为英语母语成员国对英语推广的努力,以及现代英语教学工作者对学习对象及

---

[1] Interview with Henry G. Widdowson,http://www.eltnews.eom/features/interviews/2005/12/interview with_henry}widdows.html,2013－9－7.

[2] Teaching English for Practicing Overseas Teachers(TEPOT),http://www.englishlanguagehouse.co.uk/index.php/courses/teacher－training/tepot,2013－9－7.

[3] English Language Teacher Development Programme,http://www.sheffield.ac.uk/elte/tesolleltdp,2013－9－7.

其相关环境和因素所应给予的重视。

尽管在英国本土进行的这些英语教师培训在内容上十分自然地包括了对英国文化的介绍，但该类课程都强调，参加培训的老师应该认真了解和研究他们当地的相关情况，并根据本地的具体情况，灵活运用课程所涉及的教学方法，而不是一味照搬课程上学习的理论和方法。同时，课程非常注重培养教师的职业反思意识和能力，鼓励他们根据自己的现实教学，不断提出问题，寻求答案，追求更好的教学效果，并依据实践大胆地挑战现有的权威观点和理论，提出自己的见解和感想，和同事同行进行及时的交流。目前欧洲的语言教师培训都极其重视反思型教师的培养。也就是说，一个优秀的教学工作者，同时也应该是一个活跃的行动研究者（action researcher）。

三、英国汉语教师培养计划的现状

（一）千人汉语教师培训计划

英国的汉语外语教育在近十余年里有了长足的发展[①]。根据英国教育部的建议规划，英国的公立小学从 2014 年起将全面提供现代外语教育，汉语也在现代外语之列。目前英国小学的外语教育绝大多数为法语教育，虽然近几年学习汉语的人数在不断大幅增加，但和主要的欧洲语言相比，比例依然十分微小。同时，合格汉语师资的匮乏也将是小学汉语外语教育发展的制约因素之一。汉语外语教师的培养问题，很早就受到了相关机构的重视，如笔者当时所在伦敦大学亚非学院早在 2003 年就率先推出了英国首个汉语教师证书课程，而后又和伦敦孔子学院及英国专长学校基金会孔子学院一起参与了 2010 年中英政府签署的中小学千人汉语教师培训计划（2011—2016）的制订和执行工作。

千人汉语教师培训计划是在对英国汉语师资情况的调查和汉语

---

① Zhang, G. X. & Li, M. L.,"Chinese Language Teaching in the UK: Present and Future", *Language Learning Journal*, London: Routledge, 2010, p.38.

教学发展需要的预测[①]基础上提出来的,其内容主要包括对在职汉语教师的短期轮训、对在职并有意转教汉语的其他语种合格外语教师的汉语培训以及教师资格培养三个部分。尽管两个孔院后来的实际参与并没能按计划进行,但千人汉语教师培训计划的提出和执行对培养和解决英国汉语教师长短期培训问题有着重要的意义。该计划目前主要由伦敦大学教育研究院和转到该院的中小学孔子学院(原英国专长学校基金会孔院)负责牵头推进。

(二) 短期汉语教师培训

短期在职汉语教师轮训的主要对象是在职的母语为汉语的汉语教师,内容以在英国学校教学所需的汉语本体知识、中小学汉语外语教学法、英汉语对比、教育技术等实用知识技能为主。每期通常为60课时,并可作为今后参加正式外语教师培训或研究生课程之准备。自计划开始以来,已经举办了数期。此外由于对语言需求的变化,近年来英国学校对某些外语的需求有所下降,一批具有合格教师资格并富有教学经验的外语教师面临工作调整或专业转向的问题,其中有些教师有兴趣开始学习汉语,转而成为初级汉语教师。针对这些教师,现在已经开设了多期在华暑期汉语强化课程,参与的教师十分踊跃,效果也相当不错。他们中间的一些人已经开始教授汉语,更重要的是他们几乎都是汉语外语学习者,这不但为日后的汉语外语教师做了一定的储备,也是汉语外语教师本土化的重要发展。

除了这些针对中小学汉语教师的培养和培训,数所大学也已开始提供针对成人市场的汉语外语教学研究生课程(如谢菲尔德大学、伦敦大学亚非学院和诺丁汉大学等)。此外,英国不少孔子学院及社会培训机构也在提供和从事着相关的一些汉语外语教学课程和活动。

(三) 汉语教师资格证书

合格汉语教师资格是所有在职和将要在中小学从事汉语教学工

[①] 张新生、李明芳:《英国大学汉语教师和教学法现状调查》,第十届国际汉语教学研讨会论文("创新论文"奖),2010年。

作的教师所应具备的,目前英国汉语教师资格证书主要由两种途径获得。已经在职从教但还没有合格汉语教师资格的可以通过参加大学毕业生教师培训项目(Graduate Teacher Programme—GTP)的培训取得合格汉语教师资格。该项目通常为期一年。虽然大部分时间是在学校,但也必须接受正式培训机构(通常为大学师资培训单位)的培训,在进行教学的同时,还需在有经验的教师指导下完成一系列的预定任务并通过外部评审。该项目2014年将为新的学校直接培训计划(School Direct Training Programme)所替代。

对于尚未开始教学的人来说,获得合格教师资格最为常见的方法就是参加教育研究生课程(Post Graduate Certificate in Education—PGCE),这也是英国教师培养的主要方法。该课程为一年的全日制学习,其中一半左右的时间是在学校实习,也有为期两年的非全日制课程。目前提供这类课程的大学已由2007年的三所[①]增加到目前的伦敦大学教育研究院、伦敦大学金斯密学院、谢菲尔德大学、诺丁汉大学、华为大学、爱丁堡大学、智山大学等十余所学校,在学人数近百人。

四、对国际汉语教师培养模式的思考

(一)国际汉语教师培养层次的多元化

国际汉语教师队伍,有"正规军"和"杂牌军"之分,但海内外对其定义不尽相同。在国内,所谓正规军是指接受4年以上对外汉语教学专业教育的本科生、研究生[②],而在英国,则主要指在英国接受并完成英国教师资格培训课程并取得英国教师资格的中文教师[③]。事实上,这种对正规军定义的不同恰恰反映了国内外对汉语教师培养

---

① CILT,*The National Centre for Languages*,*Mandarin Language Learning:Research Report DCSF-RW019*,London:Department for Children Schools and Families,2007,p. 12.
② 高保强:《澳大利亚华语教师与文化教育差异》,见洪历建主编《全球语境下海外高校的汉语教学》,上海:学林出版社,2012年。
③ 孙晓满:《英国主流学校中文教学的现状》,http://www.ncwtq.com/onews.asp? id=1093,2013-9-7.

在认识和实践上的差异。从目前的情况来看,国内培养的国际汉语教师正规军,无论是对外汉语还是汉语国际教育毕业生,直接进入海外汉语教师正规军队伍的人数较少,所以,毕业生在国内供过于求,而海外大多数地方正规军教师则严重不足。同时,我们也应该考虑,现阶段国际汉语的海外市场是否都需要有正式学历的正规军汉语教师?要找到这个问题的答案,就必须首先对海外汉语学习者的构成和需要进行调查和分析,因为这些因素不但会影响到他们对学习的需求,也会影响到对汉语教师的需求。

如果新的国际汉语教师资格证书是以《标准》所提内容和要求为基础,那其水准一定在专业研究生水平之上。而相比之下,英语教师证书的准入门槛就要低得多,这也是为什么仅剑桥考试委员会的英语教师证书,全球每年的准备应试课程就有900多个,有1.2万人通过分布在全球近50个国家的250余个中心举行的考试,获得职前英语外语教学证书[①]。因此,以《标准》为依据的国际汉语教师证书,最好也能考虑到国内外市场需求的不同,参考国外外语教师培训的经验,在统一的认证体系里,分为前后连贯的数级(如初、中、高),并以此设计不同的培训课程,为多元化的市场提供多元的选择。国际汉语教师的培养,就和国际汉语事业一样,绝非能仅依靠政府或某个机构的努力就能完成的。各种形式的合作,尤其是中外相关机构的合作,是实现国际汉语事业目标,即国际汉语教学(本土化)的必要途径。

(二)国际汉语教师培养模式的多样化

笔者在第二届国际汉语教师培训会议上提到,鉴于国际汉语的阶段性特点,在很长的一段时间里,在海内外汉语教师培养上,还会有国际汉语教师和汉语外语教师的差别。作为汉语外语教学的汉语教师,他们对汉语本体知识结构的需求,他们对当地汉语学习者以及相关文化和语言政策等的了解,都是目前国际汉语教育硕士和本土

---

① CELTA;http://www.cambridgeenglish.org/exams－and－qualifications/celta/,2013－9－7. 该证书相当于大学二年级的水平。

教师培训所难以满足的。但海外汉语教师匮乏的问题,可以通过三个步骤来逐步加以解决:汉语教师短期培训和长期培养相结合(如英国千人汉语教师培训计划);国内和国外汉语教师培训机构的互相合作;逐步建立一个层次分明、前后连贯、结构灵活的国际汉语教师培训及分级考核与认证体制。而中外合作及本土化培训是兼顾上述两类汉语教师培养的理想途径。欧洲外语师资培训主要重视教师对教育体制及其规定要求的了解和遵守,重视教师对外语教学理论的掌握和教学实践能力的培养,但在教师应具备的外语能力的培养方面相对薄弱,包括对所教授语言的实际驾驭、了解、分析和教授能力,而这方面正是对外汉语和汉语国际教育课程的强项,因此与欧洲相关汉语教师培训机构合作有着很大的空间和互补性。比如,可将有关的课程植入欧洲汉语教师培养体系,也可考虑借鉴其他学科专业的合作办学模式(如双学位),增强机构间学生及教师的交流与合作。

以上提及的中外合作还有一个好处,就是可提高面向海外的国际汉语教师培养的本土化程度,加快海外汉语外语教师培训的本土化进程。事实上,海内外的本土化汉语教师培养所面临的共同问题,就是如何解决由于汉语和当地语言差异而造成的汉语难学及如何有效教授汉语的问题,以及如何解决在多元文化环境中汉语跨文化和文化间交流能力的教学问题。通过合作教学和研究项目,不但可以提高汉语教师教育者及汉语教师对这些问题的意识和认识,而且也会增强他们自觉寻求解决问题的方案的兴趣和能力——因为欧美师资培训较为注重培养教师即研究者的行动能力,从而不断改进汉语教学效果,实现国际汉语教学的可持续发展。

(三)国际汉语教师教育者的培养问题

在2012年第二届国际汉语教师培养论坛上,专家们首次提出了国际汉语教师教育者的问题,即国际汉语教师教育者应该具有什么样的资质和经验,他们是否也应该接受培训,并有一定的资格认证。这个问题的提出,在国际汉语教师培养的认识上,向国际接轨和合作又迈进了一步。只要比较一下国际英语和国际汉语教师培训就不难看出,它们之间的主要差别在于最关注的是知识本体还是学习对象。

无论是对外汉语还是汉语国际教育，以及后来制定的《标准》，它们最为重视的都是系统的知识及理论和研究能力的培养。加上中国文化传统的影响，授业和师表就成了国际汉语教师培养的基本原则。因此，对国际汉语教师教育者的期望也往往如此。而在英语教师培养体系中，不仅一般培训课程的教育者都是相关教学经验丰富的老师，就是重视理论研究的正规研究生课程，很多内容，尤其是实际教学技能课程，都是由那些有多年在中小学或成人教学机构里教学的有经验的老师来担任的。他们中的很多人还经常往返于这些教育机构课程之间，大部分研究也是以这些实际的课堂实践为基础进行的，脱离教学而进行的所谓教学研究为数甚少。正因为如此，他们讲述的教学实例和提供的具体教学方法才较具有实用性，也符合作为应用语言学分支的语言教学学科的特点。

作为面向海外市场的国际汉语教师培养，目前国内的对外汉语和汉语国际教育课程均因地域环境的制约，有着相当的局限性。在海外进行汉语教学往往需要教师具有良好的双语水平，对两种文化有较深刻的认识和了解，具有相关的教学和管理技巧[①]。国际汉语教师教育者应意识到这方面的局限性，通过各种合作及教学实践活动，扬长避短，突破局限。国际汉语教师教育者应注重开展基于教学实践的应用性研究或行动研究，同时对自己的教研工作积极反思，结合实际工作的需要，不断探索行之有效的汉语教学方法，并在国际汉语教师的培养中，坚持这些原则和实践，不但使学生学有所获，而且使自己也切实教有所获。有关方面可以借鉴国外语言教师教育者的培训经验，考虑建立国际汉语教师教育者的意识培训制度和能力认证体系。

五、结束语

国际汉语在实践上应兼顾汉语的国际推广和汉语的国际应用双

[①] 高保强：《澳大利亚华语教师与文化教育差异》，见洪历建主编《全球语境下海外高校的汉语教学》，上海：学林出版社，2012年。

重任务,在拓展汉语教学与使用地域覆盖的同时,通过推动汉语教学的本土化,实现汉语在海外多语社会中教学和应用的常态化。从可持续发展的角度来看,汉语的国际推广只是手段,而汉语的国际应用才是目的。国际汉语教师培养目标和规划,都应在明确现阶段国际汉语的目标和定位的基础之上来制定和实施。

汉语应用的国际化离不开汉语教学和汉语使用的本土化,更离不开汉语教师培养的本土化[①]。因此,在扩大以培养国际汉语推广为目的的国际汉语教育硕士课程的同时(包括招收海外学生),国际汉语教师培养模式还应该考虑如何应对世界语言文化多元化的现实,真正"走出去",通过各种渠道和途径,融入当地汉语教师培养和培训的主流系统。这首先需要国际汉语教师培养政策和计划的制订者在观念上有所改变,并加强对当地社会语言使用状况及政府相应语言政策的研究和了解。在汉语教师的资格认证及培训上,根据不同的教学目标和需要,设计不同的汉语教师培养和培训项目,培养不同类型的汉语教师。这些不同层次的多样化国际汉语教师培养和培训,相互之间并不矛盾,而是相互补充、相辅相成的。此外,也应该对国际汉语教师教育者的问题给予应有的重视,并逐渐建立一套相应的培训和认证体系。国际汉语教师教育者应具有一定的理论基础和研究能力,但更重要的是具有丰富的相关汉语教学经验。

---

① 《孔子学院热难掩后援不足教汉语须培养本土化教师》,http://www.1771iuxue.cn/info/2010－6/107962.html,2013－9－7.

关于海外华语文教师专业发展研究的思考[①]

贾益民

海外华语文教育的普及与提高,不仅目前是而且今后一个相当长的历史时期内仍是摆在华语文教育工作者面前的一个重大课题和重要任务。如何进一步普及海外的华语教育,如何进一步提高海外华语文教育水平和质量,广大海外华语文教师承担着重大的历史责任。侨务大计,华教为本;华教大计,教师为本。因此,推动海外华语文教师的专业发展,提高其专业水平,就显得十分重要。也正因为如此,开展海外华语文教师专业发展研究也就势在必然。但遗憾的是,华语文教育界对华语文教师专业发展的研究却很少见。因为以海外华侨华人子女为主要教学对象的华语文教育有着不同于汉语国际教育的特殊性,所以两者对教师专业发展的要求也不尽相同。这就要求我们依据海外华语文教育的特殊规律和现实情况,对海外华语文教师的专业发展做出符合实际的实践经验总结与理论探讨,深入思考海外华语文教师专业发展的相关问题。本文的思考旨在抛砖引玉,并请大家斧钺。

[①] 本文曾在"华语文教学与研究国际学术研讨会"(2013 年 11 月 30 日,台北)上报告。

一、教师专业发展理论研究现状及启示

海外华语文教师的专业发展离不开具有普遍意义的"教师专业发展理论"的指导。这是研究海外华语文教师专业发展的一个重要前提。因此,分析一下教师专业发展理论研究的现状是很有必要的。

在20世纪60年代,国际劳工组织与联合国教科文组织正式将教师列为一个专业化的职业。从此,各国教育学界在教师专业发展方面做了大量研究,从不同角度对教师专业发展提出了多种理论。对此肖丽萍[1]、张志泉[2]等曾做过较全面的概括与评析。这些理论对我们今天思考海外华语文教师专业发展问题具有重要借鉴作用和启迪意义。

(一)关于"教师专业发展"概念

研究"教师专业发展",首先搞清楚"教师专业发展"的概念十分重要。为此,很多西方学者就"教师专业发展"概念提出了自己的见解。比如,Hoyle认为:"教师专业发展是指在教学职业生涯的每一阶段,教师掌握良好专业实践所必备知识与技能的过程。"[3] Perry认为:"教师专业发展意味着教师个人在教师专业生活中的成长,包括信心的增强、技能的提高、对所任教学科知识的不断更新拓宽和深化以及自己在课堂上为何这样做的原因意识的强化。就其积极意义上来说,教师的专业发展包含更多的内容,它意味着教师已经成长为一个超出技能的范围而有艺术化的表现;成为一个把工作提升为专业的人;把专业智能转化为权威的人。"[4] Day认为教师专业发展包涵

---

[1] 肖丽萍:《国内外教师专业发展的研究评述》,《中国教育学刊》2002年第5期。
[2] 张志泉:《教师专业发展研究的现状及可探空间探析》,《中小学教师培训》2008年第5期。
[3] Hoyle, Eric, "Professionalization and Deprofessionalization in Education", In Eric Hoyle and Jacquetta Mcgarry (eds.), *World Yearbook of Education 1980: Professional Development of Teachers*, London: Kogan Page, 1980, pp.42—45.
[4] Perry, Pauline, "Professional Development: The Inspectorate in England and Wales", In Eric Hoyle and Jacquetta Mcgarry(eds.), *World Yearbook of Education 1980: Professional Development of Teachers*, London: Kogan Page, 1980, pp.143—145.

所有自然的学习经验和有意识组织的各种活动,这些经验和活动直接或者间接地让个体、团体或学校得益,进而提高课堂的教育质量。① 教师专业发展是一个过程。在该过程中,具有变革力量的教师独自或与人一起检视、更新和拓展教学的道德目的;在与儿童、年轻人和同事共同度过的教学生活的每一阶段中,教师不断学习和发展优质的专业思想、知识、技能和情感智能。

关于教师专业发展的概念,中国大陆和台湾的学者也发表了自己的见解。大陆学者黄甫全提出,"教师的专业发展是指教师作为专业人员,在专业思想、专业知识、专业能力等方面不断完善的过程,即由一个专业新手逐渐发展成为一个专家型教师的过程",同时又"是一个教师终身学习的过程,是一个教师不断解决问题的过程,是一个教师的职业理想、职业道德、职业情感、社会责任感不断成熟、不断提升、不断创新的过程";②台湾学者罗清水认为,"教师专业发展乃是教师为提升专业水准与专业表现而经自我抉择所进行的各项活动与学习的历程,以期促进专业成长,改进教学效果,提高学习效能"③。

在以上关于"教师专业发展"概念的种种论述中,大都把"教师专业发展"看作一个"过程",即教师专业发展是教师在教育教学活动中不断学习提高、积累经验、革新教育观念与教学方式、提高道德水平和专业能力、全面提升教育教学质量、造福学生和社会的一个过程。显然,这一过程对于海外华语文教师专业发展来说,同样具有十分重要的意义。认识和把握"教师专业发展"的概念,并不仅仅是为概念而概念,更重要的是理解其精神实质,把握教师专业发展的理论内核。这对增强教师专业发展的自觉意识,提高其专业发展的思想认识和行动积极性,都是非常重要的。

(二)关于"教师专业发展阶段"

既然"教师专业发展"是一个过程,那么这一过程在教师不同的

---

① Day, Christopher, *Developimg Teachers: The Challenges of Lifelong Learning*, London: Falmer, 1999.
② 黄甫全:《新课程中的教师角色与教师培训》,北京:人民教育出版社,2003年。
③ 罗清水:《终生教育在国小教师专业发展的意义》,《研习资讯》1998年第1期。

教育教学时期就表现为不同的"阶段";在不同的阶段,教师的专业发展就会有不同的表现、要求、特征和规律。为此,"教师专业发展阶段"就成为教育学界研究的重要内容。最早从事"教师专业发展阶段"研究的是20世纪60年代末美国的傅乐教授。他通过问卷调查,提出了教师专业发展"四个阶段"的理论,即"教前关注"(pre-teaching concern)、"早期求生关注"(early concerns about survival)、"教学情境关注"(teaching situational concerns)和"关注学生"(concerns about pupils)。① 到了70年代,美国学者卡茨通过访谈和问卷调查,也提出了教师专业发展的四阶段理论,即"求生存阶段"(survival)、"巩固阶段"(consolidation)、"更新阶段"(renewal)和"成熟阶段"(maturity)。② 美国伯顿教授提出了教师生涯循环发展理论,把教师专业发展划分为"生存阶段"(survival stage)"调整阶段"(adjustment stage)和"成熟阶段"(mature stage)。③ 进入80年代,美国的费斯勒教授提出教师专业发展要经历"职前阶段"(preservice)、"入职阶段"(introduction)、"能力形成阶段"(competency building)、"热心和成长阶段"(enthusiastic and growing)、"职业生涯挫折阶段"(career frustration)、"稳定和停滞阶段"(stable and stagnant)、"生涯低落阶段"(career wind down)、"生涯退出阶段"(career exit)等八个阶段。④ 休伯曼提出教师专业发展的五个阶段,即"求生与发现期"(survival and discovery)、"稳定期"(stabilization)、"尝新与自疑期"(experimentation and interrogation)、"宁和与积守期"(serenity and conservatism)、"游离闲散期"(disengagement)⑤。司德菲(Steffy)也把教师专业发展划分为五个

---

① Fuller, F. Frances, "Concerns of Teachers: A Developmental Conceptualization", *American Educational Research Journal*, 1969, 6:207-226.

② Katz, G. Lillian, "The Developmental Stages of Preschool Teachers", *The Elementary School Journal*, 1972, 173:50-54.

③ Burden, R. Paul, *Teachers Perceptions of the Characteristics and Influences on Their Personal and Professional Development*, Manhattan, KS: Author, 1980.

④ Fessler, Ralph, "A Model for Teacher Professional Growth and Development", In Peter Burke and Robert U. Heideman (eds.), *Career Long Teacher Education*, CC: Thomas, 1985, pp.181-193,.

⑤ Huberman, Michael, "The Professional Life Cycle of Teachers", *Teachers College Record*, 1989, 91:31-57.

阶段,即"预备生涯阶段"(anticipatory career stage)、"专家生涯阶段"(expert master career stage)、"退缩生涯阶段"(withdrawal career stage)、"更新生涯阶段"(renewal career stage)、"退出生涯阶段"(exit career stage)。司德菲等①提出了教师职业生命历程圈理论(life cycle of the career teacher),把教师专业发展历程概括为六个阶段,即"新手"(novice)、"学徒"(apprentice)、"专业人员"(professional)、"专家"(expert)、"杰出贡献者"(distinguished)、"退休人员"(retiree)。

中国内地学者也对教师专业发展阶段做过很多研究。白益民把教师专业发展过程划分为"非关注、虚拟关注、生存关注、任务关注、自我更新关注"五个阶段。② 钟祖荣把教师专业发展过程划分为"准备期、适应期、发展期和创造期"③四个阶段,分别对应为"新任教师、合格教师、骨干教师和专家教师(学科带头人、特级教师等)"。邵宝祥、王金保。把教师专业发展过程划分为"适应阶段、成长阶段、称职阶段和成熟阶段"④。罗琴、廖诗艳把教师专业发展过程划分为"适应期、发展期、成熟期和持续发展期"四个阶段。

以上关于"教师专业发展阶段"的种种研究,尽管表述各有不同,但就其理论实质而言,基本结论都大同小异。其"异"并无多少实质意义,而其"同"则彰显出教师专业发展的本质所在。实际上,我们可以将教师专业发展阶段划分为四个基本阶段,即:初始阶段、成长阶段、成熟阶段和成功阶段。海外华语文教师专业发展也必然经历这样四个基本阶段,不同阶段有各自不同的要求、特征和规律,这才是应该要进行深入研究的。

(三)关于"教师专业发展范式"

对教师专业发展的研究,有人归纳出教师专业发展的不同范

---

① Steffy, E. Betty, Michael P. Wolfe, Suzanne H. Pasch & Billie J. Enz, *Life Cycle of the Career Teacher*, Thousand Oaks, CA:Corwin Press, 1999.
② 白益民:《自我更新——教师专业发展的新取向》,华东师范大学博士学位论文,2000年。
③ 钟祖荣:《现代教师学导论——教师专业发展指导》,北京:中央广播电视大学出版社,2001年。
④ 罗琴、廖诗艳:《教师专业发展的阶段性:教学反思角度》,《现代教育科学》2002年第2期。

式①：一是知识范式，认为教师的专业化就是知识化，因为作为一名教师必须具备一定的知识；二是能力范式，认为教师不仅要具备一定的知识，而且要有表达、传递知识的综合能力，以及与学生进行沟通和处理课堂事务的能力；三是情感范式，不仅强调教师对学生要有爱心，能注意和关心学生的情感发展，而且强调教师自身要具备情感人格方面的条件，要从发展教师的情感方面思考教师专业发展策略；四是建构范式，强调教师在成长过程中需要不断地建构、更新自己的知识体系，把知识变成自己内在化的而不是外在化的东西；五是批判范式，强调教师不仅要关心学科知识，还要主动关心、独立思考和积极介入学科之外的东西，诸如社会、政治、经济、文化等；六是反思范式，主张教师应具有"反思"意识，经常反思自己的教育理念与教学行为，不断地进行自我调整，从而促使自己专业能力的可持续发展与提升。以上六种"范式"，被认为正逐渐成为国际教师专业发展的主流。我们认为这是符合教师专业发展的内在必然要求和本质规律的，值得华语文教师借鉴与参考。

（四）关于"教师专业标准"

教师专业发展必须符合一定的教师专业标准。教师专业标准往往反映着教师的专业地位，同时也是教师成为专业教师的重要标志。国际社会普遍认为，教育教学质量的提升关键在于教师的专业素质与专业能力。因此，制定科学、合理的教师专业发展标准就成为教师队伍建设的重要内容。自2003年以来，联合国教科文组织领导会员国开展了关于教师专业发展的政策对话，以促进教师专业发展标准的制定与国际交流。2008年九个人口大国教育部长会议发表《巴里宣言》，提出了教师专业标准制定与实施的建议。美国也高度重视教师专业标准的制定及其认证。亚太经济合作组织（APEC）近年来也支持会员经济体进行教师专业发展标准的合作研究。自2005年以来，每年都举办一届的国际教师教育论坛都把教师专业标准问题作为会议的重要议题。国内教育学界关于教师专业标准的研究，也取

---

① 刘微：《教师专业化：世界教师教育发展的潮流》，《中国教育报》2002年1月3日。

得了很多积极的成果。① 2012年2月10日,教育部颁布了《幼儿园教师专业标准(试行)》《小学教师专业标准(试行)》和《中学教师专业标准(试行)》(教师【2012】1号),对中小学及幼儿园教师的专业标准做出了明确规定,这对促进教师队伍建设将发挥重要的指导作用。由此可以看出,制定教师专业标准是教育发展的基本要求,也是教育规律的必然要求。

2012年底,中国国家汉办颁布了新版的《国际汉语教师标准》②,规定了国际汉语教师五个方面的职业能力标准:"汉语教学基础""汉语教学方法""教学组织与课堂管理""中华文化与跨文化交际"和"职业道德与专业发展"。这一新标准将成为今后孔子学院汉语教师选拔、国际汉语教师资格认证、汉语国际教育硕士专业学位研究生培养等工作的重要依据。它实际是规定了国际汉语教师专业发展的能力目标与方向,无疑将会极大地推动和规范国际汉语教师的专业发展。然而不无遗憾的是,这一标准并不能完全适应于海外面向华侨华人子弟从事华语文教学的教师。但话又说回来,多年来,世界华语文教育学界关于华语文教师专业发展的专门研究少之又少,除了台湾学者宋如瑜的《华语文教师的专业发展——以个案为基础的探索》③之外,至今还见不到更多的系统研究成果,更没有形成一个"世界华语文教师标准",也没有形成一个系统的世界华语文教师专业发展的培训体系和教师资格认证体系。不能不说这在一定程度上严重影响了世界华语文教师专业发展水平的提升。

海外华语文教师的专业发展应该符合一般教师专业发展的标准,但同时还必须符合在海外面向华侨华人子弟从事华语文教育教学的特殊标准。有鉴于此,在借鉴海内外关于教师专业发展研究成果的基础上,系统而又全面地研究探讨海外华语文教师专业发展问题,已经成为华语文教育学界不可回避的重要课题。

---

① 熊建辉:《教师专业标准国际比较研究新进展——评〈美国优秀教师专业教学标准及其认证〉》,《世界教育信息》2010年第6期。

② 中国国家汉语国际推广领导小组办公室:《国际汉语教师标准》,北京:外语教学与研究出版社,2012年。

③ 宋如瑜:《华语文教师的专业发展——以个案为基础的探索》,台北:秀威出版,2008年。

二、海外华语文教育的特殊性及其对教师专业发展标准的要求

近十多年来,随着世界华语文教学的大发展,海外华语文教师专业发展总体状况有了较大改善,比如华语文专业教师队伍在不断扩大、队伍结构逐渐趋向合理、专业水平和教学质量不断提高、专业培训日益得到重视,等等。但是,我们也应该清醒地认识到,海外华语文教师队伍建设尤其是专业发展仍存在很多问题,比如专业教师总量缺口仍然很大,教师学历、年龄结构仍不尽合理,教师专业水平仍有待提升,专业培训还很不均衡,教师专业认同度仍然偏低,教师职业发展目标还不够明确,等等。所以,海外华语文教师专业发展的任务仍然十分艰巨。

海外华语文教师专业发展既不能照搬海内外一般教师专业发展的模式和做法,如执行中国教育部制定的中小幼教师专业标准,也不能单纯照搬中国国家汉办制定的《国际汉语教师标准》,而应该充分考虑海外华语文教育教学的特殊性,从而研究建立适应于海外华语文教育教学的教师专业发展理论,制定系统、科学、全面、有针对性的华语文教师专业发展目标、内容、标准以及行之有效的培训规划和模式,建立科学合理、具有激励性且切实可行的华语文教师专业资格认证体系。那么,海外华语文教育教学有哪些特殊性?这些特殊性对华语文教师专业发展标准的特殊要求又是怎样的呢?概括起来,主要有以下五个方面:

(一)教育教学对象的特殊性及其对教师专业发展标准的要求

传统意义上的对外汉语教学(现称为"汉语国际教育"),其对象大都是来华非华裔留学生。对外汉语教学走出国门之后,其教学对象也大都是设于外国大学中的孔子学院里的非华裔青年大学生和孔子课堂里的中小学生,而这部分学生规模数量尽管逐年在扩大,但仍然十分有限。据刘延东在第八届孔子学院大会开幕式上的主旨演讲报告:"从 2004 年创办至今,孔子学院已经走过 9 个年头,目前已覆

盖五大洲的 120 个国家和地区,孔子学院 440 所,孔子课堂 646 个,总数超过 1 000 个。"2013 年,各国孔子学院和孔子课堂注册学员 85 万人①。但是,在海外华侨华人社会中,由华侨华人开办的各种层次、各种类型、各种学制的华文学校或中文学校,却已经达到 2 万所②,在校学生保守估计至少数百万人。这些学生基本都是华人华侨子弟,而且大都是从幼儿园到高中阶段的少年儿童。这种教育教学对象的特殊性,对教师专业发展就提出了特殊的要求,这是显而易见的。比如要求教师必须了解和掌握华裔少年儿童学习华语文的心理特征与学习行为特征,探索符合其心理特征与学习行为特征的华语文教学方式方法等。因此,世界华语文教师专业发展必须要制定面向不同教学对象(如不同年龄阶段)的分类标准,如华文幼儿园教师标准、华文小学教师标准、华文中学教师标准以及面向成年人教学的华语文教师标准等。

(二) 教育教学目标与内容的特殊性及其对教师专业发展标准的要求

海外华侨华人子弟学习华语文的目的性一般非常明确:一是为了掌握和传承本民族的语言,二是为了认同和传承本民族的文化。而且这两个目标是并重的,是缺一不可的。因此,"语言与文化并重"就成了海外华语文教育教学的基本原则和特征,即通过华语文教育教学,使华侨华人学生在提高华语文能力的基础上,实现认同和传承中华民族语言文化的目标,而不仅仅是为了掌握一种语言工具。这种目的性既是华侨华人自身生存发展的现实需要,也是海外华族社会传承本民族语言文化的一种本能需求,更是一种民族责任、民族义务和民族使命。显然,这与非华裔学生学习汉语的目的是大不相同的。非华裔学生学习汉语其主要目的就是为了掌握一门语言工具,最多在学习语言的过程中了解和认识一些中华文化内容,他们学习汉语绝不是为了认同和传承中华民族的语言文化,因为他们没有传承中华民族语言文化的本能需求和义务,我们不应该这样去要求他

---

① 许琳:《2013 年孔子学院总部工作汇报》,《孔子学院》2014 年第 1 期。
② 裘援平:《华侨华人与中国梦》,《求是》2010 年第 6 期。

们,也更不能强加于人。对于海外华侨华人子弟来说,除了语言与文化的教育教学目标,更为重要的还包括对他们的道德教育(即"德育")和审美教育(即"美育"),尤其是德育教育,这是海外华语文教育教学摆在首位的教学内容①。正因为如此,这就对海外华语文教师提出更高的要求,比如华语文教师不仅要具有丰富的中华文化知识和深厚的中华文化理论学养,而且还必须要了解和掌握华侨华人社会文化与心理状况,在传授中华文化知识的过程中要特别重视增强对中华民族的民族自信力与认同度,树立对中华民族文化的自豪感与荣誉感,加深对中华文化精神实质的认识、理解与把握,提高传承中华民族语言文化的责任意识与使命意识,积极探索符合中华文化民族特色的文化教学模式与文化传播方式。

(三) 教育发展历史与现状的特殊性及其对教师专业发展标准的要求

海外华语文教育既有过历史的辉煌,也有过历史的重大不幸,从而造成了华语文教师专业发展严重的断代与断层,使传统的华侨教育、母语教育大都改变了性质,因此而造成的后遗症至今仍然积重难返。比如:其一,部分国家(如东南亚各国)和地区华语文教师年龄和知识都严重老化,他们大都处于教师专业发展的"退休时期",造成教师队伍的青黄不接,而且教师数量有限,根本无法满足华语文教育发展对专业教师的需求;其二,青年教师队伍建设刚刚起步,他们大都是华语文教学的"新手",处在教师专业发展的"初始阶段",而且大部分专业学历偏低,有的尽管已经研究生毕业并获得博士、硕士学位,但所学并非华语文专业或相关专业,故专业水平整体不高,教学能力整体不强,尚处在"学习教学"的阶段,且很不稳定;其三,海外华语文教学由于历史的原因,目前仍然存在"三并存"教学现象,即简体字与繁(正)体字并存、拼音方案与注音符号并存、通用语(普通话)与方言并存。这种"三并存"的现状大大增加了华语文教育教学的难度,也给教师专业发展提出了更高的要求;其四,海外孔子学院和孔子课堂的迅猛发展,给华侨华人举办的华(中)文学校等华语文教育教学机

---

① 贾益民:《海外华文教学的若干问题》,《语言文字应用》2007年第3期。

构带来了巨大的竞争,比如教师的竞争、生源的竞争、社会资源的竞争,等等,从而使华(中)文学校的校长、教师面临巨大压力,这些压力有社会的,有经济的,有心理的,等等。这些由华语文教育发展历史与现状造成的特殊性,无疑给华语文教师专业发展造成了很大影响。这就要求华语文教师必须要增强抗压能力,在提高其自身核心竞争力上下工夫。

另外,海外华语文教育的类型复杂多样[①]。在办学主体上,可以分为政府教育(或称主流教育)、民间教育(或称非主流教育);在办学形式上,可以分为学校教育和家庭教育;在办学学制上,可以分为全日制教育、半日制教育、课后制教育及周末制教育;在教育学历上,可以分为学历教育和非学历教育;在教师身份上,可以分为职业教师(或称专职教师)、非职业教师(或称兼职教师)等。所有这些,都对华语文教师的专业发展提出不同的要求和标准。因此在制定华语文教师专业发展标准时切忌一刀切,应该在明确其共性要求与标准的同时,明确其特殊要求与标准,如"职业(专职)教师标准""非职业(兼职)教师标准"等。

(四)语言教学性质的特殊性及其对教师专业发展标准的要求

海外华语文教学在本质上是本民族语言的教学,它不仅仅是一种二语教学和二语习得,更是一种民族母语教学和民族母语习得;其语言教学性质除了华语作为第二语言教学之外,还同时包含有第一语言教学(如马来西亚的华文独中和华文小学)和"双语"或"三语"教学(如印度尼西亚的"双语学校"和"三语学校"等),有的甚至分不清它究竟是"一语教学"还是"二语教学",或者可以说它在语言教学性质上是一种介乎于"一语"和"二语"之间的语言教学[②]。这是面向华侨华人学生的华语文教学与面向非华裔外国人的汉语教学的本质区别,后者仅仅是一种二语教学。华语文教学作为一语教学和母语教学,它不是在母语和目的语环境中的教学,而是在非母语和非目的语

---

① 贾益民:《华文教育概论》,广州:暨南大学出版社,2012年。
② 贾益民:《海外华文教学的若干问题》,《语言文字应用》2007年第3期。

环境中的教学,因而有其特殊性,对教师专业发展的要求也不同。华语文教学作为一种二语教学,它是在具有华侨华人社会(社区)文化背景或华裔家庭文化背景下进行的,大多数华侨华人学生或华裔学生在学习华语文之前和学习过程中,都会不同程度地受到华侨华人社会(社区)和华裔家庭文化背景的影响与熏陶,从而影响其华语文学习的兴趣、能力和效果。因此,华语文教师专业发展也要按不同语言教学性质要求进行分类,以确定其不同的专业发展标准,比如可以分为华语文作为母语文教育教师标准或第一语文教育教师标准、华语文作为第二语文教育教师标准等。

(五)教育作用的特殊性及其对教师专业发展标准的要求

实践早已证明,华语文教育有着特殊的桥梁与纽带作用,即通过华语文教学,一方面广泛联系华侨华人社会,促进华侨华人社会和谐发展与中华民族语言文化传承,促进广大华侨华人与祖(籍)国的联系与合作,为祖(籍)国经济社会发展做贡献;另一方面,华语文教育还具有积极的公共外交功能,通过华语文教育广泛联系所在国非华裔住民,促进所在国的民族团结和文化多元融合,积极发展相互友好力量,促进中外友好与世界和平发展。这就要求海外华语文教师必须要提高自身从事公共外交的自觉意识和实践能力,在华语文教学和中华文化传播过程中,积极而又稳妥地参与民间外交活动,宣传中国,树立民族形象,为提高中国国家软实力和中华民族文化软实力做贡献。要肩负起这一重要的历史使命,华语文教师还必须要对海外华侨华人有深刻的认识和了解,包括认识和了解华侨华人的历史与现状,尤其是要认识华侨华人为开辟中华民族伟大复兴的光明前景做出了巨大贡献:"近代以来,一代又一代华侨华人,秉承中华民族优秀传统,发扬爱国爱乡的赤子情怀,支持中国革命、建设和改革伟大事业,在中华民族史册上写下了光辉篇章。"他们"是中国革命事业的无私奉献者","是中国建设和改革事业的积极参与者","是中国和平统一大业的坚定支持者";同时还应该认识到华侨华人中蕴藏着实现中华民族伟大复兴的强大力量:"习近平总书记指出,实现中国梦必须走中国道路,弘扬中国精神,凝聚中国力量。遍布世界各地的数千万华侨华人,具有赤忱的爱国情怀、雄厚的经济实力、丰富的智力资源、深厚的人脉资源,是实现中华民族伟大复兴的一支重要力量。"他们"是走好中国道路的重要支撑"、"是弘扬中国民族精神的重要载体"、"是凝聚中国力量的重要源泉"。① 对此,海外华语文教师必须要有积极、正确的认识。只有热爱华侨华人及其社会、热爱中华民族的语言与文化、热爱现实中国,才能具备做一名合格的华语文教师的基础,才有可能更好地为华侨华人社会服务。这对海外华语文教师来说,它不仅是一种职业道德要求,而且也是一种专业化要求。

三、海外华语文教师专业发展的途径与方式

海外华语文教师专业发展的途径与方式是多种多样的,以下几个方面尤其值得重视。

(一) 华语文教师个人要高度重视自身的专业发展,积极参加学习与培训

教师个人的主观能动性是教师专业发展的根本动力,而主观能动性则来源于自身对华语文教师这一职业的认同和认识。作为一名华语文专业教师,首先要有对自己所从事职业的荣誉感、自豪感;其次要有强烈的事业心和社会责任感;再次要知道自己专业上的优势和不足,明确今后专业上的努力方向,并将其作为终身学习的目标。这样,才能够积极主动地、有计划、有目的、有针对性地去参加学习和培训,以提高专业发展水平。今后,海外华语文教师作为一种职业的竞争会越来越激烈,而要想在竞争中求得生存与发展,就必须要坚持"终身学习",不断地提升自己的专业能力与水平。在很多国家,政府主流教育体系中的汉语教师已经实行了资格准入制度,而且今后会有越来越多的国家和地区实行汉语教师资格准入制度。不仅如此,非政府主流教育体系中的华文学校也会逐渐推行华语文教师资格准入制度。这就对华语文教师的专业发展提出了更高的要求。因此,

---

① 裘援平:《华侨华人与中国梦》,《求是》2010 年第 6 期。

华语文教师个人要高度重视自身的专业发展,积极参加学习与培训,努力提高自己的核心竞争力。

(二) 政府、社会要为海外华语文教师专业发展创造条件,提供支持和帮助

一方面,华语文教育教学的所在国政府和社会应当首先承担起支持本国华侨华人社会即华族社会教授、传播和承传本民族语言文化的责任和义务。华族在任何一个国家都是这个国家众多民族成员之一,为所在国家经济社会发展做出了巨大贡献,其语言文化已经成为所在国多元民族文化的重要组成部分。他们在积极融入所在国语言文化的同时,有权利、有责任和义务传承本民族的语言和文化,并享有与其他民族同等的权利和责任。对此,《联合国宪章》有十分明确的法律规定。因此,所在国政府有责任、有义务支持华族开展华语文教育,传承华族的民族语言和文化,并享有本国其他民族同等的学习、传承本民族语言文化的权利和因此使用国家、社会各种相关教育及社会资源的权利;另一方面,华侨华人社会本身也应该组织起来,调动各方面的积极性,有钱的出钱,有力的出力,采取措施,大力推动华语文教师的专业发展,为华侨华人社会培养更多更好的华语文人才;再一方面,中国政府也应该在力所能及的范围,在国际关系法许可下,制定相关的政策,采取切实可行的举措,积极支持海外华侨华人社会发展华语文教育,提高华语文教师专业水平,促进华语文教育教学规模的扩大和质量的全面提高。比如实施华语文教师等级培训制度及等级证书制度,通过一定的形式认定华语文教师资格等。对此,笔者在2007—2008年就承担并完成了国务院侨务办公室的重要课题"海外华文教师等级证书实施方案研究",提出了系统的方案与实施办法,后来又承担了这一课题的进一步深化研究任务。目前,这一方案研制工作都已完成,希望能早日实施。

(三) 有规划、多形式、系统地培养本地化、学历化、现代化的海外华语文教师

海外华语文教师专业发展的本地化、学历化和现代化,是今后华

语文教师专业发展的长期目标和任务。

1. 华语文教师专业发展的本地化。所谓教师专业发展的本地化,一是指培养本地化的教师,二是指教师培养的本地化。这两者是不同的,也是相辅相成的。首先,培养本地化教师应该成为华语文教师专业发展的重中之重,这是海外华语文教育可持续发展的重要保障。如果海外的华语文教育长期依靠中国输送教师志愿者终归是不能长久的,而且教育教学质量也难以保障,难以提高。其次,本地化教师的培养也应该立足于本地,而不能仅仅依靠选派人员到中国来培训。由于受经济、地域、时间等条件限制,能够到中国来培训的教师毕竟是极少数,很难满足海外华语文教师培训的迫切需求。只有在本地培训,受训的教师规模数才大,受益面才广。这是本地化教师培养的必由之路。

2. 华语文教师专业发展的学历化。学历化是华语文教师专业化的重要标志,是华语文教师专业发展不可缺少的。目前,海外华语文教师的学历化程度偏低,这是一个客观事实。所谓学历化,指的是华语文专业或华语文教育专业以及相关专业的学历化,而不是指教师已经获得的非华语文专业或非华语文教育专业的学历学位。尽管在很多国家和地区的华文学校中任教的教师已经具有大学学士学位,或者硕士学位,乃至博士学位,但绝大多数的学位是非华语文专业、非华语文教育专业或非相关专业的学位。这部分教师综合素质高,所学专业水平高,但是从事华语文教学,由于没有接受过华语文以及华语文教育的专业知识与技能训练,所以教学质量难以保证和提高。长期来看,这种状况应该改变,应该确立华语文教育教学的专业地位与专业权威,必须改变那种认为"只要会说普通话,就能做华文教师"的错误观念。另外,即便已经具有了华语文专业或华语文教育专业的学士学位,在教育教学实践中也有一个继续学习提高的问题,这是提高华语文教育水平的内在要求,而且很多国家已经对教师提出了更高学历学位的要求,预示了教师专业发展的新方向。比如,近年来在世界各国先后出现了中小学教师"硕士化"的趋势[①]：法国部长联席会议早在 2008 年 7 月 2 日就做出决定，于 2010 年 9 月 1 日起开始实施中小学教师培训与录用硕士化标准；芬兰教师通常也需要拥有硕士以上的学位；日本也把职前培训逐步提高到研究生教育水平。显然，海外华语文教育界教师专业发展水平离这一要求还相差甚远，所以，华语文教师专业发展的学历化是大势所趋。

3. 华语文教师专业发展的现代化。随着新工业革命的到来与发展，教育理念与教育技术的现代化日益凸显，相应的也就对教师提出了现代化的迫切要求。华语文教师专业发展的现代化应该包括两个方面的内容：一是教育理念的现代意识，包括现代教育人才观与终身学习观、现代教育伦理意识、全球意识、文化意识、科技意识、创新意识等，这在教师专业发展中是至关重要的，一定要高度重视；二是能够掌握和运用现代华语文教育技术进行教学。当前乃至未来，现代教育技术日新月异，使人们应接不暇，比如多媒体教育技术还没有来得及普及应用，网络教育技术就异军突起。云计算、云教育技术乃至大数据时代的到来又催生了一系列崭新的现代教育技术的出现及应用，如 MOOC 课程、智慧教室、移动媒体教学、微信学习等，引导着教育技术手段的变革与发展。华语文教育的教学对象是中小学学生以及大学生一族，他们恰恰正是最易于接受和掌握现代媒体技术的一个群体，如果教师不能够及时掌握并在华语文教学中应用这些新媒体技术，那么很快就会被淘汰出局。

(四) 建立世界华语文教师专业发展学术组织，开展研究，联合攻关

建议海内外华语文教育机构联合起来，成立"世界华语文教师专业发展学会"（或"委员会"），统一组织研究制定"世界华语文教师专业发展规划""世界华语文教师专业发展标准"和"世界华语文教师专业发展培训纲要"等指导性文件，编写"世界华语文教师专业发展系列教材"，定期和不定期组织召开"世界华语文教师专业发展论坛"，

---

① 顾明远：《关于提升我国中小学教师质量的思考——基于世界各国的政策经验》，《基础教育论坛》（文摘版）2014 年第 17 期。

大力促进海外华语文教师专业发展。在这一方面,海峡两岸应该紧密合作,协同创新,携手推动海外华语文教师队伍建设跨越式发展,创造世界华语文教育更加光辉灿烂的明天!

论国际汉语教学隐性资源及其开发[①]

李 泉　金香兰

一、引言

　　汉语教学资源开发,是国际汉语教学学科建设的重要组成部分。汉语走向世界需要有教学资源的支撑,汉语教学国际化的过程也是不断开发、丰富和应用汉语教学资源的过程。语言资源的开发是第二语言教学永恒的课题,其开发的深度、广度及质量是学科发展和建设水平的重要标志。在汉语加快走向世界的当今,汉语教学资源的开发尤其具有战略意义。以往有学者探讨过语言资源及其开发问题,如邱质朴[②]、李宇明[③]、陈章太[④]、曹志耘[⑤]、陈建华[⑥]等,相关研究着眼于社会对语言大规模的特定需求,以及国家语言资源管理和应用,探讨了语言资源的保护、建设、开发与利用问题。这些宏观研究不仅明确了语言资源开发的方向及其重大意义,也为特定领域微观性的语言资源开发提供了很好的启示。本文拟在国际汉语教学的语

[①] 本文为"中国人民大学科学研究基金(中央高校基本科研业务费专项资金资助)项目成果"("明德青年学者计划"的阶段成果),项目编号:2013030254。
[②] 邱质朴:《试论语言资源的开发——兼论汉语面向世界问题》,《语言教学与研究》1981年第3期。
[③] 李宇明:《语言资源观及中国语言普查》,《郑州大学学报》2008年第1期。
[④] 陈章太:《论语言资源》,《语言文字应用》2008年第1期。
[⑤] 曹志耘:《论语言保护》,《语言教学与研究》2009年第1期。
[⑥] 陈建华:《中文语言资源联盟简介》,《术语标准化与信息技术》2010年第1期。

境下,探讨汉语教学的资源及开发和应用。

一般认为,教材、教具、教学大纲、工具书等是典型的教学资源。随着教育技术的进步,多媒体资源库、汉语教学/学习网站等虚拟空间的资源也成为教学资源,而且是一个开发和利用前景广阔的资源取向。实际上,教学资源概念的内涵和外延还可以更宽泛些。即一切可用于汉语教学的文字材料、网络多媒体材料,一切有助于增长学习者汉语知识和能力、有利于强化学习者动机和情感的方法与策略,都可以视为汉语教学资源。据此,本文将汉语教学资源分为四类:文字材料资源、网络多媒体资源、知识与能力资源、方法与策略资源。

"文字材料资源"主要包括汉语教科书,汉语教学读物,汉语工具书,各类汉语教学大纲,如汉语水平等级大纲(汉字、词汇、语法)、汉语教学大纲(本科、进修、短期)、专门领域大纲(文化、功能、任务)、课程大纲,频率字/词表,以及非汉语教学的中文读物(报纸、小说、散文、时评文章),等等。这些资源可以成为汉语教学的教材,补充材料,备课时的工具书,教材编写时语言要素、文化要素、功能项目、课文内容等选取和编写的依据与素材。此外,与汉语教学相关的研究成果,亦是国际汉语教学及其研究的重要资源。包括可为汉语教学提供借鉴、参考或可直接利用的汉语本体研究的成果,有关汉语教学研究的学术专著、国际/国内会议论文集、学术期刊等,有关汉语语言要素教学、语言技能教学、教材编写、教师发展、评估测试等各领域的研究成果,都可以直接或间接地成为汉语教学、研究及信息获取的资源。"网络多媒体资源"包括多媒体课件、教学资源库、汉语语料库、汉语中介语语料库、各类教学和学习网站、影视及生活视频材料、中国文化图片及多媒体资源,等等。例如:《中国语言生活状况报告(2006)》上编,收录了中国内地的相关网站31个(商务印书馆,2007:392—393);《国际汉语教学动态与研究》(今《国际汉语教育》)2007年第一辑发布Jim Becker收集到的全美与汉语教学有关的网站184个(外语教学与研究出版社,2007:97—103)。网络资源的开发和利用大大拓展了语言教学手段,增强了语言教学的直观化、真实化,有效地提升了教学的质量和效率①。

"文字材料资源"和"网络多媒体资源"是显性的语言教学资源，也是语言教学资源的基本形态；而"知识与能力资源""方法与策略资源"是语言教学的隐性资源、"软实力"资源，同样是语言教学必有的资源。就汉语教学而言，前两类资源已得到广泛的开发和利用，后两类资源虽然伴随着语言教学的全过程，但从观念上和实践上均未得到广泛的认可，特别是作为教学资源来看待。实际上，就提高教学质量和效益而言，后两类资源的学术和应用价值丝毫不低于前两类资源，甚至更为重要，故本文重点讨论后两类教学资源。

二、知识与能力资源

（一）知识与能力资源的基本内涵

有助于增长学习者汉语知识和汉语能力、有利于提高课堂教学质量和效率的各种知识与能力，也是国际汉语教学的资源。主要包括：学习者的母语、教师的外语、师生之间的媒介语（如英语等）、汉语（即中国教师的母语、外国教师的外语、学习者的目标语）、师生共有的知识与技能，等等。换言之，不仅汉语本身是汉语教学的资源，师生之间的媒介语及共有的知识与技能等资源，也是随时可用之于课内汉语教学和课外语言交流，即参与语言教学和学习的资源。其中，师生媒介语，特别是汉语本身，是最重要的知识与能力资源。

（二）汉语教学媒介语资源的利用

师生之间的媒介语既然是一种教学资源，就要求教师应尽可能多地掌握或熟悉学习者的母语（或师生媒介语，下同），并且明确：学一点就有一点的用途，即使会一些课堂教学语言，也将有助于课堂教学活动的组织；而会的更多乃至掌握学习者的母语，则无疑便于有针对性地开展汉语及文化对比教学。事实上，恰当地使用学习者的母

---

① 郑艳群：《对外汉语教育技术概论》，北京：商务印书馆，2012年。

语是第二语言教学的一条重要原则,不仅有利于教学工作的开展,也有利于拉近师生之间的距离。孙立峰指出,"外语能力的高低,很大程度上决定着国际汉语教师的工作绩效。在海外普及型汉语传播的现阶段,外语强则教学易,外语弱或不会所在国的语言则教学难、工作更难,这是海外一线教学工作者的真实写照与切实体验。"[①]可见,外语是汉语教学的重要资源,直接影响教师的汉语教学的质量和效益,以及工作开展的深广程度。

(三) 汉语教学内容资源的开发及个案分析

需要特别指出的是:汉语教学的内容——体现为教材或课件本身的汉语教学语料,不但是学习者的目标语,也不仅仅是汉语教学和学习的内容,更是取之不尽的教学资源。换言之,汉语、汉字、课文内容及相关的中国文化,是汉语教学过程中随时可以提取、拓展和深化的核心资源。教学中不应仅仅停留在对教材的对话语句、课文语段、具体语言点等本身的讲练,而应根据学习者的语言水平和学习需要,对教学内容进行必要而适当的补充、深化与延伸。简言之,要利用教材的内容进一步开发教学和学习资源,而不是只教教材、死教教材,只学教材、死学教材,也即应摒弃"不逾雷池一步"的教材使用观念。

个案分析:

《发展汉语(第二版)》(高级综合下)(北京语言大学出版社,2012年)第十课练习中有这样一句话:"那一刻,他千言万语噎在喉咙里,一句话都说不出来。"这句话当做精读或是泛读材料,也即在不同的教学目标中讲练到什么程度,可能见仁见智。这里只想拿它来"说事",探讨如何开发教学资源,即利用教材教语言;如何拓展学习资源,即利用语料学语言。具体来说:

1. "那一刻"的"刻"是什么意思?(时刻)是否联系"一刻钟"的"刻"?

2. 是否顺便给出与此处"刻"意思相关的成语"刻不容缓"?(片刻)

---

① 孙立峰:《从海外汉语教学看汉语国际教育硕士的培养》,《学术论坛》2012年第1期。

3. 是否要问学生"刻"还有什么常见的意思和用法？（雕刻、石刻、篆刻、刻图章）要不要上图片？要不要介绍诸如"篆刻"等文化现象？

4. 顺带应指出"千言万语"也可以说成"万语千言"。

5. "千言万语"在这里可否说成"满肚子的话"？为什么？

6. 可否请学生用汉语说明这里的"噎"是什么意思？"食物堵住食管"（《现代汉语词典》第5版，第1588页）怎么用？（～着了/别～着/～死我了）

7. 是否顺便给出与这里的"噎"意思相关的成语"因噎废食"？

8. 要不要进一步拓展"噎"另一个意思"说话顶撞人或使人受窘没法接着说下去"？（例如：他老拿话～我/说话别那么～人/一句话就把人家给～回去了）

9. 是否根据"噎在喉咙里"归纳一下"v在……里/上"的用法？（憋在肚子里/写在黑板上）是否进一步联系"v到……（里/上）"的用法？（来到屋子/放到桌子上）

10. 是否进一步归纳和讲解："v在/到"后边带"了"，即"v在/到了……（里/上）"这种更为特殊但十分常见的用法？（"放在了桌子上、拷到了电脑里"）学生常说成：*放了在桌子上、*拷了到电脑里。他们认为"了"应跟在动词后，不应跟在介词"在/到"后面。可见，从韵律、句法、语义上看，这是一种比较特殊的结构，似有必要强调一下。

11. 提示学生："一句话都说不出来"是省略了"连"的"连……都/也……"格式，表示举例性强调。同时追问学生："一句话都说不出来"在此用来强调什么？

以上所提到的具体问题，是否都要这般讲练，则要根据课型的特点和学习者的实际情况而定。但是，结合具体教学语料和学生汉语学习的需要来开发教学资源的教学理念与方法，以及学习者既学习教材内容也利用教材内容学语言的学习理念与方法，则是必要的。

（四）教师必备的最基本的知识和能力资源

由上文的个案分析不难看出，汉语教师需要不断积累汉语、汉字知识，不断积累教学理论与方法、经验与技巧，并能利用这些资源对相关语言现象进行科学、准确而又通俗易懂的阐释。根据我们的教学经验，汉语教师必备的最基本的知识和能力资源至少包括：1.汉语语音知识：汉语拼音方案，声韵调，音节，轻声，儿化，变调，韵律与汉语韵律特征，等等。2.汉语词汇知识：汉语词汇的构成及基本特征，单音节词（数量有限但使用频率高），双音节词（双音节化是汉语词汇发展的重要趋势，即把单音节扩展为双音节，把多音节压缩为双音节），汉语构词法，等等。3.汉语语法知识：汉语词类，汉语语法单位、句法结构，句类、句型、特殊句式、固定格式；汉语语法的基本特点：复合词的构成类型与短语的结构类型一致（偏正、并列、述宾、述补、主谓）；语序是重要的语法手段（如：上车—车上，说你—你说）；音节和韵律影响语言表达的形式（进行维修，＊进行修）；量词丰富且用法复杂，等等。4.汉字知识：汉字的性质，汉字的特点（见字不知音，集形音义于一身，常用汉字数量有限且使用频率高、构词能力强），造字法，汉字的主要结构类型（上下结构、左右结构为主，形声字约占8 000），汉字书写规则，汉字与汉语的关系（一个汉字代表汉语的一个音节、一个语素、一个单音词等），汉字教学的目标（掌握汉字的基本笔画、笔顺与间架结构，建立汉字"字感"，至少熟练认读和书写500个左右常用汉字），等等。5.文化知识：与汉语学习和交际密切相关的文化因素（如称谓词、招呼语），文化词（如春联、上火），文化语（如空城计、塞翁失马），文化句（如周瑜打黄盖，愿打愿挨），跨文化交际知识，文化教学的地位、目的与原则，等等。6.外语教学理论与知识：外语教学的基本原理（明确教学目标、确定教学内容与教材、选择恰当的教学方法、掌握评估测试的基本要求，等等），外语教学的基本方法（讲练结合，以练为主等），课堂教学的组织与管理，课堂教学意识，语言要素教学的方法，语言技能训练的方法，等等。以上列举的这6个方面的知识及相关的教学能力，是从事汉语教学最基本、最必要的汉语教学资源。

（五）教师应结合教学实践积累知识和能力资源

汉语作为第二语言教学的实践表明，仅仅具备上述（2.4节）这些"提纲挈领"式的知识与能力资源，毫无疑问，还远远满足不了教学的实际需要，还应结合教学实践不断细化、深化和拓展汉语知识和相应的教学能力资源。即使这样，仍难以对教学中随时可以遇到的各种问题做出科学的诠释、准确的说明。例如：

1. 学生问："博得"跟"赢得"意思和用法一样吗？（中高级汉语教学中随时可以遇到这类问题。没有特别的把握教师不必主动辨析这类近义词，但学生问到则不宜回避。）

2. "形势一片大好"中的"一片"是什么意思，"一片"有多大？"形势大好"不就可以了吗？为什么要加"一片"？

3. "他几十年如一日，日夜坚守在大山深处的小站上"中"几十年如一日"是什么意思？学生认为"他几十年日夜坚守在大山深处的小站上"的意思就很清楚了，加了个"如一日"反而不明白：几十年怎么会像一天？是想说时间过得快吗？"如一日"是什么意思？什么"如一日"？

4. 老师说"这本书看了三天了"，是说这本书还没看完。学生对此不理解：你说过"了"表示完成，怎么一个"了"表示完成，两个"了"又不表示完成了？

5. "妈！德先叔这几天怎么没来？"

"谁知道他死到哪儿去了！"妈很轻松地回答。（《城南旧事》）

学生问："谁知道他死到哪儿去了！"是不知道他死在哪里的意思吗？妈妈怎么可以"很轻松地回答"这样的问题？老师解释："这里的'死'是'去'的意思。"学生问：为什么用"死"表示"去"？词典怎么查不到这个意思？

6. 学生问："几位、三位"可以说，"三位同学、三位老先生、三位中国人"也可以说，"三位好人""三位大人"也都可以说。为什么只有"三位人"不可以说？

7. 教材对"怪不得"的注释是：副词，表示明白了原因，对某种情况就不觉得奇怪了。一日,老师正在讲课,一学生举手喊道:"老师,你不用讲了,我怪不得了。"见教师一脸愕然。那学生解释说:"我明白了原因,我怪不得了,你不用讲了。"那么,如何准确说明"怪不得"的意思和用法,以避免学生误解和误用?

8. 一日课前,教师问一法国女生:"你昨天怎么没来上课?"学生:"我妈妈来了,我请同屋大津同学替我请假了。"教师:"喔,她可能忘了。"学生:"大津,这个王八蛋!"教师:"你怎么可以骂她王八蛋?"学生:"怎么不可以?我的中国朋友说'王八蛋,就是好朋友之间不满意时骂的话',不对吗?"教师不知所措。那么如何向异文化者解释"王八蛋"的意思和用法?

以上是日本、法国、俄罗斯、以色列、韩国等国家的学生提出和他们汉语表达中反映出的问题,教学中我们也分别做过说明和解释。但要问有关说明是否准确、解释是否符合实际?学习者能否恰当地认知与理解?则完全不敢自信。① 如果我们的这种状况有一定的代表性,则表明汉语及相关的中国文化,不仅是取之不尽的教学资源,更是需要我们不断思考、研究和开发的资源。而从开发汉语教学资源和为学习者释疑解惑的角度看,即使是以汉语为母语的教师,所缺乏的也许正是汉语知识、汉语现象及相关文化现象的阐释能力,至少对我们来说是这样。又比如:学习者在汉语学习及在华生活中,随时还可能听到或见到"咱俩说跟谁呀?""去你的""去他妈的""有你好瞧的!""走着瞧!""给他点儿颜色看看!""见一面少一面""一口一个张叔叔""不说白不说,说了也白说,白说也得说"之类的习用语。那么,教师如何用简洁、易懂的语言(汉语)向异文化学习者说明汉语词语、

---

① 比如,对例1的解释是:"博得"跟"赢得"都有得到、取得的意思,很多时候可以替换而基本意思不变,如"博得/赢得大家的好评、信任、赞赏"。但有些具体搭配不能替换,如"赢得了时间、赢得了这场比赛",就不能说成"博得了时间、博得了这场比赛"。对例2的解释是:"一片"主要有两个意思和用法:其一,用于表示实在的、可以看见的事物,如"一片药、两片树叶","片"是量词,"一"可以换成"二、三"等其他数词。其二,用于表示虚的、看不见的事物,如"形势一片大好、我对你是一片好心、我脑子一片空白",这里的"一片"是一个词,"一"不能换成"二、三"等别的语言成分,此时的"一片"有"完全、全部"的意思。说到这里,我们又想起"一片广阔的草场、一片金黄的麦田"这类例子,于是补充说:这类例子的"一片"也是一个词,"一"也不能换别的语言成分,这时"一片"表示实在的、可以看见的事物,有"全部都是、到处都是、满眼都是"的意思,有时还有成句的作用,如"眼前一片汪洋"。然而,上面的解释以及对正文其他各例的相关说明,我们并不自信,至多是当场"应付"了学生。

习用语的意思和用法,并保证他们能准确理解而不至于误解误用,则绝非易事。不仅需要教师具备敏锐的汉语语感,更需要具备相关的汉语知识和通俗易懂的汉语阐释能力,而这正是我们所谓的汉语教学资源,并且是汉语教学资源中更为内涵和核心的资源。

三、方法与策略资源

(一)方法与策略资源的基本内涵

有助于增长学习者汉语知识和能力、有利于激发学习者汉语学习动机和兴趣的各种教学方法与手段、理念与策略,也是教师在汉语教学过程中应该开发、积累和利用的宝贵资源。比如,海外汉语教学可以根据学习者的汉语水平和学习需要,教会学生上中国的各类网站,查找特定的信息,或是找出他们认识的词语、短句、句段乃至大体读得懂的文章,以增加他们接触和学习汉语的机会。又比如,可以经常性地使用鼓励和激励性的学习策略,增强学习者的汉语学习信心,等等。这类资源关系到学习者汉语学习动机、情感和态度乃至汉语学习的成败得失,也最能体现教师的知识、能力、素养及在教学方法与教学策略方面的创造力,因而也可说是一种"激励性资源、创造性资源"。

(二)方法与策略资源开发的必要性

教师应在必有与既有知识和能力的基础上,结合教学环境、教学对象及教学内容的实际,不断去创造和尝试教学方法与教学策略。一方面,有些方法是常规的、通用的,但更多的切合实际的方法和技巧是需要教师自己去探索和总结的。因为他人的方法和技巧,在他人那里是成功的和有效的,在我这里可能就不一定成功和有效,我的方法与技巧需要我自己来创造。他人教学方法、技巧和策略的可贵之处更多的在于给我们启发和借鉴,而不完全是照搬照用[1]。只会

---

[1] 李泉:《汉语国际教育硕士培养目标与教学理念探讨》,《语言文字应用》2009 年第 3 期。

照搬和套用别人教学方法而缺乏教法创造能力的教师,不仅难以成为优秀的汉语教师,也难以保证教学的质量和效益。另一方面,海内外汉语教学的语言与文化环境、学时学制、内容与方式,以及学习者的学习态度与动力、目标与要求,等等,差别明显,从而为教师选择和使用教学的方法和技巧、理念和策略提供了机遇,一定程度上也说明"方法与策略"是教师取之不尽的教学资源。然而,这类资源大多不是现成的,需要教师有意识地加以探索、尝试和总结,第二语言教学的创造性、挑战性和魅力也正体现在这里。

(三) 方法与策略资源开发综合例析

如何开发方法与策略资源是个很值得研究和探讨的重要课题。这里我们不避浅陋提出以下若干角度和具体的教学方法与教学策略,以供参考:

1. 结合具体的汉字、语音、词汇、语法、语段、语篇及相关的文化教学,以及听、说、读、写等语言技能训练的实际内容,借助恰当时机与案例让学习者感知汉语、汉字内在的规律性乃至魅力,激发他们汉语学习的欲望。比如,告诉学习者:只要学会了"一、二、三、四、五、六、日",再学会"星期",那么汉语一周内每一天的称说就可不教自会:星期一、星期二……星期日,至少比英语、日语等语言中相关的称说要好学好记。同样,学会称说"1……10"十个阿拉伯数字,那么汉语百以内数字的称说则可一学即会,至少是不难学的。

2. 结合学习者汉语学习的实际表现,特别是出色的表现,而不失时机地予以肯定和赞赏。让他们感到"我可以学得好、汉语不难学、汉字很有意思",并能学在其中,乐在其中。如果学习者在汉语学习的过程中能产生诸如此类的感觉,则功德无量,善莫大焉。

3. 每次课都让学习者在汉语知识、能力方面感到有收获、有长进、有成就感。比如,每次课都明确若干具体的教学目标和教学内容,并注意适当适量。这样才能做到熟练掌握,而只有真正掌握了才有成就感。海外汉语教学尤其应采取这种量化的教学策略。

4. 向学习者传授科学的汉语、汉字观,传授必要的学习理念和方法。例如,向有关学习者说明学习汉语不同于以往学习其他有亲属关系的欧美语言,并说明其缘由和表现,以消除或减少某些学习者对汉语、汉字的成见与偏识,如"汉语难学、汉字太多、学汉语花费的时间太多",等等,以明确学习一种"真正的外语"必须付出应有的耐心和精力。以上提到的几个方面是想说明:应该把适合教学环境、教学内容和教学对象特点的教学方法与手段、教学理念与教学策略同样看作是汉语教学的资源,并在教学实践中加以开发、尝试、积累和利用。

(四) 方法与策略资源开发个案例析

下面,结合更为具体的实例,面向海内外特别是海外汉语教学实际,进一步来探讨开发方法与策略资源的途径和切入点,以供参酌:

1. 为了让学习者更好地理解和认知汉字,在汉字教学的初始阶段,可以利用诸如"一、二、三、人、口、手、上、下、中、日、月、明、目、耳、刀、木、林、田、山、水、河、湖、晴、情、清、请"等字形、字义乃至字音等有理据可讲的字,来介绍汉字的造字法,揭示汉字形义(音)组合规律,以便加深学习者对汉字形义关系及结构特点的认知,增强他们的汉字"字感",提高他们的汉字认知能力,激发他们汉字学习的热情和信心。

2. 为了吸引更多的人学习汉语、乐学汉语,在汉语(汉字)教学标准上可考虑采取灵活的措施,可严可不严的宜从宽。如不必计较"耳刀旁"是先"耳"再写"刀"还是先写"刀"再写"耳"(当然,教师示范要规范),写出来就"叫好"。因为长远来看,学习者也是要打汉字而不是时时处处写汉字。"写字"不过是他们感知和识解汉字的一个过程和手段。一时发不好的音和调,不意味着永远发不好,师生都不必心灰意冷,"水涨船高,树大自直",随着汉语整体水平的提高,单个发不好的音和调在具体语流中完全有可能发得好。否则,一味高标准、严要求,则很可能让某些学习者感到汉语真的难学,以致弃走他乡[①]。

3. 为了让学习者有收获、有成就感,在教学内容的取舍上应不贪多而求精,采取"小步快走"的教学理念。对每次课的学习目标和学习内容都应有具体的量化要求。如对海外初级阶段的中小学生及

[①] 李泉:《国际汉语教学理念与策略探讨》,《国际汉语教育》(第一、二辑),北京:外语教学与研究出版社,2010年。

社会汉语学习者来说,每次课只要求学会几个汉字(3—5个?),掌握几个生词(3—5个?),能流利地运用乃至背诵下几个实用的短语、语句(3—5句?),要求对所学的"字、词、句"做到"会认读、已理解、能运用、可拓展"。即熟练掌握、熟记于心、脱口而出。如此,才能做到每次课有成就感,日积月累有更大的成就感。① 总之,不贪多而求精求熟、目标和内容量化、背诵和复习常规化,可能更适合海外汉语教学课时少,缺乏汉语环境的教学实际,也能让学习者在不断"温故"中不断"知新",从而不断增强成就感。

4. 要让欧美学习者明确:学习汉语是在学习一种真正的外语,不同于他们以往学习的亲属语言,如英国人学习德语,西班牙人学习法语,等等。这些语言之间在语音、词汇、语法以及语言背后的历史文化都有着"打断骨头连着筋"的亲缘关系,而汉语和中国文化与这些语言及其文化没有这样的亲缘关系,汉字的构成及书写方式更是不同于他们以往所学的拼音文字。因此,学习汉语、汉字对欧美学习者来说,是在学习和养成一种新的语言习惯和书写习惯,是一次语言学习方式和观念的重大转型②,必须有充分的至少是应有的心理准备,必须付出比以往学习亲属语言更多的时间和精力,同时也将获得新的体验和感受,等等,把这样一些理念和看法知会给学习者,变成我们的教学策略,而这些策略同样是汉语教学的重要资源,需要不断地去挖掘和总结。

以上这些所谓方法与策略资源的"案例",更多的是考虑到了国际汉语教学的现状和总体目标,即在汉语国际化的初始阶段能通过教学实践让更多的人走进汉语、学习汉语,扩大汉语学习的市场;让"汉语热"与"热教学"和谐接轨,而不是将"汉语热"冷处理。所谓"热教学"即是讲究方法、技巧、理念和策略及其开发和应用的教学,所谓"冷处理"则是不注重方法与策略资源开发和应用的"硬教学"。

---

① 否则,很可能因教学内容贪多或因学习时间少等原因而学得不扎实,严重者以致"今日学,明日忘,下次还要从头来",师生都会感到没有成就感。因此,对海外的汉语初学者来说,量化教学内容,特别是"适量化"甚或是"少量化";熟练教学内容,特别是能够在认知理解的基础上,背诵下所学的内容,可能是一个可行的教学策略。

② 李泉:《关于建立国际汉语教学学科的构想》,《世界汉语教学》2009年第3期。

四、结语与余言

1. 汉语教学资源的开发和应用,是国际汉语教学学科建设不可或缺的重要内容,是汉语持续走向世界的重要保障。在海内外汉语教学不断发展的新形势下,汉语教学资源的研究已然成为一个战略性的课题。本文将汉语教学资源分为文字材料资源、网络多媒体资源、知识与能力资源、方法与策略资源四类。认为前两类是显性资源,是汉语教学资源的基本形态,是学科建设水平的重要体现;后两类是隐性资源,是汉语教学的潜在资源、"软实力"资源,迄今还没有受到应有的重视,特别是作为资源来看待。然而,后两类资源是教师知识与能力、教学经验与方法等的综合体现,关乎教学质量和效益乃至学习者汉语学习的成败得失,是学科成熟程度的重要体现。为此,本文重点探讨了后两类资源的构成与开发。

2. 知识与能力资源中,外语(包括学习者的母语和师生媒介语)资源的恰当利用,不仅便于课上课下师生的沟通以及教师在海外的工作,更有助于对所教语言(汉语)进行诠释及汉外语言和文化对比教学。汉语资源的开发,则是汉语教学资源开发的核心取向,也是取之不尽的教学资源。教学中应随时随地结合学习者的实际需要扩展、深化和补充汉语教学内容;应结合备课不断积累汉语知识及相关的文化知识,并在教学实践中不断历练自己对汉语现象的阐释能力。这是教学工作对教师的应有要求。其根本目的在于:将有限的教学材料和教学时限发挥出最大化的教学效益。其基本理据是:课堂是师生沟通和交流的场所,语言的选择和使用不宜过于受到限制,否则不利于学习者的参与和语言问题的解决。

3. 方法与策略资源是汉语教学过程中的一种激励性资源,更是一种需要教师结合教学实际进行探索、尝试和提炼的"创造性资源"。这类资源要求教师结合教学实践,不失时机地让学习者感知汉语、汉字的内在规律性、理据性和趣味性,激发学习者的汉语情感和学习兴趣,给他们"正能量";同时,基于海外缺乏汉语环境、学时少等特点,积极探索适合海外的汉语教学策略和教学方法,如更多采取激励策略、成就感策略,适当使用集体背诵、循环复习等教学方法,适时介绍科学的汉语、汉字观,等等。实际上,一名优秀的汉语教师,绝不应只是照本宣科的"匠人",而应是智慧型的教学能手和管理行家。他绝不会对学习者的学习动机、学习方法和情感态度等不闻不问、无所作为,而是能够结合实际有所要求、有所策略,既能"叫好"也能"说不";在知识传授、技能训练、课堂管理、教学要求等方面,善于与学生"斗智斗勇",并能赢得学生的爱戴与配合。当然,智慧型教师首先需要自身在知识、能力、素养及教法等各方面都很过硬,否则便难有作为,正所谓打铁需要自身硬。

4. 需要指出的是:(1)在以往教学观念中,"外语"是被要求限制性使用的。而在开发汉语教学资源的视野下,外语则是作为常规的教学资源来看待的。王丹萍指出:要尊重教师在教学实践中需要使用媒介语的事实,尊重学生使用母语或其他媒介语进行沟通的权利,以更好地提高教学的效果和效率。① (2)在以往教学观念中,"汉语"(教材内容)主要是作为被认知、说明、训练和掌握的对象,其中虽偶有知识和技能的拓展训练,但往往意识不强、力度不够。而在教学资源开发的视野下,汉语本身就是资源开发的重要取向与核心地带,借助教材呈现的语言现象进一步开发教学资源,拓展和深化教学内容,应成为一种基本的教学理念和常规的教学手段。其基本的理据是:教材不过是语言教学的工具和语言学习的材料,师生均应放弃"不越雷池一步"的教材使用观念。而汉语资源的开发、汉语知识的积累和汉语阐释能力的不断提高,正是教师"安身立命"的基础,是教师专业发展的体现和专业发展的必由之路。(3)在以往教学的观念中,激发学习者的动机与情感、传播汉语学习的理念、探索汉语教学策略等,或被视做可有可无,或被当做锦上添花。而在教学资源开发的视野下,借助汉语教学的恰当时机或具体案例,不失时机地嘉勉和激励学习者,不断探索和尝试适合特定教学对象的教学理念和教学方法,则成为一种"无形"的教学资源,一种常规的教学策略。这类"软实力"教学资源同样可以发挥"硬道理"的作用,其价值绝不可低估。

---

① 王丹萍:《对外汉语教学的媒介语问题》,(香港)《中国语文通讯》2012年第2期。

美国二语教师专业发展有效途径及启示[①]

王添淼　方　旭　付璐璐

一、引言

20世纪下半叶,世界各国面临着共同的政治和经济的危机与挑战,教育被赋予更多的使命与责任。教师教育作为教育制度的"工作母机"承受了巨大的压力。面对此种局面,美国率先提出了"教师专业化"的教师教育理念。20世纪80年代以后,教师专业发展逐渐成为美国教师教育改革的主旋律。作为一个多元文化国家,美国尤其重视二语教师的专业发展。联邦政府将外语教育提到了关乎国家安全的地位,对二语教师专业发展给予最大力度的支持。通过一系列改革与实践,美国二语教师专业发展已经成为一项系统工程,走在了世界的最前列。根据笔者的研究,现有的国际汉语教学界有关教师发展的研究,从国际视角的比较研究并不多见。美国汉语教师作为美国二语教师的一种,其专业发展的有效途径与美国二语教师专业发展的有效途径非常接近,是包含与被包含的关系。基于以上原因,本文对美国二语教师专业发展的有效途径进行深入研究,以期丰富国际汉语教师专业发展研究,并为推动汉语国际推广事业提供参考。

[①] 本文为国家社科基金一般项目"国际汉语教师专业发展模式研究"(12BYY057)及北京大学研究生课程建设项目"教师发展概论"阶段性成果。

二、美国二语教师专业发展的有效途径

(一) 美国联邦政府的强大支撑

美国联邦政府通过立法并资助相关项目的形式来发展二语教育和二语教师教育。1958年,联邦政府颁布的《国防教育法》带来了美国教师发展的"黄金时期"。其中,《国防教育法》第六款确立的语言发展相关条款成为美国外语教师发展的重要项目。相关条款包括"国家资源中心""外语与区域研究团队""语言资源中心"和"本科国际学习和外语"。"语言资源中心"条款是国家语言资源的一部分,致力于完善美国外语教学能力;"外语与区域研究团队"条款致力于发展现代外语、地区或国际研究的专业知识与人力资源,建设满足国家需要的国际专家人才库。3年后,在议员富布莱特提议下,国会又通过了著名的富布莱特—海斯项目(Fulbright-Hays Programs),并由当时负责教育事务的美国"健康教育福利部(DHEW)"组织实施,专门资助二语教师对外交流的项目。1996年,美国颁布了《外语学习的目标:为21世纪做准备》(*Standards for Foreign Language Learning:Preparing for the 21st Century*),即一般所谓的"总体"目标。1999年,美国全国性语言组织、美国外语教学学会等9个协会在联邦政府《教育目标2000》的资助下,出版了《21世纪外语学习目标》(*Standards for Foreign Language Learning in the 21st Century*)。该文件成为美国各州和地区制定符合本地发展的外语教育标准和课程框架的基础[1],为各个层次的外语教学——小学、中学、大学项目的衔接提供了起点,同时提高了语言学习的连贯性和累积效果,使人们对外语学习目标达成了共识。[2] 二语教师明确了教学目标,在此目标的指导下制定教学内容、构建教学资源、设计教学方法和测试内容。《21世纪外语学习目标》对教师专业素养的提高

---

[1] 王添淼:《美国K-12教育中国家外语教育目标述评》,《外国教育研究》2006年第11期。

[2] Lawrence, KS, "National Standards in Foreign Language Education Project", *Standards for foreignlanguage learning in the 21st Century*, 1999.

具有引导作用。2005年,美国《全国语言(外语)大会白皮书》中把外语教育的重要性放到了维护美国国家安全的战略高度。二语教师还可以通过学术休假和专业相关的出差旅行及参加科研和教学的培训来促进自己的专业发展。二语教师在科研与教学培训中探讨教学中的问题,弥补薄弱的专业环节,反思和尝试新的教学思路,逐步提高了自己的专业能力。

(二) 外语专业协会的推动

外语专业协会也对二语教师的专业发展起到很大的推动作用。外语专业协会不特指一个协会,而是以美国现代语言协会为首的外语协会的总称。外语专业协会对美国二语教师的发展具有极大影响,主要表现在:第一,外语专业协会代表教师去游说美国参议院议员和众议院的代表,促使有关外语教育的立法,并拨款支持外语教育的发展。最著名的例子就是1958年的《国防教育法》;第二,以专业协会的力量向各种基金会申请基金,进行和外语有关的调查,指导外语学科和教师的发展;第三,制定行业标准指导教师专业发展,出版学术期刊,为二语教师的学术研究提供良好的平台。比如,美国外语教学委员会出版的外语年刊(*Foreign Language Annals*)等,为美国中小学二语教师学以致用提供了宝贵的资源,也为高校二语教师在重视学术研究和学术成果的美国高校晋升提供了一个平台。[①] 此外,外语专业协会还应大势所趋,两度制定了具有影响力的外语教师专业发展的标准。1988年的《外语教师教育临时计划指南》,指出外语教师应在知识、技能和实践经验等方面进行必要准备,逐步实现个人发展(personal development)、专业发展(professional development)和专家发展(specialist development)。2002年,外语教师协会与全国外语标准委员会合作起草了《外语教师准备计划标准》,新标准包括6大内容,分别是语言、语言学、目的语与其他语言之比较;文化、文学、跨学科概念;语言习得理论、教学实践;外语学习标准与课程和教学间融合;对语言与文化的评估;专业化。这个标准高度概括了外语教

---

① 黄子怡:《美国新英格兰中文专业教师协会组织教师研习》,《海外华文教育动态》2011年第6期。

师应具备的教学素质和技能,成为美国当时最新的外语教师教育标准。就汉语教师专业协会而言,美国各州都建立了自己的汉语教师协会,定期举办汉语教师研讨会,促进汉语教师的专业发展。研讨会邀请大、中、小学汉语教师,在承办学校进行,时间以春季(3、4、5月份)为多。研讨会在征集教师意见的基础上设立中心议题,与会教师就中心议题进行讨论。比较热门的问题有"课堂管理与学生学习动机策略的培养""如何在课堂教学中落实以学生为中心的课堂教学模式""如何在汉语教学中渗透中国文化""学生的汉字学习"等。会议邀请有经验的中文教师做报告,有的就教美国人学习汉语中的问题进行具体讨论,如师生关系的处理;有的传授一些易学易教的中华文化技能,如中国结的制作。研讨广泛地收集汉语教师的实际需求,教师的参与热情十分积极,成为广受美国汉语教师欢迎的职后专业发展方式。

(三) 教师专业发展学校(Professional Development School,PDS)的促进

PDS 是大学与中小学合作,以中小学为基地,职前教师培养、职后教师培训、学校改革为一体的教师专业发展新模式。从 1986 年霍姆斯小组倡议建立至今,PDS 致力于大中小学各科教师的专业发展,成为美国教师专业发展的主要途径之一。PDS 的实施主体包括大学教师、中小学教师和职前教师(即实习生)等。三者专业发展方法如表 1 所示:

表 1　大学教师、中小学教师、职前教师专业发展方法

大学教师	实习指导教师和学术研究者。作为实习指导教师,以观察法收集实习生教学实习活动的有效信息,做详细记录,整理分析后及时反馈给实习生,纠正其不恰当教学行为,促进其教学实习。作为学术研究者,参加在中小学举行的各种集会,与中小学教师和实习生共同讨论教学实际问题,交流共享教学经验,并把中小学存在的问题和宝贵的实践经验反馈给大学,进行更深入的研究。

续表

中小学教师	一方面与大学教师合作,共同指导实习生的教学工作,另一方面利用业余时间到大学选修课程,自我发展。 其他专业发展方法:根据个人兴趣,或共同任务参加各种行动研究小组;参加各种学术会议,发表个人见解,相互交流经验,讨论共同关心的话题;考察其他学校,等等。
职前教师	接受有经验教师的指导,通过 PDS 组织的研究会、研究小组、示范课、小组教学、集体备课等方式,丰富自己的教学经历;通过一段时间的上岗实习,提高自己的专业实践能力。

PDS 的运作体现了 3 个特点:共事、合作和责任感。共事方面,参与 PDS 的大、中、小学二语教师及实习教师,他们作为紧密联系的集体,具有平等的伙伴关系,大家价值平等,共同学习;合作方面,PDS 参与者努力实现共同目标的责任分担及权利制衡,他们认为成功的合作,不仅在于共同目标的实现,也在于所有参与者都有所付出,有所收益;责任感是维持成功、长期伙伴关系的关键,这种责任感需要每个参与者理解自己对谁负责,如何负责以及怎样做才能实现共同的目标。[①] 中小学教师不仅通过选修大学课程提高了教学知识和技能,而且通过参加学习组学习、学术会议、学校考察等增长了个人经验,在处理教学问题上更加游刃有余。大学教师亲身感受中小学教学环境和存在问题,互相讨论,更促进了科学研究和教学方式的改革。在教师专业发展学校里,二语教师一方面互通教育资源信息,丰富了自己的专业知识;另一方面,通过课堂观察和合作讨论,发现教学中的问题,并做出进一步研究,提高自己的学术研究水平。

(四) 教师专业学习共同体的协助

专业学习共同体是由具有共同愿景的管理者与教师组成的团队,共同体成员并非像专业发展学校一样有一个既定的框架,而是学校中的教师和管理者持续学习、分享学习,并将其所学应用于实践的

---

① Connors, Susan, Stanley Kycd, and Michael P. Marlow, Collegiality, "Collaboration and Kulcana: Complexity in a Professional Development School", *Education*, 2005(4).

自发组织的共同体。美国学者罗伯特·西尔维亚(Roberts Sylvia)的《学习型学校的专业发展》[1],对共同体促进二语教师专业发展的方式有详细的描述,概括起来,有以下几种:第一,通过分权学习。教育领导者由以前的官僚管理转变为促进式领导和建构式领导。促进式领导表现为校长在建立共同愿景、培养教师领导者和组建学校新领导班子等方面的行为;建构式领导指的是使教育共同体的参与者建构起对学校共同目标的意义的理解。第二,通过持续的专业发展活动学习。这些专业发展与工作相结合,以学校为基础,其指导性原则有学生的成绩、职业要求标准等。第三,通过团队合作学习。包括学习群体、学习圈子、互助式指导、顾问、团队教学等。团队合作有很多益处,包括合作学习和责任分摊。第四,通过课堂观摩学习。课堂观摩是二语教师的同事或教学督导(即督学)进入该教师的课堂,观察和聆听课堂互动的行为,并及时开展反馈会议。教师之间彼此听课,互相分享信息和经验,实现双赢。第五,通过职业档案学习。分为工作档案和展示档案两种,前者包括详细的个人资料、班级活动的照片、学生作业的样本等;后者则是从职业档案中挑选出来的更集中的展示资料,如有代表性的照片和班级活动录像等。对二语教师的专业发展来说,档案最重要的是其自我评价功能和反馈功能,档案的支持和记录可以帮助年轻教师不断学习和进步。比如,赴美从事汉语教学的中文教师,学校将指派有经验二语教师带动新手汉语教师,指导新教师的教学工作,检查新教师的课堂管理和课堂进展情况;每个学区设立学监,监督汉语教师的教学活动,接受汉语教师的定期教学汇报;每周都有在职培训学习,首先由校长汇报一周情况,其次所有教师进行分组,讨论教学进展等情况。[2] 可见,在专业学习共同体中,二语教师可以根据自己在特定时期的不同需要而进行学习,教师可以选择适合自己的学习方式并不断调整。活动形式多种多样,活动的空间和时间选择很多,实现了二语教师主观上的自愿性和发展上的自主性,增强了教师间的交流和合作,促进了教师的专业发展。

---

[1] [美]Sylvia M. Robots & Eunicc Z. Pruitt 著,赵丽等译:《学习型学校的专业发展——合作活动和策略》,北京:中国轻工业出版社,2005 年,第 97 页。

[2] 潘若芸:《在美国中学教汉语》,《语文学刊》2011 年第 3 期。

(五) 教师资格认证制度的保证

教师资格认证制度是对申请或获得教师资格的人进行审核的一套指标和程序,是确保教师专业发展质量的关键之一。美国的教师资格认证制度经过两百多年的逐步发展,如今已经具备了一套较为完善的认证机制,主要有 4 家认证机构:美国全国教师教育评估委员会(NCATE)、新教师评估与支持州际联盟(INTASC)、全美专业教学标准委员会(NBPTS)和美国优质教师证书委员会(ABCTE)。[①] 由于优质教师证书委员会的杰出教师标准尚未出台,我们主要介绍前三家认证机构。其认证范围、指南文件及认证标准如表 2 所示:

表 2 教师资格认证内容

认证机制	认证范围	发布文件	认证标准
NCATE	职前教师质量控制组织	《外语教师培养课程标准》	语言、语言学、比较标准,文化、文学、跨学科的概念标准,语言习得理论与教学实践标准,外语学习标准与课程及教学整合标准,语言与文化评定标准,专业化标问候语等 6 条标准。
INTASC	教师入职资格认证机构	《入职外语教师许可标准》	学科知识、学生发展、学习者的多样性、教学策略、学习环境、交际、教学规划、评估、反思实践与专业发展、社区等 10 条标准
NBPTS	职后优秀教师资格认证机构	《优秀外语(非英语)教师标准》	学生的知识、公正、语言知识、文化知识、语言习得知识、学习的多种途径、课程与教学的整合、学习环境、教学资源、评价、学校及家庭及社区、专业社区、倡导外语教育等 14 条标准

从以上外语教师资格认证标准的内容我们发现,美国外语教师资格标准伴随外语教师职业生涯的发展,条款和难度不断增加,有的条款甚至细化到了两个,标准更为全面,这些都激励着二语教师不断充实知识,改进教学,寻求自主发展。二语教师资格认证制度的实施也不是一朝一夕可以完成的,而是需要通过教师档案袋评估和参与

---

① 孙曼丽、洪明:《美国外语教师教育改革的新动向》,《基础教育参考》2007 年第 3 期。

评价活动等,经过笔试、面试、档案记录以及数次课堂观察等程序,才有可能实现。美国二语教师质量认证体系的不断完善和健全,为二语教师可持续的专业发展提供了可依据的标准和强有力的保证。

三、启示

借鉴美国经验,"择其善者而从之",通过对美国二语教师专业发展有效途径的研究,我们可以得到以下几点启示:

(一) 教师专业发展是一项系统工程

美国二语教师的专业发展,借助联邦政府的支持,取得了数量可观的专业发展项目和资金援助;借助外语专业协会的推动,取得了丰厚的第二语言学术研究的基金和专业发展的宝贵资源;借助教师专业发展学校和教师专业发展共同体的促进,得以与级别不同、经历各异的二语教师切磋教学、互通有无;借助教师资格认证制度的保证,建立了教师专业发展可遵循的标准,实现了职业生涯的可持续发展。所有这些交织在一起构成一种系统性的力量不断影响美国每一位教师、每一所学校的每一项具体的专业发展活动。近年来,随着"汉语热"的不断升温,汉语国际推广已经成为中国参与构建世界文化大格局的客观需要,是国家和全民族伟大复兴事业的重要组成部分。国际汉语教师的专业发展受到更大关注。国际汉语教师专业发展途径不断增加,比如国内外各种讲座、研讨会和学术会议的增多,国际汉语教师培训学校和培训班的增加,国际汉语教师工作坊的建立,由国家汉语国际推广领导小组办公室组织编写的《国际汉语教师标准》《国际汉语教学通用课程大纲》《国际汉语能力标准》的纷纷出台,等等。这些表明了国家对汉语国际推广事业的高度重视。汉语国际推广涉及国家的政治、经济、外交,是体现国家软实力的重要部分。国际汉语教师专业发展程度决定着汉语国际推广的可持续发展。我们需要借鉴美国经验,使国际汉语教师专业发展成为一项系统工程,教师专业发展途径更为科学、合理、有效,具有更强的可持续性。

(二) 在实践中提高教学水平

教育是实践性的,专业知识固然重要,但必须与实践结合起来,才会发挥其固有作用。美国在对职前二语教师的教育中,把教育实践放在极其重要的地位,除参加研究会、研究小组、示范课、小组教学、集体备课等实习方式,还必须进行"一年的实习时间,见习、上岗各一学期"[1]。大跨度的实习时间为职前教师自我回顾、自我诊断和自我监控提供了充足的时间,也加深了其对教学活动规律的认识和理解。职后二语教师虽不需教学实习,但仍需参加各种课堂观摩、课例研究、学校考察等活动,或在听课中分享信息和经验,或在研究中不断改进教学实践,都是直接或间接地参与了实践行为。可见,无论是何种身份,经验如何的教师,都必须参与有利于专业发展的各项实践活动,亲力亲为,在实践中吸取经验,提高教学水平。国际汉语教师在其专业发展过程中,对实践能力重视还远远不够。比如,现有的某些国际汉语教师的培训仍囿于"专家—学者"的等级框架之中[2];有关国际汉语教学的某些教学理论的开发和相关标准的制定由一些完全没有国际汉语教学经验的学者和专家在进行。脱离实践的理论和标准对国际汉语教师专业发展的作用是有限的,教师必须自己在教学实践中发现问题和解决问题。教学管理者应该做的是为教师提供一个在实践中发现问题和解决问题的平台,这个平台大可以是一个教师专业发展协会,一个教师专业发展研究基地,一所教师专业发展学校,小可以是一个教师互助组,一个读书俱乐部,一个备课批课团体,鼓励教师在实践中积极探讨教学问题,解决教学难题,提高教学水平。

(三) 在团队中获得共赢

在现代组织中,学习的单位应该是团队而非个人,团队的学习会

---

[1] 罗华玲:《美国教师专业发展学校的组织管理模式、实施主体及特点研究》,《云南高教论坛》2006年第12期。

[2] 王添淼:《成为反思性实践者——由〈国际汉语教师标准〉引发的思考》,《语言教学与研究》2010年第2期。

带动个体成员的成长速度,并得到比个人奋斗时更深远的启发。美国教师的教师专业发展学校和专业发展共同体,都是在团队中实现教师的专业发展。在教师专业发展学校和专业发展共同体中,专家、大中小学教师与职前教师构成一个信息共享的学习体,打破了教师的自我封闭状态,教师在与专家的集会和讨论中接受最新的教学理论,专家在一线教学环境中收获新的启发,没有教育者和被教育者的地位差别,只有同伴式的友好交流,相互学习和相互促进,在团队合作中获得共赢。我国传统的教育方式,是教师独立授课。一套教材,一个讲台,往往是教师职业生涯的全部内容。这客观上造成了教师的职业孤立状态,不利于教师的专业发展。当今社会是学习型社会,教师的专业发展应该是合作中的专业发展。个体教师只有在团队中才能获得动态的持续的专业发展。对国际汉语教师来说,我们应该巩固教师间的合作关系,创造教师间的合作学习机会,同级别学校间、同一学校内部可成立教学研究小组、召开教学研讨会、开展汉语案例教学,增加汉语教师的对话,打破学术孤立,鼓励经验分享;同时,新老教师可据自身需要去大学进修,既聆听最新知识,也分享自身经验。教师之间应摒弃地位差异,以提高教学素质与技能为本,在平等的基础上讨论研究课题,各取其长,获得共赢。

(四) 在资格认证制度下实现可持续发展

美国在二语教师专业发展进程中,逐步建立了职前、入职、职后"三位一体"的二语教师资格认证制度,这些制度无论从系统性、严谨性还是先进性来看,都在世界上处于领先地位。从实施资格认证制度的意义上来看,一方面鼓励教师参加各种专业发展活动,以不断达到各阶段教师资格考试的标准,调动了教师求发展、求进步的热情;另一方面,为教师职业生涯规划了一个可持续发展的蓝图,为二语教师的专业发展提供了可遵循的规范和强有力的保证。在我国,对外汉语学科兴起时间不长,国际汉语教育刚刚被列为国家二级学科,国际汉语教师的专业发展尚未纳入专业、系统的资格认证制度。2007年,国家汉语推广领导小组办公室组织研制了《国际汉语教师标准》。在此基础上,历经3年的修订和完善,国家汉语推广领导小组办公室于2012年发布了《国际汉语教师标准》的修订版(以下简称"新《标准》")。新《标准》由"汉语教学基础""汉语教学方法""教学组织与课堂管理""中华文化与跨文化交际"和"职业道德与专业发展"等五部分组成,构建了国际汉语教师的知识、能力和素质的基本框架,形成了较为完整、科学的教师标准体系,成为孔子学院中外汉语教师选拔和培训、国际汉语教师资格认证、汉语国际教育专业学位研究生培养等工作的依据。然而,国际汉语教师资格证书,则是五花八门,尚未统一。包括国际汉语教师协会(ICA)认证的"国际汉语教师职业资格证书"、国际认证协会(IPA)认证的"国际注册汉语教师资格证"、国际汉语推广协会(IMCPI)认证的"IMCPI国际对外汉语教书资格证",等等,这些证书都自称通过了不同权威机构的认证,分别被几十、上百个国家的教育机构认可,但其权威性究竟如何,国外是承认其中之一,还是按照自己的资格标准进行,我们不得而知。如前文所述,美国的教师资格认证系统早已非常成熟,而且教师资格认证制度也被教育界公认为是促进教师专业发展的关键途径之一。所以,我们迫切希望我国有关部门对市场上流行的各种证书进行规范化管理,形成一套核心的国际汉语教师的入职资格认证制度。至于职后国际汉语教师的专业发展,我国并没有给出有关资格认证的,能够促进国际汉语教师专业发展的建议和晋升措施,也没有标准能够体现出教师的进步和可持续发展。这些缺失极大地限制了国际汉语教师专业发展的积极性,也造成了此专业教师的高流动性。

四、结语

汉语国际推广已经成为一个国家战略,关系到中国的国家安全和国际地位。但是,"我们的汉语教师无论从数量或素质两方面看,离日益发展的汉语教学的需要,还有很大距离。"[①]汉语国际推广事业的持续发展,国际汉语教育的"落地生根",关键在于高素质的国际

[①] 陆俭明:《当前的汉语教学更需冷静思考与科研引航》,《云南师范大学学报》(对外汉语教学与研究版)2010年第2期。

汉语教师。①"他山之石，可以攻玉。"美国二语教师专业发展的有效途径已经进行了几十年的论证与广泛实践，具有很强的借鉴意义，值得我们去探究和吸收。与此同时，由于中美两国政治、经济、外交及发展水平的不同，美国二语教师专业发展的有效途径不应该被教条化，而应该作为一种指导思想，取其之长，补己之短，立足我国国情，探索和拓展具有中国特色的国际汉语教师专业发展途径。

---

① 邵滨、邵辉:《新旧〈国际汉语教师标准〉对比分析》,《云南师范大学学报》(对外汉语教学与研究版)2013年第3期。

关于国际汉语教学"本土化"与"普适性"教材的理论探讨

吴应辉

"本土化"和"普适性"汉语教材问题是目前汉语国际传播中受到热议并亟待解决的重要问题之一。不论在实践层面还是理论层面都有深入探讨的必要。在实践层面,有人主张多编写"普适性"教材,也有人主张多编写"本土化"教材,各有其理,莫衷一是。从对外汉语教学到汉语国际推广的转型理应引起汉语教材出版业的快速跟进转型。然而,情况并非如此。过去 10 年中,汉语作为第二语言教学教材的出版情况告诉我们,从 2000—2009 年 10 年间全国各有关出版社共出版了 294 种对外汉语教学教材或教学参考用书,但具有"本土化"教材特征的仅有 7 种,仅占汉语作为第二语言教学教材种类总数的 2.4% 左右。① 由此可见"本土化"汉语教材研发还十分薄弱。在理论层面,国内外汉语教学界对"普适性"和"本土化"语言教材的探讨才刚刚起步,有关研究还十分薄弱。2009 年 12 月,厦门大学汉语

---

① 本结论见吴应辉、央青、谷陵等编写的《北京市汉语国际推广现状与发展战略研究》(中央民族大学出版社,2012),本部分研究由王维、张博主要负责完成。这些教材是:《对日汉语语音教程》(北京语言大学出版社,2001);《CA126 航班初(中)级汉语口语:从韩国到中国》(北京语言大学出版社,2001);《泰国人学汉语》(北京大学出版社,2006);《中日交流标准中国语》(人民教育出版社,2007);《开开汉语——泰国小学中文课本》(北京语言大学出版社,2006);《学汉语》系列教材(蒙古国学生用,内蒙古教育出版社,2006);"中国语新干线系列教材"(北京语言大学出版社,2008)。

国际推广南方基地和海外教育学院主办的首届本土化汉语教材学术研讨会,成为对"本土化"汉语教材进行探讨的国内第一个专题学术会议。会议内容涉及"本土化"教材编写理论与实践、"本土化"教材与文化因素、"本土化"教材的立体化建设等①。但讨论的问题以技术层面的为主,涉及深层次理论问题的较少。2010 年 7 月在南京举办了对外汉语教材与教学资源建设国际学术研讨会,分语种、分国别汉语教材的编写成为会议议题之一。2011 年在桂林举办了第二届汉语国别化教材国际研讨会,"国别化"和"语别化"教材开发问题列入了讨论议题。2012 年在浙江大学举办的第十届国际汉语教学学术研讨会以"国际汉语教材的理念与教学实践研究"为主题,通用教材和海外教材成为热议话题,但仍然很少涉及关于"本土化"和"普适性"教材的深层次理论问题。

探讨"本土化"教材理论问题必须弄清与其相对的"普适性"教材的相关问题,做到在比较中鉴别,在鉴别中升华,在升华中理论化,最后将升华出的理论用于指导教材编写实践。因此,有必要从本质上弄清什么是"本土化"语言教材,什么是"普适性"语言教材?它们之间的区别和联系是什么?本文试图从理论层面探讨与"本土化"和"普适性"语言教材相关的概念、特征、区别、各自的优势与不足,以及"本土化"教材与"普适性"教材的相对性与互补性,希望能对国际汉语教学中的教材建设提供理论参考。

一、两类教材的界定及其特征

(一)"普适性"教材的界定及主要特征

"普适性"语言教材是指从编写者的视角出发,以适应许多国家或地区学习者的学习需要为目标,设计、编写和制作以某一语言作为外语或第二语言教学的教材。"普适性"语言教材强调通用性,有时

---

① 郑通涛、方环海:《国别化:对外汉语教材的必然趋势》,世界汉语教学学会网站 http://www.shihan.org.cn/subjects/100116。

也被称为"通用型"教材,但缺乏对特定学习群体的针对性。

"普适性"汉语教材通常具有如下五个特征:

1. 教材名称中性化。如《实用汉语课本》《长城汉语》《博雅汉语》《体验汉语》等。

2. 教材内容中国化。"普适性"教材中多数内容是关于中国的,通常不会编写太多关于某个对象国的内容,如"普适性"汉语教材中常常以中国历史、地理、文学、民俗、政治、经济等内容为主。

3. 词汇缺乏本土化。由于教材追求普适性,其词汇往往主要依据汉语词汇等级大纲,选择那些通用性较强的词汇;而"本土化"词汇的通用性往往较弱,所以,"普适性"语言教材之中不宜编入太多体现本土化特色的词汇,如马来西亚汉语中,"固打"("配额"之意)就是一个很常用的"本土化"词语,但并不适合进入"普适性"汉语教材。

4. 注释往往英语化。英语的强势地位导致很多"普适性"教材在对词语释义和对难点注释时,自然而然地选择使用英语。

5. 语言对比空白化。由于"普适性"汉语教材要面向众多国家的学习者,无法针对所有潜在学习者的母语进行语言对比,因此教材中汉语与学生母语对比内容很少或没有。

(二)"本土化"教材的界定及主要特征

"本土化"语言教材是与"普适性"语言教材相对的一个概念,指从某一国家或地区学习者的特点和需要出发,以满足特定国家或地区学习者的学习需要为目标而设计、编写和制作的某一语言作为外语或第二语言教学的教材。"本土化"有时也用"国别化"替代,但"国别化"更强调以国家为单位;而"本土化"既可以在有些地方替代"国别化",又可以在一些情况下指"区域化",因为在有的场合"本土"一词可以指比国家更小的行政单位,如省、州语言教材的本土化等,有时也可指比国家更大的某一地域的本土化,如阿拉伯地区语言教材的本土化等。因此"本土化"教材可涵盖"国别化"教材和"区域化"教材,即"本土化"教材既可以指某一国家的"国别本土化"教材,也可以指一个区域的"区域本土化"教材。

"本土化"教材与"国别化"教材这两个术语,在使用时往往因说话人的国籍不同而产生差异,中国人可能经常将"本土化"和"国别化"两个词混用,从这一角度看"本土化"与"国别化"可算同义词;而外国籍人士可能更倾向于使用"本土化",尤其是身处本国的情况下,这种倾向会更明显。如一个缅甸老师在缅甸给别人介绍自己编写的教材时,可能会很自然地说,"这是我们编写的'本土化'汉语教材",而不大可能使用"这是我们编写的'国别化'教材"。

从以上分析可以看出,"本土化"一词的内涵和外延都比"国别化"更丰富,适用范围更广,不论是针对一个国家的"国别化"还是针对一个区域的"本土化",都可以用"本土化"一词替化。"本土化"教材这一术语用于国际汉语教学比"国别化"教材更具优势。

"本土化"教材的编写者一般应具有如下理念:文化的多元性与普同性同等重要,充分尊重学习者所属国家文化,并努力在国别语言教材中既反映人类的共同文化,又反映目的语文化和学习者国家或民族的文化;语言差异是文化差异的重要组成部分,充分认识目的语和学习者母语之间的差异,有利于提高外语学习效率;相信使用学习者熟悉的话题作为目的语的学习内容有助于提升学习者对目的语的学习兴趣。在以上理念指导下编写出的"本土化"教材则通常具有与"普适性"教材相反的五个特征:

1. 教材名称本土化。多数"本土化"教材的名称往往具有鲜明的本土化标签。如《中日交流标准中国语》《泰国人学汉语》《对日汉语语音教程》等;当然也有一些教材从名称上看不出本土化特色,但却是广受欢迎的"本土化"教材,如美国姚道忠、刘月华主编的《中文听说读写》便是一例。

2. 教材内容本土化。"本土化"教材的一些内容往往带有鲜明的国别或区域文化色彩和与中国文化对比鲜明的内容。例如法国汉语教材可能应该包括埃菲尔铁塔、卢浮宫、法国时装和香水、拿破仑等;越南本土化汉语教材应该编入端午节、中秋节、春节等,这些节日与中国相同,却有着不同的过节习俗。

3. 部分词汇本土化。教材中可能应该编入一些国别特色词汇,如泰国汉语教材应该编入一些泰国的地名、热带水果、特殊食品、社会文化等方面的词汇,如曼谷、清迈、普吉、大王宫、榴莲、山竹、鸡油饭、酸辣虾汤、糯米芭蕉粽、双条车、泰国国王、佛教等。

4. 注释语言母语化。教材中的注释一般使用学生母语,以便学生对有关疑难问题能理解透彻。如缅甸汉语教材的注释应该使用缅语,法国汉语教材的注释应该使用法语,西班牙语国家使用的汉语教材注释应该使用西班牙语。

5. 语言难点对比化。教材中可能编入大量汉语与学生母语对比的内容,如语音、语法、书写符号等对比内容,以便学生充分了解两种语言的差异。

二、两类教材的特质、优势和不足

"本土化"和"普适性"两类语言教材具有不同的适用性。"本土化"汉语教材主要适用于海外汉语教学,即主要适用于一个国家或使用相同母语且文化背景相似度较高的一些国家的汉语教学;教学对象往往比较单一,具有相同母语和文化背景;目的语和母语的异同成为重要的教学目标;使用"本土化"教材的教学层次主要是初级和中级。而"普适性"汉语教材多适用于中国国内的对外汉语教学;教学对象多为编入同一班级的多国别学生;目的语和学生母语的异同往往不列入教学目标,主要原因不是不需要而是不能兼顾多国别学生的多种母语;"普适性"语言教材往往适用于各种教学层次。为深化对两类教材差异的认识,我们可以从两类教材的特质、优势和不足三个方面进行深入对比。

(一)两类教材特质对比

"普适性"语言教材与"本土化"语言教材有很多区别与联系,我们抽取10个方面的特质列表比较,具体见下表。

"普适性"汉语教材与"本土化"汉语教材的特质比较

对比项目 \ 两类教材	"普适性"汉语教材	"本土化"汉语教材
1 词义释义使用语言	一般使用汉语或英语	学习者母语
2 两种语言差异、重点和难点(初、中级)对比	很少	很多
3 话题内容	多为目的语国家相关话题,很少有学习者国家国情、社会、文化方面的内容	目的语国家相关话题居多,但学习者国家国情、社会、文化占相当比重
4 与学习者国家教育体制接轨度	很低或完全不接轨	很高
5 配套辅导和练习主要使用语言	汉语或英语	汉语和学习者母语
6 对特定学习群体的针对性	弱	强
7 反映人类文化的共性与个性	反映共性较多,个性较少	同时反映人类文化共性和个性,两者兼顾
8 对人类存在共同的语言认知的心理机制的看法	坚信人类存在共同的语言认知的心理机制	相信这种机制的存在,但同时相信不同母语背景对第二语言习得会产生不同的适移作用
9 从经济角度看投入产出效益	一般来说较高,但主要取决于教材质量和推广成功与否	与国家大小、学习人数多少紧密相关,开发得好,效益也会不错
10 教材内容选编的主要依据	主要是编者认为应该编入的内容	编者认为应该编入的内容与学习者需要学习的内容兼顾

(二)"普适性"语言教材的优势和不足

"普适性"教材具有很多优点,如节约研发成本,不必每个国家研发一套,一旦市场开发成功,经济效益巨大,但也存在以下不足:

1. 忽略学习群体差异,针对性不强。"普适性"教材的编写理念建立在人类具有共同的语言认知心理机制的基础上,编写教材时只能把注意力集中到各类学习群体普遍关心的问题上,因而往往忽略学习群体的差异性,导致针对性不强。

2."普适性"语言教材容易忽略人类文化的多样性和差异性,并可能导致跨文化交际问题。"普适性"教材注重展现人类文化的共性,即人类文化的普同性,从而在一定程度上容易忽略现实世界人类文化的多样性和差异性,往往顾及不到特定学习者的国别文化,这种顾此失彼的情况常常使一些学习者群体对有关文化内容感受到的是距离感而非亲切感,从而可能降低学习兴趣。教材内容可能导致跨文化交际问题。文化的多元性是人类文化的基本特征,不同文化背景的学生对不同的文化内容往往有不同的认知和价值判断。因此"普适性"语言教材中的一些文化内容可能导致不同程度的跨文化交际问题。如穆斯林文化与非穆斯林文化、东方文明与西方文明中的一些敏感问题就有可能引发跨文化交际问题甚至引发文化冲突。

3. 语言对比分析较少或缺失。"普适性"教材既然强调普适,那就很难顾及目的语与母语的差异给语言教学带来的问题,因为它面向的学习者可能是多种母语的学习者,不可能做到根据学习群体各种母语特点实施因材施教,针对所有学生母语进行语言对比分析。

4. 非英语母语学习者学习效率受到影响。"普适性"教材由于强调其通用性,往往用英语解释词义和对难点进行注释。我们首先承认英语在各种国际交往中已经成为一门国际通用语的地位,但我们同时也要承认全世界尚有几十亿人不会讲英语,而且对于许多英语作为第二语言的外语学习者来说,其英语熟练程度也往往参差不齐,无法与母语相比。因此,对非英语母语的第二语言学习者来说,不用学习者的母语标注词义和注释,常常导致很多非英语母语的第二语言学习者不能借助母语完全领会目的语的相关知识,从而使学习效率和学习效果大打折扣。

(三)"本土化"语言教材的优势和不足

"本土化"教材具有如下几个优势:

1. 母语注释，可提高学习效率。用学习者母语给生词和短语标注词义，在初、中等教材中全部或部分使用学习者母语讲解目的语难点和需要特别注释的问题，在提高初学者学习效率方面有明显作用。

2. 重视语言对比，针对性强。充分重视学习者母语与目的语的差异并进行比较和注释，有利于学习者在深入理解语言差异基础上克服母语对目的语的负迁移作用。

3. 有利于提高学生的学习兴趣。学习内容中包括相当一部分学习者熟悉的本国社会文化内容，有利于提高学习者的学习兴趣。

4. 与有关教育体制接轨度高。"本土化"语言教材往往为某一国家语言教学需要量身定做，教材体系能较好地与学习者所处国家和地区的教育体制接轨。

5. 特定市场占有率高。"本土化"教材如果开发得好，并能得到政府支持，市场占有率往往会很高。因此，开发"本土化"语言教材能够带来的市场效益不一定比开发"普适性"语言教材所能带来的效益低。

除以上优势外，"本土化"教材也存在一些不足。主要表现为"一高一大"，即研发成本高，研发难度大。"本土化"教材的设计、编写、制作成本一般比"普适性"教材成本要高，往往需要精通目的语和学习者母语、深入了解两国文化的中外专家紧密合作才能很好地完成，因此，从这个意义上说"本土化"语言教材更难编写。一般说来"本土化"汉语教材主要是初、中级教材，虽然高级汉语教材也有本土化的问题，但随着汉语难度的加深，目的语原文的教学内容会逐渐增多，本土化特色会越来越弱。

三、"普适性"汉语教材与"本土化"汉语教材的相对性和互补性

（一）两类教材的相对性

从上文表中的对比情况可以看出，"普适性"和"本土化"两类教

材各有长短，可互相借鉴，取长补短。

"普适性"并非绝对的"普适"，而只能是相对的"普适"。也就是说，没有一套语言教材可以适合全球所有的学习者，所谓的"普适性"教材也只能是相对比较适合各个国家特定学习群体的教材。英语教材中的《新概念英语》（New Concept English）可以算是"普适性"教材，但也并非适合所有的学习对象，因而是一套相对的"普适性"教材。"本土化"教材中的"本土化"同样是一个相对的概念，也只是相对于一个国家的某一类学习群体而言，如泰国小学汉语教材、缅甸中学汉语教材、马来西亚大学汉语教材等，而且一些教材可能仅适合于某个国家的某些地区。如美国、俄罗斯等国家的不同地区可能需要不同的"本土化"教材。

（二）两类教材的互补性

"普适性"教材和"本土化"教材两个概念看似相互对立，实则具有很强的互补性。

"普适性"教材是我们应该追求的美好理想和目标，而"本土化"教材所追求的对特定学习者的针对性，也非常值得"普适性"教材借鉴。在教材编写实践中，如果我们先编写好一套相对较好的"普适性"教材，再以此为基础进行面向多国的"本土化"改造，可能比每一个国家各自从零开始编写一套"本土化"教材更省时省钱，也更便于保证质量。《新概念英语》原版在不同国家使用时，加入了一些"本土化"元素，如在中国增加汉语注释、难句甚至全文配上汉语译文，部分语法内容配上汉语讲解、练习等，可以说，已经成为一套"被本土化"了的"普适性"教材。这种"普适性"语言教材的"本土化"做法虽然没有把它完全变成"本土化"教材，但为"普适性"语言教材的部分"本土化"提供了有益的尝试。

（三）仅从名称不能准确判断"普适性"还是"本土化"

需要指出的是，冠以某国汉语教材名称的教材不一定都是真正意义上的"本土化"教材，只使用了学生母语对词汇进行词义标注，而没有任何汉语和学习者母语的对比，没有任何体现国别文化特色的教材并非真正意义上的"本土化"教材。而没有注明"本土化"的教材也不一定就是"普适性"教材。在2000—2009年10年间国内出版的对外汉语教材中,97.6%的教材从名称上看不出任何本土化特征,但并非这些教材都是"普适性"教材。这些教材的编者为教材预设的学习者都是潜在的来自不同国家的学习者,编者试图编写出适合所有国家潜在学习者需求的教材,而事实上,能达到这一"普适性"要求的教材极少。这一结果可能是因为长期以来中国对外汉语教学实践中实行多国学生混合编班对教材编写者带来的潜在引导作用所致。判定一套教材是否属于"普适性"教材,除了教材本身各要素的"普适性"之外,最为重要的标准是要通过市场的长期检验,是否能被各国学习者普遍接受。《新概念英语》风靡全球数十年不衰,可谓"普适性"语言教材的成功典型。我们应该研究全球流行的"普适性"语言教材的特点及其编写规律,并将其借鉴到"普适性"汉语教材编写中来,争取早日编写出"普适性"汉语教材。

本文表中所列两类教材10项特质的对比可以作为判断一套语言教材属于"普适性"还是"本土化"教材的初步区分标准。

(四)"区域化"教材是非常值得研究的一类"本土化"教材

作为"本土化教材"中的一类"区域化"教材在国际汉语教学中同样需要。例如,属于苏联的中亚地区,由于俄语的普遍使用、共同的宗教信仰、相似的社会文化等因素,编写普遍适合这一地区的区域化汉语教材应该是完全可能的。又如西亚、北非的阿拉伯地区,有共同的母语——阿拉伯语和共同的文化——穆斯林文化,这为编写出普遍适用于这一地区各国的"区域化"汉语教材提供了坚实的语言文化基础。此类教材的研究不仅具有良好的学术价值,而且具有广阔的应用前景。因此"区域化教材"在汉语国际传播的教材建设中应予重视,在学术研究中也很值得探讨。

(五)"通用型"汉语教材是中国对外汉语教学中发挥重要作用的"普适性"汉语教材

中国国内的对外汉语教学界长期以来一直在努力编写"通用型"

汉语教材,以适应多国学生混合编班的实际教学需要,这些"通用型"汉语教材其实就是本文所说的"普适性"汉语教材,尽管其"通用性"仍需不断提高,但在过去几十年中国国内的对外汉语教学和部分海外汉语教学中发挥了重要作用,并仍将在未来中国国内的对外汉语教学中继续发挥重要作用。

四、"本土化"教材的四个要素

"本土化"教材正在成为学术圈的一个流行术语,那么"本土化"教材应该包括哪些要素呢?

一些汉语教学界的著名专家早就直接或间接地探讨过"本土化"汉语教材建设问题。

杨庆华指出:"我们现有的教材,几乎都是通用性教材。这种情况难以满足不同的要求。所以新一代教材建设,尤其是供国外使用的教材,要考虑国别、民族、文化、环境的特点,提倡中外专家合编教材。教材有了针对性,才有更好的适用性,才能有更高的实效性。"[1]赵金铭对"本土化"教材的特点进行了总结,他指出:"其特色是:(1)在教材'量'的剪裁上与当地学制、学时的限制性规定相吻合,使用方便;(2)课文内容与当地国情、民俗相结合,有个性,故具较强的吸引力;(3)语法条目、词汇选择是建立在特定范围的语言对比基础上,故针对性强。"[2]国家汉办许琳主任提出了"本土化"教材"三贴近"的努力方向:"我们正在着手对'走出去'的汉语教材从根本上进行改革,改革的目标是三贴近,即贴近外国人的思维,贴近外国人的生活,贴近外国人的习惯,来编汉语教学的教材。"[3]

不论哪类教材的编写都应该遵循教材编写的基本原则,即针对性、科学性、实用性、规范性、趣味性等。"普适性"教材可能更多关注科学性、系统性、规范性、通用性等,而"本土化"教材可能在重视科学

---

[1] 杨庆华:《新一代对外汉语教材的初步设想——在全国对外汉语教学基础汉语推荐教材问题讨论会上的发言》,《语言教学与研究》1995年第4期。
[2] 赵金铭:《对外汉语教材创新略论》,《世界汉语教学》1997年第2期。
[3] 许琳:《在世界汉语教学学会第七届常务理事会第二次全体会议上的讲话》,2007年。

性、系统性、规范性的前提下,应特别注意针对性,即对某一国家或地区某类学生的针对性。"教材必须有针对性,为谁而编,为什么样的目的而编,要明有所指,要符合学习者的自身情况与需求"①。李泉曾撰文专门探讨教材针对性问题,其中一部分讨论的就是"国别型教材的针对性"②。

笔者认为"本土化"汉语教材应包含以下四个要素:一是教材容量本土化。教材容量要与该国教育体制、教育政策相衔接。如要针对周学时、选修课、必修课、是否为升学考试科目等因素合理安排教材容量,如某个国家规定,每周汉语教学学时为2学时,但编出来的教材却与国内每周10学时的综合汉语的教材容量相当,一本教材教几个学期还教不完,这样的容量就显然不合适。二是生词注解母语化。尤其是初、中级教材应该用学生母语标注词义,以便学生自学和准确理解汉语词汇。三是难点讲解对比化。对语言点注释时,应通过汉语和该国通用语言的对比,让学生深刻领会两种语言的异同。四是部分话题本土化。教材中除中国相关话题之外,还应该适当编入一些学生熟悉的本土化话题,在学习汉语的过程中不仅学习了解中国文化,也可以学习了解本国文化,而且还可激发学生的学习兴趣。

五、余论

关于"普适"和"本土"的相对性问题,"普适性"是相对的,"可以说几乎没有什么放诸四海而皆准的教材"③,没有绝对的"普适",没有任何一套语言教材适合全球所有的学习者;"本土化"也是相对的,只是相对于"普适性"来说,更具有本土化特色,更适合某一国家或地区。任何一套"本土化"语言教材都不可能适合某一个国家所有的学习者,而只能是就某一个国家的某一学习群体而言。

---

① 赵金铭:《论对外汉语教材评估》,《语言教学与研究》1988年第3期。
② 李泉:《论对外汉语教材的针对性》,《对外汉语教学理论思考》,北京:教育科学出版社,2005年。
③ 陈贤纯:《教材编写与研究"导读"》,《对外汉语教学论文选评》(第二集),北京:北京语言大学出版社,2008年。

"同母语"汉语教材究竟属于"本土化"还是"普适性"教材是一个值得研究的问题。笔者认为"同母语"汉语教材是既非"本土"又非"普适"的第三类汉语教材。除了"普适性"与"本土化"之外,还存在一类既非本土也非普适,专门针对同一母语学生的汉语教材。"同母语"或"语别化"汉语教材《新实用汉语课本》当属此类,主编刘珣教授曾明确指出这套教材是为英语地区而编,当然出版后的使用范围远远超出了英语地区。① 此类教材照顾到了某一语言为母语学习者学习汉语时可能出现的许多共性问题,因而对同一母语学生学习汉语具有很强的针对性。但"同母语"汉语教材往往照顾不到具体国别内容,如国别教育体制、国别文化、国别学时与教材容量的衔接等方面的问题,如同样是英语为母语者,英国、美国、加拿大、澳大利亚、新西兰等国学习者的很多情况也往往存在很大的差别,因此,很难体现对国别化需求的针对性。需要特别指出,基于英语的国际语言地位"同母语"汉语教材中的"英语母语"汉语教材在国际汉语教学中有时被作为"准通用型"汉语教材使用。

国际汉语教材研发出路何在？不论是中国还是世界其他国家,迄今为止都还未编出一套真正意义上的"普适性"的汉语教材。笔者认为"普适性"教材与其说是一类教材,还不如说是一种教材编写的理想,一个应该努力追求的目标和方向。有了这个理想和目标,人们才会不断努力提高教材的科学性、系统性和规范性,并实现经济效益的最大化。然而,我们要清醒地认识到,要编写出高水平的"普适性"教材绝非易事。我们应该努力追求理想境界而又立足"本土化"教材存在巨大需求的现实,充分重视目的语环境与非目的语环境的差异和对外汉语教学与海外汉语教学的差异,努力加强针对性,编写一批优质的"本土化"教材。真正"普适性"的汉语教材是一个难以实现的理想,但可以作为一个永恒的努力方向,而"本土化"汉语教材则是一个看得见摸得着的目标,是提高各国汉语教材针对性的现实出路。

---

① 刘珣:《为新世纪编写的〈新实用汉语课本〉》,《暨南大学华文学院学报》2003年第2期。

新旧《国际汉语教师标准》对比分析

邵 滨 邵 辉

一、《国际汉语教师标准》(2012年版)修订背景

自从2004年11月全球首家孔子学院在韩国举行了揭牌仪式,随后伴随着孔子学院在全球的发展,汉语热在全球持续升温,汉语国际推广事业蓬勃发展,使得国内外对汉语教师的需求持续增长。这一需求包括两个方面:一方面是绝对数量上的市场需求的增加;另一方面是对国际汉语教师的各方面素质、技能的需求也越来越高。汉语国际推广事业的持续发展,国际汉语教育的"落地生根",关键在于高素质的国际汉语教师。为促进国际汉语教师专业发展,建设高素质的国际汉语教师队伍,基于国际汉语教育教学的特点和规范管理的需要,孔子学院总部/国家汉办2007年研究制定了《国家汉语教师标准》(以下简称《旧标准》)[1],并于当年正式发布出版。

《旧标准》为建设高素质的国际汉语教师队伍发挥了重要的作用,但随着国际汉语教育事业蓬勃发展,目前国际汉语教学形势发生了新的变化,其特点:(1)随着"汉语热"的持续升温,学习汉语人数越来越多;(2)汉语成为海外中小学外语学习的重要选择,学习者越来越呈低龄化趋势。随着孔子课堂走进外国社区与中小学,越来越多

---

[1] 国家汉办/孔子学院总部:《国际汉语教师标准》,北京:外语教学与研究出版社,2007年。

的外国家长认识到了汉语的价值与魅力,也更愿意他们的子女从小学习汉语,从而提高他们未来的潜在竞争力;(3)国际汉语教学市场需求呈现专业细化的特点,学习者的需求各不相同:有需求商务汉语的,有需求中华文化风俗礼仪的,有需求日常生活交际的,有需求能过 HSK 考试的,等等,不一而足。国际汉语教育形势的发展对国际汉语教师各方面的素质提出了更高要求。

在第七届全球孔子学院大会开幕式上,刘延东指出,2012 年汉语国际推广事业实现新发展,已建立 400 所孔子学院、500 多家孔子课堂,注册学员 65 万人,为各国人民开启了认识中华文化和当代中国的窗口,对沟通人民与人民之间的情感与友谊、促进不同文明间的交流互鉴发挥了重要作用。①

与此同时,国内外的汉语国际教育人才培养和师资培训也对《旧标准》提出了迫切的要求。自 2007 年国务院学位委员会专门设立了汉语国际教育硕士专业学位以来,国内高校也日益重视国际汉语教育人才的培养,截止到 2012 年培养院校增至 83 所,在校生近万人。多所院校探索与国外孔子学院、高校联合培养符合本土要求的国际汉语教师。许多外国教育机构和孔子学院也纷纷设立汉语师范专业,积极开展各种类型、各种层次的汉语教师培训。孔子学院总部每年都组织培训外国汉语教师、赴外汉语教师和志愿者,人数超过万人。国内外的汉语国际教育人才培养和师资培训迫切需求更合适的教师标准。

《旧标准》自 2007 年发布以来,得到汉语教学界的广泛关注,国内外不少专家学者及培训教学机构提出了建设性意见。随着汉语国际推广事业的蓬勃发展,《旧标准》已经不能满足新形势下各方面对于国际汉语教师的需求。为此,孔子学院总部/国家汉办在借鉴了国内外有关外语教师标准及其最新研究成果的基础上,又组织来自 100 多个国家的千余名专家学者和一线教师参与了修订工作,推出

---

① 《刘延东在第七届全球孔子学院大会开幕式上指出办好孔子学院 为增进中外了解友谊架起沟通之桥》http://chinese.cn/conference/article/2012—12/17/content_477187.htm.

《国际汉语教师标准》2012 年版(以下简称《新标准》)。①

二、新、旧《国际汉语教师标准》总体框架对比

《旧标准》就整体布局而言分为:5 个模块,10 个标准,52 个次标准,585 项基本内容。每个模块下设立 1 到 4 个不等的标准;每个标准下确立 5 到 10 个不等的次标准;次标准下又包含了数个基本概念范畴和基本能力。《旧标准》按"模块"—"标准"—"次标准"—"具体内容"这样一种 4 个层级的格局来排列的。

《新标准》的整体布局是:5 个标准,17 个次标准,58 项具体内容。每个标准下设立 3 到 6 个次标准,每个次标准下包含 2 到 4 项具体内容。《新标准》则是按"标准"—"次标准"—"具体内容"3 个层级格局来安排的。

《旧标准》由 5 个模块组成。分别是:

(1) 语言基本知识与技能。包括 2 个标准:"汉语知识与技能"和"外语知识与技能"。对国际汉语教师应掌握的汉语基本知识和技能进行了详细的描述。例如:标准一、汉语知识与技能就分为 5 个次标准(即"基本知识"加上"听""说""读""写"4 项能力);

(2) 文化与交际。包含 2 个标准:"中国文化"和"中外文化比较与跨文化交际"。要求教师具备多元文化意识,同时了解中外文化的主要异同以及跨文化对语言教学的影响,并将上述理论知识应用于教学实践之中;

(3) 第二语言习得与学习策略。只有 1 个标准:第二语言习得与学习策略。要求教师了解第二语言习得与学习策略的基本理论,并能运用于指导汉语教学实践,帮助学习者成功学习汉语;

(4) 教学方法。包括 4 个标准:"汉语教学法""测试与评

---

① 《国际汉语教师标准(2012 年版)》目前还没有正式出版国家汉办 2012 年在新闻发布会上曾向记者们发送了自印本。

估""汉语教学课程、大纲、教材与辅助材料""现代教育技术及运用"。要求教师掌握汉语作为第二语言的教学理论和教学法知识,具备教学组织能力和实施能力;

（5）教师综合素质。只有一个标准:教师综合素质。主要对教师的职业素质、职业发展能力和职业道德进行描述。

《新标准》由5个标准组成,分别是:

（1）汉语教学基础。包含4个次标准:"具备汉语交际能力""具备基本的汉语语言学知识和语言分析能力""了解第二语言学习基本原理""熟悉第二语言教学基本原则与方法"。描述了国际汉语教师应具备符合职业需要的汉语交际能力;具备基本的汉语语言学知识、语言分析能力;了解第二语言学习的基本原理;熟悉第二语言教学的一般原则和主要教学法;

（2）汉语教学方法。包括4个次标准:"掌握汉语教学的基本原则与方法""掌握汉语语音、词汇、语法和汉字教学的基本原则、方法与技巧,了解对汉外语言主要异同,并能进行有针对性的教学""掌握汉语听、说、读、写教学的特点、目标、原则与方法,并能进行有效的教学""了解现代教育技术,并能应用于教学"。阐明了国际汉语教师应掌握的汉语语言要素和语言技能、教学的主要内容、基本原则和教学方法;应具备汉外的语言对比能力;具有运用现代教育技术进行汉语教学的能力;

（3）教学组织与课堂管理。包括6个次标准:"熟悉汉语教学标准和大纲,并能进行合理的教学设计""能根据教学需要选择、加工和利用教材与其他教学资源""能设计课堂教学的任务与活动""能进行有效的课堂管理""能有效地组织课外活动""了解测试与评估的基本知识,能对学习者进行有效的测试与评估"。阐明了对国际汉语教师的具体要求:应熟悉汉语教学标准与大纲,并能设计教学;应具备选用教材和利用教学资源的能力;能设计教学任务并组织课堂活动,实施有效的课堂管理;能通过课外活动发展学习者自主学习能力,并对其进行有效的测试和评估;

(4) 中华文化与跨文化交际。包括 4 个次标准:"了解中华文化基本知识,具备文化阐释和传播的基本能力""了解中国基本国情,能客观、准确地介绍中国""具有跨文化意识""具有跨文化交际能力"。标准要求国际汉语教师应掌握中华文化和中国国情基本知识,具备文化阐释和传播的基本能力;应具有跨文化意识和交际能力,能有效解决跨文化较交际中的问题;

(5) 职业道德与专业发展。包括 3 个次标准:"具备教师职业道德""具备良好的心理素质""具备教育研究能力和专业发展意识"。阐明了国际汉语教师应具有的职业道德与专业发展意识:教师应具备作为国际汉语教师的职业道德与心理素质;能进行教育研究,具有教学反思能力;参与专业培训和学术交流,努力寻求专业发展机会。

新、旧《国际汉语教师标准》对比,明显的特点就是《新标准》在《旧标准》框架的基础上进行了大幅度的删减凝练,删减了大量《旧标准》中无效的条目,请见下表。经过凝练、归纳与总结,《新标准》突出了汉语教学、中华文化传播和跨文化交际三项基本技能,更加注重学科基础、专业意识和职业素养,增强了在国际汉语教师培养与培训中的实用性、操作性和有效性。

新、旧《国际汉语教师标准》内容对比表

对比项目	具体内容总量	汉语教学基础	汉语教学方法	教学组织与课堂管理	中华文化与跨文化交际	职业道德与专业发展
《旧标准》	585 项	126 项	128 项	127 项	124 项	80 项
《新标准》	58 项	9 项	11 项	18 项	13 项	7 项
变动趋势	减少 90.0%	减少 92.8%	减少 91.4%	减少 85.8%	减少 87.9%	减少 91.2%

三、新、旧《国际汉语教师标准》具体内容对比

1.《旧标准》模块一和模块三:"语言基本知识与技能""第二语言习得与学习策略"说的是教师应掌握汉语和至少一门外语的基本知识,掌握相应"听""说""读""写"能力;并了解第二语言习得与学

习策略的基本理论和知识,并用于指导汉语教学实践。上述内容在《新标准》里合并成为标准1:"汉语教学基础"。

《新标准》在《旧标准》基础上增加"1.1.2 具有提高自身汉语水平的意识和能力""1.4.1 熟悉第二语言教学的一般原则,并具有将其与汉语教学实践相结合的意识和能力"。

从上述两点我们可以看出《新标准》更为关注教师的自身学习与成长。通过使教师意识到只有自身不断学习,从而提高自身水平和各方面素质也是十分重要的,同时也符合我们建设"善于学习、不断学习、全民学习、终身学习的学习型社会"的要求。对于这一点,有的学者提出:教师应是学习者、研究者,是知识的建构者,教师通过在实践中不断地学习和反思,实现专业知识和能力的不断提升,达到专业发展的理想境界。① 同时也可以看出《新标准》已经不拘泥于简单的知识点的掌握,而是要求国际教师将理论更好地运用于教学实践,在实践性和操作性上有所增强。

2.《旧标准》的模块二"文化与交际"包含:中外文化和跨文化交际。它的内容大致相当于《新标准》的标准4"中华文化与跨文化交际"。与《旧标准》相比,《新标准》多了以往没有的两项具体内容:"4.1.4 掌握相关中华才艺,并能运用于教学实践"、"4.4.3 能使用任教国语言或英语进行交际和教学"。

以往就才艺而言,无论是汉语国际教育硕士的培养,还是外派教师与志愿者的培训,都要求有一技之长的才艺,能够更好地辅助于汉语教学,但并未做硬性的规定。随着国际汉语教育形势的发展以及海外对于汉语教学的需求,掌握相关中华文化才艺,并能运用于教学实践,已经成为对于合格国际汉语教师的基本要求。

至于"4.4.3 能使用任教国语言或英语进行交际和教学"可谓是"针砭时弊",对于我国外语教育有所了解的人就会发现,学生虽然至少从初中时就开始学习英语,国家也为此投入巨大的人力物力,但是最后"生产"出来的却大都是"哑巴英语"(只能看,不能说),实是让人

---

① 王添淼:《成为反思性实践者——由〈国际汉语教师标准〉引发的思考》,《语言教学与研究》2010年第2期。

心痛。关于4.4.3虽然目前还难以做到,但是作为一个可以期望达到的目标,它的意义却很重大,这要求国外院校及相关机构更要重视对未来国际汉语教师外语水平的培养与培训。

3.《旧标准》模块四"教学方法"大致对应《新标准》的标准2"汉语教学方法"和标准3"教学组织与课堂管理"。《新标准》在标准2下2.2.3中特意列出"具备汉外语言对比的能力",由此可以看出对于国际汉语教师的要求也越来越高。不单单是掌握,还要能"中西合璧",通过汉语和外语的对比分析让学习者学好汉语。《新标准》标准3下3.5.3"能根据学习者特点组织课外活动"更是对国际汉语教师提出的"挑战"。组织一次成功的课外活动需要国际汉语教师具备较高的综合素质与能力,更何况还要"能根据学习者的特点"来组织。这让我们自然而然想到了著名学者刘珣先生曾说过的话:国际汉语教育绝不是"小儿科";也绝不是"是个中国人就能教汉语",而是一门精深的学科。[①]

4.《旧标准》模块五"教师综合素质"和《新标准》标准5"职业道德与专业发展"有很多相同之处。主要要求国际汉语教师应该具备的职业道德、心理素质以及教育研究和专业发展的意识和能力。《新标准》在具体内容的描述上突出了"5.1.2遵守法律和职业道德规范",在《旧标准》的基础上凸显了遵守法律的要求。

四、新、旧《国际汉语教师标准》总体特点对比

《旧标准》是针对国际汉语教学对师资的要求制定的,在汉语作为第二语言教学史上尚属首次,为国际汉语教师的培养、培训、能力评价和资格认证提供了依据。当然《旧标准》也存在的一个突出问题是:对国际汉语教师需要具备的知识、能力和素养的描写过于平均用力,相关规定缺乏层次性,即没有明确和突出哪些知识、能力和素养是一个合格的国际汉语教师必须具备的,哪些是教师不断完善自身

---

① 刘珣:《对外汉语教育学引论》,北京:北京语言大学出版社,2000年,第27页。

知识和提高自身能力的努力方向。①

《新标准》在《旧标准》原有的框架上进行了凝练,突出汉语教学方法、教学组织与课堂管理、中华文化与跨文化交际三项基本技能,更加注重学科基础、专业意识和职业修养,增强了实用性、操作性和有效性。《新标准》的5个标准构建了国际汉语教师的知识、能力和素质的基本框架,形成了较为完整、科学的教师标准体系,为国际汉语教师的培养、培训、能力评价和资格认证提供了更科学的依据。

从新、旧《国际汉语教师标准》的说明和内容可以看出,新、旧《标准》都具有"指引""评价"和"预测"等作用。说它有"指引"作用:它是"国际汉语教师专业发展的基本准则",因此是引领国际汉语教师教育走向专业化、科学化发展之路的指南针。说它有"评价"作用:它是"国际汉语教师开展教育教学活动的基本规范",是"国际汉语教师培养、准入、培训、考核等工作的重要依据",因此是评价教师水平和教师教学质量的重要依据。说它有"预测"作用:因为作为评价的标准,人们可以就未来一段时期的国际教师培养的走向,以及国家的政策倾向作出判断,积极调整以适应未来发展之需要。

"国家汉办主任许琳介绍,此《标准》(指新)将作为孔子学院中外汉语教师招聘的依据,并于明年开始在世界范围内推行。这一《标准》还是孔子学院教师资格认证、教师培训以及学科体系建设等方面的基础。"②

五、从《新标准》看未来国际汉语教师的培养

《新标准》突出了汉语教学方法、教学组织与课堂管理、中华文化与跨文化交际三项基本技能,指明了未来国际汉语教师培养与培训的方向,对于未来国际汉语教师的培养与培训,必将围绕国际汉语教师教学方法、教学组织、课堂管理、中华文化与跨文化交际等方面能力进行强化。教学方法、教学组织、课堂管理等方面,《旧标准》也都

---

① 李泉:《国际汉语教师培养规格问题探讨》,《华文教学与研究》2012年第1期。
② 李玉兰:《新版〈国际汉语教师标准〉发布》,《光明日报》2012年12月12日。http://reader.gmw.cn/2012—12/13/content_6002313.htm。

有所涉及,这里不多分析。另有几点值得注意:

1.《新标准》中明确提出"掌握相关中华才艺",因此对未来国际汉语教师的培养、培训及考核中,会更加重视教师"掌握中华才艺,并能运用于教学实践"的能力。具有一定才艺的国际汉语教师,例如会演奏乐器尤其像古筝、二胡这样有民族特色的乐器,会太极拳、八卦掌等健身性的武术,擅长民族特色的舞蹈或者是其他具有民族特色的才艺表演能力的国际汉语教师在教学中会更受欢迎。

2.《新标准》明确提出"具备汉外语言对比的能力"和"能使用任教国语言或英语进行交际和教学"。目前国内各汉语国际教育硕士培养院校以及各培训机构对未来国际汉语教师的外语能力要求也越来越高。以汉语国际教育硕士考研为例:绝大多数一类学校的外语成绩目前都已经从2010年的40分提高到现在的50分以上。同时,在应聘中,北京各对外汉语培训机构、国际学校对于外语娴熟的应聘者都会给予适当"加分"。

在不久的将来,精通一门以上外语,能进行语言对比教学的能力,必将成为国际汉语教师必须具备的能力。

3.《新标准》中明确提出"能有效地组织课外活动"。了解课外活动的形式、特点和作用,掌握组织课外活动的基本方法和程序以及能根据学习者特点组织课外活动,良好的沟通组织管理能力是未来国际汉语教师必须具备的能力。拥有良好的组织能力,有效地组织课外活动,使教师和学生更容易打成一片,建立良好的师生关系。因此在未来的相关机构选拔,国际学校、对外汉语培训机构招聘竞争中,有组织实践经验、组织能力的人员将会更受青睐。

4.《新标准》明确提出"遵守法律和职业道德规范"。这进一步规范了未来国际汉语教师必须在法律法规下培养、培训,必须了解所在国的法律规定,在法律规定的范围内从事国际汉语教育活动。国际汉语教师的培养、培训以及工作等,会牵扯到国内、国外的民事、行政方面的法律问题,甚至是刑事法律问题,这将进一步规范未来国际汉语教师的行为,使之规范化、法律化。

汉语教材的"国别化"问题探讨

李 泉

一、引言

21世纪以来,世界范围内"汉语热"持续升温,因应形势发展的需要,中国政府有关部门实施了对外汉语教学观念的重大转变,发展战略"从对外汉语教学向全方位的汉语国际推广转变",工作重心"从将外国人'请进来'学汉语向汉语加快'走出去'转变",推广理念"从专业汉语教学向大众化、普及型、应用型转变"[①]。这样一些转变,以及世界各地孔子学院的建立,进一步促进了汉语学习和汉语教学的国际化。

近年来,随着海外各国学习汉语人数的不断增多,以及学习目标和需求的多元化,缺乏教材或缺少合适的教材便成为海外汉语教学面临的突出问题。在此背景下,面向海外的教材编写问题或者说教材的国别化问题受到了广泛重视,发表了不少重要文章,如赵金

---

① 许琳:《汉语国际推广的形势和任务》,《世界汉语教学》2007年第2期。

铭①、顾安达②、狄国伟③、郭熙④、吴应辉⑤、周小兵⑥，等等，广泛探讨了教学环境及海外汉语教学的多样性与汉语教材编写、海外汉语教材的现状与需求、汉语教材本土化的问题与对策等问题。迄今以"国别化"名义召开的汉语教材研讨会已有四次，进一步促进了"国别化"汉语教材的编写研究。

不仅如此，教材的编写和研究是国际汉语教学一项长期的战略性工作，教材国别化问题涉及教材编写乃至学科理论建设与教学实践诸多方面的问题。比如汉语教材编写的根本问题与关键因素、新形势下国际汉语教材编写的主要类型与体系、教材编写与汉语教学的语言环境、海外汉语教学的多样性及对教材编写的要求、海内外汉语教学的共性与个性及教材编写的异同、汉语教材本土化的内涵与表现、海外汉语教材中"中国故事和文化"与"外国故事和文化"的兼顾与比例，等等。这些问题不仅涉及汉语国际化的进程和发展趋势、学科建设的发展方向和研究重点等问题，更直接关乎汉语教材编写的架构和内容取向，特别是面向海外编写的汉语教材的质量和效用，很值得探讨。当然，值得讨论的问题还包括教材"国别化"的背景、理据、内涵、途径及定位，等等。

本文在前人相关研究的基础上，探讨教材"国别化"观念的由来、教材"国别化"的理据、教材编写"三贴近"（贴近外国人的思维、生活和习惯）问题、"国别化""国别型"与"通用型"的比较及各自的地位与功用，"国别化"提法和导向的适当性与可行性，同时涉及"国别型"教材的实质问题、国际汉语教材的编写趋势及国际"分工"等相关问题。

---

① 赵金铭：《教学环境与汉语教材》，《世界汉语教学》2009年第2期；赵金铭：《对外汉语教学法回视与再认识》，《世界汉语教学》2010年第2期；赵金铭：《何为国际汉语教育国际化本土化》，《云南师范大学学报》（对外汉语教学与研究版）2014年第2期。

② 顾安达、万业馨：《德国大学、中学汉语教材使用现状与需求》，《国际汉语教育》（第三辑），北京：外语教学与研究出版社，2009年。

③ 狄国伟：《国际汉语教材本土化问题、成因及实现策略》，《课程·教材·教法》2013年第5期。

④ 郭熙：《对海外华文教学的多样性及其对策的新思考》，《语言教学与研究》2013年第3期。

⑤ 吴应辉：《关于国际汉语教学"本土化"与"普适性"教材的理论探讨》，《语言文字应用》2013年第3期。

⑥ 周小兵、陈楠：《"一版多本"与海外教材的本土化研究》，《世界汉语教学》2013年第2期。

二、教材"国别化"观念的由来

(一) 基于"通用型"缺乏针对性而提出编写国别教材

事实上,至少20年前就有国内学者针对海外缺少教材而当时国内编写的基础汉语教材主要是通用型,缺乏对使用对象的深入了解和对使用环境的关照,于是,呼吁加强国别和语别的教材编写,以增强教材的针对性和实用性。例如,任远指出:现有教材基本都是没有国别、语种针对性的"通用式",而"单凭一种译文远远无法对付国别、民族、文化、心理等差异所造成的特殊性。"① 同样是英语,英国、美国、加拿大、新西兰等以英语为母语的学生,印度、巴基斯坦等以英语为通用语的学生,各自的情况千差万别,"同一部英译的课本到底是针对谁的呢?"为此,文章指出,"编写针对不同国家、不同语种的'新一代'基础汉语教材,确是当务之急。"杨庆华也指出,"现有教材几乎都是通用式教材。这种状况,难以满足不同国家、不同母语、不同学习环境的学习者的不同要求。"② 吕必松在谈到教材问题时指出:专门针对国外汉语教学的特点编写的教材很少,大部分教材对国外不适用③。海外学者也指出国内编写的一些教材不适合国外的情况。例如,澳大利亚的徐家祯就表示:中国内地编写的课本跟海外大部分大学的学时安排不适应。课文中适当包括重要而有用的中国地名是允许的,但如果出现很多对海外学生来说不重要的地名就不恰当了,如"中关村、王府井"这类的地名以及玛丽、安娜这类"毫无意义"的外国人名。④

以上意见反映了20个世纪90年代以来海外对汉语教材实用化、多元化的需求增多,而当时的教材主要是通用型的,且大都是为

---

① 任远:《新一代基础汉语教材编写理论与编写实践》,《语言教学与研究》1995年第2期。
② 杨庆华:《新一代对外汉语教材的初步设想——在全国对外汉语教学基础汉语推荐教材问题讨论会上的发言》,《语言教学与研究》1995年第4期。
③ 《世界汉语教学》编辑部:《语言教育问题座谈会纪要》,《世界汉语教学》1998年第1期。
④ [澳大利亚]徐家祯:《从海外使用者的角度评价大陆编写的初级汉语课本》,《第五届国际汉语教学讨论会论文选》,北京:北京大学出版社,1997年。

国内编写的,因此不能满足海外教学的实际需要。其中,相关研究所提出的一些问题切中要害,改进措施恰当可行。比如,任远指出:现有"通用式"教材的弱点表现在:一是教材"量"的剪裁与当地的学制、学时不相吻合;二是课文内容过于"通用化",缺少与当地国情、民俗相结合,难以具有较强的吸引力;三是语法条目、词汇选择不是建立在语言对比基础上,难以一针见血地解决问题。据此,文章提出新一代教材必须在"教材容量、课文内容、语言对比"上下工夫。①

可见,20世纪90年代中后期提出应加强"国别、语别"教材编写的主要理据有二:一是教材编写更新换代的学术动因(如何增强教材的针对性);二是国内编写的通用型教材不适合海外教学实际的情况(如何增强教材的实用性)。值得注意的是,相关的论述中并没有明确提出教材编写应"国别化",而这并不是认识上的局限。我们认为,这一期间海内外学者对教材更新换代的研究及其具体意见和建议是有学术意义和应用价值的,主张教材编写不应只关注国内,也应关注国外;不应只编通用型,也应加强国别型、语别型教材的编写,是对外汉语教材编写研究的进步,很有前瞻性和导向性。

(二)基于"走出去"需要而提出教材编写应"国别化"

本世纪以来,随着教学实践和学术研究的深入,特别是为促进教材"走出去"以满足海外汉语教学的需要,而逐步形成了"国别化"的观念。甘瑞瑗较早地将"国别化"定义为"针对不同的国家而实行不同/差别的汉语的教学与研究"②。该文虽提出了国别化对外汉语教学的理念与研究方向,但主要研究的是国别化(面向韩国)的对外汉语教学词表。许琳表示,"我们正在着手对'走出去'的汉语教材从根本上进行改革,改革的目标是教材的三贴近,即贴近外国人的思维、贴近外国人的生活、贴近外国人的习惯。编写方式是中外合作。"③文章虽未提及教材国别化,但所提出的"三贴近"却为主张和支持教

---

① 任远:《新一代基础汉语教材编写理论与编写实践》,《语言教学与研究》1995年第2期。
② 甘瑞瑗:《国别化"对外汉语教学用词表"制定的研究:以韩国为例》,北京语言大学博士学位论文,2004年。
③ 许琳:《汉语国际推广的形势和任务》,《世界汉语教学》2007年第2期。

材编写国别化的学者普遍认可。梁冬梅指出"不少专家学者已经意识到了编写国别汉语教材的重要性",但目前一些所谓国别汉语教材在针对性方面做得还远远不够,"没有充分考虑学习者的特点,没有考虑学习者的母语和汉语之间的差别""教材内容没有与当地情况适当结合,没有针对学习者的难点设计练习"。[1]

2009年12月19—20日,厦门大学汉语国际推广南方基地主办了"2009年汉语国别化教材国际研讨会",明确提出"国别化汉语教材""汉语教材国别化"的观念。郑通涛等人从汉语国别化教材编写理论认知的深化、国别化教材的编写实践、国别化教学与文化因素、国别化教材的立体化建设等几个方面系统梳理了这次会议的成果,并概括了会议形成的"五个重视"的共识:重视国别化的文化表征与各国的教育体系;重视国外非常规学生的学习需求;重视网络传播媒介的巨大作用;重视校际合作、地区合作和国际合作;重视建立国别化教材评价指标体系。[2] 这些意见和建议显然值得重视。更重要的是,这次会议以后,"汉语教材'国别化'的呼声越来越高"[3]。汉语教材和教学的国别化、本土化的讨论受到了空前的重视,发表了大量相关的文章,甚至连出版界、媒体都参与了中国教材如何"走出去"、汉语教材如何国别化的讨论。

三、教材"国别化"理据问题探讨

(一) 教材"国别化"的必要性值得探讨

"教材国别化"已成为当下的热门话题,不少学者把"国别化"看成是教材编写的"趋势""主流""大势所趋",乃至教材编写的"根本出路",如"国别化:对外汉语教材编写的趋势"[4],"针对不同国别的本

---

[1] 梁冬梅:《〈意大利人学汉语〉对汉语国别教材编写的启示》,《国际汉语教学动态与研究》,北京:外语教学与研究出版社,2008年。
[2] 郑通涛、方环海、张涵:《国别化:对外汉语教材编写的趋势》,《海外华文教育》2010年第1期。
[3] 陆俭明:《汉语国际传播中的几个问题》,《华文教学与研究》2013年第3期。
[4] 郑通涛、方环海、张涵:《国别化:对外汉语教材编写的趋势》,《海外华文教育》2010年第1期。

土化教材的编写更是成为汉语教材编写的主流"①，编写本土化教材"成为国际汉语教学事业的大势所趋"②，如此等等。教材的国别化既然如此重要，就应该对其所以重要的理据有明确的共识。然而，迄今对这一问题的讨论还很不充分，而这个问题并非不言自明。

从上文的叙述看，20世纪90年代提出要编写"国别、语别"教材，是学科发展特别是教材更新换代研究的某种必然。其主要理由是：国内编写的通用型教材容量过大（多数内容也偏难），不适合国外的教学；课文内容缺少与当地国情、民俗的结合；通用型教材缺乏与学习者母语的对比。但是，近年来提出的教材"国别化"理据似乎并不明确，虽然也可以看到一些相关论述，但跟需要"（国别）化"相比，还缺乏说服力。事实上，只有对编写国别化教材的必要性和可行性进行充分、深入和细致的讨论，才可能编写出更有针对性和实用性的国别教材，否则，很可能在理论和实践上"走偏"，所编教材也不一定真正体现国别型教材应有的内涵和要求。实际上，目前已有一种不恰当的倾向：认为教材内容和文化取向越国别化越好，与本土结合得越多越紧密越好。由此看来，进一步探讨"国别化"的理据有助于更好地了解教材国别化的必要性，有助于编写出更好的国别型教材。为此，我们愿从近年来有关教材"国别化"研究的文献中梳理和概括相关的理据并加以评析，希望有助于深化对这一前提性和关键性问题的讨论和共识的形成。

（二）教材"国别化"必要性的相关论述简析

1. 教材"国别化"的间接性理据

一些论述国别化教材的重要文献并没有直接论述"国别化"的理据，但是，从中还是可以看到一些相关的理据性论述：(1) 在2009年召开的"汉语国别化教材国际研讨会"的总结报道中，就有可以作为

---

① 陈颖、冯丽萍：《论语言教学环境对本土教材编写的影响——兼谈泰国中学汉语本土教材的编写》，《云南师范大学学报》（对外汉语教学与研究版）2014年第2期。
② 董淑慧：《汉语教材编写的本土化特征——基于〈汉语教科书〉(1954)与通用性教材、"一版多本"的比较》，《海外华文教育》2014年第1期。

举办国别化教材研讨会以及编写国别化教材理由的相关论述:"为适应全球化背景下汉语国际推广的目标,进一步促进对外汉语教材的研究,深化汉语国际教育推广的效果"而主办"本次研讨会"。(2)"只有转变以往以'教师为中心'的理念,树立'以学生为中心'的理念,教材的国别化问题才具备现实操作的可行性。"(3)"'国别化'是为了更好地达到'影响学生文化'的目的。"(4)"当前的国际汉语教育教材,大多数是以编者理念、方式、方法为主导本位编写而成的通用性教材,难以满足不同国家、地域、环境里的汉语学习者的不同需求,教材国别化背后隐藏的是多元文化的现实,是各个国家教育体系的特征,所以,研究国别化的文化表征与各国的教育体系,应该成为需要长期着力解决的关键问题。"(5)"试图编写一部适用于所有国别、所有学习者的汉语教材是无可能的。'国别化'的汉语教材正体现出明确的使用对象与教学目标,与学习者文化背景与日常生活紧密联系等特点,即汉语教材的针对性的要求"①。

上述理据中:其一,有的看法很值得重视,如观点(1)。为适应海外汉语教学的快速发展,促进有关国家和地区国别型教材的研究和编写,以满足教学之需,这是汉语母语国应尽的义务。但是,教材编写的顶层设计是否因此就需要"国别化"则可以见仁见智。

其二,有的看法与实际情况不符,如观点(2)。就我们所接触到的对外汉语教学界的前辈和同行,所看到的有关教材编写研究的文章及参与编写的教材讨论,都是极尽可能地在考虑教材使用对象的需求和使用环境的特点,教材的设计和相关的安排都是"因为学习者和为了学习者"。当然,考虑得是否周全、实施是否恰当和到位则不敢一概而论,但至少不能说没有以学习者为主的观念。这种好像教材编写者从来都是我行我素、不考虑学习者的特点和需求、不考虑中外文化差异的看法实在是对教材编写者的一种误解。

其三,有的观点鲜明但很需要商量,如观点(3)。"国别化"的根本目的是为了增强教材的针对性,以便学习者更好地学习汉语,而不应是更好地"影响学生文化"。退一步说,拿什么文化又是怎样去"影

---

① 郑通涛、方环海、张涵:《国别化:对外汉语教材编写的趋势》,《海外华文教育》2010年第1期。

响学生文化"呢？如果拿中国文化去影响，那不是跟"国别化"有所抵牾吗？"国别化"不就是要关照学习者自己的文化、习俗等"文化表征"吗？

其四，有的观点看起来是可以接受的，如观点（4）（5），但要较真的话，也不尽符合实际。比如，不仅是当前，就是今后也还会"以编者理念、方式、方法为主导编写教材"，因为编者的"理念和方法"是基于教学实践和学习者的需求而形成的，而不是"想当然"。退一步讲，不以编者为主导又该怎样编教材呢？说通用性教材"难以满足不同国家、地域、环境里的汉语学习者的不同需求"，这话似乎有道理，不同国家的学习者的确可能有"不同需求"（比如在语音和语法方面），但是，通用型教材的目标是试图尽可能地照顾到不同国家汉语学习者的"共同需求"，即按照汉语汉字自身的系统规律来呈现教学内容，也即关注的是特定学习目标的汉语学习者的普遍需求，而不是个别国家少数学习群体的特殊需求，这也正是通用型教材的优势所在。说"试图编写一部适用于所有国别、所有学习者的汉语教材是无可能的"，这似乎更加正确，但实际上，通用型教材也只是相对的通用，是某些区域、某些国家、某些学习对象的相对通用，有哪一位编者试图编写一部适用于"所有国别、所有学习者"的汉语教材呢？显然，这种泛泛的批评是没有什么价值的。事实上，所谓国别化教材也不过是通用型教材的一种，是持有相同国别和母语的汉语学习者通用的教材，而"同一国别和母语、同样的学习目的和起点、有着相同文化背景的一类学习者，他们之间的学习动机、学习兴趣、性格特征、认知风格、兴趣爱好、文化修养，以及对目的语及其目的语国的情感态度等，也存在差异性"[①]。可见，"国别化/型"教材的针对性同样也是相对的、有限的，以此来批评"通用型"教材缺乏针对性，不过是"五十步笑百步"而已。

2. 教材"国别化"的直接性理据

有些文献谈到了国别化教材的必要性，或教材本土化的"欠缺与

---

① 李泉：《论对外汉语教材的针对性》，《世界汉语教学》2013年第2期。

成因",可以看作是从不同角度说明教材编写应"国别化"的理据。例如:于海阔等在谈到编写国别化教材的必要性时指出:现有教材在海外大多水土不服[①],许多国内外专家和同行已就此进行过论述,比较突出的问题主要有:(1)内容上太"中国化",未能与当地的国情、民情、地情相结合,如初级阶段出现太多"王府井"这样的地名和"弗朗西斯"这样的音译名。教材中口语和书面语有时分得不够清楚,课文内容太单调、不实用、缺乏真实性等。(2)教材未能充分体现汉语的特征,对字和词的关系关注得不够,忽略了汉语"字"的教学设计,词本位占主导地位。使用的语法术语太多,解释得不够清楚简洁,修辞教学未引起应有的重视等。(3)学时安排上中国内地编写的教材跟海外多数大学的学制不相适应。阅读材料和练习太少,编排不够合理,难度太大,语言教学和文化教学的结合不科学、不紧密等。

上述意见即使确实存在,也未必就是编写国别化教材的充分理据。比如:

关于必要性(1),"未能与当地的国情、民情、地情相结合",看起来是个理由,但也并不那么严重。因为即使是国别教材也只能是适当、有限地结合,并且应是该国普遍熟知的事物、文化、地名、建筑和风情等,如为法国、英国和爱尔兰编写的汉语教材可以分别出现"埃菲尔铁塔、塞纳河""伦敦、大本钟""都柏林、大河之舞",如此等等。而就"王府井"这样的地名来说,只要课文话题和内容表述需要则完全可以编进教材(如"我去过北京的王府井"),而有经验的编者是不会把太多的人名、地名编进教材的。至于说"教材中口语和书面语有时分得不够清楚,课文内容太单调"等,这跟是否需要编写国别教材完全无关。

关于必要性(2),如果确实是一些教材存在的问题,那也跟"国别不国别"不大相干。何况"词本位占主导地位""修辞教学未引起应有的重视"是不是个问题很值得怀疑,至多是可以讨论的学术问题,而不是一个公认的错误。

关于必要性(3),能否成为"必要性"同样值得讨论:主要是为来

[①] 于海阔、李如龙:《关于汉语国际教育国别化教材几个问题的探析》,《民族教育研究》2012年第6期。

华留学生编写的教材,不适合海外的学制是很正常的现象,但不一定非要编写国别教材,面向国外编写的通用型教材也可以大体上解决这个问题。而"阅读材料和练习太少"等问题,是教材编写本身的问题,跟编哪种类型的教材没有关系。至于说"语言教学和文化教学的结合不紧密",那要看跟哪种文化结合?如果是跟中国文化结合不紧密,那倒还是个问题,但也不必太过担心,因为本来就是语言教材,以语言为主并无错,文化本来就是第二位的,是为了更好地学习汉语服务的,而不是相反。如果说跟有关国家的文化不紧密,那也不一定成为编写国别教材的理由,因为即使结合也不一定"过于紧密",主要还是规避某些外国文化和习俗的禁忌,如给伊斯兰国家编写的教材不应出现"东坡肉、梅菜扣肉"这样的词语。

一个有趣的事实很值得玩味:《实用汉语课本》(1981)是一部通用型教材,出版后"很快为世界各地的汉语学习者所选用;古波、帕兰卡、丁云等书中的主人公也就伴随着各国一届又一届的学习者度过了汉语学习的启蒙阶段,有的学生从中学用到大学,有的学习者当了汉语教师以后又用这套书来教自己的学生。"据统计,该教材的第一、二册在很多欧美国家大学中的使用率曾高达75%。"可以说凡有汉语教学的地方,几乎都有这套书的踪迹。""共出过英、法、德、俄等注释本,仅英文版在20年间就印行了17次。"[①]当然,这种"奇迹"是特定时期和多种原因造成的,但至少启示我们:假如教材的质量没有保证,假如这是一套国别型教材,则绝无可能使用时间这么长、使用范围这么广。

综上来看,上述这些教材"国别化"的理据大都是可以商量的,并不都是"硬邦邦的理由",不少"必要性"并不能成为编写国别教材的真正理由。如果仅仅以这样一些间接和直接的"必要性"作为教材"国别化"的因由,作为教材"国别化是大势所趋"的依据,并不能令人信服。如果因此而都来关注和编写国别教材,忽视通用型、语别型和区域型等其他类型教材的研究和编写,则实在得不偿失。

---

① 刘珣:《为新世纪编写的〈新实用汉语课本〉》,《暨南大学华文学院学报》2003年第2期。

四、教材编写"三贴近"问题的讨论

近年来,面向海外编写的教材要"贴近外国人的思维、贴近外国人的生活、贴近外国人的习惯"的观点颇有影响,有学者甚至将其视为"汉语国际教育新思维",主张要"认真推行国家汉办/孔子学院总部提出的'三贴近'原则"①。"三贴近"已然成为教材"国别化"的重要理论依据,海内外许多赞同教材"国别化"的学者大都引此为据。我们认为,如果把这"三贴近"理解为多从这几个角度考虑外国人的相关特点和需求,反过来思考如何结合外国人的"这些特点"来编写更有针对性的汉语教材,那么"三贴近"的原则是可以接受的。然而,仅从字面来看恐怕还看不出这层意思,字面上表达的不是"考虑这些特点"借以编写更加适合外国人学习的汉语教材,而是教材编写本身就应直接去贴近外国人的"这几个方面",如此则"三贴近"的必要性和可行性是很值得讨论的。

(一) 关于"贴近外国人的思维"问题

语言是思维的工具和交际的工具,人类各民族的思维有一致性,所以语言可以学习、可以翻译,借助语言可以进行思想交流;不同民族的思维也有差异性,所以语言学习要注意思维方式和表达方式的不同,语言翻译和语言交流有时会"词不达意"。因此,"学习一种新的语言,就是要克服本族人固有的思维习惯和语言表达方式的影响,接受新的思维习惯。王力先生说:'要学好外语,很重要的事是改变自己的语言习惯''等到自己说外语,或用外语写文章时,是用外语思想的,而不是用母语思想,然后译成外语说出来或写下来的,那就是真正彻底改变自己的语言习惯了。'"②事实也正是如此,海内外第二语言教学界,都把培养学习者用目的语思维当作教学的一个过程性

---

① 刘英林、马箭飞:《研制〈音节和汉字词汇等级划分〉,探寻汉语国际教育新思维》,《世界汉语教学》2010年第1期。
② 赵金铭:《何为国际汉语教育国际化本土化》,《云南师范大学学报》(对外汉语教学与研究版)2014年第2期。

和终极性目标;而作为衡量外语学习者目的语水平的重要标准之一,也正是看他能否以及在多大程度上用目的语思维方式及其语言表达方式来思维和表达。这样看来,要求汉语教学和教材编写要"贴近外国人的思维"的观念就有些难以让人理解,为什么要贴近外国人的思维?怎样去贴近呢?恰恰相反,汉语教学和教材编写要贴近的是中国人的思维和语言表达方式,这符合语言教学目标和教学规律。

(二) 关于"贴近外国人的生活"问题

"贴近外国人的生活"对海内外的汉语教学和教材编写都有一定的必要性和可行性,特别是编写国别型教材。"在国外非目的语环境下使用的教材,内容上要恰当地结合国别文化以及当地学习者的学习环境和学习生活,进行国别化、当地化处理,以便凸显教材内容的民族化和国别化双向取向,更好地发挥教材的文化沟通作用,增强教材的针对性和实用性。"[①]对于编写在华学习者使用的教材,也要适当贴近外国人的学习生活和在华生活。这是因为:语言学习的理想状态是在学中用,在用中学,边学边用,边用边学。因此,海内外的汉语教学特别是语言学习的初中级阶段,设计一些"汉语学习、周末安排、购物、租房、旅行、上网、去饭馆、选专业"等贴近学习者生活的话题,是完全必要和可行的。然而,这种贴近要适当适量,要精打细算,而不能时时处处都去贴近。因为语言教学内容有其自身的目的语知识和能力体系,以及与语言交际相关的文化要素和内涵,不能为了贴近学习者的生活而过于"打乱"既定的教学内容和教学目标。因此,汉语教学和教材编写真正应该贴近的是汉语汉字本身的知识体系以及中国人的现实生活、国情、文化和历史。如果极尽可能地去"贴近外国",那么他们很可能只会用汉语来表达学习者身边的事、自己国家的事,而无法更多地了解中国人、中国事情,因而难以跟中国人进行有效的书面和口头交际。

(三) 关于"贴近外国人的习惯"问题

这里的"习惯"究竟所指为何还不很确知,生活习惯、学习习惯、

---

① 李泉:《对外汉语教材通论》,北京:商务印书馆,2012年,第9页。

风俗习惯还是其他什么习惯？不管是哪一种意义上的习惯，如上文所言，都要适度恰当、精挑细选，并以有利于汉语教学和学习为旨归，以尊重学习者的文化风俗和规避学习者的文化禁忌为要务。这是各种类型外语教材编写的基本要求，不单单是对国别型教材的要求。"语言即生活"，学习语言也是体验一种生活。汉语学习就是一种生活，一种学习和体验汉语表达习惯的生活，一种感知和了解中国文化和价值观念的生活。比如，法国中学生在学唱青海民歌《在那遥远的地方》时，不能理解：为什么愿抛弃了财产，跟她去放羊？为什么愿做一只小羊，跟在她身旁？为什么愿她那只细细的皮鞭，不断轻轻打在我身上？他们认为这是暴力、变态，不是爱情。[①] 如果多数法国人也是这么认为，则正说明中法文化上的差异，因为中国人不会认为这是暴力、变态。因此，从学习者的角度来看，就更有必要借此来了解中国人的思维、隐喻方式、爱情表达方式以及中国人的价值观等诸多方面的语言文化内涵。

（四）本文主张教材编写应"一体现，三贴近"

国际汉语教材的编写应该"一体现，三贴近"：体现汉语汉字的特点及教学法，主要贴近当代中国人的生活和文化、适当贴近人类共通的情感和价值观、有限贴近海外学习者的生活和有关国家的文化。其中，"一体现"即要求教材编写应该体现汉语的语音、词汇、语法、汉字等相关要素的特点及其常规的教学法和教学理念。"一体现"既应系统和全面，又应突出重点和难点。"三贴近"是指教材对话、短文和课文及话题以中国内容为主，以人类共通的内容为辅，而学习者的生活和相关国家的内容则应是少量的。

汉语缺乏形态而注重意合，省略现象颇为常见，量词和虚词数量多且难以掌握，汉语声调重要而难学；汉字是语素文字的唯一代表，是一种类型独特的文字[②]，最大缺点是"见字不知音"，汉字的构成和书写方式与拼音文字完全不同；汉语和汉字的关系不同于其他语言

[①] 李泉：《对外汉语教材通论》，北京：商务印书馆，2012年，第152页。
[②] 吕叔湘：《汉语文的特点和当前的语文问题》，《语文学习》1985年第5期。

与文字之间的关系①,各类补语的教学、"把"字句、"了"的教学,等等,是各国学生普遍性的学习难点和重点,教材编写应突出和加强这些内容的教学。赵金铭总结了附丽于汉语的一些教学法思路:"听说领先,读写跟上""(声调教学)妈麻马骂,汤糖躺趟""字不离词,词不离句""整体识字,先认后写""结构组块,词组本位,精讲多练"②,教材编写同样应该体现这些适合于汉语汉字特点的教学理念和原则。

教学内容应贴近当代中国人的现实生活,兼顾中国的国情、文化和历史,这应该是编写汉语教材的基本原则。英语、日语等作为外语的教材内容主要都是目的语国家的现实生活、文化和历史。学习一种语言主要是为了了解和表达这个国家的"内容",而不是通过所学语言来了解和表达学习者自己国家的"内容",至少在学语言阶段应该如此。此外,外语教材也应涉及一些人类共通的思想、情感和价值观,以及人类社会所面临的共同问题,如环保、污染、贫富差距,以便于语言学习和交流。当然,面向海外编写的汉语教材也要贴近学习者的生活、融入学习者国家的有关"内容",意在凸显教材内容特别是文化的双向沟通和比较,增强教材的针对性和实用性,但前提是要"适当、有限和必要",而绝不是越多越好。

(五)外国人生活内容的"贴近比例"问题

无论是用于国内的还是用于海外的,各类教材的编写都要适当贴近学习者的生活,适当兼顾学习者的文化,这应该是可取的。前者指的是课文内容应适当与学习者的汉语学习生活、社会生活环境相结合,以便于相关词汇和语法的教学,便于降低学习的难度和交际的难度;后者指的是应该把中国文化与学习者的母语文化适当地联系起来,以便于学习者更好地了解汉语及中国文化,便于学习者在汉语学习过程中有话可说。但是,贴近与兼顾的关键在于适度、恰当。何为适度、恰当,并没有一个绝对的标准,我们的初步意见是,汉语教材中贴近外国人的内容应在一两成,不宜超过三成。有人对《意大利人

---

① 李泉:《关于"汉字难学"问题的思考》,《国际汉语传播研究》,北京:商务印书馆,2013年。
② 赵金铭:《附丽于特定语言的语言教学法》,《世界汉语教学》2014年第4期。

学汉语》这部教材的本土化情况进行了考察,发现87%的课文与意大利的生活习惯、国家特色有一定的联系,如课文中的语句"(在意大利某地)中国餐馆周一休息",并对这种"将意大利文化元素以各种方式灌入课文中"的做法给予肯定①。这实在令人匪夷所思,如果教材中意大利的元素真的占到了87%,那就不知道这教材还是不是汉语教材?

五、"国别化""国别型""通用型"再比较

(一)与教材"国别化"相关问题再讨论

显然,编写用之于海外的汉语通用型教材、用之于特定国家的国别型教材,这既是国际汉语教学事业发展的需要,也是学科建设发展的需要,是教材编写和研究应有的内涵。但是,从我们对有关教材国别化理据的梳理和分析,以及对教材编写要向外国人"三贴近"的讨论来看,并没有多少教材编写要"国别化"。国别化是教材编写的"大势所趋"的充分理据,一些"必要性"并不必要,或者比较空泛,或者是各类教材编写普遍存在的问题,而有的"贴近"既不必要也难以操作,等等。因此,在我们看来,教材国别化的提法有些过于"着急"和"超前",也有些不完全符合汉语母语国的"身份"和实际所能,至少不应是汉语母语国现阶段重点努力的方向,同时也拔高了这类教材的地位,高估了这类教材的作用。

"国别化"强调教材编写要关注国别语言、文化、教育体制、学时安排等"国别内容",这基本上可以理解为教材的本土化问题,而教材的本土化或当地化,是外语教学发展到相当程度后由有关国家根据语言教学的发展需要自己去实现的,目的语国可以起到一些促进和支持的作用,但不能也无法越俎代庖,否则就有些"越位实施"。越位实施并不犯规,但所编教材能否真正有特色以及能否被有关国家接受则是大可存疑的。外语教学和教材的本土化需要一个相当长的过

---

① 符媛:《〈当代中文〉(意语版)与〈意大利人学汉语〉课文对比》,中国人民大学硕士学位论文,2014年。

程,是伴随着外语教学规模、层次以及教学理论与实践的不断发展而逐步实现的,并且根本上说是由有关国家政府部门和汉语教学界自己去完成的,因为他们最有话语权和决策权、最了解本国的实际和需求。多年来,中国人自己编写的大量观照了中国学制学时、中国人的情趣爱好和英语学习特点与需求的教材,以及现有的海外有关国家自己编写的各类汉语教材就很好地说明了这一点。

(二) "教材国别化"与"国别型教材"

《现代汉语词典》(第6版)对"国别化"中的"化"的解释是:"后缀。加在名词或形容词之后构成动词,表示转变成某种性质或状态。"照此来看,教材编写国别化就是把本应是多种类型并进的汉语教材编写转变成"按国别来编写"这种状态,这就把本质上只是属于多种类型之一的国别型教材的地位大大提升了。这是教材编写观念和编写实践的重大转型,不可谓不重要,故不可不认真对待。

教材编写国别化的提法意味着编写国别教材应成为汉语教材编写的普遍趋势、长期过程、导向性理念、主体性类型。果如此,则至少可能带来"两个不符合":其一,不符合第二语言教材编写的多元化原则和趋势。一种语言全面而深入地走向世界的标准和努力方向之一,就是促使该语言教学和教材编写的多元化,而不是教学和教材的"单一化"。汉语走向世界的过程,就是汉语教材编写多元化的过程,不仅要有国别型,还要有其他类型的教材;不仅要有通用汉语教材,还要有专门用途汉语教材;不仅要有成人使用的教材,还要有青少年使用的教材,等等。汉语教材编写的顶层设计和具体编写实践都不应走"一型独大"之路。其二,不符合汉语教材编写和研究的现状与发展趋势。"现状"是海内外编写的汉语教材数量越来越多,海外本土汉语教材和国内面向海外编写的教材渐趋增多,正在逐步改变教材紧缺的境况,一些国家和地区可选择的教材增多;国内编写的教材已经基本上能满足国内教学的需要,并且可选择的教材日趋增多,但是,国内外公认的具有模式化意义的精品教材仍还相当缺乏。因此,教材编写和研究的发展趋势应该是,进一步走多样化之路,进一步加强教材编写的理论研究,进一步加强教材编写的创新探索,进一步普遍性提升教材编写的水平和质量,进一步推出具有更新换代意义的各类教材,特别是符合汉语汉字教学规律、具有教学模式和教学法示范意义的精品教材,而不是超前式的直接走教材编写的国别化之路。没有教材编写理论的全面提升,没有更多可借鉴的精品示范教材,国别化教材也难以有质量和水平的大幅度提升。

可见,教材"国别化"的提法和导向,不符合外语教材多元化的原则,也不符合汉语教材编写的现状与应有的发展趋势。尽管这一提法客观上给近年来国际汉语教材的编写和研究带来了新的生机和活力,但从汉语教材编写与研究的顶层设计和长远的发展趋势来看,"国别化"的理念和导向很可能会"更改"汉语教材应有的多元化也即常态化发展进程,并"错位"性承担了更多的由有关国家自己去完成的国别型教材编写任务。

我们曾依据教材适用范围和注释语言的不同,将汉语教材分为通用型、区域型、语别型和国别型[①],所谓"国别化"教材本质上是"国别型"教材,并且与通用型、语别型、区域型教材一样,都只是汉语教材的一种类型,因而称作"国别型"可能更适合对这类教材的定性和定位。"国别化"和"国别型"二者虽一字之差,但内涵却相去甚远,在国际汉语教材体系中的地位、作用和影响大不相同。"国别型"与"通用型"各有所长所短,不宜对立起来,更不宜拿一种类型教材的优势跟另一种类型教材的弱势相比。

国别型教材过去、现在和今后都是汉语教材的一种重要类型,但它不应"化",不应成为主流,不应"一型独大"。当然,我们也要看到,汉语规模化、快速化走向世界只是近十几年的事情,国际汉语教学本土化的程度还很低,许多国家和地区的汉语教学不过是近几年才发展起来的。总体上说,海外汉语教学缺少可选择的合适教材,各国编写的本土教材还不够多。因此,如果有条件和可能,与有关国家的汉语教师合作编写用于该国的教材,并且能在当地出版的话,无疑值得做也应该做,以解燃眉之急。但是,如果条件不成熟,而是我们自己

[①] 李泉、宫雪:《通用型、区域型、语别型、国别型——谈国际汉语教材的多元化》,《汉语学习》2015年第1期。

去给某国编写教材并由中国出版这类教材的话,则要慎重考虑发行的情况、市场的情况和当地的接受情况。我们认为,现阶段乃至今后国际汉语教学获得更大的发展,作为汉语的母语国仍应秉持教材编写多元化的理念,并在此前提下加大通用型教材的研究和编写。

(三)"国别型"教材与"通用型"教材

国别型教材,指的是专为某国汉语学习者编写的教材。一般来说,某一国别的汉语学习者有着共同的母语,有自己独特的历史、国情和文化传统,有相同相近的教育体制和教学要求,等等。因此,专门为某国编写教材可以更好地照顾到有关国家语言、文化等各个方面的特点和要求[①],这是国别型教材的优势。但是,即便如此,我们仍不能对这一类型的教材寄予过多希望,因为国别型教材绝不仅仅是个"标签"的问题,只有充分而恰当地编出国别型教材的优势和特色,才能真正发挥这类教材应有的效果。而做到这一点并不容易,这是因为:(1)国别型教材也是一种通用型教材,一个国家的学习者相同的地方多,可也绝不是在目标需求、兴趣爱好、风俗习惯乃至学时学制等各个方面时时处处都相同,因此同样也有一个针对性的定位和措施落实问题,而这并不比通用型教材容易多少。(2)为特定国家编写教材,有利于语言和文化的对比,这是一般情况和多数情况,但是也有特殊情况,比如有的国家有两种通用语(如瑞士的法语和德语),那么以哪种语言为对比的基础呢?当然这也许并不难,两种语言各编一套即可解决。可是编一套教材特别是编一套精品教材的精力、成本并不是说说就可以做到的。(3)更重要的是,不进行语言的对比,这类教材的优势就体现不出来,可是对比并不是十分简单的事情,且不说对编教者的语言修养有很高的要求,难的是费时费力经过对比编写出来的教材有时并不那么理想。王宗炎指出,英语教材编写的实践表明,通过对比分析所预测的教学难点和重点未必是教学中的真正的难点,而许多情况下没有预测到的难点或预测不会是难

[①] 李泉、宫雪:《通用型、区域型、语别型、国别型——谈国际汉语教材的多元化》,《汉语学习》2015年第1期。

点的地方却成了教学中的难点。① 赵杨强调:"外语学习是个复杂的过程,学习者是这一过程的主体,抛开学习者因素,只通过机械地对比两种语言来预测学习难度,很容易得出与事实不符的结论。""现实情况恰恰如此,预测的许多难点并没有给学习者带来太多的学习困难,根据预测认为容易习得的地方反而出了很大问题。"②因此,不必对国别型教材寄予过高的希望,更不能说国别型是教材编写的主流和趋势,特别是在通用型教材编写还没取得丰富而实用的理论研究成果和编写经验的当下。当然,这绝不是不需要编写国别型教材的理由,国别型教材从来都应是汉语教材编写的一种重要类型,只是我们应以精益求精的精神对待它,以平常心态去看待它。

通用型教材指"不专门针对某类学生的母语,不专门针对某类学生的国别(文化背景)而编写的教材"③。这类教材不仅不能照顾到所有国家的语言和文化的特点和需求,甚至连两个不同母语的国家都照顾不到;不可能跟多数国家的场景和学习者紧密结合起来,如此等等,特别是缺乏对比,都是通用型教材先天的缺憾。但是,即便如此,我们仍不能低估这类教材的作用和优势,不仅如此,在目前作为汉语母语国还未能给海外各国的汉语教学提供更多的、切实可行的关于汉语汉字作为第二语言教学的理念、原则、策略、方法、模式以及教学经验的情况下,通用型教材尤其有着特殊的意义和价值。

英语传播的成功经验表明:英语母语国始终走的是研究和编写各类通用型精品教材之路,并重在提供教学理念、教学模式、教学原则和方法,而不是大力发展国别化教材。已被各国广泛使用的具有编写理念、编写模式、教学方法、内容取向等多方面示范意义的《跟我学》《新概念英语》《走遍美国》,等等,就是这类精品教材的代表,而各国自己编写的本土化英语教材大都借鉴和汲取了这些精品教材的成功经验和相关要素。

至于广被诟病的通用型教材缺乏针对性的问题,事实上也并不那么严重和不可逾越。汉语对各国学习者都是一种"真正的外语",

---

① 王宗炎:《对比分析和语言教学》,《语言问题探索》,上海:上海外语教育出版社,1985年。
② 赵杨:《第二语言习得》,北京:外语教学与研究出版社,2015年,第45页。
③ 吴勇毅:《对通用型教材的一点意见》,《华东师范大学学报》(哲学社会科学版)1993年第4期。

汉字对除日韩外所有其他国家的学习者都是一种"全新的文字",这就为几乎所有汉语学习者编写通用型教材提供了广义的"针对性"和编写依据,而不以某一特定国家的场景为主正是通用型教材的一个特点和优势。事实上,国别型教材也只能是少部分场景选自该国,大部分还应是中国场景或国际化场景(如中国城、唐人街、国际酒店、超市)。海内外较为广泛使用的都是通用型汉语教材,如《新实用汉语课本》《中文听说读写》《当代中文》《发展汉语》(第二版),等等,足以说明这类教材的价值。

六、结论与余论

(一) 主要观点

1. 20世纪90年代基于教材更新换代的学术动因,以及国内编写的通用教材不适合海外教学的需求动因,而提出了编写国别、语别教材的理念。这是合情合理的,是教材编写研究深化的某种必然。

2. 进入21世纪,特别是以2009年召开的"国别化教材研讨会"以来形成的教材编写"国别化"的观念,是对海外汉语教学迅速发展的一种呼应,是试图更有效地推进汉语教学国际化的一种策略,并且客观上深化了汉语教材特别是国别型教材的编写和研究。

3. 现有关于教材"国别化"的理据或必要性,大都是可以讨论和质疑的,其中有的并不那么"必要",有的则是国别型教材同样也存在的问题,即教材编写普遍存在的问题,跟是否"国别化"无关。

4. 教材编写的"三贴近"原则值得商量,其中:贴近"外国人的思维"不符合外语教学的目标,外语教学的最终目标就是使学习者能用目的语思维;贴近"外国人的生活"是合理与必要的,但是应是适当而有限的,更多的还是贴近中国人的生活,讲中国人的故事;贴近"外国人的习惯",需要区分是何种习惯,即使是贴近外国人的生活习惯也应适当而有限,更多的还是要贴近中国人的各种习惯。

5. 本文主张,面向海外编写的各种类型的教材,应该"一体现,三贴近":体现汉语汉字的特点及教学法,主要贴近当代中国人的生活和文化、适当贴近人类共通的情感和价值观、有限贴近海外学习者的生活和相关国家的文化。

6. "国别化"意味着编写用于国别的教材应成为汉语教材编写的普遍趋势、长期过程、主体类型,这不符合第二语言教材编写的多元化原则和趋势,多元化是外语教材编写的常态化;不符合现阶段国际汉语教材编写和研究的现状与发展趋势。俗言之,"一花即使独秀,也不如百花盛开好""大家都好,才是真的好"。

7. "国别化"的理念不可取,但"国别型"教材自有其自身的价值和用途,历来是汉语教材编写的重要类型,但同样不必对国别型教材寄予过高的希望,它的某些优势并非唾手可得。因此,应以平常心态来看待国别型教材的优势、作用和实际可行性。

8. 通用型教材自有其先天性的缺憾,亦有其自身的优势,海内外通用型教材居多,外语教材的精品大都是通用型教材,便很说明问题。推出国际化的精品汉语教材可能还是要靠通用型教材去实现。对于汉语汉字这种"真正的外语"和"独特的文字"来说,面向海外的通用型汉语教材的研发尤其值得关注和期待。

9. 我们"无端地设想",国际汉语教材的编写在多元化的大前提下,应有个大致的国际分工。通用型教材主要应由汉语母语国来编写,并且努力编写出有引领、示范和模式化作用的精品教材。当然没有任何理由表明海外不能或不宜编写通用型教材,事实上海外已经编写了一些广为使用的通用型教材(如美国出版的《中文听说读写》)。国别型教材可能更适合有关国家自己去编写,就像中国人给中国人编写的各类英语教材一样,因为他们更知道该怎么编和怎么用。有关国家的汉语教学真正有所"热"以致"热"得不得了,自然会有人组织编写。比如,西班牙本土出版公司Defusion就组织编写了一套初级汉语系列教材《谢谢》(2009),德国Hueber出版社2010年出版了初级汉语综合教材《聊聊》[①]。教材不仅有编写的问题,还有出版发行、市场确认和教师认可等多方面的问题。

[①] 初级汉语系列教材《xiexie谢谢》1—4册,由西班牙Defusion出版公司2009年出版。初级汉语综合课本《聊聊》,由德国汉语教师Thekia Chabbi编写,德国Hueber出版社2010年出版。

(二) 本文余言

1. 教材编写应加强针对性的设计和实施。事实上,在针对性原则下,完全可以解决"国别化"教材的各种问题,针对性就是要针对教材的使用环境、学时学制等问题,如果是给某国编写的教材,就是要适当融入和规避有关国家的文化和习俗,就是要进行语言对比,等等。换言之,国别化/国别型教材的实质是教材针对性问题,是"针对点"的分析和措施的落实到不到位的问题。

2. 教材编写的问题说到底是理论研究的问题。一些教材质量不高、不适用、不好用,主要是教材编写理论、汉语习得理论、汉语(汉字)本体研究、跨文化教学研究薄弱之所致[1],根本上说,不是国别化和本土化的问题。

3. 中外合作编写是教材编写的重要途径,但同样不能给予过高的希望:几个学术背景、教学经验、汉语教学认知乃至个性完全不同或差异很大的人合作编写教材,他们对教材的整体设计、编写理念的考量、课文内容的选择、练习题型的设置,乃至一句话、一个句子怎么编写,一个注释、一个语言点怎么说明,都可能存在分歧,甚至分歧得不可开交。当然,这种情况可能有点极端,但很可以说明合作编写并不是一件简单易行的事情。此外,合作编写国别教材同样需要进行有针对性的创新研究和精准的实施[2]。

4. 教材要编好,要编出好教材,可是教师对教材的使用同样甚至更为重要。鲁健骥指出:"没有教师的能动作用,编得再好的教材也不能实现它的教学目标。人们总是抱怨没有一本好教材,而一本十全十美的教材永远不会出现。"[3]可见,重要的还在于提高教师对教材的解读和发挥能力,在于提高教师的自身素质和教学水平。有经验的优秀教师从来都能够结合教学对象的特点、水平、需求,结合

---

[1] 李泉:《教材编写的根本问题探讨》,《国际汉语教育研究》,北京:高等教育出版社,2013年。

[2] 丁安琪:《国别汉语教材编写的思考与探索》,《世界汉语教学学会通讯》2011年第1期;吴勇毅:《汉语作为外语环境下的教材编写——以〈汉语入门〉为例》,《第十届国际汉语教学研讨会论文选》,沈阳:北方联合出版传媒(集团)股份有限公司(万卷出版公司),2012年。

[3] 鲁健骥、杨石泉:《教材和教学实践》,《第一届国际汉语教学讨论会论文选》,北京:北京语言学院出版社,1986年。

教材的具体内容和当地的教学环境等因素,来弥补教材的不足,补充相关而必要的教学内容。比如,教师在教"黄河、长江"时结合实地完全可以补充"塞纳河、泰晤士河、亚马逊河",在教"王府井、长安街"时完全可以提到"银座、华尔街",如此等等。正所谓"教材编得好,不如老师教得好"。过于依赖教材、拘泥教材,而不能结合教学实际创造性地使用教材,正是一些教师抱怨教材不理想的一个原因。实际上,教材是死的,教师是活的,不能"只教教材、死教教材",而应结合教学环境和学习者的需求创造性地使用教材,恰当地开发和补充教材。

汉语国际教育背景下文化传播内容选择的原则

朱瑞平　张春燕

一、中华文化海外传播的必然与必要

(一) 中华文化海外传播是因应世界的需求

近十多年来,在多种因素的共同作用下,汉语与中华文化"走出去"的脚步进一步加快。究其原因,一方面固然是因为中国经济经过持续三十多年的高速增长吸引了世界各国较多的关注,世界需要了解中国;另一方面,也是因为在经济全球化背景下,各民族国家为对抗强势文化的不断侵袭而努力谋求世界文化的多元化与多样性,以及不同文化之间进一步加强对话、交流、沟通的需要。杜维明曾指出,全球化会是一种霸权式的均一化过程,泯灭了文化的多样性和敏感性,但是通过对话,它也可以通往真正意义上的全球共同体。此外,对于身份认同的追求可能会退化成极端的种族中心主义与排外主义,通过对话,也可以引向真正的跨文化传播和对多样性的真正尊重。① 因此,今天不同文化之间的对话、交流、沟通显得越来越重要。

世界上越来越多的国家产生了全面和深入了解中华文化的需求,这既不是空穴来风,也不是中国人的一厢情愿。作为一个实力和

---

① 赵晶晶等:《欧美传播与非欧美传播中心的建立》,杭州:浙江大学出版社,2009年,第19—20页。

影响力与日俱增的大国,中国今天的形势和未来的走向实际上是全世界都关心的问题,因为这关涉各国的切身利益。早在 20 世纪 70 年代,英国著名历史学家汤因比就曾说,"中国今后在地球人类社会中将要起什么作用",扮演什么角色,"这是全人类所关心的事情"。① 要了解今天的中国,并进而预判其未来的可能走向,就需要了解中国的历史及其文化。

因工作关系,笔者近五年来常有机会就世界不同国家和地区对中国外派汉语教师及汉语教师中国志愿者(以下简称"志愿者")的需求信息进行统计,研究遍布于全球一百多个国家和地区的孔子学院、孔子课堂及其他汉语文化教育机构对中国所派教师与志愿者的需求状况及其特点、趋势。统计结果显示,海外各语言文化教育机构在提交给孔子学院总部的用人申请中,对汉语教师及志愿者在文化方面(包括中华文化知识、文化素养、文化传播能力等)的需求量越来越大,要求也越来越高。以 2012 和 2013 年为例,有 50% 以上的公派汉语教师岗位的用人单位对教师在"中华文化"方面有要求。② 志愿者岗位在 2012 年有超过 70% 的岗位要求"中华文化"(含中华才艺),2013 年这个比例则上升到 80% 以上。③ 时隔仅一年,用人单位对教师和志愿者在"文化"方面的要求不仅在比例上有所提升,而且在质量上要求也更高(从简单才艺到专门文化教学等)。这从一个小小的侧面说明,不管是因为什么原因或出于什么目的,世界各国的确存在一种普遍甚至强烈的了解中国文化的需求。今天我们讨论中华文化

---

① [英]汤因比、[日]池田大作著,荀春生等译:《展望二十一世纪——汤因比与池田大作对话录》,北京:国际文化出版公司,1985 年,第 293 页。

② 2012 年第一批孔院/课堂及公派教师需求信息显示,88 国的 264 个孔子学院/课堂有 582 个职位,47 国的 114 个机构(主要是大学)有 138 个职位,共计 720 个职位,其中 384 个职位对"中华文化"有要求,占总职位数的 53.3%;384 个职位中的 255 个要求"中华才艺",占总职位数的 35.4%;129 个职位则要求教师"精通中华文化",或"具有丰富的文化知识""文化功底深厚""能讲授中华文化",占总职位数的 17.9%。在 129 个高要求职位中,14 个职位要求能用外语讲授中华文化,6 个职位要求必须具备很好的文化传播能力,17 个职位干脆要求专业(武术、中医、民族舞蹈、民族音乐)教师。

③ 2012 年第一批志愿者需求信息显示,77 国的 1188 个孔子学院/课堂志愿者职位,其中 828 个职位(占总职位数的 70%)明确要求志愿者要掌握至少一门中华才艺,并希望所派志愿者最好能"多才多艺",有些用人单位明确表示"无专长不用"。2013 年的一批志愿者需求信息显示,6 大洲 75 国 212 个孔院/课堂有 1166 个职位,其中 939 个职位(占总职位数的 81%)对"文化"有要求。除大多数要求志愿者的"中华才艺"外,也有要求能进行"专职文化教学"或"专职文化推广活动",甚至是"中医、武术等专业教师"。

海外传播的问题,也是为了更好地因应这种需求。

(二) 中华文化海外传播是国际文化发展繁荣的需要

冷战结束之后,随着全球经济一体化进程的不断加快,当今的超级文化强国期盼着全球文化的一体化、同质化、单一化,以实现其文化霸权主义。"西方的文化强国,一方面要抵制美国的文化攻势,力图保卫其本国民族文化的特质,另一方面也自恃其文化攻ექ(笔者按:原文如此。当作'优势'),向世界各国展开自己的文化攻势,以实现自己的国家利益。正在复兴的民族国家一方面以开放的姿态吸收西方文化的精华,另一方面在借鉴西方文明成果来发展本国的民族文化,同时,也努力传播本国文化,加强与各民族文化交流,以加强国际合作来发展自己。……处于劣势文化的民族也开始觉醒,开始注重本民族文化的传统,以努力抵制西方的文化的强大攻势,由此也制定自己的文化战略。"①除文化霸权主义国家外,其他各国各民族都力图以发展、传播自己的文化,以此来对抗文化霸权主义的文化扩张,扩大自身文化的世界影响力,从而使世界文化进一步多样化、多元化。作为正处于伟大复兴过程中的中华文化,自然应该通过不断的觉醒和自觉,通过从世界优秀文化中学习先进的因素和从固有文化传统中继承优秀的成分来发展和繁荣自身的文化,使自身成为世界多元文化中十分重要的一元,在现在和未来的世界扮演更重要的角色。

(三) 中华文化海外传播是中国提升自身国际影响力的需要

中国经过三十多年的高速发展,已经是世界第二大经济体。但是,中国距离世界强国(特别是文化强国)还很遥远。事实上,只有经济的强大,没有文化的繁荣和超强的吸引力,一个国家永远都不可能成为世界强国。今天和未来,中国所要做的就是在不断吸纳、继承、发展、创新过程中繁荣自己的文化,同时通过对外文化传播来扩大中

---

① 陶秀璈:《文化外交时代的来临》,见陈文力、陶秀璈《中国文化对外传播战略研究》。北京:九州出版社,2012年,第18页。

华文化的国际影响力,使中国成为真正意义上的世界强国。

总之,无论是为因应全球日益增长的学习和了解中华文化的需求,还是为使中华文化逐渐成为世界多元文化中重要的一元,中华文化都必然会走上对外传播之路。那么,在中华文化的海外传播中应采取什么样的原则、策略、方法,甚至具体到传播的内容当如何选择,对内容选择需要注意哪些问题,就都值得认真研究与探讨。本文讨论传播内容选择的几个原则性问题。

二、中华文化海外传播内容选择的原则

在汉语国际教育大背景下,如何选择恰当的文化内容来进行海外传播,既关系到学习者或受众的需求能否得到很好满足,也关系到传播者的目的能否达成,以及传播效果到底如何等问题。笔者认为,在文化内容选择方面,以下四个原则应纳入考量范围,即代表性原则、现代性原则、普遍性原则、供需结合原则。

(一)代表性原则

所谓"代表性",是指传播过程中所选内容应为中华文化中最能体现其基本面貌和主要特征的内容。唯其如此,才有利于受众比较准确地把握中华文化的大概面貌和基本特征。

有学者认为,"当今中国社会并存着三种主要的文化形态:社会主义文化、传统文化和后革命主义或消费主义文化。"[1]如果借用这一分类体系,那么到底哪些内容可被看成是中华文化中最具有代表性的呢?特别是当"这三种文化处于彼此分离乃至相互冲突的状态,从而导致了社会公共价值或共享价值的文化认同危机"[2]时,对外文化传播的内容选择到底应该如何取舍?有学者认为,目前中国文化传播中采用的基本上是中国古代的、传统的文化,当代文化资源采用

---

[1] 李智:《文化的双重认同与中国文化传播战略的调整》,见陈文力、陶秀璈《中国文化对外传播战略研究》,北京:九州出版社,2012年,第40页。

[2] 同上。

的比例过低,①有人认为应当向国际社会传播以"80后"青年为代表的当代中国文化。② 笔者认为,在中国当代文化资源中,社会主义文化是特色,其核心价值理念多源自西方。以"社会主义核心价值观"中的"富强、民主、文明、和谐、自由、平等、公正、法治、爱国、敬业、诚信、友善"而论,真正属于核心价值理念的仅有"和谐"来自中华传统文化,其他诸如"民主""自由""平等""法治"无不源自西方文化,而且被吸收过来以后,还不能说已经很好地总结出有中国特色的、明显优越于西方的、容易让世界理解或接受的具体内涵。所以,要"讲清楚中国特色社会主义植根于中华文化沃土、反映中国人民意愿、适应中国和时代发展进步要求,有着深厚历史渊源和广泛现实基础"还有很多工作要做。③ 其次,所谓以"80后"青年为代表的当代中国文化,其实就是消费主义文化,是今天的大众文化和流行文化。尹鸿认为,目前的大众文化具有三大弊端:提供虚假满足;把主体滞留在一种表演性的快感中而遗忘了意义和生存本身;复制性生产方式消解了审美理想。④ 赵毅衡认为后现代的末流带来的消费主义和通俗文化之风削弱了人文精神——尤其是知识分子的批判精神,以及中国传统文化中的精华,而拜金主义、功利主义会使整个文化蜕变成市侩文化。⑤ 如此看来,所谓后革命主义或消费主义文化似乎也不宜作为中华文化的代表,尽管我们并不反对向世界介绍当代中国的流行文化或大众文化。我们应该传播的当是对今天和未来世界都更具意义、更能赢得尊重、值得被世界借鉴的内容,这样的内容也才是最具代表性的。事实上,很多外国人对中国最希望了解的几个主要方面

---

① 张志洲:《中国文化外交新背景与概念基本涵义辨析》,见陈文力、陶秀璈《中国文化对外传播战略研究》,北京:九州出版社,2012年,第103页。

② 李智:《文化的双重认同与中国文化传播战略的调整》,见陈文力、陶秀璈《中国文化对外传播战略研究》,北京:九州出版社,2012年,第42—43页。

③ 见习近平2013年8月19日在全国宣传思想工作会议上的讲话。

④ 尹鸿:《人文精神与大众文化"笔谈》,《文艺理论研究》2001年第3期。

⑤ 赵毅衡:《走向边缘》,《读书》1994年第1期。

就包括"传统文化"。① 池田大作也曾说:"中国在传统的文化上,其影响力是无法估量的。"②这都说明中国传统文化的代表性和传播价值。毕竟说到底,"中华优秀传统文化是中华民族的突出优势,是我们最深厚的文化软实力。"③

与此相关的问题是:小众文化能否具有代表性?是否具有传播价值?在欧洲文化史上,一个国家的宗教与文化密切相关,伴随着宗教的传播,文化也容易获得社会大众的认同,社会不易陷入文化上的分离甚至冲突的状态。中国宗教意识较弱,没有宗教的深根厚植,文化意识也就不容易藉宗教而渗透到社会生活的方方面面。所以,中国社会容易产生小众的精英文化、高雅文化与大众文化的距离。就眼下而言,中国当代社会与传统文化渐行渐远,当代中国人对传统文化有一些认同危机,我们是否仍可对外传播?文化与社会之间联系不够密切,是否也可以传播文化?可不可以将中国文化中具有独立性,甚至与当代社会脱离的内容拿去传播?我们认为,上述答案都应该是肯定的。至于受众愿不愿意将中国的文化与社会联系起来,那是他们的选择。我们要做的,是将中华文化之精华——哪怕是小众的——呈现给世人。国际上有一些人并不一定认同中国的当代社会,但这并不妨碍他们钟情于中华文化之美。甚至从某种意义上说,小众的精英文化、高雅文化常常更具有代表性,更具有传播的价值。

此外,在考虑传播过程中所选择的文化内容的代表性时,应该如何理解和处理内容的独特性?一个民族、国家的文化中最具有独特性的内容在文化传播中的确具有独特的价值:它可以最大限度地引起受众的强烈兴趣,激发他们了解、学习的欲望。从策略上说,在文化对外传播的初期,选取本国本民族文化中最具特色的内容是一个

---

① 根据中国外文局、察哈尔学会和华通明略联合发布的《中国海外形象调查报告 2012》,在对欧洲、北美、大洋洲、亚洲、非洲的 7 个国家的 2 359 人进行访问和调查研究后,发现海外民众对中国最感兴趣、最希望了解的方面主要集中在"传统文化"(发达国家 46%,发展中国家 65%);"风景名胜"(发达国家 50%,发展中国家 66%);"历史"(发达国家 45%,发展中国家 56%)和"普通人的生活"(发达国家 48%,发展中国家 54%)。
② [英]汤因比、[日]池田大作著,荀春生等译:《展望二十一世纪——汤因比与池田大作对话录》,北京:国际文化出版公司,1985 年,第 290 页。
③ 见习近平 2013 年 8 月 19 日在全国宣传思想工作会议上的讲话。

有效吸引受众注意力的做法。但从长远看,具有代表性的内容才能使受众更好、更全面、更准确地了解目的文化。如果始终只考虑吸引眼球,那是缺乏文化自信的表现。中华文化中精妙的内容比比皆是,尽管有些内容由于文化差异未必容易展示出来,但也不能因此就设法哗众取宠、投机取巧、急功近利、走捷径。这既考验传播者的定力,也考验传播者的智慧。目前传播者的普遍心态是对中华文化没有足够的信心,所以才会总想着如何吸引眼球。其实退一步说,即使要选择具有特殊性的内容,也不该选那些炫目的、浮华的、徒具视觉冲击力的东西,因为中国文化的基本特征之一就是含蓄、内敛。

举例来说,相对于西方事实上的"天人相分"观念而言,中华文化主张"天人合一",①这就是代表性和独特性兼具的内容。这样的内容对于异文化者既是新鲜、奇特而有吸引力的,又是能够代表中华文化的某些重要方面的。当我们把"天"更多地理解为自然或自然规律时,这种关注人类社会与自然之间的普遍联系的认识论无疑对于今天和未来的世界具有极其积极的作用,也容易被异文化者所理解甚至认同。再比如,中医作为一种整体论的医学体系,因其独特的哲学基础和整体论的认知方法而越来越为世人所熟知,也正逐步被越来越多的人所接受。又比如风水——如果剥离其中目前人类认知能力所不及的部分,就其强调人与自然的关系、重视自然环境对人的影响等方面而言,自有其合理成分在。所以,无论是中医还是风水,都具有独特性,同时又具有代表性,都比较适合作为传播的内容。

(二) 现代性原则

相对于社会主义文化、消费主义文化而言,传统文化中的一些内容更具有传播价值。但中华文化源远流长,博大精深,在今天看来,有一些内容具有鲜明的时代特征,不一定具有现代意义或现代价值,没有多少传播的价值。在选择传播的内容时,必须充分考虑到内容的现代性,所选内容必须具有现代意义和价值。

传统文化中具有现代意义、符合现代性原则的内容其实很多,比

---

① 魏光奇:《中西文化观念比较》北京:经济科学出版社,2012年,第58—68页。

如天人观念、人生态度、价值追求,《易经》中与时俱进、与时偕行的"易"的基本观念,道家生态智慧、有机论自然观,再如墨家思想中的一些内容。关于这一方面,世界上许多学者都有精彩的论述。像伊·普里戈金和伊·斯唐热在其合著《从混沌到有序——人与自然的新对话》中译本序中说:"中国文明对人类、社会与自然之间的关系有着深刻的理解";"中国的思想对于那些想扩大西方科学的范围和意义的哲学家和科学家来说,始终是个启迪的源泉"。[1] 弗里乔夫·卡普拉在《转折点:科学、社会和正在兴起的文化》中多次提到中国文化中具有的现代性内容,比如"古代中国文化中最重要的洞察之一,是认识到活动——'不息的转变与变化之流',正如庄子所讲的——是宇宙之本。……中国哲学中几乎完全找不到绝对静止或不活动的概念";他把道家思想作为其生态世界观最主要的哲学基础,认为"阴阳学说应用于分析文化失衡十分有用,它采用了一种广义的生态观,也可称为系统观";"认识到中国古代的阴阳思想与仅在最近西方科学才开始研究的自然系统的基本特征相关,这是令人神往的";"现代系统论和古代中国思想之间的联系现在已经明显了。中国的哲人似乎已经认识到作为生命系统的特征的这种基本的极性",而"在伟大的宗教传统中,据我看来,道家提供了最深刻并且最完善的生态智慧,它强调在自然循环过程中,个人和社会的一切现象和两者潜在的基本一致"。[2] 汤因比则说,"东亚有很多历史遗产,这些都可以使其成为全世界统一的地理和文化上的主轴。依我看,这些遗产有以下几个方面:第一,中华民族的经验。……第二,在漫长的中国历史长河中,中华民族逐步培育起来的世界精神。第三,儒教世界观中存在的人道主义。第四,儒教和佛教所具有的合理主义。第五,东亚人对宇宙的神秘性怀有一种敏感,认为人要支配宇宙就要遭到挫败。我认为这是道教带来的最宝贵的直感。第六,这种直感是佛教、神道与中国哲学的所有流派(除去今天已灭绝的法家)共同具有的。人的目

---

[1] [比]伊·普里戈金、[法]伊·斯唐热著,曾庆宏等译:《从混沌到有序——人与自然的新对话》,上海:译文出版社,1987年,第1页。
[2] [美]弗里乔夫·卡普拉著,卫飒英等译:《转折点:科学、社会和正在兴起的文化》,成都:四川科学技术出版社,1988年,第19—31页。

的不是狂妄地支配自己以外的自然,而是有一种必须和自然保持协调而生存的信念"。① 环境伦理学之父罗尔斯顿则特别重视中国本土佛教宗派禅宗尊重生命的理念。他说:"禅学并不是人类中心论说,并不倾向于利用自然,相反,佛教许诺要惩戒和遏制人类的愿望和欲望,使人类与他们的资源和他们周围的世界相适应。我们知道,禅宗懂得如何使万物广泛协调,而不使每一物失去其自身在宇宙中的特殊意义。禅宗知道怎样使生命科学与生命的神圣不可侵犯性相结合"②。上述这些观点无不证明中华传统文化中有许多具有现代性的内容,值得今天的人去研究、继承和传播。

(三) 普遍性原则

本文所说的"普遍性"也可称之为普适性、普世性,或普遍意义。尽管世界上有不同的民族、国家,但都是由人群构成的,相互之间有许多共性。每一个民族、国家的文化中也一定有带普遍意义的成分,比如西方文化中的"民主""平等""自由",比如中华文化中的"和谐"(或"和合")。我们要"倡导人类共同享有的精神特性……在全球社会的政治话语、文化话语中不仅要承认这种精神,而且要通过大众传播媒介积极培植这种精神"③。

中华文化的核心价值理念之一是"和谐"或"和合"。我们认为,在当今和未来的世界,和谐理念就是最具有普遍意义的核心价值理念之一。《国语·郑语》记载西周史伯曾说:"夫和实生物,同则不继。以他平他谓之和,故能丰长而物归之。若以同裨同,尽乃弃矣。"孔子也说,"君子和而不同,小人同而不合"(《论语·子路》)。"和"的本质特征是本不一样的事物放在一起协调而不矛盾。在中国的文化传统中,并不追求"同",世界也不可能"同",但是追求"和"——你我个个不同,但能和谐共处,共同发展。所以,和谐共处、合作共赢是中华文

---

① [英]阿·汤因比、[日]池田大作著,荀春生等译:《展望二十一世纪——汤因比与池田大作对话录》,北京:国际文化出版公司,1985年,第287页。
② [美]H.罗尔斯顿:《尊重生命:禅宗能帮助我们建立一门环境伦理学吗?》,《哲学译丛》1994年第5期。
③ 李岩:《传播与文化》,杭州:浙江大学出版社,2009年,第47页。

化的基因。过去讲"协和万邦"(《尚书·尧典》),"远人不服,则修文德以来之"(《论语·季氏》),强调以德服人,而非以力服人。新中国则先后有"和平共处五项原则""和平崛起""和平发展"的提法。今天,对内讲构建"和谐社会",对外讲构建"和谐世界",都彰显了中国的核心理念和价值追求。汤因比曾说:"人类已经掌握了可以毁灭自己的高度技术文明手段,同时又处于极端对立的政治意识形态的营垒,最重要的精神就是中国文明——和谐。"[①]应该说,中华文化的和谐理念比西方非和谐文化所倡导的"物竞天择、适者生存"的丛林法则更符合时代潮流,以"持久和平,共同繁荣"为核心内涵的"和谐世界"理念更符合世界绝大多数国家的基本诉求,很容易获得最大限度的认同。在对外文化传播中突出类似的具有普遍意义的内容,应该较容易引起共鸣,获得认同,达成共识。

也许可以算作反面例子的是,作为儒家思想核心的"礼""忠""孝"等内容,在漫长的封建社会一直被作为核心价值理念而备受推崇。但是,这些内容中无不包含着"等级"的意味。在"平等"的理念更具有普遍意义的今天,如果对西方世界传播这些内容,则可能引发严重的价值观冲突。2014年美国芝加哥大学的一批教授联名发表公开信,要求芝大校方不再与孔子学院总部续约合办芝大孔院,除了孔子学院的官方背景和所谓的孔子学院干扰其学术自由外,更深层的原因就包括儒家思想中类似的等级观念和西方所倡导的平等、自由等核心价值理念之间存在矛盾和冲突。相比较而言,墨家思想中的一些内容倒是更关注"平等",因此比儒家思想更具有普遍性。

(四) 供需结合原则

在文化传播的过程中,影响内容选择的另一个原则关涉传播者和受众双方:传播者为达到某种目的而给受众提供什么样的内容,以及受众希望了解什么内容。协调好二者的关系,才能达到较好的传播效果。所谓供需结合原则,就是文化传播者的主观愿望和受众的

[①] 中国孔子基金会:《孔子诞辰2540周年纪念学术讨论会论文集》(上册),上海:三联书店,1992年,第332页。

实际需求相结合的原则。

从传播者的角度说,作为中华文化的传人,我们也许更希望从正面入手,把我们认为的中华文化中最有价值的部分呈现在世人面前。比如我们希望传播中华文化的核心价值理念,以提升中华文化的影响力,使中华文化逐渐成为世界文化的重要组成部分,为世界文化的多元化做贡献。

对于受众而言,除了被动接受之外,其实也可以发挥更大主观能动性。比如对于传播内容的选择,不一定一味服从传播者的安排,别人给什么,自己就接受什么。受众既应有选择的权利,也最好能有一定的选择能力。当然,有选择能力的前提是受众对目的文化有一定的了解,或对自身需求有明确的了解。作为传播者,则需要了解和顾及受众的需求。

有外国学者曾提出一种"使用与满足"理论,该理论主张传播过程中的受众本位,强调以"受众是主动的"为基本前提,即受众知道自己有什么需要,并且知道这些需要之间的轻重缓急之差别,强调大众的"社会和心理需求"。[①] "使用与满足"理论的相关研究表明,受众有不同层次的社会和心理需求。某一层次的文化对于满足某些需求很适用,但对于满足另一些需求可能就不太适用了。在进行文化传播时,应考虑不同层次的文化产品如何满足受众不同层次的需求,而这种满足又会反过来刺激更多受众对此类文化产品的需求。

尽管笔者并不认为汉语国际教育背景下的所有受众都具有"主动"的能力,但该理论仍然给我们以极大启示。因为在今天,一些传播者常用的做法是"以我为主",靠主观臆断来决定选择哪些内容来进行传播,或是仅把自己希望对方了解、理解甚至接受的内容强加于人,而忽略了受众的需求。在传播过程中,特别是在传播内容的选择方面,如果能把传播者的意愿和受众的需求很好地结合起来,一定可以获得较好的传播效果。

---

① Katz, Elihu, Blumler and Gurevitch, "Uses and Gratifications Research", *The Public Opinion Quarterly*, Oxford University Press on behalf of the American Association for Public Opinion Research, 4th ser. 37 (1973—1974): pp. 509—23. JSTOR. Web. 14 Oct. 2011. 〈http://jstor.org/stable/2747854〉

三、余论

在汉语国际教育的大背景下,影响中华文化海外传播效果的因素很多,其荦荦大者,既有原则问题、策略问题、方法问题,也有对象的问题、内容选择的问题,还有传播者知识、能力、素养的问题,等等。就内容选择的问题而论,当全世界多把当代中国人看成是粗鲁无礼、缺乏教养、低素质、没文化的暴发户时,如果我们的海外文化传播还对当代大众消费文化情有独钟,使现阶段或近期内全世界对中华文化的了解都呈低级化、表面化趋势,一旦某种定势形成,即使我们再想向世界传播高雅文化、精英文化,也很不容易改变世界对中国人和中华文化的看法。

第三部分
汉语国际传播典型个案研究

泰国汉语传播模式值得世界借鉴
——泰国汉语快速传播模式及其对汉语国际传播的启示

吴应辉　央　青　梁　宇　李志凌等

三年多来，课题组①二十几位成员围绕"泰国汉语快速传播模式"和"孔子学院可持续发展问题"课题开展了广泛深入的研究，课题组组长及部分课题组成员数次前往泰国，深入泰国教育部、各类学校和国家汉办驻泰国代表处，开展了较为深入的调查研究。不同国别的课题组成员还分别从本国或他国的角度撰写了多篇泰国模式和孔子学院发展方面的论文。研究发现，泰国模式值得世界借鉴。下面就研究发现报告如下：

一、汉语在泰国快速传播

泰国汉语教学起步较晚，但却实现了跨越式发展。1992年以前，汉语教学在泰国还没有取得合法地位。那时的汉语教学仅以零星的华文教学形式存在。即使到了21世纪初，泰国也只有几所大

---

① 2008年度国家社科基金项目"泰国汉语快速传播模式及其对汉语国际传播的启示研究"（批准号：08BYY018）课题组。组长吴应辉，副组长央青，成员有吴峰、许丹、谷陵、盛译元、李志凌、梁宇、宋飞、陈俊羽、符红萱、[泰国]Uthaiwan、[泰国]冯忠芳、[泰国]潘素英、[泰国]龙伟华、[泰国]黄德永、[泰国]王平祥、[美国]肖舜良、[美国]廖山漫、[马来西亚]叶婷婷、[缅甸]黄金英、[缅甸]李瑞文、[缅甸]邹丽冰、[缅甸]赵紫荆、[新加坡]陈宝云。本文由吴应辉、央青、梁宇、李志凌等执笔。

学,如宋卡王子大学、朱拉隆功大学、清迈皇家学院、南邦皇家学院等少数高校和易三仓集团的几所中学、南邦育华学校等极少数中小学开设汉语课。可以说,泰国的汉语热是从2003年开始的,到2012年尚不足10年。

短短10年间,汉语快速进入泰国各类教育体系中,包括高等教育、基础教育、职业教育,甚至学前教育。开设汉语课的学校连年大幅度增长,一个只有6 500万人口的国家2011年居然有80万人学习汉语[1],学习汉语的人数占到了全国总人口的1.23%,近年来学习汉语的人数年均递增近10万人,而且这种趋势还在持续。参与汉语水平考试的人数累计已达56万人次[2]。"从2003年至2011年,应泰国教育部邀请,国家汉办共向泰国派遣了10批、累计5 769名汉语教师志愿者,但仍不能满足泰国汉语教学迅速发展的需要。"[3]过去几年中,泰国接收中国汉语教师志愿者的人数基本上占到了国家汉办志愿者派出人数的近三分之一。2011年,开设汉语课程的各类学校约为2 000所。

目前,泰国各界都热情支持汉语教学,把汉语在泰国的快速传播现象置于汉语国际传播的全球视野中考察,我们会发现泰国汉语传播速度之快,发展状况之好,完全出乎人们意料,可谓汉语国际传播事业中的一个奇迹。

二、泰国汉语教学经验

泰国汉语教学也是世界汉语教学的一面旗帜,其推动汉语在国内传播的许多做法值得其他国家学习借鉴。现举要如下:

(一)对中国高度信任,积极推广汉语并接纳中华文化

随着中国国力的迅速上升,"中国威胁论""文化侵略"等论调在个别国家和地区有所抬头。然而,中泰两国之间却保持着高度互信,

---

[1] 中国国家汉办驻泰国代表处2011年2月提供数据。
[2] 同上。
[3] 同上。

泰国对开展汉语教学和传播中华文化持非常积极的态度。不论是皇室、各级政府,还是不同的社会团体,包括不同的宗教派别都一致高度认同中国、认同汉语、认同中华文化。从前总理他信到现任总理英拉,虽内阁更迭数次,但对汉语教学的支持不变。过去十余年中,泰国政府不仅在政策上十分支持汉语教学,而且历任总理、教育部长等政要亲自参加汉语教学相关活动,经媒体宣传后对泰国民众产生了潜移默化的鼓励学习汉语和中华文化的导向作用。泰国教育部长素查博士在2012年1月25日发布的教育政策中非常明确地提出,鼓励有潜质的青年参与国内和国际竞争,对其教授英语和汉语,①又在不同场合明确提出要使开设汉语课程的学校从目前的2 000所左右增加到5 000所,并计划每年从中国引进5 000名汉语教师志愿者②。

(二) 站得高,看得远,积极着手汉语教学顶层设计

泰国政府十分重视汉语教学,积极着手汉语教学的顶层设计,从提高国家竞争力的战略高度认识汉语教学,并制订了《泰国促进汉语教学,提高国家竞争力战略规划》。"泰国教育部围绕以下方面做了大量工作:制订了汉语在泰国推广的规划,支持各级教育机构开展汉语教学,指导孔子学院(课堂)工作;研究和开发本土化教材;制订泰国师资培训计划、汉语教师标准、课程标准、教材研发计划;建设汉语教学网络平台;组织、管理和推广汉语相关考试等。作为政府职能部门,泰国教育部总揽全局,对汉语在泰国传播的各方面、各层次及各种要素进行了统筹协调,明确了发展目标,制订出正确的发展战略,实现资源共享,提高了传播效率,起到了顶层设计的作用。在政府绘制蓝图的统领下,泰国基础教育、中高等教育等各领域的汉语教学得以迅速发展。"③

---

① Prof. Dr. Suchart Thada-Thamrongvech (Ministry of Education): *Policies of Ministry of Education*,《教育部部长政策》,泰国教育部素查博士、教授,2012年1月25日发布,泰国教育部基础教育委员会提供。

② 据泰国教育部苏拉拉副次长1月31日在泰国教育部会见中国国家汉办代表团时介绍。

③ 央青:《泰国汉语快速传播对其他国家顶层设计的启示》,《西南民族大学学报》(人文社会科学版) 2011年第2期。

(三）积极推动汉语教学进入主流教育体系

泰国教育部从 2004 年开始就将汉语列入高考的外语考试科目，并在教育部基础教育委员会、私立教育委员会和高等教育委员会明确具体部门和专人负责统筹协调相应系统所属学校的汉语教学，同时要求全国各府都要设立汉语中心，负责协调指导本府汉语教学。到 2012 年 2 月底，全国已成立了 38 个汉语教学中心。教育部还明确要求各地学校就近组成汉语教学互助网，努力推动校际之间汉语教学在教师、教材、图书、教具等方面的资源共享和互相帮助，以期普遍提高各校汉语教学水平。此外，教育部还鼓励各"学校互助网"经常举办各种汉语比赛等推动汉语教学的活动。这些措施对推动汉语教学进入主流教育体系发挥了积极作用。

此外，孔子课堂的体制创新对推动汉语教学进入主流教育体系也发挥了很好的示范作用。在泰国，公立中小学孔子课堂设立在什么学校由教育部基础教育委员会决定，孔子课堂的有关工作直接由教育部领导（泰方体制）。这种体制确保了泰国孔子课堂主要建在名校，这对其他中小学开展汉语教学产生了很好的示范作用。

(四）投入大量经费解决汉语教学中的实际问题

泰国在汉语教学方面的大量投入，无论是政府财政投入还是民间投入都值得其他国家借鉴。过去十余年中，泰国历届政府都十分重视在泰国开展汉语教学工作，即使在政局动荡的时期，政府也积极增加财政投入，支持开展汉语教学。前总理他信专门设立的总理奖学金用于资助泰国优秀学生到中国留学；2006 年 8 月，"看守政府副总理素拉革提出的'促进汉语教学预算案'在 22 日的政府每周例行会议上获得批准。这项预算案计划在 2006—2010 年间增拨 5.29 亿泰铢（约合 1.3 亿人民币），用以提高泰国的汉语教学水平，让学生和公务员可以接受高质量的汉语教育。"[1]此外，接收中国汉语教师志愿者，泰方要负责志愿者的住宿和每月 300 美元的生活补助，按每年

---

[1] 国际广播电台吴若蕾报道，国际在线专稿，2006 年 8 月 23 日。

接收 1 200 名志愿者、发放 10 个月的生活补助计算,仅此项补助泰方每年就需支出 360 万美元,约合人民币 2 200 多万元。而除此之外,还有本土汉语教师培养培训、赴华留学专项奖学金和汉语教材出版等许多汉语教学相关经费投入。对于一个只有 6 500 万人口的发展中国家来说,能在汉语教学方面有如此大的投入实属不易。

除政府投入外,泰国民间对汉语教学的投入也十分踊跃。我们在调查中发现,华侨崇圣大学是泰国华人捐资创办的,东方大学孔子学院非常典型的中国园林式建筑全部是当地华人华侨社团捐助建设的,川登喜皇家师范大学素攀分校和孔敬大学都自筹经费建盖了孔子学院专用大楼,明满学校(泰国东部帕塔雅著名华校,在当地华人华侨中颇有影响,1 800 多名学生全部学习汉语)利用当地华商捐款建盖了设施一流的教学大楼,为进一步开展汉语教学创造了良好条件,此类案例不胜枚举。可以说,民间筹资、捐资开展汉语教学在泰国蔚然成风。

(五)与中国紧密合作解决汉语教学中的瓶颈问题

由于 1992 年以前汉语教学长期受到压制,汉语人才培养出现了严重的断代现象,加之人才的培养需要较长的周期,因此,虽然过去十余年中泰国政府十分重视汉语教学,但泰国依然是一个汉语教学基础十分薄弱的国家。和世界其他国家的状况一样,汉语教师、教材和教学法是制约泰国汉语教学又好又快发展的瓶颈问题。为了解决这些问题,"泰国教育部领导多次与我国教育部和国家汉办领导商谈泰中两国教育交流及支持泰国开展汉语教学有关问题。中泰两国教育部 2003 年签署了两国教育交流备忘录,其中就有关于在泰国汉语教学领域加强合作的条款。2006 年 1 月 11 日,两国教育部又在曼谷签署中泰两国教育合作协议,以全面推动两国之间在教育领域,尤其在支持泰国汉语教学方面的长期友好合作。"[①] 根据签署的教育合作协议和双方的会谈成果,中国教育部将采取一系列政策和措施,支持

---

① 《中泰签订教育合作协议全面推动汉语教学发展》,新华网,www.xinhuanet.com,2006 年 1 月 13 日,中新社曼谷 1 月 11 日电,记者罗钦文。

泰国汉语教学,把泰国汉语教学办成国外汉语教学的典范。这些政策和措施主要包括五项:一是针对泰国 2008 年前在 2 000 所中小学开设汉语课程的政策,中国决定根据泰国的需要每年支持一定数量的泰国教师到中国进行短期培训;二是今后 5 年中国向泰国百名具有大学学历的汉语教师提供定向培养的中国留学奖学金,中国每年派出 500 名志愿者到泰国任教,并派出优秀教师作为教学顾问,赴泰国指导汉语教学工作;三是中方将与泰方合作研究制订适合泰国中小学使用的汉语教学大纲,以及经泰方认可后供泰国中小学使用的汉语教材;四是中方将与泰方合作设立汉语考点,在泰国举办汉语作为外语教学的能力考试,泰方同意将中国的对外汉语教师能力考试作为泰国汉语教师资格标准考试;五是为配合泰国教育部的汉语教学工作,中国全力支持泰国于 2006 年 3、4 月间举办的泰国汉语大会,在会议期间举办有关教育展览、教学观摩以及有关演出等活动。"[1]

回顾 5 年前中泰两国教育部所签协议的主要内容,如今多已实施,有的项目实施得比协议规定的还好,如在解决泰国汉语教师严重短缺问题方面,在国家汉办的大力支持和配合下,泰国教育部牵头承担了汉语教师整体引进工作,统一从中国引进志愿者汉语教师,然后再由教育部分配给需要汉语教师的学校。汉语教师志愿者项目,协议里规定的是每年选派 500 名,但事实上从 2006 年开始就已达到 650 名,此后逐年快速增长,2010 年和 2011 年分别达到 1 200 名。试想,如果没有泰国教育部主导,各校各自为政,一年要从中国引进 1 200 名汉语教师志愿者将会十分困难。在解决汉语教师短缺问题方面,泰国一方面从中国引进,另一方面加强对本土汉语教师的培训。泰国教育部每年都组织大批汉语教师到中国进修,从 2003 年的数十人到 2007 年的 300 多人,所需往返旅费(公立学校)由泰国政府承担,在华食宿、学费、考察等费用由我国国家汉办提供。[2] 在解决教材缺乏问题方面,泰国教育部发挥了重要作用。由于泰国汉语教

---

[1] 吴应辉、杨吉春:《泰国汉语快速传播模式研究》,《世界汉语教学》2008 年第 4 期。
[2] 同上。

学中目前碰到的最大问题是没有比较合适的教材,许多教师不得不自编,或选择一些从中国带去的教材复印给学生使用,各校使用的教材可谓五花八门,有很多方面不太适合泰国学生,如没有泰文注释,内容与泰国社会文化无关等。泰国教育部 2005 年 7 月曾委托云南师范大学为泰国编写中小学汉语教材,后来又委托我国高等教育出版社为其编写出版中小学汉语教材《体验汉语》。[①] 上述教材通过版权转让在泰国出版后,大大缓解了泰国汉语教材缺乏问题。可以看出,泰国教育部已经超前做了大量准备工作以解决这一瓶颈问题。

(六) 名校名人引领,助推汉语教学热潮

名校开设汉语课对其他学校发挥了良好的示范作用。泰国汉语教学开展范围之广令很多中国人难以想象。泰国名校如朱拉隆功大学、法政大学、农业大学、清迈大学、皇太后大学、宋卡王子大学和东方大学等高校率先开设了汉语专业或汉语课程;易三仓集团所属学校、吉拉达学校(在泰国具有极高声誉的王宫学校)、玫瑰园中学(校友中出过 8 任总理,被誉为社会精英摇篮)、普吉中学(泰南部首屈一指的百年名校)、岱密中学(具有 110 多年历史,坐落于泰国著名佛寺岱密金佛寺内)和罗勇中学(创立于 1899 年的历史名校)等著名中小学率先开设了汉语课;建立了孔子学院或孔子课堂的学校也多为泰国最负盛名的学校。

名人学习汉语、推动汉语教学也是泰国汉语教学的一大特色。诗琳通公主坚持学习汉语 30 年,并用汉语著书立说,对泰国民众学习汉语也产生了潜移默化的积极影响。前教育部长乍得龙一直坚持学习汉语至今,据说现在已经能讲一口流利的汉语。曼谷岱密寺高僧赵昆通猜大师甚至还担任岱密中学孔子课堂理事会泰方主席,并充分利用自己在佛教界及社会各界的影响大力推动包括佛教界在内的社会各界人士学习汉语。这些名人、政要的引领和支持对推动泰国汉语教学产生了重要作用。名校开设汉语课程使许多学校争相效仿,而名人学习汉语并参加各种汉语及中华文化活动则潜移默化地

[①] 吴应辉、杨吉春:《泰国汉语快速传播模式研究》,《世界汉语教学》2008 年第 4 期。

影响了千千万万的民众。这种名人名校的引领效应与"蝴蝶效应"①极其相似,其行为虽产生于个体,发自于局部,是微不足道的,但对全泰国汉语热潮的形成所产生的连锁影响是巨大而深远的。

三、泰国汉语传播进程中尚待解决的若干问题

(一) 顶层设计执行力有待加强②

泰国政府在推动全国汉语教学的顶层设计方面相对于其他国家来说是领先的,但汉语教学的第一个五年规划(2006—2010年)中规定的许多项目并没有完成,究其原因,一是规划的科学性和可操作性还有待提高;二是由于这五年中正值泰国党派纷争,政局动荡,教育部长频繁更迭,以致在规划的落实方面执行不力,规划中的一些项目并未得到认真落实,以至于目前还在实施第一个汉语教学五年规划。因此,泰国汉语教学顶层设计的执行力还有待加强。

(二) 传播体系有待完善

泰国试图建立完整的汉语传播体系,如教育部基础教育委员会、私立教育委员会和高等教育委员会均有专人负责各自委员会下辖学校的汉语教学事务;要在全国76个府各建一个汉语中心;积极与中方合作建立孔子学院和孔子课堂,并与中方一起努力将其建成辐射周边地区的汉语教学示范中心等。但这个体系尚待完善,如泰国教育部没有一个统领汉语教学的专门的汉语教学管理机构,以致教育部内部的汉语教学条块分割、互不统属、各自为政,这种状况不利于全国汉语教学的统筹协调、资源共享和优势整合。因此,有必要在教育部建立一个汉语教学的管理机构,以便领导协调全国汉语教学。

---

① "蝴蝶效应"是指在一个动力系统中,初始条件下微小的变化能带动整个系统的长期的巨大的连锁反应。"蝴蝶效应"源于美国气象学家洛伦茨对天气预报的研究,本意是指,一只亚马逊热带雨林中的蝴蝶如果扇动翅膀扰动了空气,可能会引起大气环流的一系列逐渐放大的连锁反应,最终可能引起美国得克萨斯的龙卷风。

② 央青:《泰国汉语快速传播对其他国家顶层设计的启示》,《西南民族大学学报》(人文社会科学版)2011年第2期。

此外,全国基层的汉语教学指导服务体系也基本还未建立。

(三) 本土教师培养亟待加强,教师职业吸引力有待提升

在泰国,不论高校还是中小学均缺乏大批汉语教师。可以说,中国的汉语教师志愿者支撑起了泰国汉语教学的半壁江山。然而,泰国目前开设汉语课程的学校还在快速增加,2012 年新任教育部长素查博士明确要求加快汉语教学发展步伐,要求尽快实现 5 000 所学校开设汉语课程的目标①,这就是说将有 3 000 所新开设汉语课的学校需要配备汉语教师②,按一个学校两名汉语教师计算,泰国未来几年至少需要新增汉语教师 6 000 人。如此大的汉语教师缺口,不可能都由中国派遣汉语教师志愿者解决,泰国一方面应该加大本土汉语教师的培养力度,另一方面要吸引更多有足够汉语教学能力的泰国人加入汉语教师队伍中来。泰国的正式教师属于国家公务员,享受较好的福利,如一人当教师公务员,无医疗保障的家庭成员都可享受公费医疗待遇,但新参加工作的青年人工资待遇却很低。以本科毕业生为例,目前每月工资仅为 9 000 泰铢左右,大致相当于人民币 1 600 元,在曼谷等物价较高的城市,如此低的收入很难维持基本生活。而从事商贸、旅游和翻译等其他职业的汉语人才工资收入却高得多。这就导致许多本土汉语人才不愿从事汉语教师职业。由此看来,要吸引更多的汉语人才加入汉语教师队伍,青年教师待遇有待提高。

(四) 高质量本土化汉语教材亟待研发,汉语教材知识产权有待保护

本土化语言教材是指从某一国家或地区学习者的特点和需要出发,以满足特定国家或地区学习者的学习需要为目标而设计、编写和制作的某一语言作为外语或第二语言教学教材。本土化汉语教材应包含如下四个要素:一是教材容量本土化。教材容量要与该国教育

---

① 2012 年从泰国教育部获悉此汉语教学新动向。
② 泰国目前开设汉语课程的学校约 2 000 所。

体制、教育政策相衔接。如要针对周学时、选修课、必修课以及是否为升学考试科目等因素合理安排教材容量。如国家规定,每周汉语教学学时为2学时,但编出来的教材却与国内每周10学时的综合汉语的教材容量相当,一本教材教几个学期还教不完,这样的容量显然不合适;二是生词注解母语化。本土化教材,尤其是初、中级教材应该用学生母语标注词义,以便学生自学和准确理解汉语词汇;三是难点讲解对比化。对语言点注释时,应通过汉语和该国通用语言的对比,让学生深刻领会两种语言的异同;四是部分话题本土化。教材中除中国相关话题之外,还应该适当编入一些学生熟悉的本土化话题,在学习汉语的过程中不仅学习了解中国文化,也可以学习了解本国文化,而且还可激发学生的学习兴趣。

目前泰国使用的汉语教材主要有《体验汉语》《泰国人学汉语》《快乐汉语》《实用汉语教程》《汉语教程》《创智汉语》《汉语乐园》《中文》和《快乐学中文》等20余种,但缺乏真正的泰国本土化教材,多数是国内专家编写的通用型对外汉语教材的泰译版,或中外合作编写、本土化特色不明显的泰语注释汉语教材。

可以说,目前泰国汉语教材种类不少,但能真正称得上本土化的泰国汉语教材基本没有。因而,泰国急需编写出符合泰国国情,适应不同类型汉语教学需要的真正的本土化汉语教材。

此外,与汉语教材相关的版权保护问题也值得引起注意。目前泰国学生不愿意花钱购买而是复印教材的现象比较普遍,这种侵犯知识产权的做法可能影响教材编写者的积极性,并最终影响泰国汉语教材研发整个产业链的健康有序发展,希望泰国教育部引起重视。

(五)高校汉语教学相关学科建设亟待加强

一个国家汉语教学要实现长期可持续发展,必须有汉语教学学科的强有力支撑。目前泰国汉语教学的总体情况是基础教育中的汉语教学欣欣向荣,但高等学校中的学科建设相对薄弱。目前只有个别大学开设汉语教学硕士专业,完全没有汉语教学的博士专业,专注于汉语教学研究的专家尚不多见。因此,泰国高校的汉语教学学科尚不能对全国汉语教学提供理论方法指导和应用领域的资源支撑。

应该在目前学科基础较好的学校集中投入人力财力,加快汉语教学学科建设,既为泰国汉语教学提供智力支持,又培养大批高层次汉语教学和研究人才,为泰国汉语教学的长期可持续发展形成持久的支撑。

四、泰国启示——世界可以向泰国借鉴什么?

(一) 顶层设计对一个国家的汉语传播至关重要[①]

1. 顶层设计能快速推动汉语传播

符合一国实际和客观规律的顶层设计对汉语在本国的传播有巨大的推动作用。顶层设计强调定位上的准确、传播结构上的优化、功能上的协调、教学资源上的整合,因此会自上而下,产生覆盖全国的影响力,能避免个人经验带来的失误,极大地提高传播效率。顶层设计对师资、教材等汉语教学资源紧张的国家意义尤其重大。

2. 顶层设计人员来源要广泛,有代表性

要特别重视来自第一线的专门人才和汉语教学领域的专家,用系统论的方法论指导实践,要广泛征求意见,反复求证完善,使之既有前瞻性,又有可操作性。

3. 顶层设计的生命力在于执行

没有准确到位的执行,汉语传播的顶层设计就会流于形式,遥不可及。制订战略与实施战略之间往往存在着差距,由于各个教育层次对目标缺乏深刻的认识,或者没有建立各层次评价指标,就会造成执行的困难。战略的精髓在于行动,也就是说,战略不仅要指出期望的汉语传播结果,而且要描述如何去实现这些结果。制订行动方案

---

① 央青:《泰国汉语快速传播对其他国家顶层设计的启示》,《西南民族大学学报》(人文社会科学版)2011年第2期。

是缩小目标和当前状况之间差距所必需的行动,顶层设计者必须确定实现汉语传播目标值所需的战略行动方案,并为每个方案提供需要的人力、物力和财力等资源。

4. 顶层设计要强化可控性

顶层设计应注重从目标、措施到结果的过程控制,可以从分层设计和执行力的保障着手达到可控性。各层次教育区、各职能部门围绕核心目标,进行递归式的子系统的顶层设计,使全国上下的汉语传播目标形成一个相互支撑、相互衔接的金字塔体系,真正形成一股合力,直指塔顶。执行力保障是最困难却又最重要的环节,要建立各个层次的评价考核指标,形成一个支撑和巩固顶层设计的执行机制。

总之,有了顶层设计,就在汉语推广的可能性与现实性之间绘制了一幅蓝图,在社会各方的共同努力下,当每一个环节的标准与汉语推广的任务都执行到位时,就会产生顶层设计所预期的整体效应。

(二)争取有对象国政府的大力支持,应该成为推动汉语加快走向世界的首要策略

需求是语言传播的内因,是语言传播有无可能发生的决定性因素,但外因也会对传播的状况产生影响。泰国汉语传播过程是一个很好的案例,在1992年之前半个多世纪的漫长时间里,由于泰国外交需要等种种原因,当时的泰国政府采取多种政策打压汉语教学,以致出现了泰国汉语人才断代的严重后果。泰国政府1992年确立了汉语教学的合法地位,但此后近10年中汉语教学发展依然十分缓慢。进入新世纪以后,泰国历届政府充分认识到中国快速发展的现实,并对未来的中国充满信心,于是高度重视开展汉语教学,启动了一系列措施,在全国各级各类学校推动汉语教学。泰国汉语传播之所以短期内就实现了跨越式发展,主要原因还应该归功于政府推动。不论对汉语教学的压制还是支持,都是政府决策所致,正所谓"成也萧何败也萧何"。泰国个案说明,一个国家的政府对推动一门外国语在该国的传播发挥着非常关键的作用。因此,争取对象国政府对汉语教学的大力支持,应该成为推动汉语加快走向世界的首要策略。

(三) 汉语推广和中国国际经贸发展具有紧密的相关性

根据本课题组成员的研究,过去十余年中,中泰贸易额与学习汉语的人数具有密切相关性。研究发现,中泰贸易总额每增长 1 亿美元,泰国学习汉语人数就增长 2 000 人。泰国的情况可能只是个案,但学习汉语人数与两国经贸量呈正相关关系的结论是完全成立的。贸易量的增加会促进学习汉语人数的增加;反过来,我们也可以做一个大胆的猜想,一个国家学习汉语人数的增加将会间接促进该国与中国之间贸易量的增加,中国与某个国家的贸易量与汉语在该国的传播会形成良性互动关系。

(四) 中外合作是汉语教材本土化的有效途径①

《体验汉语中小学系列教材》(以下简称《体验汉语》)在泰国快速推广的成功案例对国际汉语教材本土化提供了一些启示。

近年来,泰国的汉语教学得到了迅猛发展,这种发展势头带动了泰国汉语学习者对本土化教材的诉求。为了解决泰国汉语教材短缺的"瓶颈"问题,泰国教育部于 2005 年先后委托云南师范大学和高等教育出版社(以下简称"高教社")编写泰国中小学汉语教材。高教社于 2005 年底启动了《体验汉语》泰国项目。在泰国教育部和国家汉办的共同推动下,该套教材于 2007 年成功进入泰国国民教育体系,当年超过 15 万泰国中小学生使用了该套教材。2010 年 2 月,该套教材经过泰国教育部审查核定,正式列入泰国中小学教材目录,成为历史上第一套进入对象国基础教育教材目录的汉语教材。据 2010 年统计,每年来自 1 000 所中小学的 30 万泰国学生在使用该教材以及"体验汉语互动学习系统",同时,20 个体验汉语中心在泰国建成。2010 年该套教材在泰国印制总册数为 30 多万册,教材销售码洋折合人民币 1 000 多万元。《体验汉语》获得了社会效益和经济效益双丰收,并对教材本土化进行了有益的探索和尝试。

---

① 梁宇:《〈体验汉语中小学系列教材〉在泰国的快速推广对国际汉语教材本土化的启示》,《汉语国际传播研究》2012 年第 1 期。

《体验汉语》形成了研发、生产、培训、服务、物流、仓储和营销整条出版产业链的本土化,成为教材本土化、出版物"走出去"的典型案例之一。这个典型案例还告诉我们,在全球化背景下,开发一个本土化汉语教材项目,要善于发现本土化新兴市场,适当编入本土化内容,建立本土化服务体系,实施本土化营销策略。只有思维全球化、行动本土化才能真正融入当地教材市场,真正实现教材本土化。

这个案例对汉语教材"走出去"有如下五点启示:

(1) 中国出版企业应该也完全有能力在国际汉语教材开发和市场化方面发挥主力军作用;

(2) 汉语教材"走出去"必须以商业眼光敏锐洞察国际汉语教材需求;

(3) 汉语教材"走出去"要努力促成政策导向和市场运作的良性互动;

(4) 国际合作出版能够实现优势互补;

(5) 汉语教材"走出去"必须充分重视教材内容适当本土化。

(五)国家汉办在海外设代表处可为汉语国际传播发挥重要作用

汉语在泰国快速传播由许多因素共同促成,但国家汉办驻泰国代表处也发挥了重要作用。在课题调查中我们注意到,国家汉办驻泰国代表处在传达落实国家汉办暨孔子学院总部有关指示精神,代表国家汉办暨孔子学院总部组织协调泰国孔子学院、孔子课堂工作,对汉语教师志愿者管理及服务,与泰国政府、学校及其他机构协调,组织开展丰富多彩的汉语教学和中华文化活动,调研泰国汉语教学状况等方面,发挥了重要作用。从国家汉办驻泰国代表处对泰国汉语传播发挥积极作用的个案中可以看出,国家汉办在海外设代表处可为一个国家或地区的汉语传播发挥重要作用。当然,不同国家和地区情况不同,应因时因地制宜。此外,为使国家汉办驻某国代表处能够更好地发挥作用,国家汉办有必要进一步明确海外代表处的职责和权限,使之明确定位,开展工作时有据可依,同时也可以使孔子学院、孔子课堂等汉语传播机构准确理解自身与海外代表处和国家汉办暨孔子学院总部的关系,以使各自工作更加有序高效。

(六)孔子学院和孔子课堂的意义远远超越了汉语教学,应该加大投入建设

课题组在对泰国汉语传播情况调查中发现,孔子学院和孔子课堂的功能远远超越了汉语教学,除开展大量汉语教学之外,每年都举办大量丰富多彩的中华文化活动。以清迈大学为例,2011年除了为5 005人开设了不同形式的汉语课程之外,还举办了42场文化活动,先后有23 041人参加了文化活动。事实上,泰国孔子学院已经成为中华文化海外交流的平台。有的孔子学院和孔子课堂多次接待中泰两国领导人、皇室成员、社会名流参观访问,产生了广泛的社会影响,如朱拉隆功大学孔子学院、岱密中学孔子课堂便是如此。岱密中学孔子课堂所总结的"小课堂,大视野;小课堂,大外交;小课堂,大舞台;小课堂,大历史"就很好地概括了孔子课堂和孔子学院对汉语教学的超越。更有典型案例,泰国王宫里的学校——吉拉达学校也建立了孔子课堂,使汉语和中华文化走进了王宫。在这么特殊的场所建立孔子课堂,其意义远远超越了汉语教学,已经成为中泰互信友好关系的象征。

从泰国的个案可以看出,孔子学院和孔子课堂的健康发展在中国加强人文交流和公共外交方面发挥着正式外交活动很难发挥的重要作用。我们应该加大投入,在世界各国有需求的国家和地区大力发展孔子学院和孔子课堂,更好地服务我国的整体和长远外交战略,同时也为增进中国与世界的交流、理解与友谊发挥更大的作用。

(七)汉语成为一门全球性语言完全可能

课题组成员在泰国调查时发现,许多中小学生都能讲一些汉语,甚至幼儿园3—4岁的孩子也能用简单的汉语跟我们打招呼,使我们对汉语在泰国的传播效果深感振奋。汉语从中国走进泰国,并在泰国快速传播,堪称当今汉语走向世界的一面旗帜,向我们展示了汉语成为泰国流行语言的美好前景,增强了我们努力推动汉语走向世界、使汉语成为一门全球性语言的信心。汉语在泰国的快速传播不过十

余年,在普通民众中就如此流行,试想,如果这种趋势持续30年、50年、100年……如果汉语在世界各国的传播都像在泰国一样,汉语总有一天会像今天的英语一样成为一门流行的国际通用语言。

虽然目前汉语还不是全球性语言,达到这个目标也许还有相当长的路要走,但是,实现这个最终理想并非不可能。汉语在泰国的快速传播、良性发展,让我们看到了汉语国际化的潜力和发展趋势,也让我们知道,语言传播的根本动因在于因需求而产生的传播价值,只有语言传播力才是影响传播效果的最终决定性因素。泰国近10年来汉语快速传播的事实正说明了这一点。深厚的社会化语境、开放的政策环境、顺畅的传播通道等,是推动汉语国际传播顺利开展的几个关键因素。我们应该看到,"国家硬实力是语言国际传播的决定性因素"①,汉语能够走向世界的支撑条件是中国经济社会的持续发展。因此,只要我们理性看待汉语在国际上的地位,及时总结和发现现实问题,建立行之有效的宏观战略构想,依靠中国国力的持续增强、国际地位的不断提升和举国上下的长期不懈努力,一定可以让汉语走遍全世界,成为一门全球性语言。②

---

① 吴应辉:《国家硬实力是语言国际传播的决定性因素——联合国五种工作语言对汉语国际传播的启示》,《汉语国际传播研究》2011年第1期。
② 李志凌:《泰国汉语快速传播对汉语成为全球性语言的启示》,《汉语国际传播研究》2012年第1期。

孔子学院可持续发展典型案例：
"政商孔校"四方优质资源整合模式
——美国肯尼索州立大学孔子学院可持续发展新模式案例研究

武慧君　金克华　吴应辉

孔子学院作为汉语国际传播的骨干项目，其长期可持续发展问题乃未来面临的首要问题，也是事关汉语国际传播事业长期可持续发展的重要问题之一。美国肯尼索州立大学孔子学院（以下简称"肯大孔院"）由中国扬州大学和美国佐治亚州肯尼索州立大学合作建立。2012年，该孔子学院（以下简称"孔院"）被孔子学院总部/国家汉办评为"全球先进孔子学院"（2012年度共26所）[1]。本文就该孔院独特的运营模式进行了调研，认为肯大孔院提供了一个具有良好"造血"机能的孔院可持续发展的成功案例。

---

[1] 2012年度"全球先进孔子学院"有美国孟菲斯大学孔子学院、肯塔基大学孔子学院、佐治亚州立大学孔子学院、内布拉斯加—林肯大学孔子学院、特洛伊大学孔子学院、韦伯斯特大学孔子学院，土耳其海峡大学孔子学院，巴西圣保罗州立大学孔子学院，英国伦敦中医孔子学院、泰国朱拉隆功大学孔子学院等。

一、肯尼索州立大学孔子学院运营情况

（一）定位明确，真抓实干

肯大孔院成立于 2009 年 8 月 17 日，该孔院将"建设一个以面向社会汉语教学为主，多元化、综合型的孔子学院"作为长远发展目标，主要业务领域涉及汉语教学、中华文化传播、来华学习、面向企业和社会组织的定向培训服务以及其他中华文化特色项目。在近六年时间里，该孔院在美国佐治亚州开展了大学和中小学多层次的汉语教学，同时举办了有关中国语言文化等方面的讲座、多种演出及其他活动 126 场。目前的教师队伍有 40 余人，主要由中央民族大学和扬州大学等高校派出的汉语教师志愿者组成，为肯大孔院与各大中小学合作建立的汉语教学项目约 7 472 名学生教授汉语与中国文化。该孔院现不仅是肯尼索州立大学对外交流的窗口和重要机构，而且已成为佐治亚州中国语言文化传播的关键组织机构。现将该孔院 2009 年—2013 年发展的主要业绩指标列表如下：

肯大孔院 2009 年—2013 年发展主要业绩指标

指标	单位	2009 年	2010 年	2011 年	2012 年	2013 年
外方投入资金	美元	440 346	1 309 610	2 152 572	2 463 542	2 507 209
学生人数	人	140	1 890	2 303	10 269	7 126
汉语班	个	7	99	110	457	328
汉语桥	人	32	48	31	20	22
教育领导者、教师来华考察人数	人	22	77	37	15	20
各类来华游学学生人数	人	0	52	188	39	7
汉语教师	人	2	14	18	38	41
组织中华文化活动次数	次	4	12	16	10	19

（资料来源：美国肯尼索州立大学孔子学院提供）

(二) 优化管理，加强团队建设

肯大孔院实行理事会领导下的院长负责制。理事会由肯尼索州立大学和扬州大学各派三名理事组成。孔院院长由美方委派的美籍华人金克华担任，负责孔院发展战略的制定、重点项目开发、为孔院的发展筹措资金、人力资源管理和财务决策。中方院长协助美方院长工作（目前无中方院长）。美方大学负责支付院长和一位副院长的工资和福利，并为孔院提供宽敞的办公场地和先进的办公设备。而孔院则利用自身的业务收入建立了一个专业的管理团队，包括：一位汉语教学主管、一位行政秘书、一位本土教师和一位半职的汉语教学专家，负责汉语教学的科研、课程大纲和本土化教材的开发。教师团队共41人，由1位本土教师、3位汉语教师、1位武术教师以及36位汉语教师志愿者组成。大学职能部门如教学、公共关系、人事、财务、科研、后勤等部门为孔院的运营提供了有关支持。

二、"政商孔校"四方优质资源整合模式

符合实际的运营模式是孔子学院实现长期可持续发展的根本保障。肯大孔院在近六年的发展历程中通过不断摸索与实践，找到了"政商孔校"四方优质资源整合发展模式。该模式是孔子学院以实现长期可持续发展为目标，将政府、企业、学校和孔院整合为一体，在动态运营中分享各自优质资源并满足各自需求的一种创新发展模式。该模式的主要内涵如下：

（一）顶层设计优先，争取政府支持

该孔院按照"思维国际化、传播本土化、管理整合化"的发展策略，创新性地实行了"政商孔校"四方优质资源整合的运营机制，以实现长期可持续发展目标。肯大孔院将自身置于全球主要语言推广机构的行业坐标中，全面了解全球孔院的发展趋势，积极寻找海内外潜在资源和合作机会，不断追求传播模式本土化，传播内容接地气，努力塑造具有亲和力的肯大孔院品牌形象。

为解决汉语教学的经费问题,肯大孔院争取到了州政府有关部门的大力支持。2009年,孔子学院第一个战略合作伙伴是佐治亚州幼儿教育厅,双方共同在全州范围内推广幼儿(5岁以下的儿童)汉语教育。汉语班的经费全部由佐治亚州政府财政预算支付,每个班拨款近10万美元。政府的拨款包括了每个班两位老师的工资,并提供教室和教学资源。

为解决汉语教师志愿者的签证问题,自2010年秋季开始,肯大孔院一直在争取州教育厅为汉语教师提供签证担保,并允许孔院的汉语教师在佐治亚州的学校从事汉语教学工作。在取得州教育厅和幼儿教育厅等部门的支持下,每年孔院的汉语教师能够顺利获得签证,保证了孔院汉语教学的顺利进行。

(二) 文化传播走市场化之路,名企受益慷慨解囊

1. 结合市场需求,开发中华文化教学宣传片

孔子学院的产业经营型模式赖以生存的条件是市场需求。"在汉语学习需求旺盛的国家和地区,产业经营型孔子学院分布较多,在教育产业发育程度较高的欧美国家,孔子学院的市场化经营情况也比较普遍"[①]。肯大孔院基于这种市场需求,做了大量关于中华文化传播的市场营销工作。如在孔子学院总部/国家汉办的支持下,肯大孔院和肯尼索州立大学艺术学院联合制作了中华舞蹈教学光盘,作为介绍中国文化的教材供美国舞蹈和艺术专业学生使用。该孔院还积极和佐治亚州公共电视台合作,拍摄有关中华文化的系列纪录片。同时,肯大孔院从美国弗里曼基金会申请到一笔资金,于2015年3月正式开拍中国茶文化的英文专题片。

2015年秋季,专题片在亚特兰大举行首映式,并在公共电视台播放,同时也将这个纪录片推荐给了美国全国电视台系统在全美播放。此外,肯大孔院在筹划制作一套电视汉语教学节目,作为从幼儿到大学汉语课堂教学的辅助和补充,使课堂教学、网络教学和电视教

---

① 吴应辉:《孔子学院经营模式类型与可持续发展》,《中国高教研究》2010年第2期。

学实现一体化。

2. 借助当地资源,挖掘本地市场

跨文化传播并不单单是几场中华文化活动的举办,几次中国文化的体验。"不同的文化在跨文化传播的互相参照过程中认识文化的特性,各种文化通过传播和交流而获得思想新资源"①。孔子学院要想实现可持续发展,只有真正被当地民众认可、接受、融入当地文化之中,才能真正起到文化交流与沟通的作用。在传播中华文化过程中,肯大孔院与肯尼索州立大学艺术学院舞蹈系、亚特兰大芭蕾舞团正在策划,共同编排一部具有中华元素的芭蕾舞剧。通过亚特兰大芭蕾舞团的观众资料数据库,向他们的网络观众邮寄名单宣传肯大孔院的中华文艺演出活动,借此让观众熟知孔子学院,达到宣传中华文化的目的。肯大孔院还和本校的交响乐团合作,定期开展各种艺术演出,扩大了在肯尼索州立大学的影响。2014年,肯大孔院与肯尼索州立大学艺术学院合作举办了全球首演的"新音乐节",邀请世界著名旅美华裔作曲家陈怡女士来校,与本校交响乐团排练并演奏其创作的小提琴协奏曲《中国说唱》。

3. 牵手名企,互利双赢

孔子学院的经费是孔子学院可持续发展最根本的保障。孔子学院规模越大,需要的投入也就越多,经费来源也就成了孔子学院可持续发展最根本的问题。肯大孔院采取活动收费或争取合作方的赞助来增加孔院的收入。肯大孔院所在城市亚特兰大有20多家世界500强公司总部,从建院开始,肯大孔院就面向企业和社会团体开发并提供各种专业的培训服务项目。主要有:(1)为跨国公司员工提供中华文化、商业礼仪、跨文化沟通技巧等方面的定点、定向培训,如为法国Sodexo集团(从事餐饮旅游服务业的跨国企业)、UPS(世界上最大的快递承运商与包裹递送公司)、Genuine Parts Company(大型汽车零件生产供应商)等公司提供各种中华文化讲座和翻译服务。(2)为

---

① 董璐:《传播学核心理论与概念》,北京:北京大学出版社,2008年,第11页。

美国公司员工开设汉语课程,如为 Home Depot(全球最大的家具建材零售商)的 32 位中层和高层经理提供了汉语培训、中国商业礼仪和中华文化讲座。(3)直接或间接参与美国大型企业员工的多元文化活动,如为 American Fiber Packaging(美国纤维包装公司)的全体职工举办了 10 次不同内容的中华文化讲座。这是孔子学院建院以来首次为一个企业举办中华文化系列讲座。(4)在大型企业总部举办中华文化活动和演出,如邀请 2008 年北京奥运会开幕式的总设计师韩立勋在 UPS 全球总部,开展了关于中国的传统与现代的审美意识以及北京奥运会开幕的舞美设计创意的讲座。(5)为当地企业面向中国的招商引资提供服务。(6)为在美的中资企业提供汉语培训服务。

2013 年,肯大孔院与扬州大学旅游烹饪学院合作,将中华烹饪项目作为一个具有战略性和特色性的项目进行开发。同年,肯大孔院和美国丽兹卡尔顿酒店共同举办了名为:East Meets West"东西交融"的中华美食活动。2014 年,肯大孔院为法国 Sodexo 集团的行政主厨轮训中华烹饪和中华饮食文化。肯大孔院还计划建立"孔子农场"(Confucius Farm),并建立专用教学厨房,将其命名为"孔子厨房"(Confucius Kitchen)。

通过和世界知名企业合作,向基金会或政府部门申请赞助的筹资方式,肯大孔院获得了充足的资金保障。2013 年,肯大孔院的经费预算超过 300 万美元,其中将近 220 万美元来自各个合作方的资金投入,其余的 80 万美元主要来自肯尼索州立大学的投入和孔子学院总部/国家汉办的适量支持。2014 年,肯大孔院在原有筹资方式的基础上,从美国的基金会申请到了 10 万美元。2015 年,外方投入资金达 2 441 768 美元。这样的资金投入比例和多元化的经费来源,增强了孔子学院抗风险的能力。这种联姻大企业的多元筹资模式值得其他孔子学院借鉴。

(三)送教上门进社区,孔院学校共发展

肯大孔院为推动汉语教学项目的发展,密切和当地教育部门合作,同州教育厅、幼儿教育厅、学区和学校建立长期战略合作伙

伴关系,双方承担相应的责任和义务推动汉语教学融入当地社区,形成了自身的发展特色。肯大孔院明确将"从幼儿起步,向小学发展,然后逐步推向初、高中的汉语教学项目,在佐治亚州建立一个从幼儿到高中的汉语教学体系"确定为自己的发展战略方向,将 HSK 和 YCT 考试作为衡量美国大学和中小学学生汉语学习成果的标准。2013 年起,肯大孔院组织中美教育专家小组和当地教育部门开展合作,把实现汉语教学的标准化和正规化作为工作重点,继续在佐治亚州扩展幼儿汉语和小学汉语教学,并逐步将汉语课程引入到初、高中。

为了保证汉语教学的系统化、标准化,孔院与州教育厅根据美国外语教学大纲,并参照孔子学院总部/国家汉办的国际汉语教学大纲,共同编写了 K 至 12 年级的汉语课程大纲,并根据这个课程大纲与中国高等教育出版社联合编写从幼儿到高中本土化的汉语教材。采用这种模式开发本土化教材是肯大孔院的首创。这套课程大纲不仅填补了佐治亚州外语教学的空白,还对美国全国中小学汉语教学具有重要的指导意义,而且还将孔院的汉语教学内容公开化,以此打消了海外有些人对孔院的教学活动是为中国政府做宣传的疑虑。通过与州教育厅的合作,社会民众可以通过州教育厅的官方网站了解汉语教学内容。同时,通过这个项目,孔院所获得的知识产权也将为肯大孔院的发展提供长久的经费支持。

此外,肯大孔院还和佐治亚州教育管理部门、学区和学校建立长期战略合作关系,通过高中生汉语桥、大学生汉语和中华文化游学、美国青年领导者来华学习、大学生中医游学、大学生和高中生交响乐团访华演出、教育领导者访华学习等项目,组织已经开展汉语项目的学校和其他尚未开设汉语教学项目的学校来华访问和学习,这些项目为肯大孔院拓展与巩固汉语教学起到了重要推动作用。

在将社区学校嵌入汉语教学和组织来华游学项目的双轮驱动下,2014 年,肯大孔院共开设了 336 个汉语班,有 7 472 名学生学习了汉语课程。其中 25 个幼儿班,共 398 个学生;286 个小学班,共 6 608 个学生;2 个初中班,共 14 个学生;17 个高中班,共 326 个学生;4个网络班,共90个学生;2个大学班,共36个学生。同时还组织了两次YCT考试,共418人参加;三次HSK考试,共172人参加。两项考试共计590人。

(四)团队建设常抓不懈,人文关怀温暖人心

古人云"康泰之树,出自茂林。树出茂林,风必折枝。"一个组织、集体要想不断前进、壮大,团队力量是不容小觑的。肯大孔院为实现长期可持续发展目标,进一步扩大汉语教学规模,把加强孔子学院的管理力量,建设一支高质量的管理团队作为孔子学院长期的工作重点。

1. 注重人才培养,提供多元发展机会

肯大孔院十分注重员工的专业素质和技能培养,为给员工创设更多的学习和晋升机会,肯大孔院建立了关键岗位的接班人制度,为帮助员工实现各自的职业发展规划开展了各种活动,包括开展研究生学历教育,组织各种培训辅导、专业会议、科研项目等活动。借鉴美国优秀企业的人力资源管理经验,即Promote from within(自己培养和选拔适合孔子学院需要的专业人员),为员工的职业发展提供多种机会。

2. 搞好后勤保障,保证团队稳定

为保证汉语教学的顺利进行,肯大孔院为汉语教师提供了非常周到的后勤保障。首先是由项目主管负责组成一个汉语项目管理团队,主要负责汉语教师志愿者的管理和后勤保障,包括安排住宿、上下班和生活用车等工作。其次对教学点周边的社会环境进行调查,包括治安、住宿和交通。最后由学校和学区邀请社区的民众关心教师的生活问题等。这一系列的服务活动解除了教师们在生活上的后顾之忧,使他们能够集中精力抓汉语教学工作,同时也减轻了合作单位的压力和负担。这也是肯大孔院能够长期保持与合作单位良好关系,保证汉语教学项目稳定性的关键所在。

三、对海外其他孔子学院发展的启示与思考

(一) 争取当地政府支持是办好孔子学院的重要途径之一

孔子学院的可持续发展获得当地政府支持的表现形式主要有两种：一是政策支持，二是资金投入。肯大孔院深刻认识到争取当地政府支持是办好孔子学院的重要途径之一，在其发展进程中，利用多次和当地政府的交流合作机会，既争取到了政策支持，又获得了资金投入，这不仅为孔院的可持续发展提供了政策支持，也为其发展提供了经费保障。

(二) 增强文化自信，中华文化传播走市场化之路完全可能

文化自信，从根本上说是对文化本质的信念信心。肯大孔院紧跟时代发展触点，走市场化传播之路，融入市场化因素，采用适应受众文化价值体系的传播方式，将中华文化活动打造成肯大孔院一个市场化的特色品牌项目。该孔院主要采取了"请进来"和"走出去"的传播方式。一方面，邀请社会各界人士参与孔院组织策划的幼儿汉语教育、中华烹饪、艺术表演、企业培训等特色项目。另一方面，积极参与当地主流社会的重大活动，与州政府、教育厅或著名企业密切合作。用美国人熟知的方式传播中华文化，以此来扩大孔院的影响，达到实现外塑形象的目的。肯大孔院的实践证明，我们对中华文化国际传播的市场化之路应充满信心。

(三) "单院长"负责制是孔子学院管理机制中可以探索的一种模式

从肯大孔院近几年由懂汉语的美籍院长全面负责孔院管理的"单院长"管理模式中可以看出，"单院长"负责制可以作为孔子学院管理机制中一种可以探索的新的管理模式。孔院中方院长任期一般为两年，任期较短，如果连任也只有四年，不利于孔子学院管理工作的连续性和稳定性。另外，中方院长的选拔和招聘也存在着一些需要改进之处，特别是中方单方面委派，外方对选派人员的选择无法参

与决定。如能选到德才兼备的院长(外方或中方均可),"单院长"负责制可以让一方院长在孔院的日常行政管理中全面负责,有利于整合各方资源形成合力,权力适当集中有利于孔院减少内耗,提高工作效率。因此,"单院长"负责制是孔子学院领导体制的一种制度创新,至少在肯大孔院证明是一种充满活力、富有效率、更加开放、更有利于科学管理的领导体制,为促进孔子学院海外运营的科学管理与可持续发展提供了一种可借鉴的制度创新。当然,全球孔院千差万别,具体情况还得具体分析,单院长负责制只是一种选择,不能绝对化。

(四)可持续发展应成为全球孔子学院高度重视的首要问题

从孔子学院十年的发展历程看,孔子学院虽已成为中国国家形象的推介者、国家"走出去"战略和软实力战略的实践者、中国文化的表达者,但作为汉语国际传播的创举,孔子学院的发展没有任何历史经验可以借鉴,没有任何现成模式可以照搬。在没有理论的指导下,孔子学院还处于摸着石头过河、在探索中前进的状态中,[①]因国别、国情不同,孔子学院还是一个较为松散的教育联合体,目前相当一部分孔院还不能独立生存,而主要靠孔子学院总部/国家汉办"输血"维持运转。所以,可持续发展应成为全球孔子学院时刻高度重视的首要问题。

四、结语

要实现孔子学院的长期可持续发展还有相当长的路需要探索实践。肯大孔院尽管还面临许多发展问题与挑战,但其"政商孔校"四方优质资源整合模式不失为一种值得借鉴的创新发展模式。该模式不仅对美国孔院,而且对全球孔院都具有借鉴意义。

---

① 吴应辉:《关于孔子学院整体可持续发展的一个战略构想》,《云南师范大学学报》2009年第1期。

附录:汉语国际传播研究论文存目(2013—2014)

本存目分为两部分,第一部分为 2013 年至 2014 年间国内有影响的学术期刊上发表的与汉语国际传播直接相关的部分研究论文,本存目选取的均是在中国知网上被引及下载次数较多的篇目;第二部分为国内各高校 2013 年至 2014 年间完成的汉语国际传播相关选题的硕士学位论文和博士学位论文,每一部分的索引均按发表或完成的年份先后排序。限于篇幅,未列入发表在报纸和网络上的相关新闻报道和文章。

一、2013—2014 汉语国际传播研究论文

1. 李泉:《国际汉语教学:事业与学科》,《语言教育》2013 年第 1 期。
2. 李洁麟:《传播学视野下的汉语国际传播》,《新闻爱好者》2013 年第 2 期。
3. 李鸿亮、杨晓玉:《全球化时代的汉语国际教育与中华文化传播》,《新疆职业大学学报》2013 年第 2 期。
4. 胡仁友、赵俊峰:《基于 SWOT 模型汉语国际推广战略分析》,《东疆学刊》2013 年第 2 期。
5. 孙晓明:《汉语国际传播与语言标准研究》,《民族教育研究》2013 年第 3 期。
6. 卢达威、洪炜:《汉语国际教育信息化的发展与展望》,《语言教学与研究》2013 年第 6 期。
7. 陈信存、谢仁敏:《提高汉语国际教育专业质量之对策分析》,《学术论坛》2013 年第 7 期。
8. 赵金铭:《国际汉语教育的本旨是汉语教学》,《汉语应用语言学研究》2013 年第 2 辑。
9. 宋佳:《全球化时代八国语言教育推广机构文化使命的国际比较》,《比较教育

研究》2013年第8期。
10. 陆俭明:《汉语国际传播中的几个问题》,《华文教学与研究》2013年第3期。
11. 朱红:《新时期汉语的国际传播路径与范式考察》,《才智》2013年第27期。
12. 黄秀坤、刘富华:《俄罗斯文化框架中汉语国际推广策略研究》,《学术探索》2013年第10期。
13. 崔希亮:《汉语国际传播研究前景广阔——序〈汉语国际传播研究理论与方法〉》,《汉语国际传播研究》2013年第1期。
14. 孔梓、宁继鸣:《社会资本在孔子学院资源配置中的作用》,《东岳论丛》2014年第12期。
15. 董洪杰、李琼:《阿尔巴尼亚语言政策及教育现状与汉语推广策略》,《宝鸡文理学院学报》(社会科学版)2014年第1期。
16. 白建华:《从美国汉语学习者的变化看汉语国际教育学科的研究对象》,《国际汉语教学研究》2014年第1期。
17. 丁安琪:《重构"汉语国际教育"学科理论体系——从"国际汉语教学"走向"汉语国际教育"》,《国际汉语教学研究》2014年第2期。
18. 崔希亮:《关于语言教育的若干思考》,《国际汉语教学研究》2014年第2期。
19. 赵金铭:《何为国际汉语教育"国际化""本土化"》,《云南师范大学学报》(对外汉语教学与研究版)2014年第2期。
20. 韩瑞芳、张孟晋:《新时代下的汉语国际教育战略解读》,《湖北民族学院学报》(哲学社会科学版)2014年第3期。
21. 陆俭明:《汉语国际教育专业的定位问题》,《语言教学与研究》2014年第2期。
22. 吴应辉:《汉语国际教育学科建设亟待解决的主要问题》,《国际汉语教学研究》2014年第1期。
23. 张维佳、王龙:《国家安全战略视阈下汉语国际传播的路径选择》,《国际汉语教学研究》2014年第4期。
24. 李志凌:《汉语典籍对外传播中的文化形态研究》,《民族教育研究》2014年第5期。
25. 张广磊:《我国汉语国际推广教育问题探析》,《阅江学刊》2014年第5期。
26. 李泉、张海涛:《汉语国际化的内涵、趋势与对策》,《语言文字应用》2014年第2期。
27. 吕金薇、徐德荣:《关于中国实施汉语国际推广战略的思考》,《边疆经济与文化》2014年第12期。
28. 周艳芳:《高校汉语国际教育专业硕士人才培养模式研究述评》,《辽宁行政学院学报》2014 年第 12 期。

29. 吴应辉:《全球性语言特征探讨与汉语国际传播远景目标》,《汉语国际传播研究》2014 年第 2 期。
30. 董于雯:《汉语国际推广的意义和策略》,《教育理论与实践》2013 年第 33 期。
31. 王海兰、宁继鸣:《国际汉语师资的供求矛盾、成因与对策》,《云南师范大学学报》(对外汉语教学与研究版)2013 年第 5 期。
32. 鲁承发、李艳丽:《反思性教学理论视野下的国际汉语教师培养模式解析》,《江汉大学学报》(社会科学版)2013 年第 1 期。
33. 刘涛、刘富华:《国际汉语教师课堂教学能力培训策略研究》,《东北师大学报》(哲学社会科学版)2013 年第 1 期。
34. 朱志平、赵宏勃:《汉语教学的国际化进程——聚焦 21 世纪汉语师资的培训与培养》,《北京师范大学学报》(社会科学版)2013 年第 2 期。
35. 范慧琴:《国际汉语教师传播能力的构成及培养》,《现代传播(中国传媒大学学报)》2013 年第 5 期。
36. 狄国伟:《国际汉语教材本土化:问题、成因及实现策略》,《课程·教材·教法》2013 年第 5 期。
37. 王玉龙:《浅析汉语国际推广中的师资问题及解决策略》,《吉林省教育学院学报》(下旬)2013 年第 5 期。
38. 邵滨、邵辉:《新旧〈国际汉语教师标准〉对比分析》,《云南师范大学学报》(对外汉语教学与研究版)2013 年第 3 期。
39. 吴应辉:《关于国际汉语教学"本土化"与"普适性"教材的理论探讨》,《语言文字应用》2013 年第 3 期。
40. 侯香浪:《论国际汉语教师的必备素质》,《文学教育(下)》2013 年 11 期。
41. 李佳、胡晓慧:《孔子学院发展和对外汉语教材本土化进程中的问题及对策》,《中国出版》2013 年 11 期。
42. 王添淼、方旭、付璐璐:《美国二语教师专业发展有效途径及启示》,《云南师范大学学报》(对外汉语教学与研究版)2014 年第 1 期。
43. 李泉、金香兰:《论国际汉语教学隐性资源及其开发》,《语言教学与研究》2014 年第 2 期。
44. 彭建玲:《汉语国际教育人才培养模式研究综述》,《昆明理工大学学报》(社会科学版)2014 年第 3 期。
45. 黄启庆、杨春雍、刘娟娟、符红萱、朱辉:《基于留学生个体差异的优秀国际汉语教师教学特征研究》,《云南师范大学学报》(对外汉语教学与研究版)2014

年第 4 期。
46. 王恩旭:《国际汉语教师专业发展的三个阶段》,《现代语文》(学术综合版) 2014 年第 5 期。
47. 贾益民:《关于海外华语文教师专业发展研究的思考》,《世界汉语教学》2014 年第 3 期。
48. 张新生:《国际汉语教师培养的理念与模式——国际汉语教师培养国际化和本土化关系探讨之三》,《国际汉语教育》2014 年第 1 期。
49. 陈申、崔永华、郭春贵、郭熙、陆俭明、马真、孙德金、孙德坤、吴应辉、吴勇毅、赵杨:《后方法理论视野下的对外汉语教学研究——第 11 届对外汉语国际学术研讨会观点汇辑》,《世界汉语教学》2014 年第 4 期。
50. 卢淑芳:《论国际汉语教师的教师意识》,《语文建设》2014 年第 12 期。
51. 李东伟:《大力培养本土汉语教师是解决世界各国汉语师资短缺问题的重要战略》,《民族教育研究》2014 年第 5 期。
52. 希夏姆:《埃及本土汉语教师培养培训的现状与前景——以埃及艾因夏姆斯大学语言学院中文系为例》,《国际汉语教育》2013 年第 1 期。
53. 江傲霜:《汉语国际传播背景下汉语国际教育硕士培养新尝试——以纽约大学 MTCSOL 培养为例》,《民族教育研究》2013 年第 4 期。
54. 聂学慧:《汉语国际推广背景下中国文化的定位与选择——以美国孔子学院为例》,《河北学刊》2013 年第 4 期。
55. 雷莉:《美国孔子学院汉语言文化推广模式研究——以美国犹他大学孔子学院为例》,《西南民族大学学报》(人文社科版)2013 年第 11 期。
56. 武慧君、金克华、吴应辉:《孔子学院可持续发展典型案例:"政商孔校"四方整合模式——美国肯尼索州立大学孔子学院可持续发展新模式案例研究》,《汉语国际传播研究》2015 年第 1 期。

二、2013—2014 汉语国际传播学位论文

1. 王露曼:《孔子学院国际传播的现状和发展趋势》,湖南大学硕士学位论文, 2014 年 4 月。
2. 朱霄:《泰国公立中学汉语教学现状调查研究》,云南大学硕士学位论文,2013 年 5 月。
3. 刘畔:《关于菲律宾汉语教学现状的调查报告》,吉林大学硕士学位论文,2014 年 4 月。
4. 孙丹妮:《从孔子学院教师需求的视角探索汉语国际教育人才的培养》,西北

大学硕士学位论文,2013年6月。

5. 李志凌:《汉语典籍对外传播理论探究》,中央民族大学博士学位论文,2014年。

6. 李艳波:《基于建构主义的国际汉语教师培养研究》,云南师范大学硕士学位论文,2014年5月。

7. 谷陵:《美国名校在华汉语强化教学模式研究——兼谈国际汉语教学模式研究理论与方法》,中央民族大学博士学位论文,2013年6月。

8. 张晓雅:《罗马尼亚汉语教学与推广情况研究》,山东师范大学硕士学位论文,2014年4月。

9. 张敬:《韩国汉语传播研究》,中央民族大学博士学位论文,2013年5月。

10. 胡仁友:《汉语国际推广战略研究》,东北师范大学博士学位论文,2014年4月。

11. 黄红叶:《新形势对国际汉语教师的新要求》,郑州大学硕士学位论文,2014年5月。

12. 盛译元:《美国高校汉语教材研究》,中央民族大学博士学位论文,2013年5月。

13. 梁宇:《国际汉语教材评估理论与方法研究》,中央民族大学博士学位论文,2014年。

14. 韩明杰:《吉尔吉斯斯坦孔子学院汉语传播现状及分析研究》,新疆师范大学硕士学位论文,2013年3月。

15. 谢廷婷:《汉语国际推广中本土汉语教师的培养研究——以印尼智星汉语师范学院为例》,重庆师范大学硕士学位论文,2014年3月。

16. 冀岚:《从传播学视角看汉语国际教育中中国文化的有效传播》,陕西师范大学硕士学位论文,2014年4月。

论文作者简介

丁安琪,女,华东师范大学国际汉语教师研修基地副教授、硕士生导师,主要研究方向为二语习得和国际汉语教学。

王添淼,女,北京大学副教授,硕士研究生导师。主要研究方向为教师发展和国际比较教育。

方旭,男,国家汉办综合处副处长,主要研究方向为汉语国际教育。

央青,女,中央民族大学国际教育学院讲师,专业硕士研究生导师,主要研究方向为汉语国际传播。

付璐璐,女,北京大学对外汉语教育学院硕士研究生,主要研究方向为教师发展和汉语国际教育。

白建华,男,美国肯扬大学中文系教授,美国明德大学中文学校校长。主要研究方向为中文教学"明德模式"研究、以能力为基础的教材研究及中文测试等。

朱瑞平,男,北京师范大学教授,博士生导师,主要研究方向为汉语国际教育。

李东伟,女,中央民族大学国际汉语教学专业博士研究生,主要研究方向为汉语国际传播。

李志凌,男,云南民族大学外国语学院副教授,主要研究方向为汉语国际传播、汉语典籍的对外翻译与传播、英汉语言文化对比等。

李泉,男,中国人民大学文学院教授,博士生导师。主要研究方向为汉语语法和国际汉语教学研究。

吴应辉,男,中央民族大学国际教育学院教授、博士生导师、研究生院院长。主要研究方向为汉语国际传播。

宋佳,女,教育部人文社会科学重点研究基地北京师范大学国际与比较教育研究院硕士研究生。

张春燕,女,北京师范大学副教授,硕士研究生导师,主要研究方向为文化学。

张海涛,男,天津科技大学法政学院讲师,主要研究方向为汉语语法和对外汉语教学。

张新生，英文名 George Xinsheng Zhang，男，英国里奇蒙大学教授，现代语言中心主任，主要研究方向为语言习得、教师培训和语言政策等。

陆俭明，男，北京大学中文系教授，博士生导师。主要研究方向为现代汉语语法、对外汉语教学。

陈申，男，澳大利亚纽卡素大学教育学院教授，语言教育课程主任。主要研究方向为外语教学与文化教学。

邵滨，男，孔子学院总部/国家汉办师资处实习研究员，主要研究方向为汉语国际教育、语言教学。

武慧君，女，中央民族大学国际教育学院研究生。主要研究方向为国际汉语教学。

金克华，男，美国肯尼索州立大学孔子学院美方院长。

金香兰，女，北京城市学院外语学院讲师，主要研究方向为汉语语法和对外汉语教学。

赵金铭，男，北京语言大学对外汉语研究中心教授，语言学及应用语言学专业博士生导师。主要研究方向为近、现代汉语语法及对外汉语教学。

贾益民，男，福建华侨大学华文教育研究院院长、教授、博士生导师，主要研究方向为海外华文教育及汉语国际教育。

崔永华，男，北京语言大学教授，北京语言大学出版社汉语教材总编审。主要研究方向为对外汉语教学理论和教材编写理论。

崔希亮，男，北京语言大学教授、校长、博士生导师，主要研究方向为语言学及应用语言学。

梁宇，女，高等教育出版社副编审，主要研究方向为国际汉语教材评价、汉语国际传播等。

备注：

1. 简介中的所有作者均按其姓氏笔画先后排序；
2. 为简洁起见，所有作者简介仅包括其"性别""现职单位""职称"及"主要研究方向"，不介绍其教育背景、学术兼职和头衔等信息；
3. 所有作者的简介信息以其原文发表时载明的为主要依据（若个别论文作者在其原文发表时注明为在读学位生，则依据原刊载明的信息予以保留），入选本论文集时，遇有发生变动者，主编则依据经作者确认后的信息，或作者现就职单位官方网站公布的信息，进行了相应调整。

编后记

《汉语国际传播研究新动态——汉语国际传播文献选编》即将付梓，首先要感谢北京外国语大学中国海外汉学中心、中国文化"走出去"协同中心的张西平教授。正是在他的精心筹划下，才有了整套文集的出版。通过这一途径，使汉语国际传播研究到更多学者同仁的关注。

在这部文集的编选过程中，我们得到了诸多学界同行，尤其是入选本论文集的各位作者的大力支持，在此向他们一并致以深深的谢意。文集的副主编王祖嫘、谷陵在文集选文、编纂方面做了许多工作，北京外国语大学的研究生张成淑在caj文件转换为word文档方面投入了很多的时间和精力。感谢郭景红博士和管永前博士对文集提出宝贵的意见和建议。总之，这部文集的完成是整个团队共同努力合作的结果，在此谨对团队成员的严谨态度和辛勤工作表示敬意和感谢。最后，感谢论文集的出版单位北京大学出版社为该文集出版提供的支持。希望此文献选编能为对汉语国际传播研究感兴趣的学者和学生有所帮助。

吴应辉

2015年8月31日

于北京中央民族大学